U0153397

凝煉知識品味閱讀

質性研究
從開始到完成

Robert K. Yin 著
李政賢 譯

五南圖書出版公司 印行

Qualitative Research from Start to Finish

(2ND EDITION)

Robert K. Yin

A Division of Guilford Publications, Inc.

Published by arrangement with The Guilford Press

前　言

質性研究已邁入青春期，正式發表的研究不勝枚舉，研究發現更是無所不包，幾乎涵蓋現實世界的任何題材。同樣重要地，令人信服的研究方法論奠定質性研究的技藝水準，成功晉升社會科學研究主流。你對於質性研究有興趣，可能是因為想要做質性研究，或是想要教質性研究課程，也可能純粹只是想對質性研究有所認識。不論是出於哪種動機，本書都可以幫助你達成目標。

本書簡介

一、實作取向

本書第一個特點是強調實作取向，我們會從實際運作的角度，來幫助你認識質性研究全程的各種實施做法。透過這種實作引導，你可以清楚見識如何按部就班完成質性研究。如果，你真的想要做質性研究（不論是獨立研究案，或是大型研究的子研究，或是大學部、研究所、進修推廣部的課程作業或訓練實習），這種實作取向尤其能夠有效提供你所需的實質協助。

二、歸納取向

本書介紹許多質性研究的實例，全部都是已完成並且發表的作品，涵蓋許多不同的學科領域，例如：社會學、人類學、心理學、教育、公共衛生、社會工作、社區發展、評鑑和國際事務。基本上，本書使用**【專欄】**和**研究範例速寫**的格式，來呈現此類研究實例。相較於許多參考書引述研究例子的標準做法，本書這兩種呈現實例的特別格式，尤其能夠提供詳實的範例說明，方便讀者依據特定需求或實作問題，參照質性研究實踐的具體主題考量與做法。再者，本書例子廣泛取自普及的期刊和書籍，你如果想進一步知道細節，一般應該都可以很方便檢索查詢。

數量龐大的例子，除了提供更具體的基礎，幫助了解質性研究執行過程的諸多不同程序與細節，同時也傳達了質性研究包羅萬象的廣度。主題遍及形形色色的社會場域和日常生活面向，同時也涵蓋了**質性研究萬花筒的多樣化類別**，包括：行動研究、扎根理論、個案研究、女性主義作品、敘事探究和現象學。本書介紹的研究範例有一項最重要的特徵就是，全部都是已完成的作品。因此，應當有助於提振你的信心，更有把握順利完成（與發表）你的質性研究。

另外，在第8、9、12章節尾處，特別引介【研究範例1】、【研究範例2】，透過完整的研究例子，深入說明與各章主題相關的實作程序細節。研究主題分別是關於K-12教育，以及大學行政管理。這樣的主題安排是希望能夠給讀者親近感，因為大家在求學階段，應該都有經歷過類似的環境。

三、因勢制宜取向

本書精心構思因勢制宜取向，和質性研究的工藝特質可謂相得益彰。因此，本書絕少宣達教條或意識型態的空談泛論，而是把重點擺在具體說明質性研究的實施做法，透過若干可供考量選擇的選項，說明**研究設計**或**質性資料分析**之類的具體程序。這些選項將允許你客製化屬於自己的研究。

比方說，你可以依照第4章的【選項8】作為基礎，來發展你自己的研究設計。其結果可能是類似傳統形式的質性研究，也可能以更務實的態度，妥善利用當前的技術和工具。同樣地，你也可以選擇在確定研究問題之前，就開始投入田野研究（**田野研究優先策略**，請參閱第3章）。再者，你也可以決定，是否要執行資料編碼，以及是否要使用電腦軟體輔助分析資料（請參閱第8、9章）。如果，你遲疑不決，不曉得如何著手展開研究，第3章關於建立【檔案庫】的若干想法，提供若干極有見地的選項，應該能夠助你一臂之力，讓你早日破土開工。

第二版有何不同？

乍看之下，本版並未有什麼變動，一樣有12個章節；比對目錄內容也會發現大部分的標題、展覽等都跟前一版一樣。但是，隱藏在表面之下的變動，可是很大的，新版採納了許多同事對第一版（2011）的反饋。本版的目標在於保留原書架構，同時吸取建議改良提升，希望能讓本書更加有用。

本版新增或修改一些標題。首先，質性研究最吸引人的地方，就在其吸引研究者的能力，比較實證研究目的的世界觀，以及如何妥善地完成這類研究。第二版的第 1 章詳細描述世界觀及其根基的不同，同時比較各種不同的世界觀，例如：建構主義、後實證主義以及實用取徑（請參閱第 1 章的**質性研究及其信念**）。除了第 1 章的介紹之外，本書還關注世界觀的差異，包含了各種不同的方法論偏好。例如：討論可信賴度與效度的不同，以提高質性研究的可信度（詳見第 4 章【**選項 2**】）。新版還包括類推性與可轉移性，擴充質性研究的結果（詳見第 4 章【**選項 6**】）。

第二，本書更加重視質性研究中，12 種特定類型的運用。本書大多還是採用質性研究的一般類型——例如：「田野研究」或是「質性研究」，避免碰觸到其他類型。但是第 3 章（詳**質性研究的多面世界**）討論這些特定類型，同時強調如果讀者樂意的話，也可以利用這些作為補充指南。第 3 章（【**展覽 3.4**】）詳列特定類型簡介。

第三點與值性資料分析有關，詳第 8、9 章的新增小節。這兩章還是跟第一版一樣，與五個分析循環有關，但是第一版假設研究者可以從一個循環順利滑到下一個階段。事實上，各個階段的過渡可能會有點難度，研究者不停的遭遇風險，可能有所遲疑拖延，不知道該如何開始下一個分析循環。本書新增的小節，幫助讀者如何進行這些過渡，例如：資料解組，然後試著在重組資料時，審視型態以重啟。如前言所述，本書非常重視尋找型態的挑戰，這有助於分析流程，第 8 章的重新改寫也是為了讓原來的觀念更加清楚。

第四點，本書較深入討論混和研究方法（詳第 12 章）。對於混合方法設計來說，質性的部分特別重要，因此這樣的設計有助於替質性結果提供新的洞見。從事混合質性方法研究，可以擴充質性研究的範圍，本版所涵蓋的方法與文獻也較豐富。

最後，本版擴充了許多主題，例如：(1) 研究工藝（第 1 章）；(2) 研究透鏡（第 2 章）；(3) 設計質性研究時所採用的各種取樣方法；(4) 另外一種質性研究的結論方式——採取行動（詳第 9 章的「採取行動」）。

總之，因為第二版涵蓋的主題更廣，因此有關質性研究的名詞解釋和參考書目就更多更新。希望這些資料有助於讀者更加深入了解質性研究。

作者簡介

我個人的經驗或許可以說明，本書前述的三大特色：**實作主題**、**歸納指南**、**因勢制宜**的必要性。首先，透過實作範例的說明，幫助理解質性研究的實際完成過程。實作範例和歸納指南取向源自於我從事社會科學研究超過三十年的經驗。此期間，我直接監督，領導或參與了將近二百項研究，包括融合質性和非質性方法的混合型研究。因勢制宜的取向則反映了一個事實，質性研究已經涵蓋了廣泛的領域，例如：小學、中學、高中、高等教育、健康促進、愛滋病防制、禁藥濫用防制、鄰里研究、社區和城市發展、犯罪防制、技術創新和推廣、傳播、組織發展和計畫評鑑。

我所有的研究最後都寫成某種形式的學術論文或研究報告。這樣的圓滿結局意味著，我已經有很多次成功實踐完整研究歷程的經驗，親身投入**從頭到尾**的每個階段與步驟。每項研究的開頭都有密集搜尋和回顧其他類似的研究，從而讓我接觸到其他學者設計與執行研究的做法。因為我的所有研究都是針對不同的情況，處理不同的研究問題，因此也讓我得以接觸到許多不同的研究設計、分析、報告或結果呈現方式。

只有在回顧之餘，我才意識到，這些長年的研究經驗，以及個中無可迴避的關於「如何研究」和「為什麼如此研究」的問題，也讓我累積了關於思索和解決質性研究方法的大量經驗與心得。雖然，我自己沒有從事長期田野研究的俗民誌研究，倒也扎扎實實指導或執行過許多田野本位的研究，採用的**田野研究實作**方法，包括：參與觀察、個案研究、質性訪談、實地拍攝以及實地考察。在這當中，我因此親身經歷了諸多涉及研究各階段歷程（包括：資料蒐集、分析、結論與報告呈現等）的挑戰，思索如何選擇適切的做法，以便回應研究專家評議小組的審查意見，或其他研究同僚與同儕的批評指教。

如此的研究歷練奠定了本書的深厚基礎，讓我得以嘗試全面涵蓋質性研究的所有層面。每章集中介紹討論質性研究的一個階段，盡可能涵蓋其他參考書往往忽視的一些主題。

- 例如：幾乎所有質性研究都會要求，從研究參與者的角度來看社會現實（質性研究主題有相當是關於他們的現實生活）。然而，質性研究領域之中，也有許多不同的方式，可用來呈現他們的話語或生命史，這些多樣化的**質性資料呈現與發表**做法，當然也是本書希望能夠清楚介紹給讀者的重要主題（請參閱第 10 章）。

・另一個例子是，大多數的參考書不討論質性研究結論的做法與寫法，但是本書至少介紹了五種**結論模式**（請參閱第 9 章）。最後，當代質性研究也可以從事簡短的**實地考察**，而不只限於需要投入長時間的傳統俗民誌，因此本書也會介紹實地考察的基本程序（請參閱第 5 章）。

章節組織

因為書籍必須以線性方式呈現，遵循特定的章節順序。然而，就如同所有質性研究一樣，書籍的章節組織其實並沒有什麼必然是線性的。對於任何介紹質性研究的書籍，要了解特定主題也必須一併認識尚未介紹的其他主題。可以說，讀者需要同時知道全部，然後反覆造訪特定主題，這也就是本書強調的質性研究的遞迴往復特色。

因此，讀者應該可以視需要來檢視本書的相關章節，甚至隨興所至而跳躍翻閱。如果想要開始進行質性研究實質程序的讀者，不妨直接切入第3章，或第 4 章。如果想要了解有關質性研究的根本議題，最好能夠從第 1 章和第 2 章的基礎介紹，仔細閱讀。以我個人而言，我希望，當初踏入質性研究領域時，能夠先了解質性研究的證據基礎，所以我應該會先切入第 5 章田野研究實務，以及第 6 章的資料蒐集方法。你可以發現，幾乎任何的順序都是有可能的。

本書特設項目

為了激勵讀者積極參與，本書有一些額外的特設項目：

・在每章開始處，都有簡短的**本章摘要**，概覽該章的核心內容。然後，在每節開始處，則列出**本節學習重點**，簡單條列你應該學會的重點項目。最後，每章結尾處的**本章複習**，則列出回顧該章提出的**關鍵術語**和**重要概念**，提供讀者複習簡要陳述。

・在每章結尾處，配合該章核心主題編列了【**練習作業**】，可作為每週一次的課後作業。另外，在附錄部分，則提供了【**綜合練習作業**】，可作為一學期（甚至一學年）的作業，實際演練本書介紹的質性研究從開始到結束。

・為了省卻你的麻煩，本書特別編列了簡短的【**辭彙表**】，摘列質性研究常用的專業術語與簡明釋義。

在此同時，本書和任何的研究方法教科書一樣，並不能取代實徵研究論文或書籍的研讀。教科書不能再現研究場域的豐富精神或深層涵義。相對地，好的教科書應提供兩件事情：(1) 實作問題解決導向的知識，以便你可以參照展開實際研究；(2) 含有線索的參考文獻引述，以便你可以從中了解更多有關研究場域的精神。

致謝辭

多年的研究經驗，讓我有機會接觸到相當多的研究組織和學術機構，有幸和許多研究學人共事，並且擴展我對於社會科學研究（包括質性研究）的理解。

當年，在麻省理工學院攻讀博士班的時候，我跟隨 Hans-Lukas Teuber 指導教授，研究重點聚焦人臉識別：儘管人臉在諸多客觀尺度上，類似性相當高，人們卻還是能夠輕易辨識和區分不同的人臉。雖然，當時使用的是實驗心理學的研究方法，但是在我來看，這樣的研究主題，其實可以說是屬於第一層級的質性研究。

畢業之後，在麻省理工學院，以及目前在城市研究和規劃署，我也有幸認識 Lawrence Susskind 和 Lloyd Rowdwin，他們對於我在社區發展方面的研究，給了極大的鼓勵，其中使用了多種的研究方法，包括人類學方法，以及人口學方法。

後來，我服務於紐約市的蘭德研究院，也參與蘭德公司在華府辦公室的研究工作，這些經歷則讓我接觸了城市調查以及相關政策議題研究。Peter Szanton 持續不斷的質疑和明智的建議，對我的思考留下了相當深遠的影響。同樣地，服務於美利堅大學期間，在參與 Nanette Levinson 教授（國際事務學院）主持的研究，讓我廣泛接觸到國際發展的諸多研究主題。

這麼多年當中，最多的心力則是投入 COSMOS 公司，這是我個人創辦的民間研究機構，專門承攬聯邦和各州政府的政策議題研究。COSMOS 公司的眾多客户，特別是美國國科會的 Bernice Anderson，都擁有相當出色的學經歷，在研究方面成績也很卓越。合作期間，也經常有機會針對方法論的議題，和他們討論或爭辯，各種啟發創新思維的點子，還有批評指教的反饋意見，委實讓我獲益良多。

在這期間，我在國外的協同教學經歷也讓我獲得了更廣闊的視野，特別是在丹麥、法國、荷蘭。例如：最近的工作就包括在哥本哈根大學，和 Iben Nathan 教授共同指導博士班研究生。

最近幾年，我花了相當多的時間，和許多學者合作，投入聯合國的評鑑研究。我們必須合作設計研究方法嚴謹，而且符合成本效益的質性研究模式，以便適合運用於主題繁複且規模頗大的國際議題研究計畫。在聯合國，我主要的合作夥伴包括 Sukai Prom-Jackson 和 Fabrizio Felloni，和他們共事的經驗，提高了我對於這方面研究挑戰的敏感度。

本書編寫直接得益於諸多朋友：伊利諾伊州立大學刑事司法學系 Jessie L. Kreinert、維吉尼亞理工學院教育學系 Penny Burge、馬凱特大學社會與文化科學系 James A. Holstein、克萊蒙特大學行為暨組織科學學院 Michelle Bligh、北卡羅萊納州立大學教育領導學系 Lance Fusarelli、鮑爾州立大學教育學系 Thalia Mulvihill，以及美利堅大學商學院 Susan Shepler。其中，幾位朋友針對本書最初幾版草稿，提供不少批評指教的意見和建議，乃至於幫忙重新規劃章節的排序和重組，找出需要改進的缺漏之處。對於這方面協助，我永遠銘記在心。

第二版又新增了幾位朋友：舊金山大學大眾傳播系 Brandt Lawless、渥太華大學政治系 Miriam Levitt、威德納大學護理系 Barbara Patterson、德州大學阿靈頓分校社工系 Regina T. P. Aguirre 和奧克拉荷馬大學女性與性別研究系 Penny A. Pasque。

吉爾福出版社方法論和統計學部門的發行人 C. Deborah Laughton，她在出版質性研究與其他研究方法論書籍方面，經歷相當豐富。她總是熱心提攜後進，從不吝嗇給予勉勵和建議，真是難能可貴的傑出諫友。我們長期亦師亦友的合作情誼，給本書的催生與完成提供了數不盡的寶貴靈感。

最後，我得感謝我的妻子 Karen 和兒子 Andrew，在我埋首寫作的漫長時日，不得不忍受我經常焚膏繼晷，沒能抽空參與家庭生活。他們始終給予我無條件的愛和支持，幫助我找到更有創意的文章結構，更理想的字眼，還有更精湛的詞句表達。特以本書獻給他們，聊表內心最誠摯的謝意，感謝他們長久以來對我無怨無悔的支持。

本書倘若有任何疏漏謬誤之處，文責皆由本人自負，而與上述致謝人士、機構無關。

目錄

第二篇 質性研究的實施做法

第三篇 質性研究結果的發表

專欄目錄

展覽目錄

第一篇

認識質性研究

第1章

何謂質性研究——你為何考慮做此種研究？

本章介紹讀者認識質性研究。首先，列舉正式發表的質性研究，透過多樣化的實際範例，幫助讀者清楚見識，質性研究和人們的日常生活息息相關，具有引人入勝的迷人魅力。幾乎所有現實世界發生的事物，都可以作爲質性研究的探討主題，不像其他社會科學方法有所侷限。

然後，討論質性研究的五種特性，以及共通實施做法，透過這些可以幫助定義質性研究（接下來各章，將會陸續介紹、討論共通實施做法各個層面的詳細內容）。雖然，這些特性與共通做法可以幫助定義質性研究，但我們也必須注意，質性研究擁有多元面向的探究領域，含括多樣化的取向和方法論。首先，個中重要區別包括諸多不同的預設立場：單一現實 vs. 多元現實、人類事件的獨特性 vs. 潛在可類推性，以及是否遵循特定派別的方法論。本章將會討論這三項重要區別預設，並且建議兩種調和策略，以協助你順利完成質性研究。最後，最重要的挑戰是，研究者必須展現，不論採取何種預設立場，質性研究都具有相當的可信賴度和信用度。

 質性研究的魅力：研究主題的廣闊視野

本節學習重點

- 適合採用質性研究的主題相當寬廣多樣，不像其他社會科學研究侷限較多。
- 質性研究已成功進入許多不同的學門和專業領域。

為什麼會想要做質性研究？你的動機可能只是想研究眞實的世界，發掘人們如何因應環境，捕捉人們日常生活脈絡的豐富細節。接下來，請你思索一下，你可能透過質性研究探究的各種主題。

你可以選擇聚焦特定族群，譬如：女性街友。你或許可以安排前往收容所擔任幾天義工，透過研究幫助其他人了解，女性街友如何因應收容所裡、外的日常生活挑戰（例如：Liebow, 1993）。在這當中，你或許能夠有所體會，該等婦女爲何與如何走到目前的人生處境。你或許也可以追溯若干特定婦女的生命史，透過具體例子的詳盡細節，進一步闡明你的諸多體會（請參閱【專欄 1.1】）。

或者，你可能會想研究，政府和公共衛生官員如何處理，豬流感疫情威脅的決策。1978 年，政府和公共衛生官員的防疫決策結果是有 4,000 萬美國人接受豬流感疫苗注射（Neustadt & Fineberg, 1983）。但是，當年官方過早終止防疫計畫，當流感季節一到，意想不到的疫情一發不可收拾。這使他們意識到，豬流感的威脅潛力被高估了；再者，事前也沒預料，接種豬流感疫苗反而可能讓民眾更容易感染另一種罕見的致命流感。要做這樣的研究，你可能需要訪談關鍵官員，以及回顧許多官方文件。你的研究發現可能會指出，大規模疫苗接種計畫可能遭遇的諸多困難與不確定性——毫無疑問地，即便到了二十一世紀的今天，這些仍然是很重要的公共議題。

另外，還有些研究主題則是涉及比較私密的層面，比方說，你或許會想探討了解和分析兩人之間的對話和互動。你就需要能夠使用錄音或錄影，來記錄對話，因爲你的興趣不會只限於對話中的口語部分。你的資料除了各種語言符號之外，也會包括字句連結的方式、速記、停頓、重疊，以及對話者之間的身體語言（例如：Drew, 2009）。你的整體目標可能是要發掘對話當

【專欄 1.1】女性街友的質性研究

雖然，一般人刻板印象裡，街友應該都是男性，但是現實社會確實也存在女性街友，而且收留所對於男、女街友的對待方式多少也有差別。Elliot Liebow（1993）的研究，就是探討美國華盛頓特區的一群女性街友，以及接待她們的收容所。爲了進行這項研究，Liebow 前後花了四年時間，擔任收容所義工，其中有好幾次，和街友一起在收容所過夜。

Liebow 的研究描述收容所的文化，投入其間探索街友和收容所工作人員如何互動，以滿足個人和機構的需求。該等婦女年齡、種族不一，有些人其實還有家人。爲了捕捉如此的多樣性，該研究也納入 20 位婦女的生命史。整本著作從頭到尾，Liebow 不斷提問：這些婦女爲什麼成爲街友？在這過程中，也提供了充分資訊，容許讀者自行思索判斷該問題的結論。

在此之前，Liebow 曾經做過關於都會地區失業男人的研究，研究成果集結成冊《泰利的街角》（*Talley's Corner*）（Liebow, 1967）[1]，多年來已成爲質性研究領域的傳世經典。

請另行參閱【專欄 5.6】與【專欄 11.7】。

中的權力、控制，以及對話者可能的動機，以便幫助理解；比方說，真實世界場域當中的醫病關係、師生關係，或同儕關係。

還有許多質性研究，廣泛觸及人類社會的人生百態。以我們生活周遭而

[1] 譯者補注：中譯本書訊：Elliot Liebow（1967）；黃克先（譯）（2004）。《泰利的街角》（*Tally's Corner: A Study of Negro Streetcorner Men*）。新北市：群學。中譯本內容簡介：《泰利的街角》1967 年出版以來，獲得廣大迴響，民族誌研究扎實，推理深具說服力，拓展了社會科學界對都市問題、貧窮複製以及種族議題的視野，屢被各界意見領袖列爲必讀經典。作者最另類的地方在於他過人的說故事能力，筆調平實，卻充溢令人震撼的同理心，再次將血肉賦予被主流社會化約、汙名化的非裔都市貧民男性。因此，本書的影響力早就跨越以詰屈聱牙與晦澀難懂著稱的學界藩籬，成爲普羅大眾渴望認識不平等問題與關心社會公義的知識寶典。這其中，也包括了有志改革的政策制定者與社會運動人士。

言，社會變遷中的婦女角色，就是相當多質性研究探討的主題，譬如：

- Ruth Sidel（2006）探討單親媽媽如何面對社會與經濟的挑戰；
- Pamela Stone（2007）檢視事業有成的職業婦女為何放棄職業生涯，而選擇待在家裡當家庭主婦；
- Kathryn Edin 與 Maria Kefalas（2011）研究低收入婦女為什麼「想生小孩，但不想結婚。」

在這三個例子中，研究人員針對許多婦女和她們的家庭，進行了相當廣泛的訪談，也參觀了她們的住家，以及觀察家人之間的互動。諸如此類探討女性的質性研究，在某種程度上，可說是追隨 Carol Gilligan（1982）的標竿研究。該研究探討女人在男人世界的處境，結論指出，所謂的道德和情感發展的普世理論，其實只是根據男性看法和男性經驗而建立的偏頗之論。

除了上述例子之外，當代質性研究涵蓋主題可謂包羅萬象：一方面，稀鬆平凡的家常大小事物無所不包；另方面，千奇百怪的玄奧議題無奇不有。譬如：

- 揭露存在於世界各地駭人聽聞的壓榨迫害情事，譬如：泰國、茅利塔尼亞、巴西、巴基斯坦、印度的奴隸制度（例如：Bales, 2004）；
- 分析美國與其他國家之間的移民議題，包括：教育議題（例如：Valenzuela, 1999）、社區議題（例如：Levitt, 2001）；
- 研究如何可能避免老年人不必要地被送進醫療院所或長期照護機構（例如：Tetley, Grant, & Davies, 2009）；
- 提供實徵資料解釋，一家高踞《財富》雜誌五百大企業的電腦公司，為何在 1990 年代慘遭倒閉關門的厄運（例如：Schein, 2003）；
- 對照比較，中產階級社區 vs. 勞工階級社區，玩具店的消費者差異，不只反映出商店的不同經營做法，同時也反映出不同的家庭購物習慣（例如：Williams, 2006）；

- 檢視四個都會社區的居家生活，以及個別社區內的種族、民族、階級緊張情勢（例如：Wilson & Taub, 2006）；
- 長期密集觀察十二個家庭，揭顯勞工家庭與中產家庭童年經驗的差異（例如：Lareau, 2011）。

你甚至可以研究，住家所在城市或鄉鎮街頭巷尾的日常生活議題，譬如：

- Duneier（1999）研究路邊攤販；
- Lee（2009）研究街頭互動；
- Bourgois（2003）研究城市地下經濟的人物，諸如：毒癮、竊賊、毒販。

質性研究的魅力在於，可以讓你透過日常語言和方式，深入探究廣泛主題，包括你最心儀的主題。再者，質性研究提供較大的自由，得以選擇有興趣探究的主題，而其他研究方法則可能受到諸多限制，難以付諸實行：

◆沒有辦法建立研究的必要條件（例如：實驗的條件）；

◆無法取得充足的資料，或是缺乏充足的變數（例如：經濟學研究）；

◆難以取得足夠的樣本人數，或是難以取得足夠高的答覆率（例如：問卷調查研究）；

◆其他限制，諸如：只限於研究過去，而不能探究當前持續發展中的事件（例如：歷史研究）。[2]

目前，有許多學門（例如：社會學、人類學、政治學、心理學），以及專業領域（例如：教育、管理、護理、都市計畫、計畫評鑑），已經接受質性研究。在這些學門與領域，即使質性研究尚未取得主流的地位，卻也有一種吸引人且能夠獲得豐富成果的可能性，因此吸引許多學生和學者選擇投入。

現今的質性研究生氣蓬勃，有很多有趣的話題，例如：

---

[2] 口述史（Yow, 2005）是一種當代歷史，可用來捕捉當前持續發展進行的事件。（參考第3章，表3.4）

◆女性研究（Fine, 1992; Hesse-Biber, 2007; Hesse-Biber & Leavy, 2007; Olesen, 2011; Reinharz & Davidman, 1992）
◆黑人研究（Ladson-Billings & Donnor, 2005; Tillman, 2002）
◆酷兒研究（Dodd, 2009; Plummer, 2011）
◆失能理論（Mertens & McLaughlin, 2004）
◆廣泛的社會正義議題（Banks, 2006）

有兩位傑出的質性研究者指出，這些主題反應出種族、階級與性別差異，可謂「典範」（Denzin & Lincoln, 2011，頁 26-29）——而且你會發現，有越來越多研究與這些主題有關。

這些研究代表多元文化與社會差異受到重視——同時顯現出當代的政治與社會機構如何處理這些狀況。即使是新的研究，問題還是在於現實環境中，有這些文化、社會特徵的人受到的待遇是否平等（例如：報酬平等、機會平等、發言平等）。因此你可能受到激勵，想要貢獻所學而致力於質性研究。

同時你應該擔心這股熱誠可能不足以從事可信賴的質性研究。你還是必須做研究——這就是本書接下來要談的，有助於你定義、然後描述最佳方法與策略。

B 質性研究五大獨特性

本節學習重點

➢ 質性研究一詞如何模仿其他類似的廣域研究。
➢ 這五項特性，如何使質性研究有所區別於其他社會科學研究。
➢ 這五項特性，如何指向質性研究的特殊實踐方式。

雖然，質性研究提供相當大的自由，能夠擁抱包羅萬象的主題；不過，你的同僚還是有可能會宣稱，其他類型的社會科學研究，譬如：問卷調查、經濟學研究、實驗、準實驗、歷史學研究，同樣也可能勝任探究該等多樣化的主題。這些類型的研究可以作為基礎，來研究類似的族群（例如：女性街友）、公共衛生議題（例如：疫苗接種計畫，或醫病關係）、性別與婦女研究主題，乃至於本章先前引述的國際或全國性主題。基於諸如此類的顧慮或質疑，因此有必要提出辯護，質性研究，相較於其他類型的社會科學研究，具有哪些無可取代的獨特性。

§ 質性研究萬花筒：包羅萬象的探究領域

由於很多不同的學門與專業領域都適用質性研究，因此能夠冠上質性研究的範圍就非常之廣。如此的多樣性，使得任何人倘若想給質性研究一個簡潔的定義，難免都會遭遇重重挑戰。定義太狹隘，可能會排除某些學門或專業；定義太寬鬆，又可能會流於空泛不切實際。事實上，質性研究一詞可能就像其他的用詞，比方說，社會學研究、心理學研究，或教育研究。在這些個別學門或領域之內，該等用詞都涵蓋了相當多樣化的研究模式。簡單來講，比方說，臨床心理學與實驗心理學。兩者同屬於心理學領域的重要研究模式，但研究方法卻有顯著差異。

質性研究有很多變種，雖然沒有正式的分類，常見的十二種如下：

◆行動研究
◆藝術本位研究
◆自傳俗民誌
◆個案研究
◆批判理論
◆論述分析
◆俗民誌
◆俗民方法論
◆扎根理論
◆敘事探究與生命史
◆口述歷史
◆現象學

第 3 章著重於質性研究的起頭，包括選擇哪一種方法。你也可以忽略這個程序，做個概括性的研究，就稱爲質性研究或田野研究。然而，一旦知道有這幾種方法之後，我們必須一開始就搞清楚定義。

§ 質性研究的五大特性

質性研究就像萬花筒般繽紛多樣，與其試圖想要找到一個通用的定義，倒不如把心思用來考量質性研究的五項特性：

1. 研究眞實世界情境下，人類生活的意義；
2. 呈現研究對象〔本書統稱爲「參與者」（participant）[3]〕/的觀點和感覺；
3. 報導涵蓋人們生活的脈絡情境；
4. 提出洞視，應用各種有用的既存或浮現概念，以茲解釋人類社會行爲；
5. 致力使用多元證據來源，而不是依靠單一來源。

特點一

質性研究致力投入探究，眞實世界情境當中，人們生活的意義。在日常生活中，人們扮演各種角色，透過個人的日記、日誌、書寫或照相，來表達自我，而這些完全獨立於任何研究的探究之外。盡可能減少人爲研究程序的介入或干擾，以確保社會互動照常發生，人們照常說他們想說的話，而不會，比方說，只限於回答研究者事先擬定的問卷題目。再者，人們也不會受到實驗室或任何類似實驗室場域的種種限制規定。而且也不會用統計數據來代表他們，比方說，美國家庭平均人數 3.18（2006 年的統計數字）。這樣的數據或許可以正確代表有關該人口母群的某一種事實，但就其定義而言，並沒有說明任何一個眞實世界的家庭。

特點二

質性研究的獨特之處在於，它有能力再現研究參與者的觀點。捕捉參與者的觀點乃是質性研究的一項主要目標。因此，立基於自然場域的質性資料浮現的事件和理念，可以代表當事人賦予眞實生活事件的意義，而不是立基

---

[3] 有時候，質性研究文獻也使用另一種說法：「成員」（members）。不過，稱呼參與者爲質性研究的成員，似乎言過其實，畢竟參與者和質性研究其實沒有那麼強的關係。再者，質性研究者也普遍拒絕使用實驗研究的「受試」（subject）稱謂。所以，「參與者」的稱謂似乎是最好的一種選擇。

於研究者的價值、先見或意義。

特點三

質性研究涵蓋報導脈絡情境——人們眞實生活事件發生所在的社會、組織體制、環境等情境。就許多方面而言，這些脈絡情境可能強烈影響所有的人類事件。不過，其他社會科學方法（歷史學除外）卻很難探討該等情境。

比方說，實驗「控制排除」這些情境因素，因此，實驗室研究乃是一種人造的產物。準實驗雖然承認脈絡情境，不過透過設計，讓研究聚焦於其中有限數量的「變數」，可能不一定能夠充分體現該等脈絡情境。類似的情形，問卷調查也有所限制，因爲必須仔細管理自由度，以確保能夠有效分析問卷題目的回答；因此，對於脈絡情境的關照，也就侷限於與脈絡情境相關的題目。歷史研究是有納入處理脈絡情境，但是典型的歷史研究是「死的過去」，而不是如同質性研究探討的當前進行中的事件（請參閱本章注腳 2，有關口述史的類似主題討論）。

特點四

質性研究不只是日記或每天生活的紀錄。質性研究的功能不是要記錄眞實世界事件的流水帳。相反地，質性研究乃是希望透過既存或浮現的概念，來解釋該等事件的可能蘊義。比方說，Goffman（1963）的汙名管理，在其原始著作中，大抵屬於個人的心理適應做法。不過，當代質性研究把他的理念架構應用到群體，從而提供新的洞視，說明民族國家如何可能努力克服歷史上的汙名化事件（請參閱【專欄 1.2】）。

再者，質性研究也可用來促成新概念的發展，嘗試詮釋社會歷程（例如：美國學生的就學經驗）。舉例而言，「文化去根的學校教育」（*subtractive schooling*），就是透過質性研究結果建立的一個富有啟發性的新概念（請參閱【專欄 1.3】），可提供有用的解釋，以及指出未來研究的方向。事實上，質性研究如果完全去除任何的構念（不論是先在既存的構念，或是由田野資料浮現的新構念），或是完全沒有詮釋，那就形同日記或生活流水帳，而不是研究了。

【專欄 1.2】使用質性研究來產生新洞視

Lauren Rivera（2008）研究檢視，克羅埃西亞政府如何「在南斯拉夫分裂戰爭之後，透過國際觀光，扭轉該區域歷史與文化的呈現」（頁614）。政府的目標是要創造蓬勃發展的觀光產業，吸引外籍遊客。要達到這樣的目標，需要「將注意力轉移，不再把該國視爲戰亂國度，重新定位國家形象，轉而將其視爲與西歐鄰國相同的國家」（頁 614）。

田野本位來源的多樣化資料顯示，克羅埃西亞如何透過「文化的重新框架，而不是公開的承認」，從而管理該國過去遺留的諸多難題（Rivera, 2008，頁 613）。在研究結果討論，Rivera 援引 Goffman（1963）經典《汙名：管理受損身分的筆記》（*Stigma: Notes on the Management of Spoiled Identity*）[4]。汙名和汙名管理的論述，通常應用來研究身心障礙的個人。Rivera 研究發現，該等概念可以提供富有洞察力的架構，有助於應用解決克羅埃西亞的歷史汙名處境。擴大應用 Goffman 的理念觸角，可以理解「歷史與文化再現的歷程」（頁 615），Rivera 的研究巧妙展現了，質性研究洞察與解決重要社會議題的價值。

特點五

質性研究力求蒐集、整合、呈現多樣來源的證據，這乃是研究眞實世界場域和參與者觀點的必然結果。田野場域複雜而豐富的脈絡情境，以及參與者的多樣性，自然有必要蒐集多元來源的資料證據，諸如：訪談、觀察，以及文件和文物。研究結論也就有必要立基於不同資料來源的三角檢核。多元來源證據的聚斂或相互佐證，可以強化研究的可信用度和可信賴度（有關此項目標的進一步討論，請參閱本章，D 節）。

---

4 譯者補注：中譯本書訊：曾凡慈（譯）（2010），Goffman, E.（著）。《汙名：管理受損身分的筆記》（*Stigma: Notes on the Management of Spoiled Identity*）。臺北市：群學。

【專欄 1.3】發展新概念作爲質性研究的組織架構

Angela Valenzuela（1999）研究休士頓地區墨裔移民學生就讀的一所高中。研究展現，如何可能透過發展新概念，從而啟動整個研究的組織架構。在這個研究當中，Valenzuela 發展的新概念就是「文化去根的學校教育」，可用以批判解釋 ESL 英語學程強施在移民學生的一種求學經驗。

Valenzuela 花了三年時間，在該學校當參與觀察者，同時也蒐集內容豐富的訪談和文件資料。她指出，ESL 英語學程的研究大部分側重於探討學生如何學習，很少探討他們接受的學校教育經驗，因此文獻有所缺漏。簡言之，此項研究顯示，ESL 英語學程的求學經驗如何取得一種文化去根的消滅本質，因爲流利的西班牙能力不但不是值得發展的優點，反而是「必須克服的障礙」（頁 262）。因此，「放棄母語文化」就變成異化過程的一部分（頁 264）。這些發現也顯示，文化去根性的學校教育經驗，也延伸強化了不同族群學生之間的分歧。

請另行參閱【專欄 4.2】。

§ 質性研究的通用實踐做法

本章後續各章節，任務就是要闡述說明，如何將上述五項特色整合爲研究實踐做法。雖然，不存在一個普遍公認的質性研究「方法論」，不過，本書提供的實踐做法，還是會盡可能緊密遵循上述五項特色。以下，我們提供若干實踐做法的簡介。不過，讀者也必須參照特定實踐做法的專章詳細介紹和討論，以便確定是否適合你的研究需求。

1. 研究設計應該要有彈性，而非固定不變，其中包含八項選擇，諸如：強化研究效度、選取研究樣本，以及類推議題（請參閱第 4 章）；
2. 田野本位資料的蒐集——嘗試各種適切的方式，來捕捉脈絡情境和參與者的觀點——你的田野研究工作，以及檢視日記、日誌、書寫、照像，或是其他和參與者有關聯的文物（請參閱第 5 章、第 6 章）；
3. 資料的紀錄，包括從原始的田野隨筆轉換到較正式的筆記（請參閱第

7 章）

4. 非量化資料的分析——包括決定是否選擇使用各種類型的電腦軟體（請參閱第 8 章）；
5. 質性研究發現的詮釋，可能涉及挑戰傳統的類推與社會刻板印象（請參閱第 9 章）。

本書的其他章節，會進一步介紹其他議題，諸如：如何充實質性研究者的條件（第 2 章）；如何開始質性研究（第 3 章）；如何透過書寫與視覺形式來呈現質性研究資料，以及研究成果寫作（第 10 章、第 11 章）。最後一章（第 12 章），介紹與質性研究直接相關的當代重大趨勢——日益受到關注的混合方法研究。若干重要主題——諸如：保持警覺你的研究者角色如何可能影響研究（反身性）——會不時出現在全書各個部分。

質性研究工藝

本節學習重點

- 質性研究的原創性。
- 研究工藝的三個目標。

現在你已初步了解質性研究、其廣闊視野、五大特性及從事研究的程序。這些都比較偏重於質性研究中的質性，現在我們就來討論研究。

「研究」可以單純指上網*谷歌*某問題或主題，然後再報告結果。這些結果可視為「資料」，搜尋的過程就稱為「資料蒐集」。雖然所有的努力可能被簡稱為「研究」，但是質性研究可能遠遠超過這個常用的研究定義。

§ 質性研究的原創性

首先，得定義何謂原創性的研究。「原創性」（originality）的意思是指，這應該是你使用自己的想法、語詞和資料，做出來的研究。就你所知，還有你盡力查證的結果，你要做的研究必須是沒有人做過的研究。[5] 原創性的研究還表示蒐集自己的資料，而非簡單的 goolge，擷取（別人的）現有資訊。這種現實世界中的資料蒐集非常具有挑戰性，想像、比較一下在現實環境中與某人面試和在智慧手機中 google 搜尋此人背景資料的不同。

做原創性的研究之外，還得注意因應一種狀況。不可避免地，你構想的任何研究，在某些方面，往往會反映其他人研究的見解或用語。尤其因爲本章其餘部分建議許多方法來回顧並應用先前發表的研究，前述的情況更是容易發生。在這種情況下，你必須依照格式切實引述他人的說法，還有註明你參考引用了哪些研究。換言之，你必須交代清楚別人的功勞，說明你從哪些人借用了具體的說法或想法。你必須竭盡所能，避免漏列引述來源，而讓人誤以爲你的「原創」的研究，不論全部或部分，是出自你自己的說法或想法，例如：實際上有使用別人的說法，卻沒有放進引號或內縮段落（block indentation），清楚標示直接引述的內容。沒有切實交代別人的原創功勞，就會構成抄襲（Booth, Colomb, & Williams, 1995，頁 167）。

事實上，原創研究包含了整套的問題、假設和程序。從事研究就好像從事工藝一般，想要順利完成的話，就必須考量工藝的三大目標：透明度、工法格率與謹守證據基礎。

§ 透明度

質性研究必須建立可信賴度與可信用度，首要目標就是要以資訊公開的方式來做質性研究。套句二十一世紀相當流行的說法，研究過程應該要具有「透明度」（*transparent*）。

透明度的目標意味著，你必須描述和記載質性研究的實施程序，以便其他人能夠查看，從而了解你的執行細節，所有資料也必須保存妥當以備查驗。總之，其他人應該能夠仔細檢查你的研究過程，以及你用來支持研究結果和結論的證據。這種檢查的結果可能是批評、支持，或促使改進。此外，任何人無論是同儕、同僚或研究參與者，應該都能進行這樣的檢查。在這

---

[5] 複製型研究是重要的例外，這種研究乃是刻意設計來複製某項先前的研究，以決定能否得到相同的結果。不過，複製型研究不在本書討論之列。

種方式下，最終的研究應該能夠禁得起其他人的嚴格檢驗（例如：Yardley, 2009，頁 243-250）。

§ 工法格律

第二個目標，是要恪守工法格律。沒錯，質性研究是需要有足夠自由空間，來發現並容許預料之外的情形。不過，無論是採取明確界定的研究設計，抑或比較不拘格式但仍不失嚴謹的田野研究程序，都需要熟練且恪守工法格律，遵循嚴謹的研究過程，儘量減少天馬行空或粗心大意。此外，執行研究過程應避免沒有提供理由解釋的偏見，或故意扭曲事理。最後，工法格律還意味著，研究結果應達成一種完整性，以及交叉檢核研究的程序和資料。

Eisenhart（2006）討論若干方法，可應用來達成恪守工法格律的目標。例如：她指出，田野研究的描述應該呈現，研究者「確實有全神貫注置身現場，亦即整個人包括身體、認知、情意等各方面，都有投入研究場域的諸多情境」（Eisenhart, 2006，頁 574）。這個目標還有助於建立質性研究的可信賴度（參閱第 4 章選項 2）。

Eisenhart（2006）還敦促，質性研究者應該清楚展現，資料和詮釋的正確性僅止於某觀點〔本書作者加註黑體字強調〕的範圍之內，因此特別需要發揮敏感度，以自我反思的方式，清楚陳述研究者定位（作爲主要研究工具）與田野事件和參與者之間的可能交互作用（頁 575-579）。此種自我反思的記錄當中，尤其值得一提的就是研究者日誌，其中「記錄〔研究者自身的〕經驗、恐懼、錯誤、困惑、突破、問題」（Spradley, 1979，頁 76）。同樣地，在非質性研究方面，傑出的研究者也會記錄類似的研究日誌，通常採取格式化的筆記書寫模式。

§ 謹守證據基礎

建立可信賴度與可信用度的最後一個目標是，質性研究應該力求以具體明確的證據爲基礎。許多研究，尤其是旨在尋求參與者描述個人決策歷程的研究，證據通常是由參與者的說詞和語境脈絡構成（Van Manen, 1990，頁 38; Willig, 2009，頁 162）。在這樣的研究，語言代表現實，其功能與其他研究大爲不同（主要關切焦點是人類語言以外的行爲），這也是本書從頭到尾不斷強調的。在聚焦行爲的研究當中，參與者語言被視爲關於其行爲的「自陳報告」。不能逕自接受其字面意義，而需要進一步的佐證，比方說，以便決定所說的行爲是否確實有如此發生。

不論蒐集的是哪種資料，研究都應該參照該等資料爲基礎，從而得出結論。如果有多元觀點，Anderson-Levitt（2006，頁 289）提醒，可能就要去分析闡述各種觀點，以及檢驗不同來源證據的一致性，設法找出負面反例，以便進一步強化研究發現的可信賴度和可信用度。

實徵證據的重要性，是本書從頭到尾不斷強調的。此一目標也反映在「實徵研究」（*empirical research*）[6] 的這個術語。在本書各章節，也到處都可以看到如此的用語。總之，實徵研究的結論乃是建立在資料的蒐集與分析。

D 質性研究及其信念

本節學習重點

- 比較各種詮釋以理解不同的世界觀。
- 六種世界觀，整合質性研究各種不同方法與程序的「中立觀點」。
- 本書的歸納平臺（inductive platform）顯示出這些方法與程序已應用於現行的研究中。

既然是工藝，質性研究就必須用到一連串的程序，同時還要努力達成前述的三大目標。但是，質性研究提供更多的機會——可能比其他社會科學研

[6] 不過，實徵研究這個術語也不要和有著類似英文字根的「經驗主義」（empiricist）混爲一談。經驗主義是指，人類的知識乃是由經驗而建立的。這是歷史相當古老的哲學論爭，主要人物包括：洛克（John Locke，英國經驗主義哲學家），以及康德（Immanuel Kant，德國理性主義哲學家），主要爭論聚焦於人類知識是否只需要經驗學習即可，抑或是還需要某些天生俱來的知識，譬如：認知與生產語言的能力。至於本書介紹的實徵研究指的是，探究過程必須以蒐集與分析實際資料作爲證據基礎的研究，而無關於經驗論或天生論的知識形成歷程。

究還多：提高警覺性，一開始就謹愼選擇信念，以利於研究的定義與執行。信念含有研究目標與達成方法的世界觀（worldview）。雖然不同的質性研究可能有些相同的程序，但是研究動機、假設可能反映出不同的世界觀。

世界觀設立了從事質性研究的立場，或是知識論定位（epistemological location, Grbich, 2007，頁 17），也就是你建立知識所依循的哲學假設。陳述完知識論定位之後，接著說明你將如何設計研究，選擇哪些研究程序，以茲體現你的知識論定位。

同時，你不應該讓知識論定位被過於嚴謹的教條綁住。任何研究的定位可以假設「所有類型的研究，只要目標都是爲了要達到可信的結論，基本上，都有著知識論的相似性（epistemological similarity」（Phillips, 1990b，頁 35）。如果所有質性研究都擁有這種知識論相似性，你可能會喜歡廣義的世界觀。本節末將討論實用主義的世界觀。

首先來定義世界觀的發展過程。社會科學研究的實施也就存著分歧對立的預設（例如：Hedrick, 1994，頁 46-49; Reichardt & Rallis, 1994b; Tashakkori & Teddlie,1998，頁 6-11），擇要列舉數項如後：

- ◆多元現實（*multiple realities*）vs. 一元現實（*singular realities*）；
- ◆研究承載價值（*value-bound*）vs. 研究價值中立（*value-free*）；
- ◆研究結果類推適用於特定時空脈絡（*time- & context-specific*）vs. 不受時空脈絡限制（*time- & context-free*）；
- ◆存在前因後果的時間順序關係，容許社會科學方法得以探求確認因果關係 vs. 因果幾乎同時發生，所以不可能分辨。

§ 現實的本質（多元或一元）

觀察者的觀點不同，研究的假設就不同；可能是一元現實，通常稱爲客觀現實（objective reality），也可能是多元現實（multiple realities）。舉例來說，質性研究的目標，是要從參與者的觀點，來捕捉眞實世界事件的意義。這樣的研究目標當然不容忽視如後的事實：參與者的觀點，如果經由不同研究者來研究與報告，無可避免也會摻入研究者的個別觀點。

在這兒，容我介紹一組名詞：在地（*emic*）觀點與外來（*etic*）觀點。目前，這兩個名詞雖然有些過時，不過還是頗有助於釐清意義的潛在雙重性。在地觀點，旨在捕捉參與者賦予眞實世界事件的意義；相對地，外來觀點，則代表外來者，通常就是研究者，對於同一事件的觀點。[7] 兩個不同的觀點產生完全不同的事件描述——事實上是完全不同的現實。

不同的現實產生於我們不同的思維過程。接著，這些差異也會影響質性研究執行和報告的做法。在操作上，甚至（尤其是）在描述眞實世界事件時，這些都會顯示出來。因此，看似簡單的描述也變成一種詮釋任務（Lawrence-Lightfoot & Davis, 1997），別的不說，其中至少涉及無可避免的選擇歷程（Emerson, 2001，頁 28; Wolfinger, 2002）。描述不可能涵蓋田野場域觀察的所有事件。即使是使用錄影或錄音，看似提供了全面涵蓋的紀錄，仍然有基本的參數限度—記錄的時間、地點與對象，都有賴於研究者的選擇界定。由於研究者必然會通過個人預先構思的範疇，來看待事件和它們的功能，從而賦予意義（例如：Becker, 1998，頁 76-85），因此其他選擇性也可能會發生。正如 Emerson（2001，頁 48）所言：

> 作者不只決定，哪件事件是顯著的，哪件只是值得納入，哪件是絕對必要的，如何排列組織這些事件，而且還得在觀察之初就當下決定，如何才算是「事件」。

就此意義而言，田野研究的描述乃是「建構的」（Guba, 1990）。甚至田野「場域」也不是「先前既定的自然實體」（pre-given natural entity），而是某種建構的產物（Emerson, 2001，頁 43）。當研究某族群或某地方的文化，研究者的描述或許可視爲第二或第三層級的詮釋，因爲該等詮釋代表了研究者「針對〔參與者〕他們自身和其同胞在地經驗之建構的再建構」（Geertz, 1973，頁 9、15）。

對於世界觀蘊含的意義與影響，學者也有激烈爭辯。其中包括：是否可能有眞正「客觀的」人類事務的研究（例如：Eisner & Peshkin, 1990; Guba,1990; Phillips, 1990a, 1990b; Roman & Apple, 1990）。比方說，那些被認爲「客觀的」研究（亦即使用問卷或其他外在於研究者的研究工具的研

---

[7] 這兩個名詞是轉借語言學的一組詞彙：音素（*phonemics*）與語音（*phonetics*）。音素代表語言內部功能的構音元素；語音代表語言外部發出的聲音（例如：Emerson, 2001，頁 31）。

究），可能還是免不了受到研究者個人對於研究問題以及問卷題目定義的影響。

質性研究者傾向把在地觀點—外來觀點的區分，以及相同事物之多元詮釋，視為一種可貴的契機，而不是需要排除的限制。事實上，許多質性研究的一個共同主題就是要揭示，參與者和外來者的觀點如何顯著分歧。

§ 研究行為（研究價值中立或研究承載價值）

不管是多元或一元現實，研究觀點也會因研究價值中立或研究承載價值的假設不同而異。較常見的價值差異有性別、年齡、種族、社會地位等方面的差異。比方說，在採取「自然主義俗民誌」的研究，調查者可能注意到，進入自然場域的田野研究者乃是陌生的人類學家，她必須「保持戒心，不要擾亂〔參與者〕社會世界的生態，引入自身白人、中產階級、學院研究學者的主觀性、信念或興趣」（Roman & Apple, 1990，頁 45）。研究者需要謹慎提防的另外一種挑戰是，「必須擱置個人先前既存的政治主張與理論立場」（頁 46）。

再者，研究者有其個性，不可能像「沒有面貌的機器人，或是記錄人類事件的機器」（Powdermaker, 1966，頁 19）。而且個性「不是到了田野才形成的，而是經過多年長期養成的」，包括「對於研究問題與方法的選擇，乃至於個人學門的選擇」（頁 19）。

在此，舉個爭辯的極端例子——某些後現代觀點（postmosdernist view）認為，所有人類思維，舉凡創作抽象畫，乃至從事科學研究，全都隱藏著控制他人的慾望（例如：Butler, 2002，頁 2-3; Eisenhart, 2006，頁 577）。不意外地，社會正義議題的研究很多都以後現代觀點為基準。

另外，還有某些後現代論述宣稱，自然科學闡揚的「客觀的」普世眞理，實質上，乃是給予科學家凌駕他人的特權地位。比方說，科學家主張研究必須滿足客觀性的標準，因此有必要偏重研究某些特定的主題、人物或樣本，而輕忽其他的主題，因為（依照科學家的觀點來看）該等主題可能無法「客觀」研究。再者，後現代批判觀點也暗示，質性研究者對於「田野（場域）」的定義方式，可能隱含了擴充特定學門（例如：人類學家）旨趣或利益的意圖，而且帶有隱性的「西方霸權權力結構」（configuration of westernhegemonic power）（Berger, 1993，引述於 Sluka & Robben, 2007，頁

18）。

不過，後現代宣稱並非只是提出尖銳抗衡的顚覆論述（Butler, 2002，頁 37-43），有些也發展出容許互補的實踐做法。比方說，爲了緩解後現代批判指出的權力控制現象，質性研究特別強化了「互惠原則」的實踐做法——「提供某些有用的東西給研究參與者，感謝他們的協同合作，並以此作爲田野研究應該努力實踐的倫理要求」（Sluka & Robben, 2007，頁 21）。再者，質性研究者現在也承認，研究者和參與者之間可以有多樣化的關係，包括：協同生產知識的夥伴關係，而不再如同過去一樣，只能以研究者爲中心主體／參與者爲從屬客體的上下階層關係（例如：Karnieli-Miller, Strier, & Pessach, 2009）。此外，以行動研究爲基調的質性研究，可以特別設定參與模式的協同探究做法（例如：Reason & Riley, 2009）。

此外，以行動研究爲基調的質性研究，可以特別設定參與模式的協同探究做法（例如：Reason & Riley, 2009）。比方說，多元文化研究（*multicultural research*）目標就是要，以準確、有效，並且不失同理心的方式，來描述參與者的觀點。因此，一般研究主題往往都是「歷史上，飽受種族歧視、各種類型之歧視和排斥的族群」（Banks, 2006，頁 775）。類似的例子，Edin 與 Kefalas（2011）關於未婚生產的研究，即使該等想法並非代表傳統的中產階層觀點。

§ 研究成果的品質

有些質性研究者認爲，人類事件乃是獨一無二，因此不可能類推應用；另外有些人則認爲，某些屬性可能與其他情境有所相關，因此有可能類推應用。研究者可能採取這兩種極端之間的任何折衷立場。例如：探討兩人愛情關係的心理學質性研究。再比方說，探究某時期特定都市社區的社會學質性研究，或是探討某兩家公司合併的管理學質性研究。你可以設想，這些研究的情境是獨一無二的。反之，你也可以設想，研究這些情境之後，可以再努力找出對於其他情境（假設存在平行的關聯性）的可能啟示或蘊義。

有個盛行的觀點源自於物理科學。這方面的研究致力於找出「不受脈絡限制的定理」（Lincoln & Guba, 1985，頁 110）。最終的目標是找出如同物理、化學與生物中的「科學準則」。但是，很難找出這些準則，很可能不存在於人類事物中。例如：心理學得的準則主要關於神經生理學與原子現象（基本上可回溯至生物科學），而非行爲準則。

質性研究的各種類型當中，**現象學研究**（*phenomenological studies*）由於強調詮釋（*hermeneutic*）分析，特別專注於捕捉事件的獨特性。比方說，心理學研究者可能融入家醫科住院實習醫生的日常生活。在進行這樣的研究過程，你可能跟隨實習醫生的住院生活，分享她們獨特的掙扎、矛盾和衝突，並試圖找出深刻的洞視，以理解實習醫生的住院受訓經驗（請參閱【專欄 1.4】）。

【專欄 1.4】實習醫師的融入研究

Richard Addison（1992）採用扎根詮釋取徑，研究 9 位實習醫生住院一年的經驗。他選擇一所大學附設的家庭醫學科住院實習計畫，聚焦該等住院實習醫師的第一年經驗（R1 住院實習醫生）。

一開始，Addison 融入參與這些實習醫生的日常生活，從她們的親身經驗角度，發展有關住院實習的深度理解。他不只在這些住院實習醫生周遭跟上跟下，也訪談她們的配偶，以及該等場域的其他人。此外，也閱讀「數量龐大的備忘錄、日程表和文件」（1992，頁 115）。

作爲「詮釋循環歷程」的一個環節，Addison 持續納入日益充實的理解，整合爲進一步的觀察與融入（1992，頁 116）。在不同的階段，他也和研究同僚分享持續進展累積的成果，此一做法幫助他得以「退後一步、反思，並質疑他的理解」（頁 119）。

Addison 的分析讓他一再回頭重新檢視主要研究問題：實習醫生如何順利熬過住院訓練，成爲合格家庭醫生。他的主要發現處理「適者生存」的主題，以玆統整其他的研究洞視，並且扎根在「住院實習繁複交織的衝突與矛盾背景」（1992，頁 122-123）。

現象學研究關注的不只是研究對象事件，還包括該等事件的政治、歷史與社會文化脈絡（例如：Miller & Crabtree, 1992，頁 25）。這類研究致力盡可能忠實貼近當事人眞實經歷的生活經驗，尤其強調以參與者自身用語來描述。以教育領域的現象學研究爲例，研究者可能會請參與者描述，在現實教育場域的學習情形（哪些情況有學會，哪些情況則沒學會），而不是設計人爲控制的實驗情境，來檢驗他們如何學習（Giorgi & Giorgi, 2009）。現象學研究抗拒「使用任何有關該等經驗的概念、範疇、分類系統，或反思」（Van Manen, 1990，頁 9）。本書第 3 章討論的「田野研究優先」選項即是強調，在開始投入新的質性研究之前的準備過程，先不要確認特定的研究問題，這種做法頗有助於達成類似前述的研究目標。

再者，現象學研究也抗拒類推，因爲如果抱持類推的意圖，可能會扭曲研究的關注焦點，無法適切聚焦事件的獨特性（Van Manen, 1990，頁 22）。連帶而言，研究者就有必要斟酌考量，是否要避免任何預先決定的研究方法，以免固定的程序可能導致「規則宰制研究的進行方向」（頁 29）。

或許我們可以用有限度的概括來代替這種二擇一（尋求定理或是認爲所有的人類經驗都是獨一無二）的情況。這種有限度的概括承認地方狀況的獨特性，同時在有限度的範圍內接受類推應用的可能性（Lincoln & Guba, 1985，頁 297）。但是，研究結果應該稱爲「暫行假說的類推」，而非鐵的準則（頁 297）。

§ 因果關係（是否可區分因果）

探討因果關係是許多研究領域的支柱，基本範例包括研究自變數和應變數的關係，決定是否可用因果關係來推斷兩者。雖然最終的推論並非十足準確，證明因果關係的先決條件是原因一定要在效果之前。

另外一派相反的意見認爲社會是以交互同步形塑（mutual simultaneous shaping）的基礎運作（Lincoln & Guba, 1985，頁 150-157）。在這個世界上，

> 每一件事都互相影響……任何行動都包含許多要素，而每個要素互相影響，同時產生外部觀察者所界定的結果。但是這種互動沒有方向性，不一定會產生特定的結果（Lincoln & Guba, 1985, p.151，原文重點）。

接受這種觀點的話就會質疑在社會科學中研究因果關係的效用。最極端的結論就是認爲著重因果關係是沒什麼用處的。

同時，有人提出新想法，直接研究因果的過程，而非探討有問題的推斷。新想法包括利用田野方法直接研究事件與行動的排列，探討其順序

或是同時性（例如：Erickson, 2012，頁 688; Maxwell, 2004, 2012; Miles & Huberman, 1994，頁 132）。這些研究聲稱自變數與應變數的關係是因果的出發點，而非首要的定義（例如：Donmoyer, 2012）。不同領域的學者對這種因果過程研究有不同的認定，政治科學稱此為過程追查（Process tracing, 例如：Bennett, 2010; George & Bennett, 2004; Harrits, 2011）；個案研究則稱為解釋建構（explanation building, 例如：Yin, 2014，頁 147-150）；一般則統稱為過程分析（process analysis, 例如：Anderson & Scott, 2012）。

這種過程探究有可能包含眞實世界的脈絡情境，而且強調事件的非線性、回歸流動（例如：Maxwell, 2012）。因此，過程探究的關係可能與自變數——應變數的因果呈互補，提供更多有用的資訊（Harrits, 2011，頁 153）。

直接研究因果過程還有一個好處：探究可以聚焦，指出特別有關的脈絡情境。有人建議將情境劃分成三個等級（Anderson & Scott, 2012），(1) 宏觀級：包括政治經濟與市場、文化準則；(2) 中間級：包括機構與組織；(3) 微觀級：包括某情境下的人。在質性研究中，若要適切地描述脈絡的話，就必須要包含兩個或以上的等級（Anderson & Scott, 2012，頁 681）。

§ 不同的世界觀

不同的世界關針對四大主題有不同的見解，通常稱為典範（paradigms, 例如：Christie & Fleischer, 2009）。例如：Lincoln 和 Guba 強調時間的實證主義（positivism, 一元現實、研究價值中立、尋求不受時空脈絡限制的結論、首重因果調查）與一開始稱為自然主義探究（naturalistic inquiry），後來稱為建構主義（constructivism, 多元現實、研究承載價值、受限於特定時空脈絡、因果不相關）不同。

隨著時間的過去，這種二分法已不太適用，取而代之的是採取中間立場的世界觀（例如：Tashakkori & Teddlie, 2010，頁 274; Teddlie & Tashakkori, 2009，頁 87-90）：(1) 實證主義的世界觀現在比較接受突發的狀況，而非固守原實證主義的類法律教條（例如：Johnson, 2009; Phillips & Burbules, 2000）——忍受一定程度的不確定性，取代專制主義觀點。此外，Guba 和 Lincoln（1994，頁 109）稍後承認 (2) 批判理論（critical theory）的世界觀乃中立的典範（批判理論假定一元現實——強烈立基於歷史上的權力關係，同時承認調查者的價值觀將影響探究本身）。Teddlie 和 Tashakkori（2009，頁

88）進一步擴充完善，指出(3)變革的（transformative）典範和(4)實用主義（pragmatist）的典範，兩者介於極端的實證主義和建構主義之間。

這四大典範界於原始的極端之間，帶來了漸變而非兩極的世界觀。雖然沒有達成共識，不過很多論點支持這樣的漸變（例如：Ellingson, 2013），而且至少這四大典範採用不同的世界觀，支持中間立場的存在。

變革的典範強調社會不平等與社會不公等議題的研究（Mertens, 2009，頁21-35），其他的則採用各種不同的量化與質性方法（Teddlie & Tashakkori, 2009，頁87-88）。實用主義世界觀的興起是傑出的中間立場（例如：Christie & Fleischer, 2009，頁26），無視兩個極端典範間的鴻溝，應用有關的定義與方法——讓研究有辦法進行與完成（Creswell, Plano Clark, Gutmann, & Hanson, 2003，頁186; Howe, 1988; Johnson & Onwuegbuzie, 2004; Morgan, 2007等等）。實用主義不會掉入「兩者取其一」的困境，認爲「可能有因果關係，但是……這些關係很短暫，很難辨識」（Teddlie & Tashakkori, 2009，頁93）。實用主義還尋求不受時空脈絡限制的理想，但體認到建立適用各種狀況的結果將會是個持續不斷的探究（Teddlie & Tashakkori, 2009，頁93）。

總之，中間立場（middle ground, Gubrium & Holstein, 1998）讓研究者有能力採取「多元視角」（Tashakkori & Creswell, 2008，頁4），追求「多元心理模型」（Greene, 2007，頁30），相容並蓄的研究各種社會現象。因此，中間立場的世界觀執行質性研究的適應性比極端的實證主義或建構主義強。換句話說，在從事質性研究時，除非必要，最好還是採用持中間立場的世界觀。例如：Ellingson（2013）提出利用中間立場的質性研究來完成某任務，這個任務挑戰研究者去「懷疑、尋找聽眾、有策略地選擇材料、考慮形式，見樹也見林、承認互相影響、注重細節、實用、擁有過程」（2013，頁24）。

本書詳述質性研究的步驟，我們不會期望讀者嚴格遵守這些步驟，只想指出有哪些選項可供選擇。這些選項可以讓你界定、定位適合你自己的世界觀，無論適中間立場或是極端也好。在很多情況下，不管所持的世界觀是哪一種，相似的方法論工具和過程會有相關。如果有相關的話，本書將指出這個選項較傾向於實證主義世界觀〔標爲實在論（realist）的假設〕或是建構主義世界觀〔標爲相對論（relativist）的假設〕。但是，本書還是比較傾向於中間立場，實用主義的世界觀。

本書的前提假設你確實有很好的理由來做質性研究。因此，本書不斷假定你應該已經有研究計畫或正在進行的研究。可能是長期研究的一部分（例如：請參閱【專欄 1.5】長達十五年的俗民誌研究），也可能是一年內可以完成的研究。

【專欄 1.5】橫跨十五年的墨西哥迪夸尼社區俗民誌研究

有時候，質性研究可能得花上相當長的時間。Robert Courtney Smith（2006）針對墨西哥迪夸尼（Ticuani）鄉村移民紐約市的俗民誌研究，前後就橫跨十五個年頭。

1988 年夏天，Smith 開始投入田野研究。「1991-1993 年間，數次前往墨西哥，每次爲期五至六星期；另外，也間歇在紐約市，進行俗民誌研究」（2006，頁 5）。隨後四年，他持續接觸主要資訊提供者。最後，再展開「第二階段，1997-2002 年的密集田野研究」（頁 5）。

這樣長時間投入研究的一個好處是，Smith 不只得以探索第一代移民，也能夠延伸至第二代移民。關於他的研究經驗，Smith 寫道：他得以「看到事情最後發展的結果，進而獲得更深入的洞察」（2006，頁 358）。

§ 研究範例說明

本書有許多專欄和研究範例，都是已經通過檢驗成功發表的質性研究（請參閱第 5 章、第 9 章）。因此，本書立基於一種歸納平臺（*inductive platform*），從實踐有成的質性研究歸納而出的結晶。讀者不妨可以如此觀之：這些研究範例代表了本書的「資料」，而本書就是立基於這些實徵證據，展開一場闡述「質性研究實踐：從開始到結束」的探索。質性研究往往採行「由下而上」的歸納取徑，由具體事件或歷程產生的想法，來驅動更寬廣概念的發展，而比較不是循著「由上而下」的演繹取徑。

除了專欄和研究範例之外，另外還透過四個展覽圖表，呈現資料陣列或討論，進一步示範闡明此種歸納平臺。第一個展覽圖表引導讀者注意建立「檔案庫」的重要性（附錄 A，第 3 章，B 節）。第二個展覽圖表展示數量頗多的質性研究，與其研究主題和資料蒐集單位層級（附錄 B，第 4 章，選項 3）。第三個展覽圖表展示個別研究的內容，顯示其廣泛的分析結構（第 9 章，A 節的展覽 9.2-9.4）。最後是藉由兩個具體的例子：【研究範例 1】示範說明質性研究最困難的部分——分析（第 8 章和第 9 章）；【研究範例 2】示範說明混合方法研究（第 12 章）。

歸納取徑可以幫助展示質性研究萬花筒的多樣面向。專欄和示範例子擷取自眾多學科和專業：社會學、人類學、心理學、政治學、管理學、社會工作、公共衛生、教育和計畫評鑑等領域。再者，質性研究也可以探討各種學門或領域內的重大公共政策問題（請參閱【專欄 1.6】）[8]。

【專欄 1.6】質性研究迎向美國政策重大轉向

二十世紀後半葉，沒有任何內政議題比社會福利吸引更多的關注。經過多年爭論，美國政府終於在 1996 年通過「福利改革法案」。

由於社會福利議題主要環繞在龐大的領受人數，研究主題很自然應用到統計分析，因此量化模式一直主宰此一議題的研究。不過，Sharon Hays（2003）則指出，質性研究能夠在許多方面，深入洞察社會福利領受人與社工官員的世界。

她的研究聚焦兩個城鎮的社福官員，研究結果呈現了多方面的田野資料，揭顯研究參與者領受社會福利之前的遭遇，以及他們受到福利體系如何的對待。最重要的是，她的訪談資料呈現了領受人生命的轉變歷程（接受社福之前、期間與之後）—這是只有質性研究能夠敘說的生命故事。

另外，Hayes 也以另類寫法來呈現研究方法。本書沒有單獨介紹研究方法的章節。取而代之的是，研究實作程序和各種反思提醒在適切的時機穿插於文本之中，另外還有大量補注說明的注腳（例如：頁 140-141, 244-245, 251）。

---

[8] 這裡的討論，沒有納入專業作家或新聞記者的研究，他們的作品雖然經常給人近似質性研究的印象，而且也涵蓋相當重要的議題，不過大部分都沒有研究方法論的說明討論。我們很難確定，這些作品是否有試圖想要仿效本書強調的質性研究實踐做法。基於這層理由，本書的專欄或研究範例不包含這類作品。

本書的目的不僅是要提出實施質性研究的全方位實作程序，也要提供具體例子，讓你可以視情況需求而直接參考應用。再者，要能夠充分發揮本書的效益，讀者最好是已經有些研究經驗，而不是完全沒有經驗的新手。換句話說，你可能是第一次做質性研究，但已經知道如何做其他類型的社會科學研究，而且也懂得如何批判檢視已發表的研究作品。

本章複習

請簡要陳述，下列關鍵術語和概念：

1. Participants in a qualitative study 質性研究參與者
2. Oral history 口述史
3. Original research 原創研究
4. Transparency 透明度
5. Methodic-ness 工法格律
6. Empirical research vs. empiricism 實徵研究 vs. 經驗主義
7. Worldview 世界觀
8. Epistemological location vs. epistemological similarity 知識論定位 vs. 知識論相似性
9. Objective reality vs. multiple realities 客觀現實 vs. 多元現實
10. Emic-Etic 在地—外來
11. Postmodernist view 後現代觀
12. Co-production of knowledge 知識的共同生產
13. Multicultural research 多元文化研究
14. Phenomenological studies 現象學研究
15. Multual simultaneous shaping 交互同步形塑
16. Paradigms (Worldviews) 典範（世界觀）
17. Positivism, naturalistic inquiry, and constructivism 實證主義，自然主義探究與建構主義
18. Pragmatism 實用主義
19. Middle ground 中間立場

20. Realist vs. relativist assumptions 實在論 vs. 相對論的假設
21. Inductive platform 歸納平臺

練習作業
質性研究者的自傳

寫二到三頁（雙倍行距）的自傳，想像這是你日後發表文章或出書時，可能附上的作者簡介。用自我推銷的方式來寫，想像你得以藉此尋求研究贊助。整篇草稿至少徹底重寫一次以上，力求條理通順。

自傳的開頭，請先陳述你是否有從事實徵研究的經驗。如果有，請寫出研究類型（是否屬於社會科學研究）、研究主題、資料蒐集方法。如果沒有，請寫出你為什麼會想做實徵研究，你的興趣和動機是什麼。

不論你有或沒有做過實徵研究，現在請引述若干關鍵經驗（例如：修過的某些課程、大學的課堂報告，或受到某老師的啟發鼓舞），用以說明目前支持你做質性研究的興趣高低，以及勝任能力水準。請注意，這裡的習作，儘量避免第 8 章與第 9 章練習作業可能寫到的自傳經驗。參考本章引述的若干研究例子，舉例說明，你會想模仿其中某些研究的哪些面向。

第2章

整裝上路——整備質性研究的勝任能力

要做好質性研究，需要具備某些勝任能力，包括：管理田野本位研究的能力，其中很重要的就是多管齊下的「傾聽」能力，並且知道如何提出好的問題。本章將會回顧這些和其他關鍵能力。此外，還要討論質性研究程序的實務做法，以便讀者進一步做好自我整備，順利運用於實際研究。

另外，任何研究者都應遵循倫理守則，這對於質性研究尤其重要。社會科學專業學會都有制定相關守則，以確保研究誠信。本章擇要介紹討論若干學會的研究倫理守則。最後，研究案還必須通過研究倫理相關的審核程序，通常是由機構或大學設置的研究倫理委員會負責審理。最後，本章描述介紹質性研究案如何通過審核，以及審核過程可能遭遇的挑戰。

質性研究不容易做，除了要有靈敏的頭腦，還得有貫徹始終的態度。研究主題不會平白從天而降，也沒有清楚界限，而且總有許多料想不到的轉折。此外，質性研究者還必須承擔主要研究工具的角色，個中嚴峻挑戰更是不在話下。

因此，必須具備特定勝任能力與素養，做質性研究才能成功。本章將討論這些素質，即使你已經擁有全部或大部分的該等能力與素養，瀏覽本章仍可幫助你綜覽掌握，以收溫故知新之效。

質性研究的勝任能力

本節學習重點

- 質性研究的六項基本素養。
- 哪些研究情境需要這些勝任能力。

研究者必須具備若干特定的技術能力，才可能有效運用本書陳述的研究程序。然而，這些技術能力都不是本節所要介紹討論的基本素養。質性研究者的基本素養包括六種勝任能力，分別為：(1)「傾聽」；(2) 提出好問題；(3) 明瞭自己的研究主題；(4) 關照你的資料；(5) 兼顧多重任務；(6) 持之以恆的毅力。這些勝任能力超越任何具體的技術能力，就此而言，本書稱之為基本素養。

上述基本素養，你多少應該都已經具備了，需要挑戰的是進一步發展和加強練習，以達到更理想的水準。參加培訓、自我訓練、模仿前輩良師或楷模，這些策略都可以增強你的整備實力。

§「傾聽」

傾聽作為基本素養能力，有許多不同的形式。傾聽並非侷限於聽覺方面的能力，更要求投入直覺在內的多種感官知覺。舉例而言，當你在打量某些人的時候，可能就會開始「傾聽」，比方說，他們的心情，或是預期碰面之後，他們可能表現的友善或冷漠態度。再者，當你與人交談，你可能會注意對方的身體語言和語調，其重要性可能不下於談話的實質內容。最後，傾聽他人說話，而不是強勢主宰對話，往往可以產生有益的洞察，深刻領會別人真正的想法。

這種能力可以說是無聲的，就像閱讀測驗裡的「內部認知過程」（Berkeley & Barber, 2014，頁 1），質性研究需要的傾聽能力，是要能夠接收大量有關環境的資訊，特別是關於環境裡面的人。接收途徑可以是直接的，也可能是推論的。俗話說的「言外之意」（文書資料），或「弦外之音」（口語資訊），都是和傾聽有關的能力。因此，質性研究在田野工作時，總是需要懷疑是否有言外之意，從而揭顯參與者的動機、意圖，或更深的涵義。你越擅長此道，就越有可能成為優秀的田野研究者。

「傾聽」的能力也涉及視覺管道，要能夠敏於察言觀色。基本上，這需要具備一定程度的覺察能力。例如：你應該知道，你自己的視野寬窄程度；或是知道，自己是否能夠像其他同行者，無需轉頭就能輕易注意到對面街道的動靜。你也應該清楚，你掃描人群從中找出特定人或物的效率高低程度。這些覺察能力，再結合你對於視覺訊息（特別是他人的手勢、姿態、身體語言和其他行爲舉止）的敏銳度，能夠幫助你建立觀察入微的能力。

觀察入微的能力包括：掃描物理環境與社會環境的技巧。地位的象徵、醫生辦公室的地位象徵符號、校園內學生作品的展示、社區環境的良好或惡化，如果你的研究涵蓋諸如此類的環境觀察，那麼觀察入微而取得的線索，都可能傳達重要的訊息。

- 例如：有關閱讀素養的田野本位研究發現，低收入社區公共環境的標誌和文字展示數量，少於中等收入的社區（Neuman & Celano, 2001）。這項研究聲稱，低收入社區除了缺乏公共圖書館，公立學校提供的閱讀相關課程也相對乏善可陳，再加上街道和公共場所普遍缺乏語文視覺訊息，如此文化貧瘠的環境，顯然更加不利於閱讀素養的改善。

你也可能傾聽社會環境中，其他的非視覺線索，包括「時間」或環境的「急緩步調」、寧靜或騷亂、對話的語氣和聲調，還有環境當中感覺存在的緊張壓力。你可能不能精確測量諸如此類的線索，但是忽略不顧可能也不是好主意。

§ 提出好問題

雖然，質性研究資料很多都是經由傾聽而獲得；不過同樣重要的，提出好問題，也可以取得許多有用的資料。如果沒有好的問題，你可能會蒐集一大堆無關緊要的資訊，但是卻缺少關鍵的資料。因此，即使你想成爲好的傾聽者，但這並非意味著你必須完全被動，也不代表你在訪談時，除了回應「嗯……嗯……」之外，只能保持沉默不語。在成爲好的傾聽者之外，你也需要懂得如何提出好的問題。

如果，你眞的有天分，很擅長提出好問題，你會發現自己很難按捺不問。比方說，在對話模式的訪談當中，你可能會想要保持禮貌，時而加入對話，以免對談者感覺被冷落；但是，你也可能會發現自己一再克制提問的衝動，就怕問了太多問題，而打斷參與者，或是更糟的，暗示參與者談話的線索。不過，等到訪談結束之後，你也可能又會想到某些該問而沒問的問題，而感到懊惱不已。

同樣地，想像你正在閱讀研究主題相關的報告。提出好問題的天分高低，也會反映在你閱讀報告時自我提問的情形。好的問題可能涉及報告的實質內容，但也可能促使你關注報告的準確性和可信性。當你閱讀報告時，你也可能提問該報告和你蒐集的其他來源資料之間的關係。最後，諸如此類的問題會產生兩類筆記：關於閱讀實質內容的筆記，以及關於你提出的問題的反思筆記。

好問的人通常都有一顆追根究柢的心，對方的回答往往會促使他們想到而提出進一步的問題，一來一回，很自然就變成一連串的問題。相反地，你可能會發現，有些人花了很多時間談論自己的經驗和表達自己的意見，而不是提出需要參與者回應的問題。如果，你是傾向後一種類型的人，你可能會很難做好質性研究。

§ 明瞭自己的研究主題

在各項勝任能力當中，很重要的就是要明瞭你的研究主題。很多人認爲，對於質性研究者而言，主要應該是明瞭研究的田野場域和參與者。不過，這些人忽視了一個事實：研究者選擇的研究主題很可能是先前有人研究過的主題。就此而言，要明瞭研究主題就有必要先去認識該等研究的發現，而不是侷限於認識研究的田野場域和參與者。

要充分明瞭研究主題，你必須追溯相關研究，包括該等研究使用的方法論。目標是要避免因疏忽而重複或重新創造。你甚至可以學習到值得仿效的研究程序。再者，先前研究的洞察見解也有助於減少你不當詮釋研究資料的可能性。

如果，做不到全面性的文獻回顧，至少要做選擇性的文獻回顧（請參閱第 3 章，C 節），這不失爲認識先前研究的好方式。你需要檢索研究文獻，閱讀並熟悉和你研究主題有關的實質議題。你可以先檢索最近發表的論文、博碩士學位論文，以及自己大學或研究機構同僚發表的研究報告。比方說，你可能會想要快速知悉，你自己系所或研究機構的同僚，最近幾年是否完成了某相關聯主題的研究。

如果，你擔心做了文獻回顧，可能導致過早就限制了研究的範疇和概念，因此選擇不做文獻回顧，而選擇「田野研究優先」的取徑（請參閱第 3 章，D 節），你還是可以做一些準備工作，以便初步熟悉你的研究田野場域和參與者。你可以使用網路的谷歌搜尋地名、團體名稱、人名。大量閱讀維基百科各種相關主題的文章。請教了解該等田野場域的人士。只要你保持開放的心態，儘管這些資訊可能沒有研究基礎，仍然可以幫助你概略了解研究主題。不過，你也得做好心理準備，因爲該等來源雖然可能讓你增廣見識，卻也可能包含誤導的資訊。

§ 關照你的資料

每個人可能都曾經有過痛失珍愛私物的慘痛經驗。對於質性研究者而言，研究資料也有著同樣禁不起丟失的無價地位。就此而言，相關的勝任能力就是要有超級的敏感度，能夠妥善辨識與關照你的資料。對於各種筆記、電子檔案、硬碟檔案，都要妥爲保護，不可掉以輕心。如果資料還包括文件或文物，你也應該小心處理。

研究資料，特別是質性研究的田野資料，需要特別注意和保護。比方說，對於你的田野筆記，你不應該容忍雜亂無章的記錄方式，或草率馬虎的管理。在田野記錄筆記時，你可能使用不同尺寸的紙張，有時候，甚至被迫在紙張前後兩面都擠滿黑鴉鴉的筆記，這樣的筆記處理起來當然是很讓人傷腦筋的。只要有可能，你應該儘早把這些筆記整理好，或是參考第 7 章討論的方式予以改進。你甚至可以考慮影印建檔的方式，將尺寸不一的筆記統整成爲相同大小和單面的檔案。然後，將複製的副本和原始筆記正本分開保存。

同樣地，每次儲存筆記的電子檔案時，你也應該建立備份。在理想的情況下，檔案應該不要存放在同一部電腦（例如：可以考慮使用隨身碟，或可攜式硬碟），這樣可以避免日後如果遭遇電腦硬體或軟體故障，連帶損及你儲存在裡面的筆記。同樣地，當你錄音的時候，也應該儘早複製備份，並且和正本分開保存。

處理資料時，再多的謹小慎微也不嫌多。有些東西就算失去了，還有可能換新的取代；不過田野筆記一旦丟失了，就永遠沒辦法取代。你不可能複製原始資料產生時的確切情境。比方說，想像一下，你如何可能和與談者重複一模一樣的對話。對話不可能相同，而且當你承認自己搞丟了原始對話紀錄，難保對方不會因此懷疑你的研究態度甚或能力。

文件資料也可能有類似的情況。在一開始，你應該就確定，文件是否能夠複製。如果不能，或是你不希望隨身攜帶大量文件，那就需要在田野現場做筆記。這些筆記也應該獲得你最仔細的關照，因爲你有可能再也沒機會進接相同的文件。同樣地，對於老舊或殘破的文件或史料，更應該小心保護，最好能夠用封套或文件夾存放，並且附上標籤。

§ 兼顧多重任務

質性研究要做的事不會分批次、循序排隊而來。你難免會同時遭遇多重任務的挑戰，而且很多時候，往往不是你可以直接控制。錯綜複雜的糾葛情形，和刻板印象的「板凳」科學家有頗大的差異，你可不是專心處理資料或數據，按部就班解開技術難題，就可以勝任完成質性研究。

某些多重任務在先前已經有討論過了。比方說，你要懂得做好田野觀察，還得同時兼顧田野筆記。初看之下，這和開會同時還得做筆記，似乎沒有什麼不同。但是，你別忘了，其中還是存在很重大的差別：你往往必須在相當長的時間裡，同時兼顧多重任務。在這種情況下，疲勞和需要休息就可能產生問題。有時候，你方才放下筆記，準備休息，意想不到的事情就發生了，需要你即時處理。總之，做田野研究時，你或許會發現，只有離開了田野，回到自己私人空間，才可能有眞正的休息。

其他的多重任務同樣可能讓人接應不暇。比方說，研究設計、資料蒐集、分析、結果討論乃是遞迴關係，而不是線性關係。這種循環反覆的關係意味著，在蒐集資料的時候，你同時也需要考慮該等資料對於日後分析程序的影響，比方說，你可能需要決定，是否需要蒐集更多的資料，來證實或強化蒐集到的資料。

最後，再舉個例子：這是在最簡單的層次，兼顧質性研究的多重任務：傾聽參與者講述某項重要事件；注意所有關鍵環節，以及反映參與者異文化環境的諸多幽微細節；保持傾聽的禮節，讓參與者知道你關心他或她在說什麼；做筆記；思索接下來最好應該追問什麼問題。一旦你能夠掌握如此的情況，你就可以放心了，因爲你確實已經鍛鍊成功兼顧多重任務的特殊能力了。

§ 持之以恆的毅力

「毅力」含括多樣個人素質，多半和堅持的能力有關，有助於支持對抗質性研究過程難以避免的挫折、不確定，甚至不愉快。因爲研究的是現實世界的事件，難免會遭遇出乎意料的阻力和挑戰。再者，也需要因應尷尬或棘手的人際困境。

即使面臨困境時，毅力讓你還能堅持到底。當然，如果眞的難以爲繼，建議你最好還是忍痛放手，不要再硬撐下去。不過，在決定放手之前，還是應該向其他人（例如：同事和指導教授）虛心請教。只是絕大多數的研究，不太可能發生難以爲繼的極端困境。萬一不幸遇到了，還能堅忍不拔，竭力克服，往往就能成就卓越不凡的研究成績。Annette Lareau（2011）研究團隊完成的田野研究，就是個中佳作（請參閱【專欄 2.1】）。[1]

B 田野研究的管理能力

本節學習重點

- 田野研究涵蓋極為廣泛，不只需要克服技術上的挑戰，還需要有管理的能力。
- 規劃保留充裕時間，以因應田野研究可能遭遇的挑戰，以及預估後續需要採行的步驟。
- 多人合作田野研究的各種模式和個中關係。
- 開始真正研究之前，三種練習研究技巧的方式。

---

1 譯者補注：簡體字中譯本書訊：Annette Lareau（2003），張旭（譯）（2010）。《不平等的童年》（*Unequal Childhood: Class, Race, and Family Life*）。北京：北京大學出版社。

中譯本內容簡介：本書以內容豐富的故事情節和極富洞察力的生活細節，考察了書中那些貧困家庭、工人階級家庭、中產階級家庭及富有家庭孩子在學校和在家裡的生活，頗具思想性地展示了不同社會層級的人們占有不同的資源，這種不同表現在日常生活中養育子女的點滴例行活動，並有可能對孩子產生巨大影響，增益或減損他們獲得更高社會地位與實現美國夢的機會。

【專欄 2.1】克服田野研究的嚴峻挑戰

這項研究聚焦十二個家庭，Annette Lareau 探討「家長的社會階級對於兒童生活經驗，無形之中產生的強大影響」（2011，頁 3）。研究檢視「放學後，兒童如何消磨課後時間，以及家長是否與如何安排孩子的課後時間」。

首先，研究人員取得校方的許可，展開三年級的教室觀察研究，和學生熟悉之後，並採訪了許多家長，進而獲得家長的同意，前往學生家裡進行居家研究。每一個家庭由一位研究人員負責訪談，爲期一年，總共訪談二十次左右，每次都刻意安排不一樣的時間。Lareau 在研究報告中寫道，這嘗試徵求學生家長同意居家研究的過程，真的是「充滿了難以想像的壓力」（2011，頁 351）。

此外，家庭場域的觀察也有不一樣的嚴峻挑戰，比方說：需要克服前幾次造訪的尷尬（2011，頁 355）。一旦身處家庭場域，田野工作者還必須學會既來之則安之，懂得忍住衝動，不要介入該等家庭成員的「叫罵、酗酒、情緒爆發，以及對小孩打罵管教」（頁 353）。田野研究工作包括：和參與者家庭共餐，這意味著，即便有些食物可能「食不下嚥」，仍然得硬著頭皮，盡情享用（頁 354）。這項研究不但有豐富的研究發現成果，而且詳細介紹了諸如此類的研究方法論議題，無怪乎，在社會學領域廣受讚譽，並且獲得許多崇高獎項。

要勝任質性研究的諸多挑戰，除了擁有前述的個人素質和能力之外，還需要有管理田野研究的能力。

田野研究種類涵蓋極爲廣泛。你可能以參與觀察者的角色，投入現實世界場域（請參閱第 5 章，E 節）。做這樣的研究需要有所體認，「田野場域」的事件自然是不受研究者控制的，也不會有人希望有如此不自然的人爲控制。因此，田野研究者必須克服的管理挑戰，就是要擁有一定程度的紀律，但同時又得避免干擾田野自然發生的事件，還要能夠容忍偶爾出現的高度不確定性。

另外，質性研究也可能由一系列的開放式訪談組成（請參閱【專欄

2.2】）。請注意，這種訪談很有可能不同於開放式問卷調查。

【專欄 2.2】開放式訪談的質性研究

質性研究的主題並不必然是研究者觀察或人際互動的「田野場域」，有不少質性研究可能由一系列的開放式訪談組成，之所以稱爲質性研究，乃是因爲感興趣的是受訪者的話語和想法，而不是數量化的反應。

比方說，Kathleen Bogle（2008）關於校園「約炮」（hooking up）的研究就是很好的例子。此項研究訪談兩所大學，76 名學生及校友。每次訪談 1-1.5 小時，錄音存檔，並且承諾受訪者適當的匿名保護（頁 188）。

研究報告選擇大量呈現 Bogle 和受訪者之間的短篇對話（類似電影劇本的對話）。每則對話用來代表闡明一項重要的主題，揭顯受訪者關於該主題的資訊和觀點。這些對話就構成研究的實質資料。

請另行參閱【專欄 11.5】。

質性取向的訪談研究通常採取對話模式（進一步解釋，請參閱第 6 章，C 節）。這種訪談可能持續頗長時間（例如：2 小時），目標是鼓勵參與者有足夠的時間和機會，用自己的話來重建個人經驗和現實。基本上，這樣的訪談不太可能採用預先擬定的問卷調查模式。相對地，許多可能採取三階段的深度訪談模式，亦即在三個不同的場合訪談同一個人：第一次訪談，參與者的生命史；第二次訪談，涉及研究主題的事件；第三次訪談，參與者針對該等主題，以個人經驗爲基礎，反思意義（Seidman, 2006，頁 15-19）（李政賢／譯，2009，頁 23-40）[2]。

管理這樣的訪談研究，涉及徵求參與者，以及找尋適宜的訪談地點，通

2　譯者補注：中文譯本書訊：Irving Seidman（2006）；李政賢（譯）（2009）。《訪談研究法》（*A Guide for Researches in Education and the Social Sciences*）。臺北市：五南。關於三階段的深度訪談模式詳細討論，請參閱第 2 章〈現象學深度訪談的結構〉。

常是選擇受訪者便利的場地（一般就是受訪者的住處）。比較不好的地點，就是要受訪者大老遠趕往研究者方便的場地（例如：研究者的辦公室）。

在許多質性研究當中，可能需要同步進行參與觀察和訪談，因此管理上的挑戰還會變得更加複雜麻煩。

§ 投入時間預先設想

在這些情況下，要達到良好的管理可能需要抱持一種矛盾的態度。一方面，你會希望，事件能夠在田野場域自然開展；但是另一方面，你也應該確保，你有準備好能夠順利應付該等事件自然開展，連帶可能發生的意外狀況。

在這方面，不久前一位著名的管理顧問和暢銷書作家 Stephen Covey（1989），定義了涵蓋各種研究工作的 2x2 矩陣。雖然這個矩陣的應用不限於田野研究工作，但似乎特別有助於了解如何管理田野研究。在矩陣的一個維度，研究工作可分為緊急 vs. 不緊急；另一個維度，則是分為重要 vs. 不重要（請參閱【展覽 2.1】）。總共可區分為四類型的工作。

展覽 2.1 **Stephen Covey（1989）時間管理矩陣（略有刪節）**

	緊急	不緊急
重要	第一類 危機、迫切問題、截止期限緊迫	第二類 預防、計畫、尋找新機會、建立關係
不重要	第三類 中斷：來電、電子郵件、會議；報告	第四類 瑣事、公事、消磨時間、休閒活動

這個矩陣有助於了解，高壓工作會發生什麼事情。許多研究任務都不可避免地屬於緊急且重要的第一類。更有甚者，有些人還可能把不重要的任務當成緊急的事務，而使得情況更加麻煩，比方說，忽略了某些即將屆臨期限的工作，卻趕著去完成不重要的任務（第三類）。

Covey 指出，一天當中，如果有較多的迫切任務，尤其需要安插休息和休閒活動（第四類），以便適時恢復精神能量。比方說，在田野場域悠閒用餐，刻意讓自己不去思考研究工作。

這樣的結果就是減少，甚至徹底消除，投入處理重要但不緊急任務（第二類）的時間。換句話說，如果你允許時間消耗在第一類、第三類，和第四類的工作，你可能因此失去機會，沒能投入時間去計畫、重新評估、建立更好關係，或做其他重要的任務。因此，如果你滿心只想著要處理當務之急的事務，很可能會導致你無法預測新的事件，也可能錯失了意料之外的機會。

因此，這個矩陣有助於研究者看清楚，在田野如何保留足夠時間，抽空思索下一個步驟，並考慮各種不同的選擇；換句話說，讓你有時間可以停下來，做計畫。如果沒有這樣的計畫，你就很難在事情發生之前，預先準備你該如何採取下一步的行動。相反地，你只能看著事件不斷冒出頭，然後疲於奔命地在後面收拾。

§ 田野團隊管理

大多數的田野研究，無論是參與觀察，或訪談，多半由研究者個人獨立完成。在這種情況下，田野研究涉及的主要管理挑戰就是自我管理和自我控制的能力。

然而，有些質性研究則可能涉及多人團隊來負責田野研究工作。團隊成員的角色和獨立研究者有所差別。

如果研究團員的角色要求比較簡易，可能只是陪同主要研究員，但不負責執行任何正式的研究功能。有時候，可能需要顧慮人身安全，比方說，女研究員前往年輕男子的家裡訪視或是夜間訪談（例如：Royster, 2003）。另外，也可能需要考量文化層面的問題，比方說，在私下場合，和異性對象進行單獨訪談，可能會讓某些文化背景的人士感覺不恰當，甚至可能損及研究人員在田野場域的地位（例如：Menjivar, 2000，頁 246-247）。

如果研究團員的角色要求比較嚴峻，那就需要特別培訓，以便勝任分配的研究任務，以及因應諸如反身性威脅的問題。比方說，主要研究人員可能會擔心，性別、年齡、種族差異可能會導致訪談扭曲失真。如果能有不同背景組合的研究團員，分配執行訪談任務，或許有助於解決前述問題（請參閱【專欄 2.3】）。

【專欄 2.3】開放式訪談質性研究的理想研究團隊合作

Pamela Stone（2007）研究探討上班族婦女爲何放棄職業生涯，留在家裡照顧家人。這項研究涵蓋五十四次的採訪。除了描述這 54 個受訪者、訪談的場域、訪談博多稿，以及其他研究程序，該研究還包含三頁的表格，編號表列每位受訪者（假名），並提供重要的人口統計學資料。

由於研究者本身是爲人母的職業婦女，而受訪者則是放棄職業生涯的家庭主婦，因此必須處理反身性相關威脅。由研究者訪談其中 46 位參與者，另外安排研究生助理訪談其餘 8 位參與者。助理年紀比較輕、沒有工作，也沒有生養子女。透過如此設計，研究者可以比較兩種不同組合的訪談結果。仔細檢視之後，Stone 發現：「我自己和研究助理分別做的訪談之間，浮現了若干顯著差別的主題」（2007，頁 251）。

另外，當研究範圍太廣泛，單一研究者不足以有效勝任時，也可能需要組成研究團隊。典型的情況是涉及多個田野場域。爲了消除跨田野場域蒐集資料可能衍生的時間或季節性差異，可能需要透過設計安排在相同時間內蒐集資料。在這種情況下，主要研究者將需要培訓一個或多個協同研究員，分別負責不同田野場域的研究任務（請參閱【專欄 2.4】）。

即便不是多重場地的研究，也有可能需要完善培訓的研究團員。比方說，可能需要若干研究團員，針對同一場地，蒐集大量深度資料。在最縝密複雜的研究案中，整個研究團隊可能建立田野辦事處，並且進駐一年或兩年（例如：Lynd & Lynd, 1929）。資料蒐集可能不侷限於田野觀察和訪談，也包括問卷調查，以及檔案和文件資料的檢索和檢視。

再者，比較不那麼縝密複雜的研究案，即便沒有建立田野辦事處，整個團隊仍然可能攜手合作，很長一段時間。和前面例子一樣，資料蒐集的活動也可能相當多樣，範圍也可能頗爲廣泛，例如：150 人的生命史（例如：請參閱【專欄 2.5】）。

在前述的研究例子中，研究團隊同僚以協同合作方式，在多重地點或單一地點蒐集資料，當中很關鍵就是團隊研究的管理：(1) 團隊可能會要開發和使用共同的田野博多稿來蒐集資料（請參閱第 4 章，選項 7，討論的田野

【專欄 2.4】多場域團隊田野研究

經典的田野研究，通常是由單一研究者在單一地點進行研究，這種做法仍然主導大多數的質性研究。

另外還有一種做法，則是由多元研究者在多個地點分別進行研究。比方說，本書作者涵蓋紐約市七個街坊的研究（Yin, 1982b），就是採取這種做法。多個田野研究者分別在不同街坊花了三個月，參與觀察街坊居民生活，以及包括消防、警察治安、衛生和法規執行等市民服務事項。

該設計的主要好處是，涵蓋了多個不同性質的街坊，有助於進行對照比較，並且從街坊住民的角度，得出有關市民服務的結論。這種設計的一個主要挑戰在於需要協調田野研究成員，以及規劃實施訓練他們的共通培訓程序；再者，也需要交換各個街坊田野研究蒐集到的資訊，以便全面進接各個街坊生活和市民服務的獨特脈絡。例如：相對於大量廢棄屋舍的街坊，車輛太多而經年累月並排停車問題嚴重的街坊，兩種街坊可能就有迥然不同的環境。研究倘若只限於單一街坊，可能就無從凸顯這類差異情況。

請另行參閱【專欄 11.2】。

博多稿），以減少不必要的分歧；(2) 團隊可能需要在田野研究期間，定期召開會議，協調合作事宜（例如：Lareau, 2011，頁 354）。研究團隊主持人的領導顯得至關重要，以確保能夠有效管理，順利推動團隊研究。

§ 實作練習

研究可視為某種形式的學術工作。在過往的年代，「做研究」可能意味著，坐在圖書館裡，檢索和爬梳圖書資訊，這類埋首鑽研典籍的勞心工作或許可以做出令人尊崇的學術成果。不過，目前的時代，做研究也可能代表，透過實驗或是在現實世界場域，蒐集書本以外的資料。就此而言，研究不再只是傳統意義的學術工作，也是一種帶有入世精神的社會實踐。這種實踐可以透過更多的「練習」，而達到更好的結果。在此，本節的主題就是要討論，如何透過練習來充實質性研究的實作能力。

【專欄 2.5】研究團隊蒐集田野資料

Katherine S. Newman（1999）帶領一群「博士生」研究團隊（頁 xvi），投入紐約市哈林區二年，聚焦研究貧窮勞工，其中 200 人受僱於「四家大型連鎖速食店」（頁 36），另外 100 人則是「同一時期，曾經到前述餐廳求職，可是沒被錄用」（頁 36）。

研究團隊蒐集了田野資料如後：前述 300 人的問卷調查與訪談，外加四家速食店管理人員和雇主，150 人的生命史，每則投入三至四個小時才能完成；密集資料蒐集 12 位速食店工人「近距離跟上跟下，如影相隨…… 」（1999，頁 37），前後長達一年左右時間，而且不侷限於工作職場。最後，團隊的研究生也在該等速食店工作了四個月。

正如 Newman 指出，「從四面八方湧來的豐富詳實資料，以此爲基礎，描繪出黑暗美國歷史首都，速食業中這群賺取最低基本工資的黑人勞工畫像」（1999，頁 37）。

只不過，最好的練習往往是親身經歷質性研究。然而，明白這一點並無助於了解如何開始做第一次的質性研究。所以，你或許只能透過試行個別的關鍵研究程序，來達到練習的效果。

使用本書的練習作業

本書提供了一些作業，可用來練習這些研究程序。首先，可能就是直接關係到蒐集田野資料的程序，包括如何交叉檢查不同來源的資料（第 6 章【練習作業】）。

這些練習作業通常只要求你完成單項的簡單任務，例如：檢視單一文件、訪談一個人。當然，你還可以進一步提高自我挑戰，練習檢視多份文件、搭配訪談若干人。爲了得到最有效的練習成果，你應該自我評估，前後幾次練習之間的變化或進步情形。

比方說，在練習訪談時，你應該同時養成傾聽、提問和做筆記的能力。理想的情況下，你將能夠開發出讓自己感到得心應手的例行研究程序。除了自我評估外，他人觀察你的練習實作也可以提供反饋，並發揮很大的助益。

試行研究

試行研究（*pilot study*）可以幫助測試、改善正式研究的某些層面，例如：研究設計、田野研究程序、資料蒐集工具或分析計畫。就此而言，試行研究也算是提供了練習機會。

透過試行研究，還可以幫助了解後勤事務（例如：執行若干特定研究程序可能需要花費多少時間），乃至於實質的研究事項（例如：研究問題的改進）。不管試行研究目的是什麼，都有必要讓研究參與者需要知道，他們正在參與試行研究。你可能會感到驚訝，他們可能會更願意參與試行研究，因爲你可以針對他們量身打造研究設計，以配合他們的特殊狀況。

比方說，參與者可能希望外來者針對他們自身經歷的迫切問題，提供回饋意見。參與者甚至可能會要求，你在試行研究結束後，給他們一份簡短的書面報告。同意配合這些需求，將有助於更容易安排試行研究。

找到動機

做質性研究的動機是可以透過練習而提高的，而且也是裝備自己研究能量的最後一個重要項目。如果，你是基於某些動機，才開始投入質性研究，那麼諸如提高競爭的動力應該會有所幫助，例如：可以設定較高的期望，激勵自己超越其他研究者的相關研究成果。

如果，競爭的想法不適用於你的情況，另外還有一種方式可以提高動機，就是期許自己能夠從質性研究獲得滿足。請記住，質性研究提供你機會，得以研究眞實世界場域，從而能夠廣納貼近現實的多樣化研究主題。提醒自己，做質性研究能夠獲得的知識。回顧其他研究人員充滿價值的研究經驗，其中許多是在他們各自領域備受尊崇的質性研究實踐前賢。

最後，在決定投入質性研究之前，你或許還會想對質性研究有更多的了解。就此而言，你可以直接跳到第 5 章。這一章聚焦介紹田野研究的實作經驗，你可以從中認識，質性研究者如何實際從事田野研究。我們的目標是跳脫初期可能對於質性研究的憧憬或遐想（請參閱第 1 章，A 節），腳踏實地認識田野研究事務，包括其他研究者面對的諸多挑戰，以及他們發掘的各種補救措施。

在開始投入研究工作之前，除了練習研究能力，以及提振動機激勵自己，接下來要討論的研究倫理也是非常重要，當然也是質性研究者應該努力自我裝備的素養。

 確認你的研究透鏡

本節學習重點

- 產生研究透鏡的來源。
- 質性研究中，研究者身為主要的工具，重要性不可言喻。

在準備田野研究的過程中，無可避免地會受到自己的偏見、偏好與選擇等因素影響。舉例來說，不管你多麼努力試著要當個好的「聽眾」或是提出好問題，還是可能沒有全盤「聽」清楚或是將所有必要的資訊問個明白。有時就是單純的疏忽；比較難體認到的是，沒有「聽見」是因爲自己從來沒有這麼想過——可稱爲「認知差距」。這種差距不僅跟沒經驗有關，還跟自己的角色相關（例如：性別、文化、世代或個性）。這些特性，包括受限於某學門框架的思考方式（可稱爲學門承載，discipline-bound）構成研究者的研究透鏡（research lens）。

在質性研究當中，田野研究者的角色功能就是作爲資料蒐集的主要工具。儘管質性研究偶爾也會運用物理測量儀器、實驗程序，或問卷，但這些都不會是主要的工具。大多數情況下，研究者無可避免擔任主要研究工具，這是因爲重要的現實世界現象，譬如：質性研究經常討論的主題「文化」，只能透過研究者觀察行爲，或是與人交談，從而推論揭顯，不可能透過外部儀器直接測量（Spradley, 1979，頁 7）。

透鏡的複雜性延伸到抽象思考，超出你的知覺或語言範圍。你的世界觀可能會替質性研究方法增添色彩。如何分類、選擇性地著重於某些議題等都代表你的抽象思考。「厚描述」（thick description）—這個詞的創始者一般都認爲是 Clifford Geertz（Geertz, 1973）；不過，根據 Clifford Geertz 本人的說法（頁 6-7），其實應該歸功於 Gilbert Ryle（Ryle, 1949）。質性研究之所以熱衷追求「厚描述」，部分原因就在於希望藉此揭顯，或至少提高，個人覺

察該等選擇性與先入為主的範疇（Becker, 1998）。一般而言，描述如果越厚實，選擇性的分歧就可望減得越低。

除了厚描述之外，其他可取的田野實踐做法還包括：「在和那些可能刺激自己的事物正面對峙時，設法免於沿襲老掉牙的範疇、研究主旨宣言，以及問題解決方式。」（Becker, 1998，頁 85），以及「確認可能顛覆你的想法的個案〔負面反例〕，並且致力找尋之」（頁 87）。不過，不論正面對峙有多成功，最後分析難免還是會涉入研究者自己的透鏡。主要的折衷包括試著了解所有的透鏡，在進行質性研究的過程中，解釋透鏡的可能影響——例如：詮釋研究成果。

因為質性研究中，研究透鏡和研究者的角色非常重要，因此這個主題將反覆出現在本書。此外，第 3 章（D 節）也會討論到如何利用研究透鏡開始進行新的研究；第 5 章（E 節）說明研究透鏡和參與者觀察（這種田野方法對於研究透鏡特別敏感）的關係；第 11 章（D 節）將會討論如何陳述反思自我（*reflexive self*）。

 設定與維持研究倫理標準

本節學習重點

- 範例說明，分析研究資料過程如何可能出現倫理挑戰。
- 社會科學專業應該秉持的倫理準則。
- 使用披露的方式來展示你的研究誠信。

作為研究人員，不只在任何一次的研究過程，乃至於整個學術生涯中，都需要堅持一項關鍵的個人特質：強烈的倫理意識。研究人員，特別是質性研究人員，擁有強烈的倫理意識，乃是非常關鍵的個人素質，因為在研究過程中無可避免會面臨許多攸關倫理的抉擇。（倫理精神遠超過保護研究參與者的具體程序，本章最後一節將會探討這項主題。）

§ 範例說明倫理挑戰：公正檢視你的所有資料

例如：在做研究時，其中最重要的選擇就是涉及決定，什麼資料一旦蒐集之後，就要納入分析。誠如第 1 章的討論顯示，建立可信賴度和可信用度的首要目標，是盡可能以透明化的方式，來呈報研究的程序和資料，然而若干資料總是沒有納入分析與報告。

就表面來看，會發生這種情況乃是因為，不可能分析所有蒐集到的資料。同樣的道理，期刊的篇幅限制也使得不可能完整報告所有的資料。即使是篇幅較長的作品，諸如書籍或博士學位論文，依然有其侷限性。研究者照理應該處理所有的資料，然而，有些研究人員是否也可能因為某些資料沒有支持他們的研究主要命題，而有意無意忽略了該等資料？

沒有人會毫無理由就排除這些負面反例。在本書稍後的討論中（請參閱第 4 章，選項 2），我們可以見識到，這樣的負面反例其實是備受重視的強化研究嚴謹度的方法，甚至還可能導致修改原始的研究出發前提。而且在研究當中，確實可能發生排除資料的情況，甚至在實驗研究中，也可能有如此的情形。比方說，某位實驗受試者可能表現出不合作的表現，或是某幾次實驗結果出現明顯不規則的情形，諸如此類的情況產生的資料（或數據）可能就必須予以排除。實驗資料被忽略可能是因為程序出了狀況，或是由於結果與實驗假設相左？

在做質性研究時，類似情況也可能會出現，比方說，受訪者如果明顯缺乏可信度，該筆訪談資料就可能必須剔除。不過，真正的原因是該位受訪者不可置信，抑或是由於他或她與研究者信念有所落差？換句話說，即便不是強詞奪理排除某一特定的資料，研究者可能也會找某些藉口來自圓其說。

為了避免這種偏差，需要有強大的倫理標準。你必須在開始研究前，設定明確的規則，清楚定義有哪些情況出現時，蒐集到的資料必須排除，不可以用來分析或做其他用途。然後，你將需要監控自己的工作，並且切實遵循自己設定的規則。

比方說，設定一個實用的決策架構，涵蓋明確的準則，說明哪些特定情況出現時，再參照你的直覺、規則、原則、理論和價值觀的判斷，應該有助於做出資料排除與否的決定，並採取因應行動（請參閱 Newman & Brown, 1996，頁 101-113）。你需要對自己有充足的了解，知道自己可能會受到誘惑，「做出排除的決定」，你必須努力抵抗如此的誘惑，提醒自己如果打破規則將會導致更可怕的後果。(至少，當資料不吻合你的先見時，你應該努力不要做出排除的決定。)

§ 倫理守則

在上述情況下，行爲能否得宜，關係到研究誠信的問題。你可以從若干管道，找到研究誠信的實際指導準則。許多專業協會都有公布倡導各種倫理守則(*codes of ethics*)、倫理標準(*ethical standards*)、或指導原則(*guiding principles*)。【展覽 2.2】擇要摘錄五個專業協會的倫理守則，這些準則適用於所有類型的研究，而不僅限於質性研究。

這些協會的倫理守則或指南，適用於做研究過程的參考依循，也代表個別專業自我期許的規範。【展覽 2.2】只是提供簡要介紹，要取得完整的版本，你應該實際找出該等守則全文，仔細研讀，至少要熟悉你相關領域的研究倫理規範。

展覽 2.2　六個專業協會的倫理守則

學會名稱	倫理準則項目
美國人類學協會 (American Anthropological Association, 2009, Sec. III)	· 對於研究對象人類和動物的責任 例如：避免傷害、尊重福祉；和參與者的互惠 · 對於學術和科學的責任 例如：預期可能遭遇的倫理困境；避免不實再現和欺騙 · 對於公眾的責任 例如：公開和誠實
美國評鑑學會 (American Evaluation Association, 2004)	· 系統化的研究 例如：確保研究結果的準確性和可信度 · 勝任能力 例如：需要具備執行評鑑工作的能力 · 誠信／正直 例如：個人行爲和評鑑全程應保持誠信／正直 · 對人的尊重 例如：尊重他們的安全、尊嚴和自我價值 · 對公眾和公共福祉的責任 例如：要妥善觀照與評鑑相關的多元化利益和價值

（續）

學會名稱	倫理準則項目
美國心理協會（American Psychological Association, 2010）	· 仁慈與非瀆職 例如試著幫助同事，避免造成傷害 · 忠誠與責任 例如建立互信的關係，體認到社會與社區的專業與科學責任 · 誠信 重視準確度、誠實與眞實性 · 正義 公平與正義表示所有人都可以取得心理學的成果並從中獲益 · 尊重人權與自尊 尊重所有人的尊嚴和價值，個人的隱私權、保密權與自主權
美國社會學協會（American Sociological Association, 2008）與美國教育研究協會（American Educational Research Association, 2011）	· 專業能力 例如：持續跟進當前科學和專業資訊的新知 · 誠信 例如：誠實、公平和尊重 · 對於專業和科學的責任 例如：遵守最高標準，並爲自己的研究承擔責任 · 尊重人的權利、尊嚴和多樣性 · 社會責任
美國政治學協會（American Political Science Association, APSA Committee, 2012）	· 申訴程序 例如：提供其他國家學者人權問題之申訴 ·「美國大學教授協會」採行的專業倫理 例如：追求與陳述事實眞相；發展和增進學術能力 · 專業操守的原則 例如：研究自由和尊嚴

這些倫理守則內容通常沒有很長，比方說，「美國教育研究協會」（AERA, 2011）的守則包含六款的分類。每款各有前言概說，然後才是該款的若干守則條文說明。第一款的前言，處理的是協會成員「對於領域的責任」，你在其他專業協會的相關倫理守則也會發現類似的例子：

爲了維護研究誠信，教育研究人員應保證，研究的結論應與所採用的理論、方法論觀點，達到適切的一致性。

他們應該保持充分知悉研究採用的相關典範和其他對立典範，而且持續評估研究妥適性的判斷標準。

請注意，這前言並沒有預設任何特定類型的質性或非質性研究，更沒有限定質性研究的任何特殊分類，而是可以適用於任何研究類型，並指出需要提供某種嚴謹方法，以支持（「保證」）研究的結論，以及維持專業水準的能力（「保持充分知悉……」）。

§ 研究誠信

研究誠信（*research integrity*），普遍揭櫫於各種專業協會倫理守則，而且占有相當顯著的地位，但卻不應認爲，所有研究人員理所當然都具有這項品格。基本而言，研究誠信是指，可以信任你和你的文字，代表眞實的立場和論述。雖然研究並沒有要求你宣誓，但是人們必須知道，透過你的行動、態度和研究方法，你確實有努力如實陳述你的研究，包括釐清你所呈現的觀點。如實陳述還包括承認，你的研究當中有所限制或保留，並指出其中不可克服的不確定性。如果沒有提出這樣的警告和保留，人們就有權認爲你已經如實陳述你的研究。

在質性研究中，研究誠信具有特殊的重要性，因爲有符合誠信，質性研究的設計和程序才可能更靈活。比起大多數其他類型的研究，人們會更想知道，質性研究人員已經有竭盡所能，準確及公平地執行研究。比方說，研究誠信的一個標誌就是，願意被證明自己是錯誤的，甚至願意接受自己早先的思想被挑戰、質疑。

§ 論述作為展現研究誠信的一種方式

幾乎所有研究人員都可以輕易聲稱，自己擁有研究誠信；不過，口說無憑，還得有效的溝通，讓他人清楚見識到你的研究確實有誠信，這才算數。

一個有幫助的做法就是，公開揭露可能影響研究的因素。例如：每個人都同意，研究人員應該盡可能披露可能影響研究的方法論方面的因素，譬如：如何選擇田野場域或參與者。再者，質性研究更要求披露，有關研究人員的個人角色和個人特質，因爲這些因素也可能影響研究過程及其結果。

最常見的包括：研究者的背景（性別、年齡、種族、社會階層）。這些背景因素不僅會影響研究透鏡（*research lens*），進而影響研究者詮釋事件的方式；再者，特定背景的研究者的在場，也可能影響參與者調整自己的反應，包括選擇談論或迴避哪些主題。Marwell（2007）在布魯克林的社區組織研究，提供了一個很好的例子，如何公開披露研究方法和個人背景因素。另外，她還公開描述，讓參加者得以選擇，是否要保持匿名，或是以眞實姓名現身在她的研究報告（請參閱【專欄 2.6】）。

【專欄 2.6】詳述可能影響研究的方法論選擇和個人背景因素

Nicole P. Marwell（2007）關於紐約布魯克林社區組織的研究，有效體現了如何充分說明，各種可能影響研究的方法論選擇和個人背景因素。

這項研究對象包括八個社區組織，共分爲四種組織類型，每種類型各包含兩個社區。Marwell 花了相當篇幅，詳細說明，她如何選取最初的候選名單，以及如何決定最後的那些社區與組織（頁 239-248）。

在三年的時間內，Marwell 投入該等社區組織，從事參與觀察。她描述最初如何進接田野，她也談到自己在這些組織擔任義工的價值，還有說明她用哪些方式來保護參與者身分匿名，或是如個人所願公布其眞實姓名（2007，頁 253）。

最後，Marwell 還花了很多心力，逐項分別討論，她的背景因素（種族、階級、語言、性別、年齡）對於田野研究經驗的潛在影響（2007，頁 255-259）。

另外，可能需要披露的還包括：研究者和研究對象可能有的任何關係。比方說，研究者可能研究自己所屬的組織、社區、社會團體，這些都算是圈內人研究（*insider research*）。研究者可能就住在參與者生活的同一地區，就近建立更緊密的關係，同時也更加熟悉當地的文化和其他環境情境因素。不過，這對研究的影響可能還沒有另一種情況來得嚴重，那就是研究各人所屬的組織，這當中可能會引發相當強烈的潛在衝突，因爲涉及複雜的權力和監管問題（例如：Brannick & Coghlan, 2007; Karra & Phillips, 2008），這些都可能需要公開披露。

最後，在某些類型的質性研究，研究者可能抱持倡權者的立場，來看待研究主題。無論是正式承認倡權者的角色，抑或只是單純傾向某些立場觀點，都有必要披露。更廣泛地來講，這涉及本書多處討論過的反身性（*reflexivity*）的議題，質性研究應該盡可能詳細描述，研究者和參與者的相互影響，包括田野領域當中演化而出的諸多社會角色，當然也包括倡權者的角色和立場。比方說，Bales（2004）關於當代國際社會奴役現象的研究，就提供了很好的例子，詳盡說明如何揭露該等資訊（請參閱【專欄 2.7】）。

【專欄 2.7】質性研究與社會政治議題的倡權

學者也可能藉由質性研究，來倡導支持某些社會政治議題。Kevin Bales（2004）的研究，廣泛實地調查五個國家（泰國、茅利塔尼亞、巴西、巴基斯坦和印度）的奴隸制度。研究團隊訪查諸多田野場域（通常是大量聘用勞動人力的工作場所），並訪談奴工與雇主。研究者讓我們見識到，他如何運用統攝整個研究的概念框架，以及他的研究深度，從而產生學術的貢獻，而非僅僅是類似新聞事件的報導。

爲了打擊奴役，身爲社會學教授的 Bales，創建了「解放奴隸」（*Free the Slaves*）的倡權組織，並擔任領導人。他在序言自豪地指出，該組織的創立，得益於 1999 年第一版的研究報告，呼籲世人關注當今國際社會，仍然有 27 億人生活在奴役或人口販運的陰影之下。

前面的例子說明了，如何使用資訊披露的方式，來傳達研究者的研究誠信。如果，讀者不認同研究者公開披露的立場或研究狀況，當然可以選擇忽略該研究報告。因此，在檢視研究報告的實質內容之前，你或許應該先仔細閱讀前言、研究方法、研究者簡歷，甚至封面或書套簡介。如果，公開披露的資訊讓你覺得反感，你或許可以不理會該研究報告；再不然，你也可以用批判的眼光讀它，以抵消研究當中可能涉及的偏頗之見。

總之，研究倫理的實踐做法，以及研究誠信的展現，乃是質性研究者必須自我裝備的重要素養，也是接下來進一步要探討的主題。

 保護人類研究對象：研究倫理委員會的審核

本節學習重點

- ➢ 研究倫理委員會（IRB）的角色。
- ➢ 人類研究對象的保護。

所有的研究，無論是質性或非質性，如果有涉及人類受試或參與者，都需要通過研究倫理委員會（IRB，醫學研究領域通常譯爲「人體試驗委員會」）的批准，這乃是質性研究不可分割的一部分，同時也可能是衍生諸多無奈挫折的起源，因此值得你投入更多的心力來認眞學習。

IRB 的程序不斷演進，有項專門研究 IRB 歷年發展過程的項目於 2011 年展開，但是到了 2015 年初，還是處於中間階段，沒有什麼立即的行動。唯一的結論可能就是定義何謂「豁免研究（exused research）」，從 IRB 的關點豁免部分田野研究（National Research Council, 2014）。這種結果可能會引起許多爭辯，截至本書問市爲止，與 IRB 打交道仍屬於制度面，關心這個議題有助於你的研究過程。

IRB 審核批准爲與前述討論的研究倫理議題有相當的關聯。首要原則就是：所有涉及人類受試或參與者的研究，都需要從倫理的角度來進行審查和批准。這種做法的相關規定，最早源起於醫療和公共衛生研究領域，測試新藥物或其他治療的實驗研究，可能給參與對象造成嚴重傷害或風險，因此需要設法保護。然而，在社會和行爲科學的研究，也可能會發生其他風險。

比方說，社會實驗當中，如果故意誤導或欺騙研究參與者，就有可能使得他們受到心理傷害的威脅。這樣的研究，有時還刻意安排冒牌的共同參與者（stooge）。甚至曾經有一段時期，頂尖的社會心理學期刊發表的文章，有半數以上都涉及如此的欺騙做法（National Research Council, 2003，頁 110）。

研究人員必須仔細標識說明，保護研究參與者的做法，並且切實執行。這種做法的精神，反映本章上一節討論的研究倫理原則。具體來說，有一本與社會和行爲研究有關保護參與者的權威著作，開宗明義就提出如後的基本原則（美國「國家研究委員會」，National Research Council, 2003，頁 9）：

> 人類與社會知識的進展，以及人類生活條件的改善，有賴於人們參與研究的意願。相對地，涉及人類參與者的研究就有義務，尊重他們的自主性，盡可能將其危害風險減少到最低程度，使他們獲得最大的利益，並公平對待他們。

過去十年，IRB 審查和批准程序，特別是在社會科學和行為科學的研究領域，產生了相當廣泛的討論（Schrag, 2014）。主要焦點是關於「最低程度的風險」，或沒有「嚴重危害風險」。因為在這些領域的研究當中，風險來源不是醫療藥物之類的介入，而是涉及人們日常生活的某些面向。如果研究涉及敏感問題，例如：參與者的性別、宗教或文化取向，就有可能存在一定的風險。

你需要花一些時間，了解你的研究可能面對的審查和批准程序。你可以參考許多網站，或自己所屬機構的 IRB 審核處理情形。不難體會 IRB 審核程序有多麼讓人寢食難安。

§ 研究計畫博多稿送交審查

大學或機構通常會規定，必須提交**研究計畫博多稿**（*study protocol*），通過審查核准，才得以開始進行研究。正式的審查小組，通常稱為**研究倫理委員會**（*Institutional Review Board, IRB*），主管審查研究計畫案。送審案件通常需要概述研究的主要內容，以及說明保護參與者的相關議題。

目前，每所大學和研究機構都有設立 IRB。商業的 IRB 可能為多個機構提供審查服務。IRB 由 5 位以上同儕志願者擔任審查委員小組，輪流負責必要的審核。委員人選廣泛代表各種學科與社群的多元聲音。有些 IRB 有成立專屬網站，列出審查委員名單，說明審查的日程安排、期限和程序。

雖然，你會很關心自己研究案送審的結果，但是也別忘了，很多 IRB 的工作量都很沉重。早在 1995 年，一般規模的 IRB 一年審查案件平均就已高達 578 件（National Research Council, 2003，頁 36）。毫無疑問，目前，這個數字已大幅攀升。

一般而言，每個 IRB 都會提供審查作業的準則。根據研究計畫的性質，IRB 可能分為一般審查或快速審查，或者可以豁免提交審查。審查結果除了批准或拒絕，另一種常見的情況就是要求修改，然後重新送審。在某些情況下，研究者可能必須重新送審很多次，結果導致研究計畫的日程進度受到意想不到的延誤（Lincoln, 2005，頁 167）。

IRB 的實施做法主要採行「美國公共衛生署」頒行的指南。雖然，個別 IRB 都會盡可能審慎履行職責，但這些指南並不代表普遍通用的定律。不同機構的 IRB 可以按照程序略有不同，而使用不同的標準。IRB 審查委員的輪值更換，也可能會導致審查標準的變動。因此，你應該設法打聽，你的機構所屬的 IRB 最近審查質性研究案的情形；如果有的話，最好當然是直接參考類似你的研究方法的案件審查情形。

§ 人類研究對象保護的特殊考量

IRB 審核主要涵蓋四個程序，送審者必須設法提出說明與解決（National Research Council, 2003，頁 23-28）：

1. 取得研究參與者自願的知情同意，通常是由他們簽署一份書面聲明（「知情」，意味著參與者理解研究目的和性質）；
2. 評估研究的危害、風險和益處，並儘量減少參與者遭受任何傷害的威脅（包括：物理、心理、社會、經濟、法律和尊嚴的傷害）；
3. 參與者的選擇必須遵守公平原則，確保取樣不至於偏頗地選取或排除任何特定族群或團體的個人；
4. 確保參與者身分的保密，包括出現在電腦檔案、錄音帶和錄影帶裡的參與者的身分。

任何研究都需要仔細斟酌這些程序，並針對個別情況妥善因應處理。在第一項自願知情同意的程序中，可以透過簽名來代表，但 IRB 審查可能提出質疑，是否確實在「自願」、「知情」的情況下，取得簽名。研究者必須展示，參與者是出於眞正「自願」同意參與，而沒有受到隱藏的約束迫使他們作出如此決定。同樣地，研究案也需要以明顯的方式說明，讓參與者充分了解他們同意參與的是什麼樣的研究，如此才算是眞正的「知情」。

更困難實施的可能是第二個程序，IRB 必須判斷研究的潛在危害、風險和益處。同樣地，研究者必須展示，參與者的選樣是合乎公平原則的。最後，研究者還需要證明，自己明瞭如何處理保密的議題，不只是參與者的名字，還包括組織及地方的名稱，以及保密做法實施過程可能涉及的問題（例如：Guenther, 2009）。

由於諸如此類的困難，IRB 審查可能變得繁複沉重，而且問題層出不窮（例如：Lincoln & Tierney, 2004）。有一個名望不下於「美國大學教授協會」（AAUP）的全國性組織指出，IRB 審查甚至可能「嚴重威脅學術自由」（AAUP, 2006）。在這方面，質性研究也可能面臨更大的挑戰，因爲一般相信，很多 IRB 審查委員對於「新興」研究方法，或是程序沒有嚴格限定的研究方法，抱持不利的看法（Lincoln, 2005，頁 172）。

同樣重要的，想要獲得 IRB 許可的研究者不能排斥實證主義或後實證主義。IRB 的成員有很多是這幾派的人。例如：有兩位著名學者認爲質性研究應「持續批判後實證主義的政策與方法。」（Denzin & Lincoln, 2011，頁 16）如果在 IRB 送件或是審查過程中擺出這種立場的話，可能會失敗或是引起爭議。隨時準備好接受 IRB 成員的拒絕（例如：質疑你的取樣定義，或是嫌樣本太小等等），同時準備如何因應（請參閱第 4 章，選項四中有關質性研究樣本定義與大小的討論）。試著了解別人的觀點，如此一來也可以練習質性研究的核心。

§ 接受 IRB 審查的準備工作

若干建議可能有助於你做好接受 IRB 審查的準備工作：

1. 最重要的步驟就是：在開始接受 IRB 審查之前，你應該切實了解你的大學或機構的 IRB 究竟是怎麼審查。一般而言，你提出申請 IRB 審查的研究案，通常不會是史無前例可循的全新案子，所以參考先前相關研究案的審查情形，應該可以給你不少幫助。了解 IRB 審查委員和他們的研究、專長背景，這些準備工作應該也有助益。如果，你的機構確實沒有審理過你提出的研究類型，你還是可以尋找其他類似機構的 IRB，參考他們如何審理類似案子。
2. 設法將你的研究和研究方法，定位於更廣範圍的研究脈絡（類似的研究，或強烈對比的研究，請參閱第 3 章，D 節「選擇性」文獻回顧的建議），以便展現你的研究確實以往批准過、可接受或已有先例的做法，不會造成不良後果，也能夠有效預測與因應可能發生的狀況。你也可以描述，你的研究將增進其他研究的結果（尤其是非質性研究），從而有利於促進新知識的發展，或是對實務有具體貢獻。
3. 除非你已經累積相當多 IRB 審核批准的經驗，否則最好不要輕易嘗試野心太大的研究設計（再說，即便研究規模較保守，也是可以充分發揮創新和想像力）。小心設定你的田野研究和資料蒐集的界線範圍。找個經驗豐富的同事，幫忙檢查你準備提交 IRB 審查的草稿。

§ 在田野進行知情同意的對話，提供機會容許參與者質問你

獲得 IRB 批准之後，你無需訝異，麻煩問題還是有可能發生。你向參與者說明以獲得知情同意的過程，也提供機會讓他們質問你。他們也可能會問你，打算怎樣執行研究（不一定是研究的實質內容）。其他問題還可能包括：你的研究目的；你希望通過和參與者的訪談或對話，達成什麼樣的研究成果；你如何避免出現尷尬的情況；你如何避免貶低研究參與者的對待行爲；你如何面對參與者對你的研究工作好奇，而提出的諸多問題。

在提交 IRB 審查資料之前，應該盡可能先設想過如何回答這類的問題。如果在田野研究期間，有人提出這些問題，你應該儘量以聊天和友好的方式處理，而不是搬出自我防衛的心態，一本正經，搞得好像在談法律條文。爲了避免第一次遇到如此問題，態度流於過度防衛，最好能預作準備。不妨先找同儕，模擬可能出現的問題狀況，預先演練你的反應。

在較早的年代，以具體的方式回應這類問題可能就足夠了（例如：「我在寫一本關於 XX〔田野場域的名稱〕的書」）；即便目前，在許多田野場域，這種回應方式也仍然適用。他們會把你視爲寫書的人。如果，你能夠指出自己的出書經歷，應該多少有助於強化你的作者身分。和早些年一樣，知道自己現實生活經歷居然會出現在書本裡，還是有可能讓許多人感到受寵若驚。

本章複習

請簡要陳述，下列關鍵術語和概念：

1. Listening, sizing up a situation, and reading between the lines 傾聽、打量情境，以及辨識言外之意
2. Being observant 做爲觀察者
3. A querying mind 愛發問的精神
4. Handling your data 處理資料
5. Cells I, II, III, and IV 矩陣中的第一類、第二類、第三類和第四類

6. Pilot studies 試行研究
7. Research lens 研究透鏡
8. Researcher as research instrument 身爲研究工具的研究者
9. Selectivity 選擇性
10. Thick description 厚描述
11. Data exclusion 資料排除
12. Research integrity 研究的誠信
13. Disclosure 揭露
14. Insider research 圈內人研究
15. Protecting human subjects 保護人類受試
16. Reflexivity 反身性
17. Study protocol 研究博多稿
18. Voluntary informed consent 自願知情同意
19. Confidentiality 保密

練習作業

眞實世界的挑戰

描述你在現實生活當中非常具有挑戰性的經驗（例如：你與他人互動的社會活動；應徵工作的面試，或申請大學入學的面試；參加球隊選手徵選，或競賽活動的表演；與同事解決工作上的問題，或與家人解決家庭的問題；在嚴峻的情況下，完成學校的期中報告作業，或其他論文報告）。

描述你個人面臨的挑戰，以及你如何處理它。從你的道德價值觀、個人勝任能力、社交技巧、家庭支持、偶然機運，或其他個人情況，來說明你對於回應該等挑戰的優點與弱點。

比較你前述的真實世界挑戰，與你個人做質性研究遭遇最嚴峻的經驗。如果你尚未做過質性研究，請想像做質性研究最嚴峻或困難的部分是什麼？無論是實際或想像的質性研究經驗，是否類似於你面對現實世界挑戰的反應？這兩種情況是迥然不同，抑或有相似之處？你從現實世界挑戰獲得的心得，能否轉移應用而改進你做質性研究的經驗？

第 3 章

如何開始研究

凡事起頭難，要開始做研究，大部分的人難免覺得困難重重。其中，有相當部分的挑戰就在於，不知如何界定有興趣研究的主題。再者，實徵研究必須使用新的程序來蒐集新的資料，而不是既存的二手資料。本章介紹說明，如何可能透過建立檔案庫，幫助確立實徵研究的三大關鍵項目：研究主題、資料蒐集方法，以及可能的資料來源，從而減低研究啟動的困難。

本章也會涵蓋啟動程序的後續步驟，包括：文獻回顧、定義研究問題。另外，還會討論一種可能採用的另類做法，就是在未完成文獻回顧與研究問題定義之前，就先行投入田野研究。最後，本章提醒讀者，研究者的知覺和背景可能會影響整個啟動歷程。研究者必須覺察自己的研究透鏡，並且持續記載之。

在第 1 章、第 2 章的介紹討論之後，你應該已經大致明白何謂質性研究，也了解勝任質性研究需要哪些能力。

本書秉持「做中學」原則，認爲進一步認識質性研究的最佳方式，就是身體力行投入質性研究。因此，本書接下來將會提供具體建議，引導你完成自己的質性研究。

簡單而言，完成實徵研究的意思是指：

◆定義要探究的事物；

◆蒐集相關資料；

◆分析與詮釋研究結果；

◆以實徵研究的發現作爲基礎，提出結論。

「蒐集相關資料」是指，直接處理第一手來源的資料（譬如：田野觀察或訪談），而不是第二手來源的資料（譬如：他人的研究）。本書的核心，從第 4

章到第 9 章，就是關於這些相關主題。

儘管上述研究核心做法似乎已成為普通常識了，但是任何研究的開始仍然是許多人感到卻步不前的嚴峻挑戰。很多人根本不知道要研究什麼，也不知道該從何思索研究的諸多相關事宜，結果就是被卡住，變得沮喪焦慮，不知道什麼資料是有關的，更不知道該如何進行分析和詮釋。因此，本章節的目標就是要幫助有效克服諸如此類的研究啟動問題。

 開始質性研究可能遭遇的挑戰

本節學習重點

- 實徵研究的三項關鍵考量。
- 深入了解這三項考量的傳統方法。

首先，就是要找出可以研究的主題，並能夠蒐集到足以適切回答或解決該等主題的資料。不過，令人驚訝的是，許多大學的正規教育，在碩、博士論文研究之前，並沒有提供太多機會，讓學生學習如何迎接這方面的挑戰。尤其是社會科學領域，課程可能要求學生寫學期論文或做研究練習。然而，所謂的研究，多半只是檢索文獻，或在網路搜索一些資訊。這類的作業可能沒有要求學生蒐集自己的資料，採用自己規劃的蒐集工具，接觸現實生活中的人、事、物，依照某些系統性的方式蒐集和記錄資料，得出資料支持的結論，而不是純屬作者思辨的個人見解。

大部分想要做質性研究的人（和指導教授），都有意識到這種挑戰。其實，任何實徵研究，不論質性或非質性，特別是對於頭一遭做研究的人，啟動研究都是不容輕忽的挑戰。

例如：做實驗研究也會遭遇相同的問題，不知如何選擇研究的主題（做什麼實驗？），如何蒐集資料（如何設計和進行實驗？）。不要以為這些是很容易的選擇。此外，實驗者也必須避免許多邏輯上可行的實驗，但實際上並無法產生任何有用的結果。

雖然，你可能沒有太大的興趣去理會別人的困境，不過，透過探問你

的同僚如何克服第一次開始做實驗、問卷調查、經濟模式分析（economic modeling），或其他量化研究，你可以藉此擴大支持網絡。或許，你會驚訝發現，他們面對掙扎到最終成功的經驗，對你有意想不到的參考價值。

§ 質性研究的啟動：三項關鍵考量

質性研究的啟動需要完成以下三個關鍵項目：

- ◆研究主題（你要研究什麼？）
- ◆資料蒐集方式（你要如何蒐集資料？）
- ◆資料來源（你要去哪裡蒐集資料？）

考量這些固然重要，但也得顧及時間與資源的現實限制。運氣好的話，也有可能在考量做質性研究之前，這三個關鍵項目就已經部分或全部到位了。

如同所有教科書一樣，本書也以線性方式呈現。然而，在現實生活中，你應該有所準備，很可能同時得考量上述三個啟動項目（同步處理），然後再決定你最終的選擇。比方說，一開始，你可能對某主題感到興趣，但發現沒現成資料。再者，你可能發現有可行的資料來源，但意識到有必要重新定義更引人關注的研究主題。同樣地，你起初或許偏好某些資料蒐集方法，而這也會連帶影響你對於研究主題和資料來源的選擇。

有些人可能會想一併考量這三個關鍵項目。這樣做，需要擁有平行處理多重思路的能力。有些人則可能會覺得，同時考量多重事務太過沉重，沒辦法有效應付，因而傾向分路進擊，每次聚焦一種項目，這也是 OK 的。無論你個人喜好為何，主要目標是推動向前，而不要停滯不動。

§ 啟動的方法

你可能已經有迫切的關懷旨趣，胸有成竹，明白自己想要研究什麼。比方說，你可能擔任其他人的研究團隊成員，並想出值得深入研究的新角度，也知道可能的資料蒐集方法和資料來源。你也可能對於某個已經存在的主題有興趣，想嘗試質性方法來探究。不過，如果上述情況付之闕如，你不妨試著從以下線索，幫助開始思考啟動研究的三個關鍵項目。

首先，一種替代做法是，回顧你在社會科學領域的學習，重新檢視以前修過的課程和閱讀、同僚或教授的研究，乃至於許多研究引用的質性研究或其他書籍。從這些經驗，看看是否有什麼引起你的興趣或想像。

另一種方法是全新的開始。你可能對於社會科學課程或閱讀，沒有印象特別深刻；你可能很少接觸同僚或教授的研究；你可能不希望仰賴本書或其他書籍引用的研究方向。這種情況下，你需要的是全新開始，用你自己的方式來找尋全新的研究。這需要你開始發展自己的檔案庫，這種替代做法可能會刺激更多的創造性思維。發展檔案庫的實施原理說明如後。

B 發展檔案庫

本節學習重點

- 如何建立檔案庫。
- 檔案庫協助定義質性研究的方法。

選擇若干適當的期刊，找出質性研究。注意，只聚焦實際完成的質性實徵研究，尤其注意有呈現資料蒐集與詮釋歷程的報告。排除以下類型：只討論研究方法論的文章；作者的研究經驗報告；綜合以前研究理論議題的文章。在確定所想要的研究之後，熟悉其中的研究主題，資料蒐集方法和資料來源。請特別注意，檔案庫的發展不同於文獻回顧（本章稍後，D 節討論）。

發展檔案庫時，不要自我設限，只著眼單一主題或方法。相反地，在你搜索的期刊，檢視任何看起來像是質性研究的文章。你的檔案庫應該尋找和欣賞，足以涵蓋多樣化的主題和方法。檢視該等研究是否激發、呼應你自己的研究興趣，並提供參考應用的範本。

§「檔案庫」範本

要顯示檔案庫的易用性和實用性，我在此做了一個檔案庫範本。我的搜索僅限於比較可能刊載質性研究的期刊，請參閱【展覽 3.1】。這裡的想法是迅速找出一些質性研究，而不是詳盡無遺地搜索任何特定學科，例如：社會學、人類學，或任何特定的領域，例如：醫療保健、社區規劃，或教育。再者，我進一步限制搜索最近五年發表的研究報告，而且傾向幾個較大的領域：教育、衛生、社會工作、組織研究。即使這樣粗略的搜尋，結果也迅速

展覽 3.1　搜尋質性研究的期刊

Action Research《行動研究》 *American Educational Research Journal*《美國教育研究期刊》 *Community College Review*《社區學院評論》 *Critical Sociology*《批判社會學》 *Discourse and Society*《論述與社會》 *Education and Urban Society*《教育與都會》 *Educational Policy*《教育政策》 *Ethnography*《俗民誌》 *Field Methods*《田野研究方法》 *Human Studies*《人類研究》 *Journal of Contemporary Ethnography*《當代俗民誌期刊》 *Journal of Critical Thought and Praxis*《批判思考與練習》 *Journal of Hispanic Higher Education*《中南美洲高等教育期刊》	*Journal of Mixed Methods Research*《混合方法研究期刊》 *Journal of Research in International Education*《國際教育研究期刊》 *Journal of Transformative Education*《轉化型教育期刊》 *Narrative Inquiry*《敘事探究》 *Organizational Research Methods*《組織研究方法》 *Qualitative Health Research*《質性衛生研究》 *Qualitative Inquiry*《質性探究》 *Qualitative Research*《質性研究》 *Qualitative Social Work*《質性社會工作》 *Urban Education*《都會教育》

產生了超過五十篇正式發表的原創質性研究。

附錄 A 的【檔案庫】，列出了檢索的文章。【展覽 3.2】列出這些文章涵蓋的研究主題。五十篇左右的文章顯示，期刊可以很容易找到質性研究論文。接下來，問題就是這些研究如何可能提供具體建議，幫助你刺激思考可能的研究主題、資料蒐集方法，乃至於資料來源。（如果，你想更詳細了解其中某些研究，你可以使用檔案庫的檢索，即可找出來研讀。）

1. 考量研究的主題

【展覽 3.2】顯示，這五十篇文章涵蓋了相當廣泛的主題，也都是近期發表的，這有助於確保研究主題都是當前發生，或持續存在的社會議題，希望可以眞正激發新的研究構想，而不是指向不復存在的社會情境（後者可能作爲歷史研究主題，但不適用於質性研究）。

在這個階段，你選擇的主題還不需要反映任何具體的研究問題，或其他

展覽 3.2 附錄A中檔案庫引述研究範本涵蓋之研究主題

1. K-12 教育	4. 衛生與社會工作
兩所天主教高中的學生	衛生照護管道的障礙
國際學校學生的生活	兒童福利與寄養家庭的流失
一所弱勢學區高中的學生穿著	自閉症兒童的家長
五十年前高中畢業生的追蹤研究	糖尿病衛生照護服務
學校對於越南移民青少年的調適	乳癌患者網路支持團體
成功的拉美學生	老年痴呆症患者的家庭照護
高低學業成績表現中學的比較	成年子女對於遠距離父母的照護
加薩走廊的學校遷址	護理之家
	女兒對於瀕死父母的照護
2. 高等教育	家庭暴力服務
少數族群的大學經驗	罹患婦產科癌症的婦女
第一代城市大學生	濫用海洛因和古柯鹼的街友
非裔美國大學生	HIV 陽性婦女
鼓勵學生認識政治廣告	HIV 感染者的生病經驗
大學的教學與學生學習	低收入婦女的產後吸菸
國外遊學	婦女衛生的抉擇
社區學院的改革計畫	社區心理健康組織
社區學院的婦女領導	年老婦女的停止開車
向實習教師介紹行動研究	
州政府資助的大學績優補助	5. 社區與家庭
種族意識的肯認行動計畫	低收入墨美社區
	城市鄰里的街角
3. 職業組織	城市街頭攤販
營造建商網絡	城市販毒幫派
製造業公司的 MIS 系統	兩個城市的男性街友
兩個小型製造業公司的組織文化	社福領受者工作遭拒經驗
零售業的銷售工作	父母離婚與分居之後的青少年
中國的西餐廳	組織廣大基礎的社區組織
餐廳餐桌服務的性別角色	社區發展的傘式組織

研究細節。以後會有充裕時間，可以容許你慢慢斟酌。因此，【展覽 3.2】列出的五種領域的例子，僅是一般性的研究主題。

這些主題應該能夠幫助你激發思考新的研究主題。(1) 在教育領域的例子，我們可以發現，目前的學生來自相當多樣化的種族和文化背景，這或許可以激發你，很快地想出關於某些不同學生群體的研究。(2) 健康領域主題的例子，則讓我們注意到，目前健康的研究特別注重預防行為，例如：營養的飲食，這意味著，新的研究可以針對醫療院所內外的場域。(3) 工作主題的例子，同樣讓我們注意到，可以研究兼職和全職的工作。(4) 即使是有關遊學的研究論文，雖然涉及教育功能的主題，但也讓人聯想到教育研究以外的有趣主題，例如：關於休閒活動的議題。

此列表只是示範說明的例子，在這五個領域的主題內，往往會凸顯不同的焦點研究單位，包括：

- ◆個人，例如：成功的拉美學生；
- ◆團體，例如：老年痴呆症患者的居家照護；
- ◆事件，例如：婦女衛生的抉擇；
- ◆組織，例如：社區發展的傘式組織。

這些例子應該能夠幫助你，不僅思考研究主題，也能進一步思索可能需要什麼樣的焦點單元。

不過，【展覽 3.2】列出的主題，有些並沒有很清楚可供辨識的焦點單元與研究方向。所以，你有必要閱讀感興趣的研究，試著推敲可能的焦點單元與研究方向。

- 例如：【展覽 3.2】列出的大專教育類其中一項研究（「社區學院的改革計畫），其實是一所社區學院發起動員全校的追求卓越計畫，目標是要透過改造計畫，將學校從中上水準提升到各方肯定的卓越等級（Locke & Guglielmino, 2006）。
研究顯示，改革計畫如何處理校內各種族群的「次文化」（例如：學生、教師、校友和職員）。此一研究方向乃是基於文獻探討發現，有關社區學院組織次文化的議題與理論，長久以來缺乏研究探討，他們的研究結果，除了呈現特定社區學院的革新作法，也促成了組織次文化的理論發展。

在此，我們可以確認，這項研究範例的具體焦點單位是當代的社區學院，而研究方向則是有關組織的次文化。

運用類似上述例子的方式，檢視檔案庫的其他研究，應當可以幫助確認焦點單位和研究方向。此外，找出的焦點單位，例如：新類型的家庭或工作環境、新的移民模式、經濟的全球化本質，以及新的教育政策，諸如此類的主題可能尚未透徹研究。新的質性研究構想應該可以結合其中一種焦點單位，再配合你發掘具有重要意涵的研究方向。

當然，你也不應該完全依靠我在此提供的檔案庫，而應該嘗試建立屬於你個人的檔案庫，這將進一步提升檔案庫的實用效益，讓你應用起來更加得心應手。例如：你可以聚焦先前感興趣的一個或兩個一般性的主題，進一步更全面地搜尋該等領域的期刊。反之，你也可以更普遍的切入主題，展開更廣泛的搜尋。最後，你也不必像我一樣，只投入兩天的時間，搜尋五十篇文章以下的限度。當你檢索更多的文章，你的檔案庫的深度會提高你的能力，能夠更深刻思考研究主題。

2. 確認資料蒐集方法

在這個階段，你還不需要選定任何特定的資料蒐集方法。相反地，你應該廣泛考慮個人的喜好和經驗，這可能有助於初步選擇。比方說，如果你先前已經使用過任何特定方法，把它納入選擇，可能會讓你覺得更自在些。

對於初學者來說，你可能會想是否要選用單一方法（請參閱第 6 章完整介紹所有的資料蒐集方法）。比方說，你應該問自己，是否偏好參與觀察現實生活的事件，也就是「做田野研究」（請參閱第 5 章，參與觀察研究）。或者，你也許可以考慮是否喜歡開放式訪談（請參閱第 2 章，B 節「純訪談」研究）。例如：訪談五十個因為分居、離婚或喪偶，而成為單身母親的研究（請參閱【專欄 3.1】）。

如果，你傾向採用開放式訪談，作為資料蒐集方法，可以進一步比較你的興趣和技巧，然後再決定適合以下何種訪談做法：(1) 在較短的時間內訪談大量的人；(2) 用比較長的時間，深入訪談少數幾個人。比方說，40 至 50 人的團體訪談，每次 2-3 小時；或是，分次個別訪談 4 至 5 個人，每個人訪談 2-3 小時。選擇後一種訪談做法，可以發展生活史（例如：Bertaux, 1981；Lewis, 1963，長篇生活史；Liebow, 1993 附錄 A，中篇生活史）。

你還可能擁有足夠的經驗或雄心壯志，想在一項研究當中嘗試多種資料蒐集方法。這將增加你的負擔，但也有助於強化你的研究。你可以包括某種組合的田野研究、訪談、生命史。你可以嘗試結合若干種方法，來執行某組

【專欄3.1】訪談研究促成政策議程

Sidel（2006）訪談研究50名婦女，她們都是因爲分居、離婚，或喪偶等情非得已的狀況，而成爲單親媽媽。有些人在知道自己懷孕時，「以爲另一半會提供一定程度的情感、社會或金錢方面的支持」（頁11），但結果卻事與願違。

資料蒐集方法是個別訪談，每次1-2個小時，對象含括不同種族、階級和年齡。儘管背景如此多樣，但所有受訪婦女還是有些共同的經歷，包括眞實的損失。她們的眞實生活也破除了盛行的神話：這樣的女人都是懶惰成性、咎由自取（2006，頁21）。

這項研究最後一章是結論，專門探討美國家庭政策應該努力的改革方向，包括：少女懷孕、福利和工作、最低工資、全民健康保險、負擔得起的托兒照護，和單親家庭有關的討論。

織或社會群體的單一個案研究，例如：教育、衛生或商業組織、團體。

當然，也可以考量加入其他方法，例如：彙整普查資料、組織機構的紀錄，或其他檔案資料，以配合你的田野研究和訪談。如果企圖心更大，你也可以結合更多種的資料蒐集方法，例如：Levitt（2001）使用了六種方法，研究多明尼加共和國和波士頓某社區之間的跨國移民（請參閱【展覽3.3】）。

回頭重新檢視，你在建立檔案庫時檢索的期刊文章，最初動機可能是想要確定研究主題。然而，檔案庫也可以刺激你思考有關資料蒐集的方法，而且非常有幫助。透過檢視正式發表的研究使用的資料蒐集方法，你可以清楚見識到，許多資料蒐集方法都已經有人實際運用過了。你還可以提高敏覺度，清楚體認以前的研究者在資料蒐集遇到的挑戰。

比方說，我前面介紹的檔案庫收錄的許多研究都有用到焦點團體，作爲主要的資料蒐集方法。你先前或許沒有特別考慮過這種方法（請參閱第6章，C節），但是如果現在聽起來覺得滿有吸引力，或是頗適合你的研究需求，你不妨可以從檔案庫找出若干研究範例，仔細看看當中運用焦點團體的資料蒐集經驗。另外，檔案庫裡也有相當多使用混合方法的研究，你應該可以從

Levitt 使用的六種資料蒐集法

資料蒐集法	蒐集的資料類別
1. 訪談	・一百四十二次訪談，對象包括：地方、州級與全國等區域工作的人士；居家修行宗教活動的參與者；宗教團體和政黨組織的工作人員。 ・75% 的訪談，有錄音和逐字稿；80% 以上的訪談，使用西班牙語進行。
2. 深度訪談	・居家訪談二十個返回故鄉的移民家庭和二十個移民家庭。 ・每個家庭訪談 3-4 人，期間可能有其他人加入。
3. 參與	・出席波士頓和多明尼加共和國等地的六十五場會議、集會和特殊活動場合，包括：政黨會議、節日慶典和彌撒。 ・複製其他人的繪畫或照相。
4. 檢視文件	・檢視文件，包括：關於研究對象每一個組織的財務紀錄。 ・檢視相關的報紙和期刊文章。
5. 問卷調查	・調查一百八十四個家庭，總共 806 人次。
6. 檔案資料	・美國户口普查署横跨多年度總共 30 多萬人次的户口普查檔案資料。

資料來源：Levitt（2001，頁 231-235）；請另行參閱【專欄 4.10】。

中查看其他人如何整合質性和量化資料。

當然，你也可以在檔案庫裡收錄書籍，而非只限於期刊文章。當你的興趣鎖定某種資料蒐集方法之後，譬如：訪談小學兒童，你的檔案庫檢索的文章或書籍就會更聚焦，而且效率也會隨之提高。你甚至可能找到訪談小學兒童的題目，以及配合訪談學童的監護人或老師，作為資料交叉驗證的程序（請參閱【專欄 3.2】）。

3. 確認資料來源（例如：確認田野研究場域）

第三個要考量的是決定資料來源，這方面更加難以評估，尤其是對新手。首先，大多數的期刊文章，並沒有針對如何確認資料來源，提供詳盡說明，因此讀者不太可能從這些文章得知相關實用指南。（你可能需要另尋其他途徑，查看研究報告之類的書籍，在緒論或方法論的部分，可能透露作者這方面的經驗，具體說明如何確認資料來源。）其次，可能面對的挑戰還包

【專欄 3.2】質性研究：以國小學童爲主要資料來源

研究兒童，特別是訪談他們對於本身教育的觀點，具有相當的挑戰性。Bullough（2001）的研究觀察一所小學的教室，共訪談了 34 位一至六年級的學童，還訪談了 7 位教師，以及 17 位兒童的監護人（頁 8）。

第一個挑戰是，獲得許可進行訪談，包括：孩子本人同意，以及監護人的書面許可。另一項挑戰是，避免干預孩子們口中的話，或「設置一個期望，一個孩子需要說些什麼，爲了取悅我」（2001，頁 7）。最後一個挑戰是，與他們的老師或監護人訪談，確認孩子們的話。

克服這些挑戰，Bullough 完成後，記錄下來，並進行了轉錄訪談的 34 名兒童。他還提供了一份他的三個兒童、監護人和教師的訪談博多稿（2001，頁 115-117），指出，「在很多的訪談，我覺得有必要調整問題，並按照兒童的線索」（頁 115）。

括：爲你的田野研究，取得進接現實生活場域的許可，徵求訪談人選，乃至於尋求允許使用某些類型的文獻。

在確認研究主題、資料蒐集方法的階段，不要急著想要釐定特定的證據來源（例如：特定研究場域）的細節。你可以試著從你的田野研究經驗（請參閱第 5 章）切入，從中找尋一些想法。總之，在啟動階段，當務之急是要找出潛在可行的資料來源。

兩點注意事項值得一提：

(1) 缺乏經驗的研究者可能會嘗試選擇方便進接的資料來源，例如：自己的學校、家人、朋友。不過，這種便宜行事的做法，可能會帶來不必要的後遺症。你可能陷入很大的風險，你的研究和你與該場域之間，可能會產生負面影響，從而損及你和該組織或個人的關係〔請參閱第 2 章，D 節，**圈內人研究**（*insider research*）相關討論〕。當然，也有不少質性研究成功完成自己工作或住家附近地區的研究（請參閱第 5 章，B 節）。總之，基於我個人經驗的建議就是，如果你是首次嘗試質性研究，最好儘量避免便宜行事的選擇，等到累積相當經驗之後，如果能妥善處理個中關係，並且能夠預測與因應可能的後果，行有餘力再來考慮這方面的研究吧。

(2) 如果你打算研究服務機構（例如：醫療診所、醫生辦公室、社會服務機構和學校），你不應該逕自認爲對方一定會願意合作，幫助你研究他們的學生、顧客或員工。

- 比方說，Sarroub（2005，頁17）計畫研究某中學6名學生的教育經驗。首先，她前往學生擔任義工的社區中心，和他們進行接觸。確定他們有興趣參與研究之後，她再去他們就讀的中學，取得校方同意他們可以參與研究。

再者，隨著時間的過去，田野場域、機構或團體原本對你的態度也可能會有所轉變（請參閱第5章，B節）。比方說，前述Sarroub（2005）研究的中學，起初雖然沒有幫忙徵求學生參與研究，但是後來逐漸熟悉熱絡之後，校方還特別在教師休息室設置了信箱，方便她第二年的田野研究。Sarroub在研究報告中形容，這樣的轉變給她的研究帶來「戲劇化」的影響，她覺得自己越來越像是「圈內人」，各方面的進展格外順利，她也如同所有老師一樣，能夠收到每天的校務快訊與其他文書資訊（頁124）。

4. 記住時間和資源的限制

大家都知道，研究需要時間和資源，而且不是無限的。最常見的忠告就是，要確保研究能夠在預期資源和時間期限之內完成。

時間和資源的限制，通常可以預先知悉。例如：課堂作業要求的短期研究，通常需要限制研究和資料蒐集的範圍，以便能在一、兩個月內完成。碩博士論文可以容許若干年的時間，乃至於多個資料蒐集的地點。有外部資金贊助的研究，相對也可能擴大研究時間和資源的範圍。比方說，任何正式的研究，除了試行的田野研究之外，最起碼需要一學年的時間，而博士論文研究通常需要好幾年。

不幸的是，各種現行的參考書籍或文獻，很少提供有用的資訊，指導考量如何配合時間和資源限制的研究規劃，充其量僅止於指出，研究目標要「適中」，選擇的主題不宜太複雜或太簡單，如此建議似乎也太過空泛，缺乏實質助益。

相對地，你的檔案庫可以發揮一定的幫助，特別是如果收錄了書籍與期刊文章。大多數書籍（以及一些期刊文章）都會說明研究的時期，以及投入的時間。你也應該估計，資料蒐集和最後成果發表之間的日期差距（大多數研究都會以年分標示資料蒐集的時期）。一般應該給予大約十八至二十四個月的差距，這差不多也就是投入分析資料和撰寫稿件的時間。

做質性研究的碩博士生應該注意，本書的專欄收錄了許多學位論文研究。檢視你自己所屬學術部門或大學最近完成的碩博士論文，應該有助於更合乎實際的評估研究可能需求的時間和資源。

質性研究的多面世界

本節學習重點

- 質性研究方法論的多樣化。
- 是否該仿效專業類型或是堅持採用一般的質性研究。

§ 特定類型的質性研究

在進行檔案庫時，你可能會留意到一個早就知道的事（第一章曾經提及）：質性研究有很多種特定類型（sepcialized type）或是變體（variant）。作者可能會根據這些類型來替自己的研究貼標。例如你的檔案庫可能會被標爲「扎根理論研究」、「個案研究」或是「俗民誌」。不同的質性研究期刊——例如《行動研究》、《敘事探究》（前身爲《敘事與生活史期刊》、《論述與社會》、《當代俗民誌期刊》等等——著重於不同的變體。

變體的方法與哲學有些許差異，每種變體都有自己的特殊方法與技巧，但是仍在廣義的質性研究範圍內，例如：用著重於田野基礎的俗民誌來研究文化（Van Maanen, 2011）；進行個案研究時必須聚焦於「個案」的定義（Yin, 2014）；現象學聚焦於「活生生的經驗」、經驗自述（Wertz 等，2011）。每種變體都是質性研究的專業類型，具有更敏銳的設計、資料蒐集或分析程序——補充說明本書與其他教科書的一般質性研究方法。Denzin 和 Lincoln（2011）稱這些變體爲「探究策略」（頁 29）：

> 這些策略都與複雜的文獻有關，每個都有不同的歷史、典範、將策略附諸行動的方法。

而且許多變體都還在進化中，例如：敘事探究聚焦於特定主題的參與者之聲。傳統上，敘事研究中只會包括某人的敘事資料（文本或非文本的）；但是現在可能會納入各種不同的來源資料。這些新增的資料讓研究者更加了解敘事的環境，而非只有敘事本身。了解這種環境能讓研究者更加深入了解當事人的敘事（Chase, 2013）。相同地，扎根理論研究延伸到包含另類、建構主義派的領域（Charmaz, 2008，頁 167-169）。如果你選擇從事扎根理論研究的話，應該要能區分原始與分支的不同。

§ 是否要仿效特定類型的質性研究

在界定質性研究時，你或許會想要仿效其中某種特定類型，也有可能是出於指導教授建議或指定。還有某些情況，可能必須回答「你做的是哪一種質性研究？」之類的問題。[1]

事實上，不一定需要選出一個特定類型，你可以從事一般化的質性研究或田野研究。舉例來說，假設你想要做個女性主義或性別導向的研究，有三種設計方法可供選擇：(1) 從事一般化的質性研究；(2) 選一種特定類型；(3) 混合模式——從事一般化的質性研究，同時採用一種或一種以上的特定類型（例如：質性個案研究；利用扎根理論的編碼程序從事質性研究；立基於俗民誌田野法的質性研究）。文獻中有很多類似的案例，足見其多樣性。

雖然有如此多樣分歧的差異，眾多類型的質性研究之間還是有若干明顯可茲辨識的共通特徵。而且有許多標竿研究，事實上，可以直接標誌爲「質性研究」或「田野本位研究」的統稱，而不是訴諸任何特定的分類。頂尖學

---

[1] 比方說，Creswell（2013，頁 69）就提出了這樣的問題，然後引導讀者考量選擇下列五類型的質性研究：敘事研究、現象學、扎根理論、俗民誌、個案研究。他承認，另外還有其他類型沒有列出討論。

術期刊與大學出版社出版的刊物往往也傾向一般化的質性研究，而不是屬於特殊化的分類。

比方說，兩本頂尖的社會學期刊收錄各種類型的社會學研究，其中相當大的篇幅就是刊載各種類型的質性研究（例如：Auyero &Swistun, 2008; Cable, Shriver, & Mix, 2008; Calarco, 2014; Davis & Robinson, 2009; Kellogg, 2014; Madsen, 2009; Moore, 2008; Read & Oselin, 2008; Rivera, 2008 & 2012; Steidl, 2013）。其他學門與專業領域也有類似的情形，頂尖期刊通常廣收各類研究，而非只限於質性研究〔例如：Sauder, 2008（管理科學領域），以及 Sack, 2008（師資培訓領域）〕。同樣地，大學出版社出版的往往也傾向一般化的質性研究，而不是屬於特殊化的變體。

因此，你其實不需要覺得，被迫一定要選擇某種類型作為基礎，才能夠執行你的研究。你可以簡單陳述，你做的是質性研究，而無須說明是哪種特定類型的質性研究。如果你覺得有必要詳細界定一般化的話，你可以從第 1 章（B 節）的質性研究五大特徵著手。

§ 十二大特定類型的質性研究

如果你想仿效某特定類型時，你應該充分了解這個類型的原則與重要人物 1；沒有做到這點的話，你的作品就會顯得很膚淺。為了避免給人這種負面觀感，除了一般化的質性研究，你還必須熟悉每一種變體的「主要方法來源」（Jones, Torres, & Arminio, 2014，頁 199-200）。

【展覽 3.4】列出十二種特定類型的質性研究，這邊所列舉的包括相關的方法、每種類型的起源，因此較常引用書籍內容——因為涵蓋的方法較廣——而非期刊。每種類型的文獻都很多，表中所列可視為出發點，讓你能進一步深入探索更多文獻。文獻還包括一、兩種一般化的方法（例如：面談，Holstein & Gubrium, 2003；質性分析，Wertz 等，2011）。這些章節說明一般法（面談或質性分析）可能會因特定類形而有所不同。

換句話說，如果你選擇了其中一種特定類型，將你的質性研究貼標（例如：俗民誌、扎根理論研究，敘事探究）的話，務必審慎悅讀過這些特定類型的文獻，整合關鍵概念。這種方法是一般化質性研究（依然非常重要）的分支。

12種特定類型（變體）的質性研究

類型	相關研究	簡介
行動研究 Action research	Greenwood & Levin (2007); Lewin (1946); Mills (2000), Reason & Bradbury (2008) Reason & Riley (2009) Stringer (2014);	反應參與價值，關心研究的關聯式成分……參與者與研究者因不斷的諮商而成爲共同體。資料分析包括研究參與者的心聲，藉此顯現出過程與結果。[1] 規劃、行動、觀察與反應的階段都有從業人員的參與。[2] 需要研究者投身其中進行干預，因爲研究與行動並行，以規劃、執行和監督變化。[3]
藝術本位研究 Arts-based research	Barone & Eisner (2012); Knowles & Cole (2008); Leavy(2009); Rolling (2013); Sullivan(2010)	……研究出版的主要形式從書面文字轉移到展演……藝術是探究的模式，也是落實社會行動主義的方法。[4] 探索展演與說服模式的藝術，這可說是自我探索的方法、教學形式、呈現知識的模式。[5]
自傳俗民誌 Autoethnography	Chang(2008); Denzin(2014); Ellis(2004)	研究、寫作、故事和方法將個人自傳與文化、社會與政治連結。[6] 一種特殊的寫作形式，試著整合俗民誌（往外看）與自傳（內省）……這方面的作者試著邀請讀者分享自身的經驗，而非詮釋或分析作者所說的。[7]
個案研究 Case study	Bromley(1986); Platt (1992); Stake (1995); U.S. Governmetn Accountability Office(1990); Yin (2014)	個案研究法的價值在於直接處理實際狀況下的個人案件……個案研究盡可能的貼近當事人，在自然的環境下直接觀察，或是得知當事人的因素（想法、感覺和慾望）。[8]

（續）

類型	相關研究	簡介
		個案本身就位於舞臺中心，而非變數。個案研究最重要的就是找出某特定知識……個案研究可以用來發揚理論或進行一般化分析。[9]
批判理論 Critical theory	Browne(2015); Denzin, Lincoln, & Smith (2008); Fox, Prilleltensky, & Austin (2009); Tyson (2006)	包含後現代、女性主義、文化等觀點，批判性地評價資本主義制度及其對世界的影響……探索種族、性別與階級之間的關係，藉此深入了解整個社會。[10] ……與造成行動、倡議與實踐的社會正義有關的對話（也就是理論 - 知情實踐）。[11]
論述分析 Discourse analysis	Gee(2011); Potter & Wetherell (1987); Willig (2009); Wood & Kroger (2000)	著重於明確理論的形成，一方面分析文本結構、談話、使用語言、口頭互動或溝通等關係；另一方面分析社會、政治或文化的微觀或宏觀結構與社會認知代表。[12] 主要關心溝通過程本身的分析。[13]
俗民誌 Ethnography	Anderson-Levitt (2006); Denzin (1997); Fetterman (2010); Hammersley & Atkinson (2007); Powdermaker (1966); Wolcott (2008)	試著推廣融合封閉式觀察、嚴密理論與社論的研究……同時兼顧經驗瑣事、社會關係的文化層面與附加其上的結構力與權力向量。[14] 深入觀察各式各樣的人群，在自然環境中互動，饒富意義。[15] 注重文化的向心性，分析的概念提供指示給俗民誌。[16]
俗民方法論 Ethnomethodology	Button (1991); Garfinkel (1967); Sacks (1992); ten Have (2004)	試著理解「本地人」如何在特殊領域組織知識……調查特定的組織、工作場所或活動……許多研究著重於所謂的「平常對話」或是「言語互動」。[17]

（續）

類型	相關研究	簡介
		日常生活互動如何讓人們感到有前途、可信任、同感、協商等等。[18]
扎根理論 Grounded theory	Bryant & Charmaz (2010); Charmaz (2014); Corbin & Strauss (1998); Glaser (2005); Glaser & Strauss (1967); Morse 等（2009）	扎根理論的四大策略：編碼、記錄備忘錄、理論取樣、理論飽和是這個方法的特點。[19] …… 是特定、高度發展、精密的程序，可用來產出正式的、重要的社會現象理論 …… 理論是由一些貌似有理的概念關係所形成。[20]
敘事探究 Narrative inquiry	Chase (2013); Clandinin (2007); Clandinin & Connelly (2000); Connelly & Clandinin (2006); Gubrium & Holstein (2009); Murray (2009) Riessman (2008)	從廣義的範圍來說，敘事可能是行動，也可能以文字、影片、舞蹈等形式呈現 …… 人們藉由敘事來配置空間與時間、部署相關的設備、揭露演員的身分與各場景間的關聯性。他們創造主題、橋段與劇情。如此一來，才會顯得敘事者在社會狀況與歷史上有所意義。[21] 反覆思索敘事者的親身經歷 …… 列出所有我們可以從中學到的——歷史、社會與真實經歷。[22]
口述史 Oral history	Janesick (2010); MacKay (2007); Oral History Association (2009); Ritchie (2003); Yow (2005)	蒐集、保存與詮釋過往事件中的人群、社區與參與者的心聲與回憶。[23] 藉由資訊提供者或應答者所提供的回憶與聲明以獲取更完整或更特殊的認知。[24]
現象學 Phenomenology	Giorgi (2009); Giorgi & Giorgi (2009) Husserl(1970); Moustakas (1994); Schutz (1970); Vagle (2014); Van Manen (1990)	最主要的目的是分析與描述日常生活——生活的世界與其認知狀態 ……「排除」社會結構的看法 …… 假設社會結構的權力並不存在。[25]

（續）

類型	相關研究	簡介
		致力於指認、描述應答者的主觀經驗，以主體的觀點來研究日常經驗……只有將事務本身變成有意義時，現象學的描述才可行。[26]

簡介來源：[1]*Action Research* (2014); [2]Schwandt (2007, pp. 3-4); [3]Abercromble, Hill, & Turner (2006, p. 2); [4]Finley (2013, pp. 86-88); [5]Schwandt (2007, p. 9); [6]Eills (2004, p. xix); [7]Schwandt (2007, p. 16); [8]Bromley (1986, pp. xi & 23); [9]Schwandt (2007, p. 28); [10]*Critical Soclology* (2014); [11]Torres Gerald (2012); [12]*Discourse and Society* (2014); [13]Schwandt (2007, pp. 72-73); [14]*Ethnography* (2014); [15]*Journal of Contemporary Ethnography* (2014); [16]Schwandt (2007, p. 96); [17]Lynch (2002, p.486); [18]Schwandt (2007, p. 98); [19]Charmaz (2008, p. 167); [20]Schwandt (2007, p. 131); [21]Editorlal(1998); [22]Chase (2013, p. 56); [23]Oral History Assoclation (2014); [24]Schwandt (2007, p. 213); [25]Abercromble, Hill, & Turner (2006, p. 291); [26]Schwandt (2007, pp. 225-226).

【展覽 3.4】同時包括了各種特定類型的簡述，言簡意賅，而非長篇大論。這些摘要引自於相關的期刊，同時參考 Tom Schwandt（2007）質性研究名詞辭典、Penguin 社會學辭典（Abercrombie, Hill, & Turner, 2006）等等。

我們提供相關、中立的概念，並未特別偏好哪位作者的詮釋。因此引用期刊裡 1~2 句來概述，而非引用某作者原始的長篇大論。如果採用這些特定類型的話，建議你再深入研究相關文獻。

D 回顧研究文獻

本節學習重點

- 思考決定是否在新的質性研究開始初期，做文獻回顧。
- 選擇性文獻回顧與全面性文獻回顧的差異，以及這兩者和檔案庫的差異。
- 文獻回顧的理想筆記做法。
- 使用網路資訊做文獻回顧，應該注意的事項。

上一節，介紹了啟動質性研究的三項關鍵任務（研究主題、研究方法、證據來源）之後，本節要介紹的是另一項啟動任務：回顧研究文獻。此兩種文獻回顧不同於本書介紹的檔案庫建立（目的主要是用來幫助確立研究主題、研究方法、證據來源）。不過，檔案庫的若干文章，包括原本可能排除在外的文章，在進行文獻回顧時，倒是有可能派上用場。

§是否要做文獻回顧？

雖然，大部分的實證研究，幾乎都會做文獻回顧，但是早期質性研究傳統觀點傾向認爲，投入田野資料蒐集之前，最好先按兵不動，不要先做文獻回顧。

這種抗拒的心態，可能是源自於如後的信念：質性研究最重要的是，要捕捉事件的「意義」，包括其獨特的時間、地點和特殊的歷史時刻。此外，最值得探究的意義來源，應該是獨特時間、地點的研究對象，而不是研究者的觀點。

基於如此的信念，雖然回顧以前的研究可能有助於了解相關脈絡，但也可能會妨礙，甚至還可能形成不希望出現的濾器或透鏡。比方說，如果研究是關於社會的「邊緣人」，而文獻卻絕大多數是主流文化的觀點，甚至連「邊緣」的字眼也可能不僅反映主流文化的觀點，還可能是早些年代不恰當透鏡的扭曲看法，因此大幅減低了當初選擇做質性研究的價值。

在開始新的研究時，有經驗的研究者仍可能抱持上述觀點。然而，這種觀點的合理性已經慢慢消退了。過去幾十年以來，質性研究的數量已經大幅成長，各種新興的期刊也紛紛問世，如此也促成了質性研究和文獻日益多樣化。目前的研究者越來越需要展現自己有注意到，即便不是精熟，特定的研究路線，對於類似問題情境，所發掘的多樣分歧的「意義」，而這些都可能直接影響新的研究對於研究主題、資料蒐集方法、證據來源的選擇。即便聲稱是匠心獨具的創新研究，好的文獻回顧也可以展現，研究者對於文獻的純熟掌握，足以證成其提出研究確實是史無前例的創新。因此，不論你做的是何種質性研究，某種形式的文獻回顧，似乎總有可取之處。

如果你仍然心存抗拒，不想做文獻回顧，你也應該知道，目前有些研究方法論文獻，確實有研究人員採取了類似的立場，並且發表論文陳述他們的經驗。回顧他們的報告，不僅可以展現你明白，此種立場在方法論方面的幽微細節，同時也得以展示自己有扎實的專業知識，能夠勝任文獻回顧。

總之，目前質性研究者開始做新的研究時，可能沒有什麼理由能夠證成可以拒絕不做文獻回顧。再者，目前各種研究領域普遍要求提交審查委員會（請參閱第 2 章，E 節），審查委員會可能包括至少一位非質性研究的委員，通常會期望看到送審資料有文獻回顧，這當然使得文獻回顧的必要性更難以迴避。

§ 文獻回顧在啟動研究的角色

在這個階段，需要的文獻回顧是選擇性（*selective*），而不是全面性（*comprehensive*）。選擇性文獻回顧主要目的是，聚焦初步考量的研究主題、方法和資料來源。重點不是要建立更廣闊的視野，以及報告有關某特定主題的知識或觀點（這是全面性文獻回顧的任務），而是要針對與你構想的研究主題、方法和資料來源直接相關的特定研究文獻，進行更詳細的檢視、評論和報告。

在做選擇性文獻回顧時，需要找尋的目標應該是，初看之下就有些類似你考量想做的研究。在文獻當中，你是有可能會找到其他研究，聚焦探討類似的主題，或使用類似的資料蒐集方法。如果，你選擇某學校或社區作爲主要證據來源，你也有可能找到使用類似甚或相同證據來源的研究。發現已經有人做過這樣的研究，不代表你就必須放棄你的研究構想。你倒是應該仔細審視這些研究，並確定你的研究能否在不同的層面做出重要貢獻。

比方說，先前研究可能在某些層面缺乏嚴謹探討，甚至在結論明文指出諸如此類的侷限，如此當然就可以作爲未來研究優先探究的主題。因此，你的研究可以建立在早先研究的基礎上。另外，還有一種可能性，如果你仔細檢視早期研究提出的方法和資料，你可能會發現其中有一些重要發現，或過度宣稱詮釋該研究報告的主要結論。然後，你就可能界定你的新研究，以彌補早期研究的不足之處，以及重新檢驗關鍵的發現或詮釋。

在回顧這些研究時，你的目標是凸顯你的研究在相關但有待改進的研究脈絡中的有利地位，而非僅僅是展示你的研究如何與眾不同。最好能夠指出你的研究採用有別於先前相關研究的方法和資料來源；但最重要的，還是需要從別出心裁的角度，來定義研究的實質主題（請參閱【專欄 3.3】）。

總之，你有可能無法找出任何令人滿意的方式，讓你的研究產生新知識，超越先前研究的貢獻。在這種情況下，你可能需要重新審視原先選擇的研究主題、資料蒐集方法和資料來源。

再者，有些時候，確實有必要做全面性的文獻回顧。這種文獻回顧旨在匯集特定的主題是什麼，可能凸顯有爭議的或不同的思路，甚至在一段時間內累積知識的主題進展。這種類型的文獻回顧確實是公認合法存在的做法，幾乎所有社會科學領域的重要期刊，都有論文專門從事這樣的文獻回顧。

【專欄 3.3】由既存文獻界定研究的貢獻

Lew 針對韓裔美國高中生的研究（2006）聲稱，當時的文獻總是賦予亞裔美國學生（和他們的學業表現）如出一轍的刻板印象，認爲所有亞裔全沒兩樣。爲了彌補如此的文獻落差，Lew 特別研究了一個鮮明對照的兩組韓裔美籍學生：兩組都是第二代韓裔移民，其中一組就讀精英高中，另一組高中輟學，就讀社區同等學歷教育學程（GED）。

通過這兩個對照組，Lew 的研究得以證明，兩類截然不同的教育經驗，進而反映出不同的家庭和學校教育條件。她的研究將這些差異歸結到階級、種族和教育環境，從而挑戰既存的亞裔美國人（同質、模範少數族群）的刻板印象。

§ 小結：文獻回顧的類型

一般而言，文獻回顧有三種類型：

1. 目標是建立檔案庫，回顧已完成的質性研究，幫助你考量研究的主題、方法和證據來源，作爲新研究的初步嘗試。
2. 選擇性的文獻回顧，時機在你初步決定研究什麼之後。選擇性文獻回顧目標是其他類似主題、方法和證據來源的研究，可以幫助你釐定研究的細節，並且爲新研究建立脈絡利基。
3. 全面性的文獻回顧，針對特定主題的相關知識做出總結，但不必然可以幫助啟動新的研究。

研究文獻回顧的筆記

關於研究文獻回顧應該檢視什麼，一般參考書籍或文章，通常很少提出討論這方面的議題。如果，你不是很清楚要檢視什麼，那你可能就不得不多次複閱所有的研究文獻。比方說，我認識一個同事，她開始新研究的時候，辦公桌上總有兩堆她讀過的文獻。一堆是初次概略檢視，覺得不相關而準備捨棄的，另一堆則是可能值得保留沒有捨棄的。接下來，就是把第一堆的文獻再檢視過一遍，確定沒有遺漏可能相關的文獻，然後才會開始去閱讀第二堆的文獻，並且做筆記。這種做法效果還不錯，只是得花不少時間。

有些研究需要長時間來消化。隨著你的研究工作向前推進，你將多次返回複閱。不過，如果你第一次就知道你在找什麼，許多研究只需要檢視一次就可以了。

回顧實證研究文獻時，不妨可以參考以下的程序。第一次閱讀的時候，試著記錄以下的筆記項目：

- 主要研究議題是什麼，是否有包含你想要探討的議題／問題；
- 資料蒐集方法，包括資料蒐集的範圍（例如：受訪者的人數，或參與觀察研究之田野研究的長度和廣度）；
- 主要研究結果，包括用來展現研究結果的特定資料；
- 主要結論；
- 你的評論意見，包括研究的優點和缺點，以及完整的參考資料引述資訊。

你的研究文獻筆記捕捉越多這些資訊，不論是輸入電腦，或用老式手寫在紙張或索引卡，你就有越高機會不需要重新閱讀與補充筆記。如果你把資訊輸入電腦，建議不妨使用較小的字體（例如：10 號字），以便單篇研究的筆記不超過單一頁面，這樣會比較容易組織。

網路下載素材

你查閱的期刊文章有很多可能是來自網站，而不是大學圖書館。這雖然很方便，但也需要額外小心，有些研究可能只發表在學術期刊，而沒有收錄在網路的管道或論壇。

再者，有些相關「報告」確實可能出現在學術期刊以外的管道。其中，某些研究主題，或使用的質性方法，可能值得你的關注。在這種情況下，你需要仔細說明報告的作者和贊助單位。可接受的報告是由獨立的研究機構出品的，不過還是得注意研究品質參差不齊的問題。倡權組織或營利機構出品的報告，可接受程度或許就需要打上問號，至於這類組織或機構的研究大軍製造的報告，可接受程度就更低了，主要是因爲極可能偏向代表特定的觀點。這裡的關鍵就在於，使用報告之前，應該先弄清楚贊助機構的信譽。檢查作者先前出版物，應該也有助於加深你的理解。

對於學術期刊以外的研究報告，你可能還需要進行眞實性的驗證。沒有簡單的公式可供驗證。意識到可能有眞實性的問題，這或許不失爲解決問題的起點。接下來，就需要檢查不同來源的文件，以及資料來源的權威性，這些都是值得嘗試的程序。

 詳述新擬定的質性研究

本節學習重點

- 在擬定研究問題之前，先開始做田野研究，可能獲得的益處。
- 先擬定研究問題之後，再展開田野研究，可能獲得的益處。
- 如何從已發表的研究作品，找到研究問題，即使研究問題可能隱藏在研究的理由或目的描述當中。
- 在本章關於研究啟動過程的陳述中，已經充分揭顯認知你作為研究工具角色的重要性。

到這個階段，成功的啟動程序應該已經幫助你，至少初步確定了三個重要事項：研究主題、資料蒐集方法、資料來源。如果，你有確實依照本章前述的建議，你應該已經確認了有利展開新研究的定位脈絡，特別是關係到其他類似研究的脈絡。接下來，就需要補充實施細節，將這些概括的想法轉化爲實際的研究行動。

在這個環節，質性研究提供了另一種有趣的機會。透過適當的準備，還不需要進一步擬定（研究主題、方法、資料來源）具體細節，你可以選擇先做田野研究工作。另一方面，你也可以選擇擬定研究問題之後，再投入田野

研究。同樣地，如同質性研究大多數步驟一樣，這些不同的選擇都可以相互輪替或遞迴，也就是說，你可以先選擇其中一種程序，然後返回前面程序，視情況作出調整。你也可以多次重複如此的程序。

無論先做田野研究，抑或先擬定研究問題，這兩種取徑都可以得到可接受的結果。在這裡，需要注意的是，當你尋求 IRB 批准你的研究計畫時，你如何清楚說明，你打算怎麼處理可能遭遇的障礙（請參閱第 2 章）。但首先，讓我們介紹說明這兩種不同的取徑。

§ 先開始做田野研究

「田野研究優先」是有幾分道理，因為質性研究試圖捕捉現實生活情境，擁抱當地人觀點。順著如此邏輯，質性研究自然比較偏好，由現實生活情境和他人觀點來幫助界定後續研究問題和研究設計。因此，在啟動過程初期先做田野研究工作，也就獲得許多質性研究者頗高的評價。

在此同時，如果你能清楚表明，你希望從田野研究得到什麼收穫，那「田野研究優先」就可能發揮更高的效益。預期的收穫大致有以下三種：

1. 預期的實質收穫（例如：是否應聚焦或重新界定研究興趣主題）；
2. 預期的方法論收穫（例如：田野場域的人們是否有可能進接，而且可能提供你預期的資訊）；
3. 發掘有助於探索研究的觀點（例如：該田野場域的人們對於自身活動的觀點，或對於現實生活事件的觀點）。

無論是預期哪種收穫，在投入田野研究之前，先以摘要方式寫下來，將可幫助你專注最初的田野研究經驗。總之，「田野研究優先」仍然需要做好事前準備工作。

除非經驗豐富，否則「田野研究優先」千萬不可掉以輕心。你初到田野場域，還有參與者初次接觸你和你的研究，都將產生難以磨滅的第一印象。在現實生活情況（不管是直接觀察事件，或是訪談參與者對事件的看法），如果你顯得不知道自己在做什麼，那結果可能會很難收拾。人們可能會認為，你或許需要幫助改進甚至挑戰你原本的研究意圖。再者，如果他們感覺到，你可能因為研究缺乏方向，而浪費彼此的時間，他們可能會不耐煩，甚至拒絕進一步合作。

§ 從研究問題開始切入

你的同僚如果做的不是質性研究，而是其他形式的研究（包括研究社會科學之外的研究），那他們有可能會更習慣於先把研究問題擬好，才開始投入實徵研究。研究問題不僅反映你希望研究的是什麼，同時也應該適切釐定研究問題與相關文獻的脈絡關聯。因此，「問題優先」的選項對這些類型的研究是很重要的。質性研究領域以外的一個共同信念就是，良好的研究通常需要一套擬妥的好問題。

最後，即使你開始研究時選擇「田野研究優先」選項，你還是需要先擬定研究問題。當然，開始投入田野研究之後，這些問題仍然可以視情況重新修訂，所以你不應該認爲，研究問題一旦擬定之後，就必須自始至終不得有所變更。[2]

關於如何擬定良好的研究問題，個中挑戰就在於，其實沒有現成的公式可供套用。初期查尋文獻、建立檔案庫，從中參考其中的研究問題，應該可以提供許多例子。你可以使用這些例子，來建立屬於你自己的初步研究問題。再者，你和同僚說明你想做的研究時，也可能概略描述你的研究問題，或是你自己在其他方面構思的概略問題，這些也都可以提供你建立初步的研究問題。

如果，你運用檔案庫來找尋研究問題的例子，概略檢視之後，你可能會發現，在大部分的研究報告當中，並沒有特定的章節或段落，明顯列出研究問題。因此，你可能需要仔細查閱如後的詞句，例如：「本研究目的是⋯⋯」或「本研究旨在⋯⋯」。當研究問題沒有明確標示，通常就包含在諸如此類的詞句當中。

你也不要光從字面來找尋研究問題，而應該試著思索檔案庫的例子想要探究的是什麼，或是爲什麼要做這樣或那樣的探究。透過這樣的思索，你或許可以發現諸如下列的例子（這三個例子都是從我的檔案庫擷取出來的）：

---

[2] 你不應該誤認爲，循環往復的遞迴模式僅限於做質性研究，當然更不要認爲，這是質性研究獨有的特性。實驗室的實驗也可能遵循類似的模式，實驗者可能先嘗試做了若干次試行實驗，然後回頭去修改研究問題，或是調整實驗儀器或程序。有關質性和非質性研究的平行相似點，進一步討論，請參閱第 12 章。

- 本研究想要探討，越南移民高中生如何調整個人的文化和性別認同，以適應美國上學的過渡經歷。這項研究希望能夠更好地了解性別、文化認同與新移民學生課業、學校社群生活的關聯（Stritikus & Nguyen, 2007）。
- 本研究試圖從技術、管理和機構層面，檢查學校組織的健康程度，以茲解釋低、高性能學校之間的差異（Brown, Anfara, & Roney, 2004）。
- 本研究是希望了解，成功美國非裔大學生對於高中母校目前面臨嚴重問題的看法。目的是要發掘該等學生對於高中時期以及過渡到大學的深入想法、經驗建構的意義（Wasonga & Christman, 2003）。

另外，有些研究明確以問題的形式陳述出研究問題，諸如下面的實例：

- 都會地區的第一代移民大學生如何看待，個人中學教育經驗對於上大學的準備情形？其中有哪些優勢和弱勢？（Reid & Moore, 2008）
- 某大學如何成為少數族裔優惠招生政策的領導與捍衛先鋒？該大學的領導階層如何回應法律層面的挑戰，以捍衛校方堅持該政策的立場？（Green, 2004）

無論你是參考何種形式的例子，諸如：研究者想探究的是什麼，研究的理由，或各種形式的研究問題，來建立初步研究問題，請特別注意，這些例子可能有更深遠的實質內涵，而不僅止於【展覽 4.2】列出的研究主題。透過這些例子的實質內涵，可以幫助你辨識應該蒐集哪些研究資料，這是單純研究主題無法提供的輔助功能。

另外，如果你密切檢視本書的檔案庫（或你自己的檔案庫）摘列的研究，你應該可以發現上述例子未顯示的另一種資訊：在研究報告的導言或介紹部分，可能會有文獻回顧，將該研究的目的或研究問題定位在更深廣的文獻脈絡，從而辯護研究的潛在重要意涵或貢獻。（然而，這並不意味著，研究者在展開田野研究之前，就先做了文獻回顧。總之，如同先前討論過的，研究報告呈現的各項主題的線性順序，並不代表實際執行的順序。）就此而言，有良好的研究問題可以幫助你界定即將展開的研究行動，諸如：發展田野研究和其他資料蒐集的工具，也可以幫助你找出你的研究在文獻脈絡當中的定位。

建立初步的研究問題之後，你現在已經有了比較好的立足點，能夠進一步闡明你的研究設計（如果有需要的話，請參閱第 4 章討論）。

§ 檢視自己的背景知識與新研究的關係

質性研究起步階段，除了前述各項策略之外，還有一個更重要的前奏。一旦你已經清楚表達你的研究主題、方法、證據來源，以及研究問題，接下來，你就需要考量你的背景基礎如何能夠有效連結該等關鍵要素。因此，在研究起步階段，你必須致力確定和記錄自己的「研究透鏡」（請參閱第 2 章，節 C）。

投入質性研究之後，你終究會成爲主要的研究工具。要做好研究工具，你必須檢視自己的知識和觀點，並且辨識可能影響你的研究設計或資料蒐集的既存知識、偏見或好惡傾向。

無可避免的是，研究主題的選擇或多或少出於研究者個人興趣，其中當然就會有背景因素的影響。通常，人們對於熱衷的主題往往會帶有同情、敵視，或過於天眞的看法。這些都可能影響研究的過程，進而影響研究的潛在發現。如果，你認爲可以保持完全中立或客觀，那充其量只是自欺欺人罷了。

研究全程，你都應該持續這種自我反思。你可以採用某種文書形式（例如：研究日誌），來記錄和維持這種自我反思。最後研究報告（請參閱第 11 章），應該收錄自我反思的小節，描述你的研究透鏡，以及該等透鏡對於研究全程與結果可能造成的影響。

§ 概念架構

如果你已經達成本章所列的任務，或許會想要以概念架構的形式做個總結。

概念架構呈現出你的研究焦點，陳述研究問題，在廣義的理論、實務或社會領域等範圍內進行詮釋。目標在於指出研究的重要性，反應在有計畫的研究問題，以及結果的重要性。這個架構指出資料蒐集的方法，可能的資料來源，例如：研究場域的本質與參與者等。架構同時也可討論研究的侷限之處（Marshall & Rossman, 2011，頁 57；Maxwell, 2013，頁 39-41）。

根據需求的不同，例如：你的機構評審委員所訂定的規格，架構包括其他相關資訊。本章包括了大部分的資訊，例如：如何將研究地圖呈現於現有的文獻中。但是，研究設計與資料蒐集的細節可能得等到下一章才會更加清楚。如果你需要這些細節的話，現階段的概念架構只能說是草稿。

本章複習

請簡要陳述，下列關鍵術語和概念：

1. Empirical study 實徵研究
2. Study bank 檔案庫
3. Topics of inquiry and their focal units 探究主題及其焦點單位
4. Data collection methods compared to sources of data 資料蒐集方法與資料來源的比較
5. “Doubling up” on field sources「便宜行事」田野資源
6. Specialized types (i.e., “variants”) of qualitative research 質性研究的特定類型（也就是變體）
7. Generalized qualitative research 一般質性研究
8. Selective literature review 選擇性文獻回顧
9. Comprehensive literature review 綜合文獻回顧
10. “Fieldwork first” compared to “research questions first”「田野研究優先」vs.「研究問題優先」
11. Self-examination in relation to being the primary research instrument 自我檢視相關於主要研究工具
12. Conceptual framework 概念結構

練習作業

建立你自己的檔案庫

回顧本章描述的檔案庫的性質和目的之後，接下來，就可以著手發展你自己的檔案庫（看看能否應用你的大學或機構的網路帳戶，在線上查看期刊素材）。設定一段時間（幾年或更長的時間），選擇十至十五本經常出現質性研究的期刊。快速查閱三十筆研究（或更多，如果你願意），筆記該等研究涉及的主題。請注意，檔案庫只應包含實際完成的實徵研究，而不是文獻評論、方法論、理論文章，或是沒有呈現或分析實徵研究資料的作品。

使用你的筆記材料，建立表格，列出每項研究的主題，類似【展覽 3.2】的形式與內容，描述主題的寫法盡可能可用簡短扼要的語句，並且可以收錄作為你的正式研究報告的展覽或表格。針對你感興趣的一項研究主題，進一步使用你的筆記材料，做出第二個表格，列出該項主題的研究子題，再簡要描述其研究方法。

第二篇

質性研究的實施做法

第4章

質性研究的設計

任何研究或隱或顯都有設計，研究者設法找出最有力的設計，來強化研究的效度，確保蒐集的資料能適切回應研究問題。質性研究也不例外，不過絕非固定形式的設計。質性研究有個特點就是，抗拒太多的設計，這是要避免削足適履，把不適宜的外在準則、範疇，或僵固不化的方案，硬套用在研究的眞實世界。本章將討論八種「選項」，幫助考量研究的設計。研究者可以根據實際狀況需求，自由考量是否選擇採用。首當其衝的選項就是，研究初期是否需要擬定研究設計。

透過仔細考量研究設計的諸多選擇問題，可以幫助你的研究建立良好的平臺。不過，這並不代表，你非得遵照一成不變的程序，才可能設計出周延的好研究。在此，「周延」（thoughtful）意思是指，你有仔細全盤考量相關選擇事宜，愼重斟酌衡量之後，做出明確抉擇是否要採用某些選項。不論最後決定是否選擇採用其中某些特定項目，你應該會比較有可能完成優質的研究。換言之，你的研究發現應當比較能夠確實回應初始研究問題或主題。

研究設計就是研究的**邏輯藍圖**（*logical* blueprints），功能是要提供「邏輯」（logical）計畫，而不是某些人指稱的「後勤」（logistics）計畫（當然，後勤計畫還是有需要的，只不過是隸屬於研究的管理計畫，諸如：進度行程安排與工作協調聯絡之類的事項）。

研究的邏輯涉及研究問題、資料蒐集與分析策略之間連結的合理性，以確保研究發現能有效回應研究問題。研究邏輯也有助於強化研究的效度（包括正確性）。

- 比方說，一開始的時候，某社區研究可能將研究問題聚焦於住宅區犯罪防制的本質。不過，如此一來，資料蒐集就會只涵蓋正式的住宅組織，而忽略了其他非正式的網絡。因此，研究發現必然只侷限於正式組織的犯罪防制，不然就是研究半途才發現需要修改研究問題（如此結果可能不是很讓人喜歡，甚至有可能不被接受），也可能導致扭曲或以偏概全的理解住宅區犯罪防制。

從定義來看，不論是否有做研究設計，所有的研究或隱或顯都有某種研究藍圖或設計。而且，在研究開始時也不必然都得先做研究設計。在質性研究領域，事前準備做多少研究設計的工作，完全得視個別研究而定。再者，在實施研究的過程，你對於研究設計的各個組成部分，也可能會投注不同程度的關注力，甚至忽略其中某些部分。在研究過程中，設計也有可能改變。本章的主題就是關於研究設計的各種主要選擇，包括是否要選擇先做任何的研究設計。

本章標題使用「選項」的概念，這當中似乎隱約指出，質性研究是應當要做選擇，因爲不像實驗研究那樣，質性研究並沒有固定不變的設計。換句話說，因爲沒有明確可茲依循的類型藍本，因此在研究設計方面就有許多不同的選擇，容許你依照認爲適當的方式來客製化你的研究設計。

在此同時，也別誤會了，認爲質性研究完全沒有設計，因爲當你完成研究，再回頭去看，你會發現確實是有某種設計存在。你或許只選擇了其中某些項目，而讓其他部分在研究過程中自然發展浮現。雖然沒有刻意去設計，但結果可能同樣的嚴謹有效。不過，也有可能最後自然形成的設計不是你樂見的，因而研究也就有所缺失。

接下來，我們逐一來說明這八個選項。

 選項1：在研究之初，是否要先行擬定研究設計？

本節學習重點

- 質性研究初期，就先行擬定研究設計：支持 vs. 反對。
- 研究設計乃是一種遞迴性的歷程。

並非所有研究一開始都需要有研究設計。對於質性研究，研究設計並不是投入田野研究之前，必須先行擬好的執行指南，而比較傾向是提供回顧研究的參照功能。

關於是否要在資料蒐集之前就擬定研究設計，質性研究者並沒有明確的共識。這當中就有「研究問題優先」vs.「田野研究優先」的不同選擇考量：前者傾向在展開田野實作之前，先行界定研究方向；後者傾向先投入初步田野研究與資料蒐集，再據以形塑研究方向。

在這方面，本章沒有偏向特定的立場。因此，並不一定要（或不要）先行擬定研究設計（本節介紹的選項 1），也不一定要（或不要）儘早思索並確定研究設計的某些項目（本章其餘的七項選擇）。個中抉擇還得取決於你個人的質性研究經驗、你希望遵循的研究常規，以及研究場域的常規等。

不論你研究之初，是否選擇要擬定研究設計，請記住，研究設計涉及遞迴歷程。這意味著，可以先決定研究設計的某些項目，然後隨著研究的進展，再視狀況重新調整。

- 比方說，Joseph Maxwell 關於質性研究設計的論述，堪稱個中翹楚。他主張，質性研究設計具有「內在互動」（interactive）的特徵：這也就是說，在質性研究設計當中，研究目的、研究問題、概念架構與效度之間，有著持續不斷的互動（Maxwell, 2013，頁 3-7）。

由於質性研究執行過程具有遞迴性，並且需要適時做出選擇，所以必須特別注意研究誠信（前面所討論的第 2 章，D 節）。再者，質性研究容許，並在某些情況鼓勵，研究過程做適當調整，因此研究者有機會影響研究的結果，不像其他種類的研究，比較不容許或不鼓勵這樣的情況發生。這種影響可能是有目的或無意的。

如果是有目的之影響，可能就會有失研究誠信。如果是無意的影響（研究過程的確可能出現非故意的影響），研究者就有責任要說明清楚，在何種情況下可能出現非故意的影響，以及對研究結果可能產生的潛在作用。這是非常重要的，本書會不時提醒讀者，以各種筆記來留意這方面的影響。

B 選項 2：是否要採取特定程序，來強化研究效度？

本節學習重點

- 如何達成有效度的研究？
- 強化研究效度的兩種普遍做法。

這裡實際上涉及四個次選項。大家都會關心，如何加強質性研究的效度。有效度的研究（credible study）具體表現包括：資料蒐集和詮釋的妥適程度，結論能夠準確反映和呈現眞實世界（或實驗室）的研究結果。雖然某些加強效度的方法發生在資料蒐集之後，但是最好的方法是在設計研究時，就考慮效度。

選擇相對論、實在論或實用導向等或許會影響到這四個次選項；相對論的立場可能會較著重於第一個次選項（「可信賴度」），比較不重視甚至忽略第四個選項（「對立思考」）。實在論的立場則兼顧四個次選項，特別重視第三個（「效度」）。實用導向則愼重考慮這四個次選項。但是，不管立場如何，你不應受限於單一個次選項。例如：在相對論與實在論研究的文獻中，第二個（「三角檢核」）和「效度」都受到相當程度的關注。

§ 可信賴度

建立可信賴度是第一個次選項，主要來自於在研究、設計過程中，注入「態度」，並非一定要採取某些特定步驟。尤其是相對論導向的研究，建立強烈的可信賴度可能會變成建立可信用度。目標放在灌輸資料產出的可信賴度，而不是爭論資料固有的「信賴」（Gibson & Brown, 2009，頁 59）。

一開始，你的研究必須包括研究主題、場域、參與者和資料蒐集法的選擇。明確地、有條不紊地報告爲什麼會這樣選、遭遇到的挑戰、如何克服這些挑戰，由此建立研究的可信賴度。如果你決定使用研究博多稿（詳後面的選項 7），博多稿的品質等將強化後續資料與成果的可信賴度。

你可能也要考慮顯現工作的眞實性，例如資料來源的健全性——舉例來說，參與者眞實的代表自己；文件等材料是在可知的狀況下獲得。如同第一章（C 節）所提，可信賴度應該要藉由田野工作的敘述來說服讀者相信你眞的從事這些研究中的田野工作（Eisenhart, 2006，頁 574）。

你還可以用田野長期戰的方式來建立可信賴度（Lincoln & Guba, 1985，頁 301-304）。這個方法好處多多，這種時間投資有助於理解脈絡情境。例如在從事俗民誌研究時，最重要的就是得知某地、某族群的文化，然後利用這些知識來針對研究進行情境化（Van Maanen, 2011，頁 154-155）。唯有在田野長期戰中才有可能達到這個效果，匆匆忙忙或 Van Maanen 所謂的「閃電戰」是沒有用的（頁 164-165）。

長期戰還可以讓你更容易「偵測、考慮到可能的資料失眞」（Lincoln & Guba, 1985，頁 302）。失眞有可能起因於意外，參與者一開始就誤解你的田野詢問，或是你的田野角色。只有在長期戰後，才會出現更清楚的溝通。

§ 三角檢核

第二個次選項：**三角檢核**（*triangulation*），尚未成爲公式化的程序，原理來自導航科學，藉由三個參考點的交叉，來計算目標物的精確位置（Yardley, 2009，頁 239）。這個原理早已被質性研究所認可（Denzin, 1978, 2012; Denzin & Lincoln, 2011），其他領域，例如評價研究與社會學等也認同（Greene, Caracelli, & Graham, 1989; Jick, 1979; Patton, 2002a）。這個原裡的目標是追求至少三個以上的檢核方式，以便佐證某一特定事件、描述說明或研究報告的眞確性。

這種佐證可以當作加強研究效度的一種做法，在研究中運用三角檢核原理可以帶來不少好處——持續尋找機會以三角檢核你的步驟。例如：Patton（2002a，頁 247）所討論的：

1. 資料來源（資料三角檢核）
2. 在同一個研究團隊裡的調查人員（調查人員三角檢核）

3. 同一個資料集裡的遠景（理論三角檢核）與

4. 方法（方法論三角檢核）

研究過程中要保有「三角檢核」的心智，持續尋求研究行動與假設的匯聚點。

長久以來，三角檢核的重心都放在資料來源上（資料三角檢核）——請參閱第 6 章，G 節。在設計階段，你應該設法取得各種不同的來源，同時也要小心爲上。在蒐集資料時，理想的三角檢核不僅是求證三個來源，而是嘗試求證三種「不同」的來源。比方說，如果你親眼看見某一事件（直接觀察），有其他在場者也如此口頭陳述該事件（口語報告），還有其他人寫了類似的文字報告（文件），結合這三種不同來源的資料佐證，你就可以有相當信心，該事件的相關報告應該有相當的準確性。再者，如果你的研究聚焦某參與者的特定觀點，而不考慮其他來源的相關看法，你仍然需要三角檢核，譬如：透過和該參與者在兩個以上場合的對話，以便佐證你有正確呈現其觀點。

通常情況下，有可能無法取得不同來源的資料。因此，你只能退而求其次，依靠三個人的口頭報告（或三份文件的訊息），但沒有其他種不同來源的佐證。在這種情況下，你需要關注該等來源是否眞正代表三個獨立的報告，防範該等報告有可能並不是完全獨立而是有某種相互關聯。例如：其中兩份文件可能是根據第三份文件的關鍵資訊撰寫而成的。

網路搜索的資料，報告獨立性特別容易發生問題。三個不同網站的三份報告很有可能都來自相同的原始來源。許多網站沒有註明原始資料來源。

許多質性研究也可能涉及外語的對話。最好的做法是，雙語呈現原始語言的對話內容，再配合英文翻譯的對照版本。熟悉外語的讀者可以自行判斷翻譯是否恰當。可惜，這樣立意良好的做法在實務上卻很少被採行（Valdés, 1996）。

§ 效度

研究及其結果的效度（Validity）是增加可信賴度的第三個方法。有效度的研究具體表現包括：資料蒐集和詮釋的妥適程度，結論能夠準確反映和呈現眞實世界（或實驗室）的研究結果。雖然很難達成完美的效度，多留意幾點要件還是能強化效度的。

在質性研究，千萬不要誤以爲採取相對主義的定位，就不應該致力追求效度。換言之，即使研究預設不主張單一眞實，仍然需要妥爲關注研究結果的效度。你或許可以如此來看待這個問題：其他的研究如果採取相同的透鏡或取向，是否會和你的研究蒐集到相類似的證據，並做出類似的結論。因此相對主義的研究文獻中，常常出現效度的討論（Saukko, 2005）。

Maxwell 凸顯效度的議題，特別指出「描述、結論、解釋、詮釋，或其他類型陳述的正確性或可信用度」（2013，頁 122）。Maxwell 根據自己和許多其他質性研究者的研究爲基礎，彙整七種因應效度挑戰的做法（請參閱**【專欄 4.1】**）。這些做法大部分都很容易理解和實施，你應該能夠選擇其中適合的做法，整合到你的研究設計。

【專欄 4.1】強化質性研究效度的七項策略

Joseph Maxwell（2013，頁 126-129）列舉抗衡效度威脅的八項對策：

1. 密集強度的長期〔田野〕投入——產生關於田野情境的完整且深入的理解，包括：找機會重複觀察和訪談。
2. 「豐富」資料——細節豐富和多樣化的資料，能夠充分呈現田野觀察和訪談。
3. 回應者效度檢核——取得研究對象的回饋，減低研究者對於該等研究對象自陳報告行爲與觀點的曲解。
4. 干預——研究者在場觀察參與者的反應，進一部證實田野常模。
5. 找尋落差證據與負面反例——檢驗對立或競爭的解釋。
6. 三角檢核——蒐集不同來源的聚斂證據。
7. 準統計——使用實際數字，而不是形容詞，如「典型的」、「罕有的」、「普遍的」。
8. 比較—比較不同場域、群體或事件的研究結果。

Maxwell 的策略有幾項跟本章討論的主題相同，例如：第一項對策：密集的長期〔田野〕投入（詳可信賴度的次選項），第六項對策：三角檢核（才剛討論過）；接下來的主題「對立思維」將詳細討論第五項對策：找尋落差證據與負面反例。

§ 對立思維

對立解釋（*rival explanations*）不只是另一種詮釋，必須彼此互不相容，才算是眞正的對立。在研究中，設想你的發現和解釋就像是鬥士，面對著一個或多個對手的挑戰。如果，有對手的解釋比你的解釋更加合理，你就不得不拒絕自己原來的解釋。通過適當承認對手，以及拒絕原來的解釋，你得以強化你的研究效度，特別是如果你還深入討論接受或拒絕對手的理由（Campbell, 1975; Yin, 2000）。

整個研究過程中，研究者都應該致力尋求各種對立想法或解釋，以強化研究的效度。對立想法或解釋可能出現在研究過程的所有環節，而非只是針對研究最終結果的解釋才需要如此做。比方說，你在選擇研究的場域和受訪者，無可避免會做出若干的假設想法，從而指出你的研究主題適合蒐集哪些資訊來源。在你蒐集資料的過程，如果有對立的想法，就有助於讓你覺察，其中某些假設可能產生誤導；相對地，對立假設支持的場域或受訪者，可能提供更好的資料來源。因此，在資料蒐集期間，你應該不斷「測試」該等對立想法。

總而言之，研究者在投入對立思維方面，理想的態度應該不只是在最後提出一個或若干個對立解釋。而應該在研究過程始終秉持懷疑感，不斷質問自己如後的問題：

◆事件和行動是否如同表面顯現的那樣；

◆參與者和你說話時是否給出最坦誠的回應；

◆原初假設是否正確。

懷疑的態度會促使你蒐集更多資料，做更多分析；反之，如果你不在乎對立想法，你可能會認爲何必多此一舉。抱持懷疑的態度，你可能做更多的重複檢查，檢查其他來源的證據，甚至探索一些微乎其微的可能性，而不是忽略不顧。換言之，你的研究和研究方法的每個面向，都可能受到對立解釋的質疑。找出確鑿的證據，來排除該等質疑（或反之，接受對立解釋的質疑，推翻你的原初假設），乃是強化研究效度不可或缺的重要任務。

此外，如果你是要建立有效的對立解釋，而不是只想著要推翻，那尋求「證據落差」就會比較認眞用力（Patton, 2002，頁 553; Rosenbaum, 2002，頁 8-10）。如果在你盡力尋求之餘，仍舊沒有發現證據落差，你就可以更加自信，研究的描述、歸因或解釋是有效的，而且禁得起考驗。

總之，在做研究的每一步驟，都有可能出現各種形式的對立解釋。研究進行過程中，抱持懷疑的心態，努力找出並檢驗可能的對立解釋，唯有如此才可能獲得比較強有力的成果（Campbell, 2009; Yin, 2000）。因此，對立的解釋應該是最終研究報告不可或缺的構成要素，包括任何簡短的研究總結〔通常以「摘要」（abstract）的形式來書寫〕，都應該呈現對立的解釋（Kelly & Yin, 2007）。

選項 3：釐定資料蒐集單位的複雜性

本節學習重點

- 實徵研究的關鍵要素：資料蒐集單位的層級。
- 了解質性研究中構件與主題間的關係。

研究設計也會界定研究的結構，而結構當中的一項主要元素就是資料蒐集的單位[1]。研究設計的第三項選擇，即是關於是否與如何釐定資料蒐集單位的層級。

所有研究都有其資料蒐集的單位。比方說，質性研究訪談的資料蒐集單位就是受訪者，如果研究訪談 15 位受訪者，那就有十五個資料蒐集單位。另外，如果研究涉及一系列焦點團體，那麼每個焦點團體就算是一個資料蒐集單位。

[1] 這裡用資料蒐集單位作爲非技術性的參考，避免與分析單位、任務單位或分派單位等技術性術語混淆。這三個都與適當的分析單位有關（尤其是統計分析）。雖然資料蒐集單位通常就是分析單位，如果兩者不一樣的話，情況就會有點複雜。但是在質性研究中，這種情況比較少見，不需要分析策略，因此不在本書討論範圍內。

§ 巢狀陣列

有趣的是，大部分的質性研究，都涉及多個層級的資料蒐集單位。多元層級可能形成巢狀陣列（*nested arrangement*）：較廣層級（例如：田野場域）；較窄層級（例如：特定場域的參與者）。每個層級可以有不同數量的實例[2]。典型而言，大部分的質性研究，較廣層級有一個實例（例如：某單一場域），較窄層級則有若干個實例（例如：同一場域的多位參與者）。

爲了說明兩個層級與其包含的單位，附錄 B（頁 325-327）摘列本書許多專欄的質性研究。透過此列表，我們可以清楚看到兩個層級的資料蒐集單元，以及各個研究的主要議題。請注意，附錄 B 表列的主要議題類似於前面討論的主題（請參閱第 3 章，開始研究的程序）[3]。

關於每個層級的實例數量，附錄 B 顯示了較廣層級的單位數目，例如：在 Edin 與 Kefalas（2011）關於費城八個社區的研究，或 Ericksen 與 Dyer（2004）關於五個不同產業的專案團隊的研究（不過，附錄 B 並沒有顯示較窄層級的實例數目）。

進一步檢查附錄 B ，你可能會注意到，較廣層級的單位通常是一些地理、組織或社會實體。較窄層級的單位通常是參與者，不過也有可能是政策、做法，或行動。

重要的是，更廣和更窄的層級之間，關係並不是絕對的。比如，較窄層級的單位也可能是社區或組織，例如：附錄 B ，Gross（2008）關於以色列遷離迦薩走廊的研究。此外，巢狀陣列不限於兩個層級。某些研究實際上可能有第三（而且更窄）的層級，不過附錄 B 沒有列出這類的例子。

§ 資料蒐集單位的層級與研究主題之間的關係

釐清資料蒐集單位和層級之間潛在的複雜性，是設計和開展研究的一個重要部分。最關鍵的是，單位更是研究需要慎重反思的主要議題：

---

[2] 這裡用「實例」（instance）表示單位數量（非種類）。組織是較廣泛的單位，研究三個組織可以說是三個廣泛單位的實例。

[3] 附錄 A 與 B 包含兩種完全不同的研究。附錄 A 蒐集各種不同的期刊資料，並未出現在本書中；而附錄 B 則出現在本書的專欄中。兩者都爲質性研究提供大量的參考資料。

- 比方說，附錄 B，Mead（1928）的研究主題（女性的青少年階段發展）意味著，較寬層級（薩摩亞的三個村落）的資料主要是提供脈絡，而研究主題的資料來源則是較窄的層級（個別女性與其家庭）。
- 另外，Lynd 與 Lynd（1929）關於美國平均城市的研究，研究主題的單位是較寬層級（印地安納州蒙西市），而不是較窄層級（社區實踐做法）。

總之，你會希望釐清，資料蒐集單位是否包含一個以上的層級。如果是，那各層級之間有何種關係。再者，你可以進而強化資料蒐集單元和研究主題之間的適配關係。例如：蒐集若干數量的資料之後，你可能發現，原先的主題和浮現的研究結果不適配。有可能是因爲研究主題反映某一層級的資料蒐集單元，然而浮現的研究結果則是來自另一個層級。

當你來到如此的十字路口，你有兩種選擇出路。第一種是選擇投入更多心力，去蒐集原先著力較少的資料單位，以期能夠更密切反映浮現的主題。另一種選擇是重新定義原先的研究主題，但是請注意，這也將要求重新考慮研究的基礎，因爲這項研究將解決一個稍微不同的主題。再者，如此轉變也可能需要不同的選擇性文獻回顧。

這些錯綜複雜的狀況，都是質性研究結構的一部分。細心關照可以幫你深刻體認：(1) 有必要審慎定義資料蒐集單位；(2) 有可能資料蒐集單位涉及一個以上的層級；(3) 層級之間的關係（有可能是巢狀結構）；(4) 層級和研究主題之間的關係，這些都是質性研究設計需要考量的一部分。

D 選項 4：是否要取樣？

本節學習重點

- 取樣可能面臨的兩項挑戰。
- 若干取樣的策略。
- 支持樣本規模決策的理由論據。

正式定義和確認資料蒐集單位之後，很自然就要面對研究設計的第四項選擇：思考是否要取樣？如果要，應該如何取樣（亦即應該選取哪些資料蒐集單位），以及各種單位分別包含多少數量。幾乎每個研究都有兩個層級的樣本，一個是較廣層級的樣本，另一個則是較窄層級的樣本。

取樣的挑戰來自你需要明白，選擇何種具體單位、該單位包括的數量，以及該等選擇所根據的理由。特別具有挑戰性的研究，可能只有單一的資料蒐集單位：

- 比方說，Oscar Lewis（1963）針對一個墨西哥家庭「單一個案」研究。這項著名的自傳研究，樣本是單一類型單位（墨西哥家庭）的一個實例，而不是像其他的「個案」個案研究（請參閱 Yin, 2014，頁 51-56）。

證成選擇資料蒐集單位（即使只選擇一個單位）的邏輯合理性，乃是克服取樣挑戰的關鍵任務。

§ 立意取樣和其他類型的取樣

在質性研究中，可能是以立意取樣（*purposive sampling*）的方式選擇樣本。選擇具體研究單位的目標是要根據你的研究主題，而產生最相關和最豐富的資料。

- 例如：如果你研究社區如何應對自然災害，你會想了解更多最近發生災難的場地（可能提供機會直接觀察，而不是只能蒐集訪談或文獻資料），而非多年前發生災難的場地（這僅可提供追溯，除非你立意做歷史研究）。
  類似道理，如果你研究的更廣層級和主要議題是組織，你在較窄層級蒐集的資料單位，就需要包括組織上級領導者（即使大型組織的上級領導者其出現的場合，可能不會像一般員工一樣，可以隨機取樣）。

同樣重要的是，資料蒐集單位的選擇應該尋求，「獲得關於研究主題最廣泛的訊息和觀點」（Kuzel, 1992，頁 37）。這種幅度的目的是爲了追求資訊的最大化（最大變異取樣—— Lincoln & Guba, 1985，頁 233-234）。因此，立意取樣未必是代表性的取樣，應該優先選擇可能提供相反證據或意見的單位。比方說，選擇研究參與者的時候，你應該有意識地訪談，可能對於研究主題抱持不同看法的人。最重要的是，應該避免只選擇支持你原先想法的資料來源，以免研究產生偏差（參見【專欄 4.2】）。

【專欄 4.2】以有條不紊的方式尋求最大變異

研究聚焦墨西哥裔美國學生的求學經歷，對象包括：第一、第二或第三代移民學生（Valenzuela, 1999）。作者花了三年時間，在一所都會區的大型高中進行參與觀察。但是，由於主要研究課題是有關一般高中學生，再加上該高中的規模，因此筆者擔心，她的資料蒐集可能沒有充分涵蓋一般學生的完整面貌。

爲了消弭這些憂慮，Valenzuela 刻意辦理了一系列二十五場的開放式團體訪談（1999，頁 278）。另外，她也擔心學生代表性的問題，所以她花了兩個夏天，刻意訪談不同世代的移民學生（亦即第一、第二和第三代移民）（頁 281）。透過這些用心的做法，最後研究不僅蒐集到大量的學生資料，也提高了研究結果的可信度。

請另行參閱【專欄 1.3】。

事實上，立意取樣可以有很多種變體，各種變體取決於取樣的目的。比方說，你可能只是單純的想極大化變異，但是，你的研究可能侷限於某特定方法，例如：挑選極端或異常的案例、一般案例、關鍵案例或是符合某些特定重要性的案例（Patton, 2002a ，頁 230-242）。無論如何，你的目標都是強調資訊來源的豐富。

除了立意取樣之外，質性研究還可能採用其他取樣方式：方便取樣、滾雪球取樣、隨機取樣。

- 方便取樣（*convenience sampling*），選出的資料，僅是因爲容易取得，這通常是比較不可取的權宜之計，樣本可能會有未知程度的不完全性，因爲最容易獲得的資料來源不見得是最翔實的來源。同樣地，方便樣本也可能會產生研究不希望存在的偏差。

◆滾雪球取樣（*snowball sampling*），由既有的樣本，選擇新的資料蒐集單位。如果是有立意的滾雪球，而不是僅基於方便考量，那這種取樣就是可接受的。例如：在訪談過程中，你可能會認識其他可能接受訪談的人選。隨著這樣的線索，找出其他更多可能的受訪者，雪球就會越滾越大。採用滾雪球取樣的前提是，你必須花時間事先想清楚，你選擇隨後訪談對象的理由。注意區分：立意的滾雪球（例如：因爲該人選能夠提供與你研究主題相關的額外資訊）、方便的滾雪球（例如：因爲該人選正好在附近，而且你有 1 個小時沒有其他研究任務在身）。

◆隨機取樣（*random sampling*），從已知母群，選取統計定義的樣本，如果你的研究計畫，數字概括其調查結果，整個人口的單位。這樣的數字的理由，以及人口屬性的假設，通常是不相關的質性研究，因此在質性研究中很少採用隨機取樣。（一個對比鮮明的，非數值模式的類推，高度優先的質性研究，本章稍後【選項 6】將討論。）

§ 資料蒐集實例的數量

在質性研究，沒有公式可以決定，較廣或較窄的資料蒐集單位需要多少數量的樣本。一般情況下，樣本數量較多可能會比樣本少來得好些，因爲可能會有比較高的信心取得較可信的研究結果。

較廣的層級

在較廣的層級，大多數研究都只納入單一資料蒐集單位。該單位可能是田野場域、組織或其他實體。選擇單一單位的理由，一方面可能是研究罕見、極端的場地，另一方面也可能是「典型」的場地。如果你研究旨在探究特定假設，你也可以選擇「關鍵」場地，在那裡，可以有效檢驗研究假說（和對立假說）（Yin, 2014，頁 51-56，討論單一個案研究的取樣應該考量的判準）。

在此同時，研究可能在更廣層級有兩個以上的樣本。如果研究目的是要凸顯對比，那你應該明白，兩個不同場地取樣的研究，多半會比單一場地，更有可能達到這方面的研究目標，因爲不同場地通常比較可能蒐集到適合做對比分析的資料（請參閱【專欄 4.3】）。

【專欄 4.3】零售商店隱含的社會不平等議題研究

場地對比的田野研究。Christine Williams（2006）透過田野研究兩種截然不同地點的玩具店，其中一處位於一般社區，另一處位於高級住宅區，以茲探討「社會建構的購物行爲，以及消費者選擇權隱含的社會不平等議題」（頁 13）。

個中場域的對照提供了可茲凸顯研究主題的資料，有助於清楚見識到「性別、種族、社會階級如何對於零售店家產生形塑作用」（2006，頁 17）。此研究特別聚焦零售業工作人員所遭受的不公平現象。另外，也檢視不同社會階級的成年人如何形塑子女的消費行爲，在此同時，也將階級分化的文化價值傳遞給下一代。

全書分爲六章，透過各章標題可以見識到，研究者如何形塑她的質性研究：(1) 走進玩具店的社會學家；(2) 美國的玩具店購物史；(3) 玩具店的社會組織；(4) 不平等的購物環境；(5) 玩具城的兒童；(6) 玩具和民權。

請另行參閱【專欄 5.4】。

再者，如果研究目的是要反映，不同社會和經濟條件也可能發生類似的事件，那多個場地的研究，多半會比單一場地的研究，更有可能達到這方面的研究目標，因爲儘管個別場地的社會和經濟條件天差地遠，橫跨多個場地研究發現的一致性，恰恰可以增強支持研究的主要論點（請參閱【專欄 4.4】）。

最後一個例子，更廣層級的多元單位並不一定需要是不同的場域、組織或實體。多元單位可以是同一地理場地的不同時間點，例如：古巴移民的研究，涵蓋橫跨五十多年四個時期的移民潮（請參閱【專欄 4.5】）。

在此同時，研究如果涵蓋多個單位的更廣層級，連帶也會消耗更多時間、精力。因此，在考量時間和精力有限的情況下，單一研究往往比較少涉及多個單位的更廣層級。因應這種研究侷限的對策就是，先完成聚焦單一單位的更廣層級的研究，如果有顯著的研究發現，再考慮選擇第二個單位，進行後續研究。

【專欄 4.4】六個俗民誌組成的研究

質性研究不一定需要侷限於單一地點，而是可以設計涵蓋多個文化或機構場域，綜合分析所有資料做出最終結論。

Lawrence-Lightfoot（1983）屢獲殊榮的研究，涵蓋六所高中的俗民誌，就是屬於這種研究設計。取樣的考量是著眼於這六所高中都是明星學校，辦學成效卓越。兩所是都會區公立高中，兩所爲郊區公立高中，還有兩所私立高中。每一章分別報導每所學校的文化和特色。然後，綜合所有學校的觀察結果，寫成「好高中」的複合圖像。

除了這六所學校的專章報導和「好高中」的複合圖像之外，作者還帶入了她獨特的寫真（*portraiture*）風格。這是一種資料蒐集的過程，研究者由實徵和臨床層面，來界定研究對象人物和機構的本質。

【專欄 4.5】同場域跨時的四項個案比較研究設計

古巴移民美國的四波移民潮，反映了古巴的政治情勢變動。Silvia Pedraza（2007）以個案研究，檢視這四波移民潮，最後綜合這些個案發現，做出獨到見解闡述革命和移民潮關聯的結論。

這四波移民潮發生在五十年期間（1959-1962 年；1965-1974 年；1980 年；1985 年迄今）。研究描述，每一波移民潮脈絡下，人們的奮爭境遇，從而將個人行爲連接到文化常模和體制，特別是教堂和家庭。長篇敘事聚焦呈現多則生命史，大量的問卷調查和民意調查資料，則用來描繪每一波移民潮民眾的人口背景。貫穿整部作品，Pedraza 充分運用大量的田野資料（古巴和美國的古巴人社區的參與觀察；一百二十人次的錄音訪談，許多是在受訪者家中，使用開放式問卷的結構化訪談模式；檔案文件和照片；人口普查和問卷調查資料；選舉資料和民意調查）。

因爲這四波個案研究的分析，都在探討相同的更廣層面的理論架構，所以作者得以建立更廣泛的結論：政治冷感和出走，並聲稱這種現象與背後的成因，可能發生於所有社會。

請另行參閱【專欄 7.1】和【專欄 11.8】。

較窄的層級

在較窄的層級，大多數的質性研究通常包括一個以上的單位。一個研究納入的受訪者、實務做法、政策或行動的數量，很可能介於二十五至五十個單位：

- 職業婦女與其家庭如何因應家務事和子女教養責任的研究，訪談 50 對夫妻和 45 位其他人士——保母、托兒所員工，以及其他幫忙該等夫妻的人士（Hochschild, 2012）。
- 知名學者 Gilligan 訪談 32 位男士和女士，研究報告書翻譯成十六國語言，暢銷全球（Gilligan, 1982）。
- 備受爭議的司法論爭研究（Green, 2004），只有 26 位資訊提供者，不過這已經囊括該議題相關的全部精英人士。

在較窄層級，通常傾向較多的資料蒐集單位。不過，研究如何選擇適當數量的資料蒐集單位，這當中並沒有通用原則可茲依循[4]，你必須審慎考量個別研究的主題複雜程度，以及所需要的資料蒐集的深度。比方說，相對於單一人生事件，例如：出生、結婚、喪禮，完整的生命史可能適合用來探討比較複雜的研究主題。不過，複雜主題的探討也可能有兩種不同的做法：選取較多的單位，蒐集大量較淺層的資料，或是聚焦少數的單位，但蒐集較深入的資料。例如：Lewis 單一家庭的研究，豐富而深入的生命史資料，全書長達五百頁。

一旦界定適當的單位，你可能接著擔心要納入多少個實例，有個稱為選到冗餘點（*Selection to the point of redundancy*）的原則可供參考（Lincoln &

---

4 量化研究中也有取樣數目是否充足的問題。但是只要保有先前的資料，量化研究者可以採取正式的檢定力分析（*power analysis*）來決定取樣量。取樣數將依取樣母體的差異（例如：效應量 effect size – 研究者必須提前得知）、研究者想要的信賴水準而有所不同（Lipsey, 1990）。量化研究者知道統計學上的顯著性差異不等同於事實上的差異，因此，即使是量化研究，取樣大小這個議題也是值得討論。

Guba, 1985，頁 202）。換句話說，因爲資料蒐集的目的是要極大化資訊量，當新增的實例沒有提供新資訊時，資料蒐集就可以做結尾。

冗餘原則之後就要界定較窄層級的實例數目，因此你沒辦法在研究前就指出這個數目，這個差距就會影響到研究預算，也會影響到跟機構評審委員會打交道的不確定性（請參閱第 2 章，E 節）。爲了解決這些限制，你應該要提前預估一個數字，同時體認到「質性探究中沒有取樣大小的原則」（Patton, 2002a，頁 244）。找出可能的範圍與非質性研究的方法沒有什麼不同。[5]

E 選項 5：質性研究是否要採用概念與理論？

本節學習重點

- 資料與概念之間移轉的兩種呈現方式。
- 實例說明質性研究如何運用概念與理論。

質性研究通常聚焦眞實生活事件的**意義**（*meaning*），而不只是事件的發生與否。先前第 1 章指出，其中重要的意義乃是當事人秉持的意義，而質性研究的一個強項就在於有能力捕捉該等事件參與者的意義，而非只是限於研究者所持的意義。

對於意義的追尋，事實上也就是要尋求**概念**（*concepts*）——亦即比實徵研究蒐集之實質資料更爲抽象的理念。研究者可能透過合乎邏輯的方式，蒐集若干或多或少的概念，以茲代表研究對象事件的**理論**（*theory*）。在此，研究設計的第五個選項就是要決定，你要發展研究的概念和理論到何種程度，以及決定資料蒐集活動相對於概念或理論建立的先後順序。

[5] 非質性研究可能不會事先闡明樣本大小。例如：在研究開始之前，無從得知某項調查的應答率以及其他資料蒐集狀況等等。因此，在調查研究一開始，可能會預估應答的數量，但是無法提供最終的實際樣本量。

§ 屏除概念的世界？

許多人或許會有一種刻板印象，認為質性研究應該屏除任何概念或理論。依照這種刻板印象，質性研究就像是日記一樣，鉅細靡遺寫出有關特定人、事、物的事實細節，完全不會用到任何概念，更不會涉及理論。這種刻板印象的質性研究，類似於中世紀抄錄的史書，或是法醫驗屍報告乾枯乏味的醫學臨床詞句。

這種刻板印象並非代表好的質性研究，你應該避免之。比較理想的質性研究除了捕捉事實細節之外，也應該在其中穿插抽象概念，乃至於理論。比方說，回想第 1 章，A 節，促使人們想做質性研究的一種動機就是，能夠在真實世界脈絡當中來進行探究，而這就包括研究對象人物、組織或群體的相關文化。而文化當然是一種抽象概念，甚至是關於某群體不成文規則和社會行為規範的理論。

§ 歸納 vs. 演繹取徑

人們會有欲望想在實徵資料當中穿插概念和理論，這種欲望似乎與本書導論介紹的歸納取徑有關（請參閱第 1 章，D 節）。歸納與演繹恰成對比，也反映出兩種在資料與概念之間轉移的相反方式：歸納是由蒐集資料而浮現出的概念；演繹則是由概念或初步的「範疇」導出需要蒐集之資料的定義。

大多數的質性研究採取歸納做法；不過，如果選擇採用演繹來做，也沒有什麼不對。下面的例子將分別說明如何用歸納、演繹，來做質性研究。

歸納做法的質性研究，一開始是從社區犯罪預防的主題著手，居民自行組成的反犯罪團體（Yin, 1982a）。在當時，許多這類的團體存在於各種不同的社區，但是人們對於這些團體所知甚少，也不清楚是否都是同樣的性質。因此，研究開始的時候，並沒有太多可參照的概念或理論。只有在田野研究完成之後，才從蒐集的田野資料浮現出有用的概念——反犯罪團體的四類範疇（請參閱【專欄 4.6】）。

對於質性研究，歸納取徑可說再適合不過。即便可能需要投入相當時間，概念才可能浮現而出，你也不應該因此而打退堂鼓。

- 可能是文獻前所未見的概念，譬如：Valenzuela（1999）研究移民學生的「文化去根學校教育」(subtractive schooling)（請參閱【專欄 4.5】，以及第 1 章【專欄 1.3】）。
- 概念可能和文獻緊密吻合，譬如：Hays（2003）在參與新社會福利改革政策之婦女的研究中，重新檢視「貧窮文化」的概念。

相較之下，演繹取徑則有另方面的優點。可以讓你省去初始田野研究不確定感的痛苦，因爲你開始研究的時候，已經有某些相關的概念可茲依循，而不必等待資料浮現概念。不過，這種取徑也可能會有一種重大的風險，就是可能會過早失去任何關於研究的眞實世界事件的新鮮洞視。

【專欄 4.6】田野研究如何可能獲得有用的分類範疇

住宅區犯罪率升高，居民常常會自組反犯罪的各式團體，包括：鼓勵鄰里守望相助、組織巡邏隊。但是，有些時候也會產生讓人反感的不必要監視感。

要形成公共政策來支持或阻止如此的反犯罪團體，需要先清楚分辨其中各種不同性質的團體。爲此目的，研究者開始蒐集大約二百二十六個團體的資料，蒐集之前沒有界定團體的定義。然後針對其中三十二個團體，展開田野研究。結果發現文獻未曾揭露過的四類團體做法：(1) 大樓社區或封閉型住宅社區的警衛；(2) 一般住宅比較鬆散的街坊巡邏隊；(3) 結合犯罪防治和其他社會服務做法；(4) 保護居民不受當地警察的潛在濫權施暴。

主要的研究發現如後：第一類的住宅區警衛，可以提防陌生人進入住宅區範圍，提高居民的安全感。相對地，第二類的街坊巡邏隊，無法輕易分辨陌生人與居民，如此一來，往往使得社區居民感覺不自在，而不是安全感。

另一方面，在某些情況，演繹取徑也可能非常有幫助。比方說，想像你已經蒐集到公立學校三年級數學課一整學年的上課錄影帶。如果一開始觀看錄影帶的時候，你沒有使用概念或理論，可能花了很多冤枉時間，卻不知道究竟要看什麼，只能等候某些行為模式出現，再看看是否能夠逐漸浮現形成概念。反之，假設你事前有清楚確認想要檢視的概念，然後再開始看錄影帶，因為旨趣比較明確，觀看過程就會有效率得多，最後研究結果可能也會比較聚焦（請參閱【專欄 4.7】）。

演繹也可能有助於建立研究的重要性。比方說，有個關於製造工廠的個案研究，這樣的研究或許看不出有什麼重要性，但是這個研究的重要性在於這乃是一個特殊的個案，因為這是蘇聯瓦解之後，東歐首波國營企業私有化的一家公司（請參閱【專欄 4.8】）。

從前述歸納和演繹兩種取徑的例子來看，質性研究切入概念與理論的做法，確實有可取之處。再者，也請注意，雖然概念是抽象的，但不代表一定就是大理論（*grand theory*）。因此，質性研究穿插理論不必然一定是令人望之卻步的高深工程。在你的知識與能力範圍之內，應該都不難找到可以切入研究主題相關的概念與理論。

【專欄 4.7】研究事先建立的概念：學科教學知識

學科教學知識（*pedagogical content knowledge*）的概念指出，知道學科內容與知道如何將該等學科內容有效教導給學生的差別。

在教育領域，學科教學知識已經是發展相當成熟的概念，也吸引了廣泛的研究興趣，相關研究論文更是頻繁出現在一百二十五本期刊（Ball, Thames, & Hoover, 2008，頁 392）。Ball 等人重新檢視此概念，公立學校三年級數學課一整學年的上課錄影帶和錄音帶。

重新檢視和分析該等錄影帶和錄音帶，他們發現，這個概念可以進一步區分為兩個重要的次級概念：教師應該知道的專業學科內容知識，以及教師和一般人應該知道的普通內容知識（2008，頁 399-402）。

研究結論建議，這項概念的釐清對於未來教師培訓與進修，有重要的啟示。

【專欄 4.8】研究前蘇聯國家的私有化議題

Elizabeth Dunn（2004）研究波蘭工廠，從社會主義轉爲資本主義體系的變遷過程。這家波蘭工廠經由本部位於密西根的嘉寶嬰兒食品公司收購，轉型成爲東歐首波國營企業私有化的公司（頁 27）。

1995-1997 年間，Dunn 前往該公司工作，同時進行參與觀察，爲期十六個月。主要焦點是要探索員工當中的文化變遷。對於他們，這種變遷改變了「人生意義的根基」（2004，頁 6）。她的整本書就是致力於探索，該等員工如何「運用社會主義、工聯運動、天主教、民族、性別意識形態等經驗，重新定義人生意義，以及調適工作過程與公司內部的關係。」（頁 8）比方說，其中一則關鍵信條就是，「生產過程最重要的是關於道德的考量，而不是財務。」（頁 170）

Dunn 的探索結果讓我們見識到，單一田野研究如何可能嵌入重要社會經濟與政治變革的較廣脈絡。

- 最近，在社區研究領域，「社會資本」（social capital）已成為相當受矚目的理論。Small（2004）的研究章節，就是採用社會資本的各個面向來加以組織，而不是根據研究實際主題——綜合住宅區。

採用理論或概念來組織研究的做法，相較於聚焦特定田野場域與其特徵，個中利弊得失，需要審慎斟酌衡量。

 選項 6：是否要關心類推研究發現？

本節學習重點

- ➢ 類推質性研究發現的潛在價值。
- ➢ 兩種類推的模式：統計類推、分析類推。

基本上，每個質性研究都是獨一無二的，只有從研究具體的情況和人士，並通過審慎思索特定的脈絡情境，才可能了解社會行爲的細微差別和模式。這種獨一無二的特殊性，使得吾人很難認爲，質性研究的結果可以類推到研究特定脈絡、個別案例獨一情境以外更廣泛的情境。

關於質性研究類推的本質，以及是否具有實用關聯性，這方面的討論頗多（例如：Gomm, Hammersley, & Foster, 2000）。有些人認爲，類推在質性研究當中扮演的角色極爲有限。比方說，早期文化人類學研究主要聚焦，呈現異國情調和遠地文化的獨特性，而不是要從他們的經驗作類推（例如：Schofield, 1990，頁 202-205）。相似地，許多研究以特定的事件爲優先，不會一味地致力於類推。

- 例如：你可以表達、重申自己從事某個案研究的堅定立場，因為此個案非常特殊，值得單獨研究，Robert Stake（1995，頁 8; 2005）稱此為本質性個案研究（intrinsic case studies）。
- Rolls（2005）編輯十六個心理學的個案研究（稱為三面夏娃的多重人格障礙）做為本質性個案研究實例。他說：「我們一定要找出行為的普及真象嗎？」當然，只要這個人夠獨特，我們只要探索他的生活就夠了（頁 2）。

當然，你可以選擇同意這些有限的角色；不過，你也可能會想選擇從研究結果做出類推，因爲任何研究（不論是質性或非質性）只能蒐集到有限的資料，含括有限的資料蒐集單元，如果因此不能把研究結果類推，投入那麼多心力去研究，價值未免太有限了。所幸，大多數的研究是有可能超乎蒐集資料的特定範圍，導出更廣泛的啟示或蘊義；換言之，研究結果是可能「類推」到其他研究和其他情況。以此而言，當研究的類推可能性越高，其價值也就越高。即使研究可能只有單一資料蒐集單元，例如：單一個案研究，還是有可能有這種類推。因此，質性研究是否與如何做出類推，自然也是值得你密切注意的另一種選項。

§ 質性研究需要統計類推模式以外的類推思維

長久以來，質性研究在思考類推時，一直有個不幸的成見。這種成見預設，只有一種類推。再者，這種類推還預設，研究的結果代表「樣本」，而且如果是從母群適當的選擇樣本，研究結果就可以類推到更大的「母群」。根據如此預設思維的類推就是典型調查研究的特徵，目標是選擇有代表性的樣本作爲受訪者，再將調查結果外推到該樣本所屬的母群。

因爲樣本與母群之間的關係是根據數值的估計，所以這種類推可稱爲統計類推（*statistic generalization*）（Yin, 2014，頁 21, 40）。這種思維非常普遍，甚至只做質性研究的學者也不免落入如此的思維，思忖如何能夠把某場地（通常爲單一場地）的研究結果，類推到其他場地。然而，這種思維背後，其實是不求甚解，誤以爲研究似乎有（其實並沒有）代表某母群的樣本。[6]

對於質性研究，這種想法尤其不恰當，甚至可能導致無可避免的難題，因爲質性研究通常只有小數目的資料蒐集單位，甚至只有一個單位，如此當然無法充分代表母群。比方說，針對特定國家民主體制建立的研究，不能輕易類推到其他國家，即使研究對象：(1) 包括大小不等的國家；(2) 代表世界各大洲和各種經濟條件的國家；(3) 包括不同種族膚色人民的國家。量化統計類推之所以不適用，乃是因爲國家可能涉及許多面向的變異量，僅靠少數幾個面向而且數量有限的單位，根本不足以代表國家的母群。

另外，還有一種有別於統計類推的方式，需要放棄任何涉及樣本或母群的想法。質性研究的資料蒐集單位，如前所述，無論較廣或較窄層級的單位，都不是「統計抽樣的單位」，凡是這方面的誤導想法，都需要嚴正駁斥。

§ 分析類推

分析類推（*analytic generalization*）在研究界也相當普遍，只是比較少受到討論。之所以會有這種類推的做法，乃是因爲認爲，所有的研究，不只是質性研究，都只是特定情況或條件之下的研究。比方說，實驗室的研究，乃是針對特定實驗受試者，在特定地點與時間的實驗（因此侷限於特定的實驗操弄和程序），研究結果若要類推到其他情況，就必須透過分析該等條件與其他情況之間的適配性，這其中就有不少挑戰有待克服。

---

6 更有說服力的是將類推的定義侷限於「統計類推」，因此有時候，質性研究一開始就拒絕用類推這個詞。

不論是質性研究或實驗，類推目標都是相同的：從單一研究得出的結論或結果，必須遵循分析類推的程序（Yin, 2014，頁 40-45）。當然，學者不一定每次都會用相同的術語，許多人直接將這種類推與統計類推做比較（Bromley, 1986，頁 290-291; Burawoy, 1991，頁 271-280; Donmoyer, 1990; Halkier, 2011; Mitchell, 1983; Small, 2009）。

一般而言，解析類推程序包含兩個步驟：(1) 概念宣稱，研究者藉此顯示，研究結果如何可能闡明特定的概念、理論構念，或假設的一系列事件（因此與選項 5 有關）；(2) 闡述該等概念如何可能適合運用到其他類似的情況。

許多研究都可以找到這種模式的類推做法，包括若干學術領域的暢銷名著（請參閱【專欄 4.9】）。目的不是在關注這些個案研究的龐大母體，而是在找尋常模、過程，利用分析類推找出教訓（Erickson, 2012，頁 687）。這個教訓可能僅限於某一類型的個案，但如同【專欄 4.9】所示，或許有機會「套用於許多不同類型的個案」（Bennett, 2004，頁 50）。

【專欄 4.9】類推單一個案研究的發現成果

Allison 與 Zelikow（1999）在其著名的古巴飛彈危機的個案研究，他們的研究定位是要探討一個更廣泛的理論領域—超級大國之間對峙危機相關議題（不只是具體的飛彈危機）。此事件涉及 1962 年美國和前蘇聯計畫在古巴設置攻擊型飛彈，射程可達美國領土，局勢危急，隨時可能觸發核彈浩劫。

該研究針對超級大國對峙的研究主題，從文獻回顧提出三種代表性的理論。然後，再以此一個案研究的事實，拿來比對相關的理論，最後提出一個重大發現，這些衝突並不是由「大人物」領導模式引發，反駁了當時占主導地位的理論觀點。

作者聲稱，他們的發現可以應用來闡述，相當多樣化的超級大國對峙局勢，包括其他時代的超級大國，以及當代美國、蘇聯以外的其他超級大國。這項研究的構思和執行都非常傑出，因此出版數十年以來，一直是高居政治學課程的暢銷書（Allison, 1971）。

- 另一個例子是對當代議題有相當高的相關重要性，Neustadt 與 Fineberg（1983）「捉摸不定的流感疫情」個案研究——1976 年美國聯邦政府推動豬流感疫苗接種計畫的爭議，至今仍然持續吸引各界普遍關注。當時的狀況是流感初期，政府有關單位大力推動疫苗接種計畫，後來卻錯估形勢過早取消，結果疫情一發不可收拾。面對流感大流行的新威脅，譬如：2008-2010 年的 H1N1 病毒威脅，這項研究非常有助於理解防疫行動與公共衛生危機之間的兩難困境。

不論在質性研究或實驗，分析類推都需要細心建構論述。這種論述雖然不太可能達到幾何學的「證明」那種程度，但仍然得扎實有理，禁得起邏輯的挑戰。相關的「理論」指向「理論性的概念，針對特定的質性常模找出類推觀點」（Halkier, 2011，頁 787）。研究的結果應該展現，實徵發現是否與如何支持或反駁該等理論。如果支持，研究者需要展現，該理論如何可能進一步推廣（類推）到研究的特定範圍以外更廣的情況（請參閱【專欄 4.10】）。

【專欄 4.10】質性研究分析類推範例

最近，多明尼加—美國移民的研究（Levitt, 2001），就是分析類推的絕佳範例。作者提出證據説明，新移民模式如何不同於二十世紀初期歐洲移民美國的歷史（頁 21-27）。新移民模式除了「跨國」遷移之外，仍舊保有與原居祖國的連結，而在美國社會形成國中有國的「跨國村」。

這項研究顯示，如何在新的遷移模式被標記出國家起源的人口參與這種遷移的比例高（2001，頁 16），以及原居祖國給予雙重公民身分（頁 19）。類似情況存在於其他當代的遷徙模式（頁 16-21）。最後一章討論這些「跨國」模式的結果，如何從多明尼加—美國的經驗類推到其他國家或地區。

請另行參閱【展覽 3.3】。

§ 可轉移性

與分析類推有關的一個概念是質性研究結果與其他情況的可轉移性。可轉移性的聲明比分析類推溫和些，因爲在一開始的質性研究中，可轉移性認同當地情況的獨特性。在極端的狀況下，這種獨特性可能排除其他情況下的類推。但是，可轉移性原則還是接受某種程度的類推，取決於「收受情境的相似度」（Lincoln & Guba, 1985，頁 297）。

可轉移性的另外一個特點是，研究尋求的類推並不是結論，而比較像是「暫行假說」（working hypothesis）（Lincoln & Guba, 1985，頁 122-123）。研究建立對暫行假說的信心，然後著手新的研究，繼續尋求研究發現，來進一步支持該等假說。

跟分析類推一樣，可轉移性在較高的概念層級上具有某種涵義——例如，暫行假說及其相關主張。換句話說，目標是要將命題和假說提升到較高的概念化層級，而不是停留在特定研究的具體發現而已。（通常情況下，這一較高的層級概念，就是研究之初用來證明選擇研究該等主題的重要性所在。）

陳述和檢驗對立解釋，就如同本章前面討論過的，將極大強化研究宣稱的分析類推。對於研究假說的任何有意義或可行的對立解釋，可能在研究初始階段即已明瞭，或是在後來研究期間浮現而遇。對立解釋的徹底檢驗需要發自眞心，努力蒐集支持（*in support of*）該等對立解釋的資料，如果認眞找尋資料檢驗之後，結果仍然沒有支持對立解釋，那就可以合理拒絕。研究結果支持主要的假說，同時拒絕合理的對立解釋，如此就有堅實的基礎，更加鞏固研究聲稱的分析類推或可轉移性。

G 選項 7：是否要準備研究博多稿？

本節學習重點

- 研究博多稿可能涵蓋的主題。
- 博多稿和研究工具之間的差異。
- 博多稿代表一種心理的架構。

研究設計的下一個選項，關於是否要準備研究博多稿（*research*

protocol），這反映了質性研究的另一種潛在困境。使用博多稿可能會破壞質性研究的一大優勢，亦即捕捉當事人親身經歷和感知的現實生活，而不是研究人員推測或預期的生活。一旦擬定研究博多稿，無可避免會隱含研究人員的價值觀、期望和觀點。

無足驚訝的是，很多質性研究者抗拒事先確定博多稿。他們試著採取開放的態度，直接投入初步田野研究。類似的道理，早期的田野訪談也是傾向採用開放對話的方式，盡可能避免受訪者受到研究者的引導。

不過，如果你已經擬定了研究主題，甚至也開始提出一些關鍵的研究問題，再者，也選擇了資料蒐集的單位，預期蒐集結果能夠提供所需的資料類型。在如此的情況下，某種形式的博多稿應該可以提供建設性的引導，輔助你的研究和資料蒐集，順利取得豐富的成果。即便如此，你仍需保持開放的心態，確實捕捉場域當事者的觀點，並注意浮現和意料之外的資訊，在此同時，博多稿可以幫助提醒你留意原本的主題和研究問題。

選項7，關係到你在何種程度上需要提前準備博多稿[7]。一方面，你可以選擇完全不用任何的博多稿；另一方面，你也可以選擇使用嚴格擬定的博多稿。最有可能的是，你的選擇通常會落在這兩種極端之間。

§ 博多稿，不是工具

「博多稿」（*protocol*），不是傳統意涵的研究工具（*instrument*），而是研究者用來思索研究程序的自己探詢問題。最常見的研究工具就是，結構良好、具有封閉或開放式的問題，通常採用於問卷調查，或是人類實驗的量化選項或程序。與此相反，研究博多稿，即便是高度結構化，仍然只是由若干主題綱要構成。這些主題涵蓋了研究的實質基礎，提供你探究需要的執行路線指南（實際做法，請參閱下面更詳細的描述說明）。不過，博多稿並不像前述傳統意涵的研究工具那樣，讓研究者照本宣科，如同念「劇本」一樣，說出一系列的具體說詞和問題。

因此，對於幾乎所有類型的質性研究，使用「研究工具」與否也就不是

---

7 大致而言，研究博多稿應該足夠滿足 IRB 的審查需求（請參閱第 2 章，E 節）。不過，有些時候，研究博多稿可能比較強調後勤程序，而比較沒有著眼於研究的實質主題細節。

很重要的事情了。如果，你有使用工具，甚至使用開放式的調查工具，你可能會發現自己做的其實比較接近問卷調查，而不能算是眞正的質性研究。事實上，本書諸多專欄引述的質性訪談研究，絕大多數沒有使用任何工具（或至少沒有討論或提出），而是採用第 6 章（C 節）討論的對話模式，來訪談蒐集資料，沒有預先擬定訪談問題和答案選項，也不是問卷調查使用的那種開放式的問答。

綜上所述，質性研究的主要選擇似乎應該是博多稿，而不是研究工具。接下來，我們要問的是，如果博多稿不是工具，那又是什麼呢？

§ 博多稿是一種心理架構

博多稿應該是你著手施行的一些廣泛的探究行爲，而不是嚴格規定你和資料來源（例如：田野參與者或訪談對象）應該如何互動的腳本。雖然，在研究初始的時候，你可能會研擬書面的博多稿，但這並不意味，你去做田野研究時，必然得隨身攜帶書面的博多稿。博多稿主要是在你的腦子裡，就此意義而言，博多稿即是一種心理架構。

找個貼切的比喻來講，博多稿的運用做法就好像醫生臨床問診的方式。在詢問患者有困難描述的病症時，醫生可能會試著與病人輕鬆交談，在此同時，其實也在遵循若干例行探詢方式，提出各種問題來試探可能相關的疾病症狀。需要注意的是，在問診過程中，醫生可能會一邊詢問，一邊作紀錄，但並沒有採取任何書面博多稿或任何格式化的詢問工具。

再舉個比喻，那就是刑警的偵查工作。在調查案件時，偵查可分爲兩方面。一方面是蒐集犯罪證據（亦即資料蒐集），另一方面則是思索該等罪行如何以及爲何可能發生。這些問題進而促使刑警產生和罪行有關的直覺或想法，等到蒐集更多的證據之後，就能夠驗證或推翻該等想法，舉凡這些過程都可稱爲刑警的「心理架構」。

質性研究的博多稿具有若干可預測的特徵。首先，應該包含足夠問題，涵蓋研究主題的核心，以便引導研究者如何進行探詢，例如：要尋求什麼樣的證據和來源。廣泛的探詢路線可以引導揭顯整個研究的核心議題。請注意，博多稿乃是你要思考如何執行研究的問題，也是你思考如何蒐集證據（包括訪談）的基礎。

因為博多稿的問題是你必須自己回答的，所以和證據來源有著緊密的關聯，例如：你在查看文件或進行田野觀察時，腦中想著的問題。再者，請注意，當你在訪談時，博多稿的問題並不是像問卷調查工具那樣，代表任何特定順序的問題。除了參考博多稿的問題之外，你還得針對每次訪談的特定對象與情境，臨場發揮提出適合對話進行的問題、措詞和提問順序。

第二，無論是訪談人、翻看文件、進行觀察，或其他檢視證據的方式，保持博多稿作為個人腦子裡的心理架構，這反倒有助於警探和質性研究者保持中立的態度。個中訣竅是不要讓心理架構的存在，造成資料蒐集的偏頗。相反的，如果使用得當，心理架構的存在應該可以指出搜索反例證據的機會。如果沒有博多稿或類似的心理架構，可能就會忽視了如此的機會。因此，博多稿的適當使用應該是能夠鼓勵更公平的研究。

第三，博多稿的問題會幫助你，尋找證據聚斂或三角檢核的機會（請參閱本章，選項 2）。再者，如果沒有博多稿引導，資料蒐集過程可能會忽略了如此的機會。

第四，研究博多稿的使用不應該抑制潛在的發現過程，因為質性研究的一項重要優點就是，資料蒐集過程有可能發現新的洞視。因此，雖然博多稿的問題，立基於研究初始擬定的主題和研究問題，你仍然需要在資料蒐集過程保持開放的態度。因此，雖然博多稿具有前述三項功能，你還是應該努力跳脫「思考框架」（心理架構）的限制，以便開放迎向意想不到的證據。

當研究過程有新發現時，你可能需要暫停資料蒐集，重新斟酌原來的博多稿。你可能會想要改變後續的資料蒐集活動，以整合新發現的結果。還有一點也得注意，如果是顯著而重大的發現，那麼反思博多稿也可能導致重新思考（或重新設計）整個研究和原初的目標。比方說，可能需要重新調整主要的研究問題，甚至調整或擴大文獻回顧的範圍。

【展覽 4.1】和【展覽 4.2】，提供兩項質性研究的博多稿範例說明。【展覽 4.1】的博多稿，研究四十幾個社區委員會的組織（National Commission on Neighborhoods, 1979）。每個組織就是個案研究的對象。博多稿就是這些個案研究的綱要指南，也輔助支持跨個案的平行資料蒐集程序。此項研究旨在探討，社區委員會在促進社區活化所扮演的角色——這是 1970 年代以降，相當受重視的研究主題（例如：Chaskin, 2001; Marwell, 2007）。請注意，「博多稿」是給田野研究者問自己，而不是拿來問參與者或受訪

社區組織研究的田野博多稿範例

研究主題與博多稿問題 （只摘列出具有說明性的問題）
A. 組織的創立與結構 1. 社區組織是創立於哪一年？ 2. 創立的原因是什麼？哪些人或支持來源是創立的主因？ 3. 最初的資金來自何方？ 4. 組織的最初宗旨是什麼？ 5. 創立以來，組織有哪些改變？ （另外有五個問題未列出）
B. 組織活化運動與其支持 6. 有哪些活動已經完成，或是正在進行中？ 7. 組織如何開始投入該等活動？ （另外有七個問題未列出）
C. 和義工協會與網絡的關係 8. 組織是否隸屬於某個較大的、傘式組織？ 9. 請描述，組織與當地其他組織之間的關係。 （另外有五個問題未列出）
D. 和市政府的關係 10. 組織是否和市政府的特定官員或單位有任何關係？ 11. 該等關係是正式的或非正式的？ 12. 該等關係是否帶來建設性的效益？ （另外有四個問題未列出）
E. 結果 13. 在組織成立期間，是否有任何明確的證據顯示，該等鄰里有因此而獲得改善？ 14. 是否有任何證據顯示，該組織曾經防止或阻斷該鄰里的物理環境改變？ 15. 組織的活動有提高社區居民的參與嗎？ 16. 組織成立以來，鄰里之間有變得更整合，還是變得更分裂？ 17. 組織是否有處理鄰里間的種族和貧窮問題？ （另外有四個問題未列出）

資料來源：National Commission on Neighborhoods (1979)。

展覽 4.2 訪談男性的通用訪談博多稿

在社區的歷史

1. 請問R先生，在黃金谷住了多久？如果，原本不住在該地，當初爲什麼搬來？R先生和這個社區有什麼樣的連結關係？在這裡快樂嗎？R先生喜歡黃金谷的哪些方面？
2. 在居住期間，社區有任何的變化嗎？什麼樣的變化？這裡的生活有比過去更好嗎？

家庭史

1. 請問R先生，在成長過程，父母的職業，家裡的工作如何分配，父母在家務和照顧子女方面，分別扮演什麼角色。R先生和父親或母親，哪個比較親近？
2. 請R先生描述，他和父親的關係。父親是他想仿效的模範嗎？
3. 請問R先生，是否期望自己的生活像父母那樣。他期望長大成人之後，有什麼樣的職業與家庭生活？
4. R先生的期望有改變過嗎？相較於小時候的想像，如今生活有比較好，還是比較差？

工作經歷與休閒

1. 請問R先生，目前的工作情形，或是找工作的情形。對於目前的工作情形，R先生滿意嗎？
2. 過去，R先生從事過哪些工作？最好的工作是什麼？工廠關閉，有影響到他的工作生活嗎？
3. 如果，R先生一直在努力找工作，請他談談個中經歷。找不到工作的時候，他對自己有什麼想法？他如何處理該等情緒？請R先生具體談談自己失業的情形，還有對他造成何種影響。
4. 找不到工作的時候，他如何處理錢的問題。他是否有做某方面的犧牲，以便能夠繼續住在該社區？如果他在當地很難找到工作，爲什麼還要留下來？
5. 空閒的時候，R先生會從事哪些活動？他最喜歡什麼？具體問清楚是打獵、釣魚，其他戶外活動，還是社交應酬、喝酒等。

婚姻與家庭

1. R先生已婚，或曾經結婚嗎？結婚多久，幾次？結婚或單身哪個比較快樂？目前的婚姻或感情狀況是什麼？
2. R先生有小孩嗎？有幾個？有同住嗎？孩子的監護權如何安排決定？
3. 請R先生談談親子關係。他是怎麼樣的一種父親？他最喜歡和小孩一起做哪些事情？他覺得自己是個好父親嗎？這對他有何意義？當父親的那段日子，有哪些最愉快的時光？最大的挑戰，或最失望的地方？
4. R先生是否很像自己的父親？有哪些相似或差異的地方？他會希望自己像父親多一點，還是少一點？好父親應該要有哪些條件？
5. 如果沒有小孩，R先生會想要有小孩嗎？爲什麼？他有任何與小孩的關係嗎？如果有，請描述他在其中扮演的角色。

（續）

6. 如果從未結過婚，R 先生會想要結婚嗎？他有過什麼樣的情感關係，例如：同居之類的。他希望交往的對象有什麼特質？單身是出於自己的選擇嗎？
7. 感情關係中，有哪些最大的挑戰或問題？盡可能深入討論原因。他如何處理該等問題？如果有過多段感情，分手的原因有哪些？對於那些分手的情人，他有何感想？
8. 工作相關（或失業）的壓力，是否會對他的感情關係造成影響？如果有可能，請描述。

資料來源：Sherman（2009，附錄 A，頁 617）。

者。田野研究者在回答這些問題時，必須引用各種田野資料，包括：政府官員、社區居民的訪談，相關文件和檔案證據，以及直接觀察社區環境。

【展覽 4.2】的博多稿，探討某鄉村社區的失業、性別常模，和家庭穩定等問題（Sherman, 2009）。長久以來，該社區的居民一直依賴特定產業的就業，該研究聚焦探討，產業衰退對於社區家庭的影響，尤其是職場和家庭中男女性別角色的轉變。這份博多稿是用來引導研究者思考，如何訪談該研究的男士參與者（再提醒一次，博多稿是提供研究者或訪談者參照使用，而不是直接拿來詢問參與者或受訪者）。

§ 操作型定義

無論是否有整理成研究博多稿的組織形式，針對資料蒐集的思考，好處之一就是能夠釐定各種資料的定義。例如：你應該會希望清楚區分觀察的事件和報導（但沒有觀察）的事件。另外，依研究主題而異，許多相關的概念，例如：社區「凝聚力」、組織「變革」、健康「促進」、教育「改革」，或「拙劣」領導等，都需要某種操作型定義。

在非質性研究，操作型定義可能嵌入研究工具或做法。在質性研究，因爲你很可能就是最重要的研究工具，因此需要給自己一些指導原則，以便持續辨識研究興趣所在的現象。精心設計的研究博多稿，也可以協助提供這方面的指導原則。

 選項 8：研究初期是否要規劃徵求參與者的回饋？

本節學習重點

- 證成回饋是研究過程不可或缺的關鍵要素。
- 研究當中哪些部分可提供分享回饋。

在研究後面階段，你可能會和參與者分享你的研究發現或資料，取得他們的回饋。只有等到研究後期，你才會開始面臨考量，是否要和哪些人分享哪些東西——這種做法也就是許多學者所稱的成員檢核（*member checks*）。

另外，也有越來越多的質性研究採用另外一種做法，就是在研究設計期間，就已經開始思考這方面的議題。你可以思考可能要和哪些人分享哪些主題或資料（例如：田野筆記或敘事的初稿）。然後，再將該等想法融入你的研究計畫，以及知情同意的相關程序。和所有的計畫一樣，實際的做法會隨著研究進行，而有所演化調整，但至少你可以有個出發的計畫可供遵循。就此而言，研究初期關於分享回饋議題的考量，可以視爲研究設計的一部分，類似於本章討論的其他選項。

如同研究設計的其他層面一樣，參與者的回饋可能進行很平順，但也可能遭遇不可預期的障礙。而且也無從保證，回饋可以一帆風順，尤其是如果你沒有持續注意，又不願意調整你的原始計畫，那回饋的進展很可能就會窒礙重重。

§ 回饋的選擇做法

Locke 與 Velamuri（2009）彙整了許多有關回饋的有用選項，可供研究設計考量採用。例如：他們整理出各種分享研究相關更正和修改的選擇做法，有助於增加研究的效度（請另行參閱【專欄 4.1】「回應者效度檢核」），也能夠強化和參與者之間的協同合作與倫理關係（頁 488-489）。同樣地，他們也分門別類指出各種分享研究結果的選項，包括分享研究成果報告的摘要草稿，乃至於訪談的完整筆記（頁 494）。

在這裡，提供一個不錯的做法，當你和參與者談論有關知情同意的事宜時，可以試著討論你初步構想要和哪些人分享哪些東西。然後，你應該決定，參與者是否有其他建議或偏好，並且和他們共同找出可以接受的分享方式。

在研究早期處理這些議題有兩個好處。首先，在這些議題還沒變成「麻煩問題」之前，就先防患未然。其次，與其他研究設計選項一樣，由於你是在還未有研究結果之前，先擬定分享的計畫做法，如此一來，你和參與者就不至於遭受指控，刻意偏頗研究應該產生什麼樣的結果。

§ 對於研究後期敘事的潛在影響

不應該容許回饋過程的預測影響研究的結果。不過，這些過程多少會對研究的寫作施加一定程度的影響。寫作除了盡力追求準確性外，也應該保持較高的敏感度，避免選用可能會對參與者產生不必要激動情緒反應的字眼。

你也不能忽視，資料蒐集到寫作完成之間可能發生的情境脈絡變化。你可以在序言或導論部分，註明資料蒐集到寫作完成之間的時間落差。不過，如果落差長達一年以上，情境脈絡可能會發生巨大的變化。在這種情況下，你可能就需要另作調整，譬如：補作資料蒐集，然後寫成後記，附在正文之後，作爲補充說明。

本章複習

請簡要陳述，下列關鍵術語和概念：

1. Research design 研究設計
2. Credible study 可信的研究
3. Trustworthiness 可信賴度
4. Authenticity 眞實性
5. Triangulation 三角檢核
6. Converging lines of inquiry 整合探究
7. Validity 效度
8. Rival thinking 對立思維
9. Data collection unit 資料蒐集單位
10. Nested a arrangement 巢狀陣列
11. Purposive, convenience, snowball, and random samples 立意取樣、便利取

樣，滾雪球取樣、隨機取樣

12. Inductive versus deductive ways of relating concepts with data 歸納 vs. 演繹連結資料與概念的方式
13. Statistical, compared with analytic generalization 統計類推與分析類推的比較
14. Transferability 可轉移性
15. Working hypothesis 暫行假說
16. Research protocol 研究博多稿
17. Line of Inquiry 探究行為
18. Mental framework 心理架構
19. Operational definition 操作型定義
20. Member checks 成員檢核

研究設計

研究設計可能是做研究最困難的部分。你必須從頭開始，而且往往缺乏指導。為了不至於沮喪得難以開始，你不妨可以試著先診斷現有的研究設計。從你在第 3 章【練習作業】建立的檔案庫當中，選出六個質性研究，盡可能挑選有詳盡描述研究設計的。

針對下列研究設計相關事項，檢視你所選擇的研究，並將結果寫成摘要（其中第一項請參閱第 3 章，其餘四項請參閱第 4 章）：

- 研究問題；
- 資料蒐集單位的類型和數量；
- 每種類型的資料蒐集單位的取樣方式；
- 是否有使用任何形式的研究博多稿，博多稿的概略內容；
- 是否試圖將研究結果類推到未研究的其他情況。

所選擇的研究如果在上述事項有部分缺失，你也無須過分驚訝。你可以描述，你如何仔細搜尋該等研究的文本，從而說明你為什麼有自信指出，該等研究確實是缺乏研究設計所需要的某些資訊。

第 5 章

田野研究實務

對於質性研究，資料蒐集通常意味著，投入眞實世界情境，和人們進行互動，而這些就構成了田野研究的場域。重要而引人關注的人類事件之外，場域的多樣性也增添不少值得探索的主題。在此同時，因爲田野場域是眞實世界情境，研究人員需要有某種正式的進場和退場，尤其必須取得同意，才得以進入研究。因此，維持良好的田野關係也就成爲質性研究者經常必須克服的挑戰。

本章討論田野研究實務的諸多相關議題，主要聚焦於研究者通常扮演的參與觀察者角色。本章也討論實地考察，可供研究者選擇採用，作爲蒐集眞實世界場域資料的另一種實務做法。

A 考慮田野研究

對於大多數人來說，質性研究似乎總少不了某種形式的田野研究。田野本位的資料——不論是來自直接的田野觀察、訪談、錄影帶，或是檢視當代文件，諸如：參與者的日誌、日常行事紀錄，甚至是照片——都構成了質性研究普遍使用的證據。基於這個原因，你可能會希望儘早熟悉田野研究的實作，這也是學習做好質性研究的重要功課。本章討論的是田野場域的基本實作，至於特定的資料蒐集程序則屬於第 6 章的主題。

田野研究發生在眞實世界的場域，以及人們在其中生活扮演的眞實角色。場域可以是人們的家裡、工作場所、街道和其他公共場所，或是諸如學校、診所之類的服務機構。關於田野研究的場域，本章後面會有更詳細的說明。另外，田野研究也可能聚焦於某些族群的人，並非只是限定於任何特定的場地。

在田野場域進行研究工作，需要建立和保持與他人的眞誠關係，可以自在交談。建立可行的關係，或許是做質性研究最大的挑戰。其中，許多必要技能都與田野研究的管理有關，另外還要有能力因應可能發生的諸多不確定情況。

由於田野是眞實生活環境，人們在其中進行各種日常事務，因此你必須非常愼重其事，你將進入他們的空間、時間和社會關係。請注意，質性研究田野場域的現實性和其他研究類型之場域的人造性，兩者之間有著強烈的反差。相對於其他類型的研究或多或少可操控的場域，你不會有自由來設定質性研究的情境或條件，譬如：你不能依照你方便的時間，來安排一系列問卷調查的時程表；你也不能像實驗室研究一樣，安排實驗受試者按時報到，依序跑完實驗程序；甚至你也沒辦法在任意時間，於圖書館或網路，埋頭搜尋檔案資訊。

毫不奇怪地，最初幾次的田野接觸總是最令人興奮，同時也最叫人傷腦筋。在相當大的程度上，田野研究初期可能涉及「隨機應變」（going with the flow）。只有待上較長時日之後，才有可能領悟個中竅門，明瞭何時、何處有最好的機會，應該善於把握投入其間。在新研究的初期，即使是有經驗的質性研究人員也無法預知，初步田野接觸可能會是如何情形（話說回來，也不會有太多質性研究者會希望能夠預知）。畢竟，每一個田野場域的情況都是獨一無二的，自然不宜依靠過去經驗作爲預測的基礎。

不過，田野研究之前還是得做好準備。你考慮做研究的田野場域，可能已經有大量的資訊存在。相關的媒體報導、網路資訊，以及以前的研究，都是有可能取得參考使用的。你應該提前參考該等資訊。因此，在二十一世紀做田野研究，必須記住一個非常重要的注意事項：「隨機應變」，是指眞正開始你的田野研究時，應該保持靈活應變的適應力和彈性，但也不要忽略了，事前必須小心準備。

此外，有關確保人類受試保護的程序，也需要預先檢視許多可能發生的田野研究議題。研究倫理委員會（IRB）（請參閱第 2 章，E 節），將負責審查和批准你的研究計畫。

爲了讓你更熟悉田野研究可能面臨的挑戰，本章將會討論，學者如何經歷在田野的日子，包括：如何取得和維持場域的進接。本章前三節聚焦田野研究的實踐做法，以及田野關係的初步建立和維護。不論你採行何種研究方法論，前述議題都應該審慎看待。最後兩節，描述普獲肯定的兩種田野研究主要方法：參與觀察（*participant-observation*）和實地考察（*site visiting*）。

 田野研究的實踐做法

本節學習重點

- 質性研究田野場域的不同定義。
- 田野研究實踐做法的多樣化：公共場域 vs. 私人場域，以及投入場域的時間多寡。

§ 田野場域的種類

要認識田野研究有個不錯的途徑，就是去思索其多樣化的場域。在人類學和社會學，最早和經典的田野場域，包括偏僻遙遠的地點（例如：早期人類學研究的新幾內亞或特羅布里恩群島的土著部落— Malinowski, 1922），以及生活周遭的社會（幫派的社會學研究— Thrasher, 1927；睦鄰之家的社會學研究— Addams & Messinger, 1919；二十世紀初，芝加哥大學的若干學者研究的「芝加哥學派」社區族群研究—例如：Burgess & Bogue, 1967; Park, Burgess, & McKenzie, 1925; Shaw, 1930; Thomas & Znaniecki, 1927; Zorbaugh, 1929）。無論是遙遠異地或鄰近地點，場域代表研究者本身所屬之（主流）中產階級差異甚遠的文化和生活型態。因此，這些早期研究的價值就在於，從不同文化觀點的啟迪，見識到日常生活可能有著迥然不同於吾人習以爲常的多樣面貌。

此外，有些研究則是刻意選擇代表「平均值」的場域，例如：在 Lynd 夫婦關於印第安納州蒙西市的《中西部城市》與後續研究，因爲該城市代表了當年美國人口統計學平均值的城市（Lynd & Lynd, 1929, 1937）。雖然，沒有文化的差距，這些「平均值」場域的資訊也有助於，在該等主題仍未獲得頻繁研究之前，更深入了解社會和體制機構關係。

田野場域可以有許多不同的定義方式（Anderson-Levitt, 2006）：

1. 田野場域可能包括小團體的人，他們都有一個共同緊密連結關係，例如：幫派或工作群體。
2. 田野場域可能包含某個小地方的居民。前述兩種類型的田野場域，是盛行於二十世紀中期許多城市研究的主題，尤其是聚焦都市內城區的人（例如：Gans, 1962; Hannerz, 1969; Liebow, 1967; Molotch, 1969; Suttles, 1968; Vidich, Bensman, & Stein, 1964; Whyte, 1955, 1984, 1989, 1992, 1994）。這種研究關注焦點，至今仍然延續不變（例如：Anderson, 1999; Small, 2004; Wilson & Taub, 2006）。
3. 田野場域可能聚焦機構的各種情境。許多不同類型機構的日常生活，諸如：診所或學校，都可以成爲研究的主題：

- 例如：長期照護的研究，聚焦老年人的抉擇心理歷程，選取三個社區中心作為研究場域，進行觀察和訪談（例如：Tetley, Grant, & Davies, 2009）。

多樣化的機構和日常生活場域，提供很多富有潛在研究價值的眞實世界經驗，都有可能成爲很好的質性研究主題（請參閱【專欄 5.1】）。

4. 田野場域可以定義爲不相關的人群。他們可能有一些共同的情形，例如：類似的健康問題或疾病，但他們之間並沒有像群體的互動，居住在鄰近的地區，或屬於相似機構的成員。這種定義的田野場域尤其常見於扎根理論的研究（例如：Charmaz, 2002, 2014; Corbin & Strauss, 1998; Glaser & Strauss, 1967）。引發研究興趣的參與者也可能擁有一些共同特點，諸如：學習英語作爲第二語言（例如：Duff, 2008）。在這種情況下，心理學質性研究可能進行仔細的論述分析（*discourse analysis*），強調參與者如何使用語言來構建社會現實（例如：Bloome & Clak, 2006; Coyle, 2007; McMullen, 2011）。

本章所用的術語田野場域（*field settings*），包含前述所有類型。這些場域都能夠提供質性研究人員有機會塑造文化、社會組織和生活方式，以獲得潛在的重要洞察，深入理解該等場域的人們如何互動、因應和茁壯成長。因

【專欄 5.1】「日常生活」場域的例子

質性研究可以產生洞察社會場域的見解，而且是大多數人沒有充分認識到的。研究結果可以幫助更全面了解我們的社會，以及從浮現的資料證據，發展關於該等社會場域運作的理論。

Glenn Jacobs（1970）編纂的論文集，讀者可以見識到其中捕捉到的許多類型的場域（並附有標題鮮明的研究範例清楚說明，研究人員如何從浮現的線索，發展關於各種場域的理論）。雖然，年代已經有些久遠，還是可以提供當代學生和學者參考，找尋值得研究的場域。

例如：貧民窟的資本主義（黑幫企業）；街頭毒癮者（毒品注射場景）、租户申訴委員會（小型社會運動的誕生）；精神病院（鍍金年代的療養院）；街頭文化（時代潮流和酷勁的人）；武術道館（城市武士）、大學賭博社團（撲克牌和博弈遊戲）；社區雞尾酒廊（住宅區的酒吧）、避暑勝地的服務生（「史洛克屋」的服務生）、撞球房的騙子（騙子）；社福員和案主（殖民地生活）和社區失業男人。

此，可以提供極好的機會，探究以前研究忽略的重要課題。這些洞視和發現可能導致新的思路，進而帶來對於其他重要議題的啟發，遠遠超出原本研究主題範圍的文化、社會組織、生活方式與心理狀態。因此，質性研究可能有雙重的貢獻：(1) 獲得以前鮮為人知的理念和見解；(2) 結合概念和洞察的發現，啟發關於更廣泛人類事務的新詮釋。

做質性研究時，你可能會想要尋求某種組合的田野場域。你可以選擇異國風俗或平均值的田野場域。但請記住，原先看似平常的場域，開始投入研究之後，可能發現某些特別突出的特色，你應該把握擷取若干關鍵概念，進而用來獲得新的洞察。

§ 公共場合或私人場合作為田野研究場域的不同規則與期望

有些田野場域需要取得許可，才得以進入研究。例如：請注意，【專欄 5.1】列舉的場域中，有些是屬於公共場域（例如：街道），不一定需要徵求同意，才可以進入、和人說話、拍照；但是，有些則是私人的地方（例如：

武術道館），如果未經許可，可能就不得逕行進入研究。

但是，公共和私人場所之間並非總是有清晰的界限。例如：「公立學校」，如果你想和任何學生交談或拍照，你需要取得校方和家長的許可，就此而言，該「公立學校」就是「私人」的場域。宗教會堂、零售商店、「公共」圖書館，諸如此類的場所，也有類似的雙重性——當它們歡迎所有人自由進出，那就是公共場域；但是，如果你想要做的研究，需要徵詢許可，那就是私人的場域。建議的經驗法則是詢問，如果你想針對特定場域，或特定人群做研究，你是否需要向某人或某處所申請許可。

§ 田野研究的時間需求

田野研究工作可能耗上好幾年的光陰，也可能幾天即可，時間長短還得視個別研究理論興趣與可支配資源而定。經典研究往往投入較長的田野工作時間，因爲希望更全面探究某地或某些族群的複雜文化或社會結構。這就需要長時期投入檢視，並且涵蓋各種團體和個人，才可能深入探察人類活動和互動是否與如何發生重複或改變。前面【專欄 1.5】介紹的長達十五年的俗民誌研究即是如此。

- 例如：某研究花了長達二十三年的時間進行三回合的訪談，從受訪者還是青少年時開始，直到他們步入中年（MacLead, 2008）。
- 比較常見的是單一的追蹤，例如：12 個家庭於第一次訪談十年之後的狀況（例如：Lareau, 2011）或是
- 五年後再訪談 10 個受訪者（例如：Lane, 2011）。

你可能不希望，或不需要在田野研究投入這樣長的時間。但是你必須知道，至少，有許多質性研究的主題，例如：各種生活型態，往往會隨著季節而有所變化。因此，爲期一年的田野研究應該算是合理的時間安排。如果研究的主題不會出現季節變化，更短的田野研究期間也是可以接受的。

其他比較普遍的質性研究，則是傾向聚焦特定的實務，例如：(a1) 國小四年級的數學教學；(b1) 社區如何規劃災難因應措施；(c1) 民營企業如何多角化經營；(d1) 個人如何因應失去重要他人的心理問題。諸如此類的研究，

可能需要投入數個月的田野研究，在該段期間，研究者只需要在某些時段置身田野，而不必一直都待在裡頭。

如果，研究主題相對範圍較小，在田野場域兩天或三天，也算是合理的做法。這類的研究通常目標可能是要確定，某一特定行爲是否已經發生，或正在發生。例如：仿效前一段的各種田野研究，但是研究主題聚焦較小範圍如後：(a2) 國小四年級教師在課堂的數學教學做法；(b2) 社區特定的災害因應計畫本質（以及當地官員和居民對於該計畫的認知程度）；(c2) 民營企業確實已經（或沒有）多角化經營的證據；(d2) 失去重要他人之後的即時因應行爲。涉及多個場域的研究，也適合採取較短田野研究時間的做法（請參閱本章，F 節〈實地考察〉的討論）。

由此可知，田野研究因爲研究範圍的大小而有不同的時間與強度。例如：大學生想要利用一學期的時間獲取田野研究的經驗，可以從事「微文化」研究（McCurdy, Spradley, & Shandy, 2005）——例如：【專欄 5.1】所提到的場域。

如果，你的資源有限，或田野研究（或蒐集研究資料）目標不是很大，根據經驗法則，你不妨考慮找一個範圍較小的研究主題。反之，如果你的野心很大，而且有足夠資源支持，那投入較長的時間應該有助於獲得較爲豐碩的研究成果。

C 場域進接的取得和維持

本節學習重點

- 取得和維持田野場域進接可能涉及的動態條件。
- 場域初始的接觸和後續的質性研究進程之間的關係。

現實生活場域屬於生活在其中的人，而不是闖入場域的研究者。在這些場域進行研究，你需要特別關照，可能需要取得許可，才得以進入研究和後續進接。在這方面，田野研究者往往需要找比較熟悉該等場域的人士幫忙。舉例來說，如果，研究者過去沒有做過類似場域主題的研究，和該場域也沒有任何個人關係，那可能就需要仰賴非常熟悉該場域的協同研究者。理想的

協同研究者，是能夠幫忙田野研究者確認和順利接觸該場域的關鍵人物。

§ 取得進接場域的權限：持續過程而非單一事務

經驗不足的研究人員可能認爲「進接」（access）是單一事務，類似申請大學或研究所的程序。一旦申請通過，進入大學或研究所，就不再需要和招生辦公室有任何的接觸。換言之，申請入學程序是單一事務，手續完成就結束了。學生以後或許會因故被開除或留校察看，但是導致這種懲處的行動以及前提定義，都有明確的規定，而與申請入學無關。再者，開除之類的嚴厲懲處也很少發生。

然而，申請入學程序的比擬說法，其實過度簡化了進接議題。取得進接權限可能比較像是需要持續關照的過程，而不是一次解決的事件（例如：Maginn, 2007）。任何田野研究進行期間，失去進接權限（與開除有所不同）的威脅始終存在。因此，在整個過程期間，田野研究者必須持續做好進接事宜的管理，以確保可以繼續在該場域研究。取得進接之後，有經驗的田野研究者不會就此認爲，可以通行無阻。他們會避免不適當的行爲，以免耗盡場域在地人的接納之情。

進接權限可以完全或部分喪失，因爲田野研究者可能遭遇限制，而不得接觸某些活動（請參閱【專欄 5.2】）。甚至研究進行一段時間之後，也有可能發生參與者提出異議。例如：Kugelmass（2004）研究報告中，就提到了這樣的挑戰。她的研究取得相關的進接權限，並在學校完成兩年的田野研究。然而，到了第三年，卻有參與者提出異議，面臨被迫中途而廢的危機（請參閱【專欄 5.3】）。

§ 進接過程如何可能影響研究的實質內容

大多數的田野場域，尤其是一般組織或社會網絡，田野研究者的主要進接權限乃是來自其官員或主管的許可，也就是通常所謂的「守門人」。然而，以這種方式獲得訪談權限，可能會導致其他成員認爲，研究代表守門人的利益。如此印象可能會影響其他成員對待田野研究者的心態。比方說，其他派系的成員可能會擔心，田野研究者的立場偏向守門人所屬的派系利益。同樣地，在組織機構的場域，員工如果認爲雇主或上司認可某項研究的某些觀點，很可能就會影響他們對於研究的反應（請參閱【專欄 5.4】）。

【專欄 5.2】取得進接之後遭受限制

Danny Jorgensen（1989）在參與觀察研究法教科書當中，引用自己關於密教團體的研究爲例，說明參與觀察的諸多技術和心得（請參閱：頁 63、71、89、92）。

研究初期，Jorgensen 與幾個人建立了密切合作關係，從而得以蒐集到大量的資料，包括訪談和文件。然而，到研究後期，他才逐漸意識到，該密教組織內部存在對立的若干小團體。後來，他無心之間錯過了其中一個小團體協辦的通靈大會。該小團體的領導人早就認爲，Jorgensen 和對立小團體走得比較近，因此藉此事件質疑 Jorgensen 對於密教組織心存異念。因此，Jorgensen 得罪了該小團體，遭到排擠，無法和該小團體的成員互動，也不能進接他們的活動。

Jorgensen 在研究報告寫道：「此事件造成相當傷害，帶來極大困擾。但是，這樣的經驗卻也價值匪淺，讓我們得以確認，密教組織浮現而出的……錯綜複雜的網絡、派系與政治」（1989，頁 79）。

【專欄 5.3】第三年田野研究的延續問題

Judy Kugelmass（2004）關於某小學的研究，其中需要五年的田野研究。研究聚焦探討教師如何建立包容性的教室，包容最廣義的多樣化學生，而不是僅限於身心障礙或有特殊需要的學生。

雖然，Kugelmass 已經取得核准進行研究，但是經過二年多的田野研究之後，有 2 位老師「開始表示擔心，『外界』[對她的研究] 可能會有不好的觀感。這 2 位老師，外加 1 位學生家長，不希望 [她的研究] 繼續進行」（頁 20）。

這樣的憂慮反映了「學校內部與外部系統之間，日益增高的緊張關係，尤其是關於學校績效責任制的約束，以及研究結果可能『遭受誤解』」（頁 20）。經過長時間的討論協商，最後終於得以繼續進行，但是附加一項協議，必須確保隱匿校名和個別參與者的姓名。

【專欄 5.4】擔任店員工作

Christine Williams（2006）田野研究過程，遭遇參與觀察者的角色挑戰。她前往兩家玩具店（一家位於一般社區，另一家位於高檔社區），應徵店員工作，每家店工作大約六個星期，八小時輪班制。

Williams「沒有向店家管理階層正式徵詢批准進行研究……〔因爲〕員工對於管理階層核准的研究者，通常會抱持疑心，把他們視爲企業間諜」（頁 18）。儘管如此，她「自始至終，都沒有刻意喬裝任何角色。工作時，……我眞的就只是店員」（頁 18）。她還指出，沒有人問起她的背景，因爲大多數員工不會探查彼此背景，何況她也不是唯一有高等教育學歷的員工。

請另行參閱【專欄 4.3】。

這些情況本身或衍生的隱含影響是不可能迴避的。研究者應該儘量努力帶著敏感性，去仔細覺察進接場域可能產生的影響，以及初步接觸可能對研究過程和結果造成的影響。

另外，還有一種情況也可能發生，那就是在研究開始之前，田野研究者已經置身該場域，或是屬於該社會群體的成員。事實上，這兩種情況也可能是促使研究者考慮投入研究的主要理由所在。

文獻有許多研究，研究者正好住在外國、在某組織工作，或是認識某族群的人，於是該等場域很自然就成爲後續田野研究的對象。比方說，有位研究者和太太搬進某社區，並在當地成立了非營利藝術教育組織。後來，他很自然就以該社區和當地居民爲主題，做了俗民誌研究（請參閱【專欄 5.5】）。另外，還有 2 位研究者投入八個社區，研究 162 位婦女。研究期間，他們就住在該等社區，並且在當地擔任義工（Edin & Kefalas, 2011）。最後，有個研究員擔任某高中籃球隊的教練，成功完成一項有關球員生活型態的研究（May, 2008）。

在這些情況，進接權限的取得可能有稍微不同的意義。你比較不需要徵求批准，才得以進入該等場域；但你還是有必要得到對方同意，才得以找他們談話或進行訪談。你不能假裝，更不應該隱瞞自己在做研究的事實。你必

【專欄 5.5】變遷城市社區的生活與工作

Russell Leigh Sharman（2006）搬進紐約市種族混居的社區，投入當地參與研究，並開設非營利藝術教育組織。從這個有利位置，他結識了許多社區居民，其中一些人的生命史也成爲他書中的重要主題。每章的生命史題材聚焦該社區的某一族群：義大利、波多黎各、非裔美國人、墨西哥人、西非和華裔。

不過，藝術組織只維持了幾年，後來因爲高檔化的社區更新而告中斷。Sharman 刻意不引入任何理論的觀點，以免遮蔽了生命史的呈現。他自己說，這是「一種不尋常的俗民誌風格」（頁 xiii），透過生命史的呈現，「讓俗民誌作理論抽象的工作」（頁 xiii）。

須讓他們明白，和你交談是否屬於你研究的一部分，而這當中，你也必須說清楚研究參與者保護的做法與相關議題。

田野研究者在田野場域時間越長，社會關係牽扯的問題就可能變得更爲複雜。你和當地某些人的關係可能變得過從甚密。更加難以預想的是，人們可能會耳語相傳，談論關於你個人和研究的一些事情，而這就不無可能影響他們對於你後續探究的態度與反應。

最複雜的狀況則是發生在，當研究者似乎完全融入，成爲研究場域或族群的一員，卻可能沒有意識到自己也失去了研究者應該有的適切立足點。在這種情況下，研究者可能會陷入風險，被指控「入境隨俗」（going native），這意味著研究發現可能受到負面的影響。

普遍建議的因應做法就是，在田野研究休息時間，找值得信賴而且和該研究與場域無關的同僚，把你在田野場域的情況告訴他們，請教他們你是否有哪些不適當的言行，或是你是否在不自覺當中過度涉入田野場域。透過他們的回饋意見，應該有助於你保持研究應有的適切立足點。

 田野場域人際關係的建立與管理

本節學習重點

➢ 你在田野研究扮演的角色相關議題，包括：你的身分認同、你和參與者的關係，以及你的因應行為。

取得與保持場域的進接，只是田野研究工作的一部分。你還需要持續管理田野場域的人際關係。有些人際關係可能在你投入研究之前就已經存在，但大部分則是在研究期間才形成。研究結束之後，有些關係可能還會維持下去。

田野場域人際關係的管理，並沒有想像中那麼駭人，不過確實會有些驚喜，還有一定程度的風險。

§ 呈現真實的自我

呈現眞實的自我身分，是建立場域關係時，最安全也最理智的方式。眞實的身分包含：你的研究者角色，以及眞實個性。這是比較理想的自我呈現方式，因爲這忠實的表達你最初接觸該場域的動機，也代表你會保持爲人處事的一貫態度，來和他人互動。

坦承研究者的身分是比較理想的做法，因爲這傳達了一種認眞和專業的承諾，而非只是純粹刺探他人生活的好奇心。在此同時，因爲有很多研究已經探討過各式各樣的主題，有些參與者對於新研究的主題或許心中自有定見。他們還有可能會認爲，研究可能帶來干擾，甚至背叛信任。比方說：他們和研究者分享的經驗或資訊，可能被寫成有違他們預期的模樣。因此，從田野研究初期，你就應該作好以下準備：(1) 說明研究結果將會寫成什麼樣子（報告論文或報告書）；(2) 說明你是否會和參與者分享你的研究寫作，如果會，你打算如何分享；(3) 參與者或機構的匿名性保護程度（請另行參閱第 4 章，選項 8）。

至於是否選擇以其他身分出現在研究場域，則須取決於該身分的眞實性，以及該身分和研究的關係。如前討論進接事宜所述，你可能在該場域工作、擔任志工，或正好就是在地居民。諸如此類的身分可以提供良好基礎，

幫助你參與觀察田野場域活動。但如果你知道，某特定場合或時間，你有在進行研究，你就需要如實以告。在這方面，我有幸知道，Liebow 是個正直的研究者。他在關於女街友的研究（Liebow, 1993），坦誠無諱處理有關研究場域自我呈現的所有問題（請參閱【專欄 5.6】）。

§ 個人言行禮儀的重要性

對於質性研究的田野研究者，典型的言行禮儀包括：尊重而不是居高臨下，友好但不一味討好，關心參與者的需求但不刻意迎合。田野研究者應該要安於「傾聽」（包括所有官能的「傾聽」），但傾聽不代表個性被動。相反地，如果公開宣稱自己的看法或意見，除了可能給人霸道的感譽，還可能在方法論方面，產生嚴重的危害。因為該等觀點和意見可能嚴重影響其他人的反應，也可能扭曲場域事件的自然開展。如此一來，研究將無法捕捉真實世界的情境。

【專欄 5.6】田野研究者的自我呈現

Liebow（1993）在關於女街友的研究中，討論如何自己定位為田野研究者，充分承認自己作為研究工具的角色定位。有三方面的議題可說明他的討論：

- 評論自己的背景和「偏見」提出，因為「這項研究關於女街友的一切報告，都是經由我的選擇和過濾」，所以有必要將自己的背景和「偏見」告知讀者（頁 vii）。
- 他認為，田野場域的人際關係應該「盡可能對等」。他本著「平等互惠」原則，鼓勵妻子和成人女兒前往女街友收容所：「因為這些女街友容許我知道她們那麼多的事情，當然有權利對我有對等的要求」（頁 xii）。她們也可以更貼近問他的家人，如何談論家務事和養育子女的經驗。
- 討論他的道德標準——比方說，「如果有女街友談到，逛商店偷竊行為，他會如何處理」。他表示會盡力，「用自己平常生活同樣的道德標準，來處理田野場域發生的問題」（頁 327）。

請另行參閱【專欄 1.1】和【專欄 11.7】。

總之，適當選擇你的穿著打扮，目標是要展現眞實的自己，而不是要招來過多的注意。請記住，研究對象是那些當事者，而不是你。也請注意，你言行之間流露的任何細微跡象，也可能和你的公開說法同等重要。再者，別忘了，眞實生活情境中，不只你在觀察他人，他們同時也在「讀」你，而且有些人可能有很敏銳的「讀人」本領。舉凡你的身體語言、停頓和猶豫、面部表情和口頭表達，都會傳達資訊。比方說，即便你可能自認不帶有任何指導性意涵，然而諸如此類的舉止，卻都可能讓他人覺得你意有所指。

§ 對參與者施惠：是否為田野關係的一部分？

雖然，置身田野意味著融入成爲該場域的一分子，但是田野工作者的角色還是有點人爲色彩，畢竟目的乃是爲了要進行研究。個中共同難題就是，應否包括對參與者施惠，如果是這樣，如何畫下施惠的範圍、限度？

小惠可以從小額借貸（10至20美元）、臨時保母、照顧年邁親人或寵物，也可能介入不同參與者之間，在其他人面前爲某人說好話之類的。較大的施惠行爲，通常也可能涉及較高的風險。

所有田野研究者都必須自己決定，什麼樣的施惠感覺最舒適，什麼是可以接受的。在這裡，提出若干經驗法則，酌供參考：(1) 完全避免任何太大的施惠；(2) 僅在稀罕的時機，施予小惠，並且清楚說明，這不是常態，而是稀罕之舉；(3) 保持原則，不要讓任何參與者認爲可以予取予求，幫忙他們做出任何非法或傷害他人身體或心理的事情。

§ 因應意料之外的事

最令人吃驚的事情，有可能是簡單的小事：雖然，你專注於提問研究相關的問題，但對方也可能會反問你，可能是關於你的研究、你的個人背景和觀點，或任何出乎意料的問題。雖然，你不可能預測所有的問題，不過還是可以預先做好心理準備，願意在何種範圍或界限之內，透露有關你個人生活的事情。

其他突發事件包括：受邀請參與某些活動（包括被邀請進入個人關係），發現非法或其他不正當活動。這些情況沒有簡單解決之道。許多年前，Kluckhohn（1940）曾經描述一場意外：有男士參與者想追求她，並試圖安排跟她約會。她覺得處境頗爲尷尬，後來該男士爲自己的冒昧舉動道歉了，並保證不會再有任何類似的非分之舉。

最後一類突發事件，可能涉及研究者本身受到的威脅或危險（例如：Howell, 1990）。請注意，你的研究田野場域的經濟、政治和社會情況，因為當中可能有潛在的危險因素，可能影響或危害到研究對象或場域。你應該做好準備，記住你的工作重點是他人現實生活的例常活動。那是他們生活的世界，而不是你的世界。如果其中涉及暴力，例如：研究警察執勤（例如：Punch, 1989; Reiss, 1971; Van Maanen, 2011），或涉及任何形式的團體敵意，你最好採取比較保守而確保安全的做法，並做好心理準備，田野研究很有可能讓你陷入充滿敵意的險境，而不會一路順遂相安無事。

§ 離場和進場一樣都需要預先規劃

關於研究場域的進接，以及如何自我介紹，這方面的議題已經受到頗多關注。然而，同樣重要的離場議題，卻是備受忽略。比方說，當你完成研究寫作之後，是否有打算返回田野場域？

大多數情況下，你可能不會再回去，那麼離場就代表，你和研究對象應該有達成如此的共識。你可能會表示，你將如何或是否與他們分享你日後完成的研究寫作。即使沒打算再回去，你或許也會想要「保持聯繫」。有些關係或許最好任其自然，而不需要正式揮別說「再見」。你甚至會想保持開放的可能性，未來或許有一天還會返回，再做後續研究。

沒有任何離場策略可能適合所有情況。除了你可能許下（而且應該信守）的任何承諾之外，在你和研究參與者初次接觸，以及承諾提供的人身保護，這當中，無不充滿了需要你用心呵護關照的獨特人際關係。總之，你自己應該最有條件來決定，什麼可能是最理想的離場策略，所以在離場之前，你最好提前慎重思量，做好準備。

E 參與觀察法

本節學習重點

➢ 參與觀察如何強化質性研究者的研究工具角色。

➢ 如何保持田野事件自然開展，不至於受到既存概念的影響。

從方法論的角度來看，田野研究的角色可以有許多不同類型。常見的就是參與觀察（*participant-observation*）（Anderson-Levitt, 2006; Jacobs, 1970; Jorgensen, 1989; Kidder & Judd, 1986; Kluckhohn, 1940; McCall & Simmons, 1969; Platt, 1992; Spradley, 1980）。

在社會學和人類學領域，各種型式的參與觀察行之已久，少說也有一百多個年頭：

- 在人類學領域（Emerson, 2001，頁 4-7），早期研究包括 Franz Boas 和他的學生（例如：Ruth Benedict, Margaret Mead, Robert Lowie, & Alfred Kroeber），以及 Bronislaw Malinowski 和他的學生（例如：Evans-Pritchard, Raymond Firth, & Hortense Powdermaker）。
- 在社會學領域，早期的貢獻來自 Robert E. Park 和「芝加哥學派」（Platt, 1992，頁 37-38），其中還包括若干著名學者的選集（例如：W. I. Thomas, R. C. Angell, & C. R. Shaw）。

在這些早期經典研究的參與觀察當中，研究對象舉凡整個社會、特定群體，乃至個別人物，可謂無所不包。

至於參與觀察（*participant-observation*）一詞，根據 Bruyn（1966），可能首見於 Eduard Lindeman；而最早提出實踐做法詳細論述的學人，則是 Lohman（1937）和 Kluckhohn（1940）。到了 1950 年代，參與觀察已成為田野研究的代名詞（Emerson, 2001，頁 13; Platt, 1992，頁 39-43）。

後來，此一方法進而運用於城市社區研究，以及諸如研究醫學院學生之類的特定群體（例如：Becker, Geer, Hughes, & Strauss, 1961）。晚近的研究者，特別是俗民誌研究者，更是看重參與觀察強調親近、親密和主動投入等特性，非常適合研究非我族群或他者的異文化（Emerson, 2001，頁 17-18）。

依照「參與」和「觀察」角色的相對偏重程度，參與觀察可以細分為四個類別：(1) 純粹參與者；(2) 投入觀察的參與者；(3) 投入參與的觀察者；(4) 純粹觀察者（Gold, 1958；Schwartz & Schwartz, 1955）。（僅就邏輯組合而言，應該還有第五種可能的類別——既不參與，也不觀察；不過，就實際情形而言，應該不會有田野研究採取這樣的角色。）就參與觀察的本質而言，應該致力兼顧參與和觀察兩種角色，而不使其中任何一端完全偏廢。

§ 研究者作為「研究工具」的角色

在這裡，工具是指蒐集資料的工具。常見的例子，可能是學校作業使用的尺、圓規、量角器，或溫度計。在心理學或社會學領域，常見的例子則有聽力計（測試人的聽力），或封閉式問卷（蒐集口語回應）。每種工具都有其量尺，可用以表示測量和記錄結果。再者，使用工具時，可能產生不樂見的「測量誤差」。

但是，從事參與觀察時，則沒有類似的工具可茲應用。你可能會使用調查問卷，但除非是純粹訪談的研究，否則總是會直接涉入現場發生行爲、事件和對話的觀察和記錄。你會做筆記（討論請參閱第 7 章，B 節），但筆記只記錄你自己做的「測量」結果。即使使用錄影或錄音，但是該等影音記錄並不提供任何的量尺，例如：區分事件的重要性，或是受訪者見解的意涵。

換言之，在參與觀察現實生活爲主的田野研究中，你的五感將是測量和評估場域資訊的主要工具。你還可能受限於你對於事件或其他脈絡細節的回憶和記憶能力的限制，你也必須判斷決定要記錄哪些事物。這些都是你作爲主要研究工具，應該善盡發揮的功能（請參閱第 2 章，C 節）。

作爲首要的研究工具，田野研究者需要認清工具（即你自己）的潛在偏見和特殊習性，其中包括個人背景、研究動機，以及可能影響你對於田野場域活動和行爲之理解的諸多概念範疇與濾鏡（請參閱【專欄 5.7】）。

其中，最值得注意的就是，研究者和參與者之間的族群適配問題。比方說，不適配的情況，白人研究者研究黑人家庭或社會生活（例如：Hannerz, 1969; Liebow, 1967; Stack, 1974）；適配的情況，母語非英語的研究者研究母語非英語的對象（例如：Brubaker, Feischmidt, Fox, & Grancea, 2006; Pedraza, 2007; Rivera, 2008; Sarroub, 2005; Valenzuela, 1999）。另外，有研究團隊含括多元族群組員，研究聚焦不同種族群聚的社區，透過適當設計的分組配置，可以探討研究者和參與者之間族群適配和不適配，可能浮現的明顯差異和相似性（請參閱【專欄 5.8】）。另一個研究團隊，則是探討十二個不同族群家庭的生活，也可以發揮類似的研究對比效益（Lareau, 2011）。

【專欄 5.7】兩所教會的田野研究

McQueeney（2009）實地考察兩所肯定女男同志的教會——其中一所教會的教徒或教友「大多是黑人、勞動階級、女同性戀和福音派；另外一所大多是白人、中產階級、異性戀和自由派」（頁 151）。

田野研究總共進行了二百小時的參與觀察，對象包括禮拜儀式、聖經研讀、團契、社群活動、區域信徒大會；二十五次的半結構式訪談（包括兩所教會全部 4 位牧師），全程錄音，全文逐字稿；檢視教會時事通訊、當地新聞報導，以及其他相關出版物。

McQueeney 坦然承認，自己「身爲白種人、女同性戀、研究生、田野工作者的觀點和特權」，她「經常針對自己的期待、偏見，還有和參與者互動如何形塑自己分析等問題，進行反思和寫分析備忘錄。」（頁 154）。研究的周延，與出色的寫作，也可以見識到，這樣的研究如何在當代學術期刊論文的篇幅限制之下，脫穎而出。

【專欄 5.8】研究者和參與者之間的族群相容性

2 位教授和 9 名研究生，投入四個城市社區，爲期三十個月，約莫每一個社區配置 2 名研究人員（Wilson & Taub, 2006）。分組團員針對責任社區，進行普查和蒐集其他歷史資料。大部分的時間，研究人員參與社區的各種活動，包括：教會、學校和其他會議，他們也會找消息靈通的在地人談天，並在各種社區組織擔任義工。

多場地和多人團隊的配置安排，使研究者得以評論研究者和社區居民之間種族背景相同或相異，可能帶給研究的益處。研究者指出，相容的關係，可能更爲敏感覺察文化線索，並產生比較好的信任感；不相容的關係，比較可能帶著清新的眼光，來觀察田野的各種情事；而背景不相容者的社會距離感，也比較有助於進接朋友或背景相容者不太可能分享的資訊（頁 192-193）。

請另行參閱【專欄 8.4】。

§即使已有初始命題主張，仍可採取歸納取徑

人類學家經常使用田野研究，描繪某團體或地方的文化，這需要有能力捕捉儀式、符號、角色和社會實踐的意義，然後予以綜合彙整。各種情況都不盡相同，因此田野研究益發難以施做。儘管如此，質性研究者還是需要盡力，把田野研究工作做好。要做到這點，在進入田野時，就必須把先入為主的成見降到最低程度（亦稱為托架——請參閱第 11 章，D 節，附註 2）。

無論研究是否關於某團體或地方的文化，你都應該儘量減少成見。成見不僅來自個人信念，也包括研究的初始理論命題，這些都可能影響你的研究。尤其重要的就是假設的構念，或稱為範疇（例如：Becker, 1998，頁 76-85），相關討論請參閱第 1 章（D 節）。大家每天都會使用到範疇，以便將經驗歸類為有意義的模式。不過，開始田野研究的初步階段，你應該儘量不要過早將事件和發生的現象歸類為各種範疇。

成功的歸納（*inductive*）取徑，允許田野事件得以驅動後來範疇與命題的發展，乃至於研究結論的「意義」建立，這過程乃是立基於田野現實發生的行動，而不是受到初始概念的驅策。相對地，做田野研究之前，先擬定關於研究主題的若干初始概念，則是屬於演繹的取徑。

這裡，會遇上一個關鍵的矛盾。第 4 章，我們討論了，啟動質性研究涉及的一系列設計選擇，其中包括：是否要預先擬定理論命題（請參閱第 4 章，選項 5）。即使選擇要預先擬定理論命題，在田野研究過程如果能暫時忽略該等命題，那將會是最有利的。換句話說，你應該竭盡所能，優先讓田野以自己的方式講故事。日後，你總是會有時間，把該等故事拿來與你預擬的初始命題進行比較。

這有些類似醫生看診的情形，醫生通常會先問病人：「你哪裡感到不舒服？」受過良好臨床訓練的醫生，首先會設法讓病人感到安心，可以自在地把內心的感覺講出來，然後醫生就會仔細傾聽，再順著病人的反應，決定進一步詢問的方向或可能的病徵。

好的醫生會針對病人的情況仔細衡量。然而，這並非意味，醫生一開始完全不需要任何知識（即命題）。目前，病人上醫院多半是看專科醫生，因為感覺自己的病和該專科有關（否則，就會去看其他科的醫生了）。不過，大部分的醫生還是會懂得暫時擱置假設的想法，仔細去查看判斷病人是否應該去看其他科。少數比較不好的醫生，卻可能會堅持他們的專科知識，而延

誤了建議病人轉診其他科的時機。

田野研究者需要時間和耐心投入，才可能訓練自己仿效前一種而不是後一種醫生。參與觀察應該努力遵行以下的信條：

- 田野研究初期，應該仔細「聆聽」田野當下發生的情事；
- 把田野發生的情事記在心上；
- 避免拿當下的田野經驗，來和先前的（田野或非田野的）經驗做比較；
- 盡可能減少初始的假設；
- 有信心，無須人爲的提示，模式會自然浮現；
- 有更多的信心，如果研究有先擬定若干初始命題，該等命題和場域經驗最終會產生建設性的互動，包括：發現初始命題需要丟棄、增強，或重新定義，從而促成有趣的發展。

F 實地考察

本節學習重點

- 適合實地考察的情境。
- 相較於參與觀察，實地考察的主要優點和缺點。

實地考察（*site visit*）是田野研究正式認可的另一種實施做法。事實上，在大多數政策、組織和評鑑的研究，田野研究一詞即是指實地考察。再者，實地考察更是直接指稱該等研究的質性研究部分，其中有些是純粹的質性研究設計，有些則是混合方法的研究設計（請參閱第 12 章，B 節）。

其他科學領域的學者專家很少認知到，實地考察其實也是他們例常實施的研究做法。比方說，大學系所或計畫的評鑑委員視察就是一種實地考察。在做這些實地視察時，該等專家委員蒐集與分析大學系所或計畫的相關資料，實際上就是在做質性研究。

大多數的研究方法參考書，通常不把實地考察視爲正式的研究程序來加以討論。然而，實地考察蒐集的資料，其價值並不下於參與觀察。當然，主要差異還是存在的：(1) 實地考察通常只有少數幾天的時間；(2) 實地考察通常會安排 2 名以上的考察者。團隊成員分工，分別負責不同的事件或訪談，有助於彌補田野研究時間的短缺。

以下摘列整理實地考察過程的幾大重點，酌供參考：

§ 研究大量田野場域

雖然，實地考察提供的實徵資料，在深度方面，可能不如單一田野場域參與觀察的結果；但是實地考察有一項優勢，就是能夠從許多田野場域蒐集資料。參與觀察可能侷限在單一或兩個田野場域；相對地，實地考察可以輕易涵蓋十幾個以上的場域。再者，實地考察個別場域蒐集的資料，容許比參與觀察來得有限，但是透過多個場域實地考察蒐集彙整的資料，則有助於支持跨場域的發現和模式。因此，實地考察適合主要目的在於發掘跨場域模式的研究（Borman et al., 2006; Herriott & Firestone, 1983）。

相較於參與觀察，實地考察傾向研究的田野場域可能比較小，或是資料比較完備，常見的地點包括：教室、診所、辦公室、工作場所（例如：廠房和服務據點）。實地考察蒐集的資訊有助於探索跨場域的模式。一旦發現可能有跨場域的模式，就需要進一步考察相同的場域兩次或兩次以上，以便取得跨場域的對照觀點。如果，研究主題涉及大量的文件證據，檢視田野早期的文件，可以進一步擴展跨時期的對照觀點。

§ 遵守進度表與計畫

相較於參與觀察，實地考察的變通彈性小了許多。由於時間比較受限，通常會採行預定的時間表與議程。這樣比較可能確保約到訪談的參與者，或是觀察到需要的事件。在一般參與觀察中，資料蒐集和記錄程序可能會因人因勢而有相當的變異；相對而言，實地考察一旦依照預定計畫展開訪談或觀察，變異的情形通常會比較小。不過，這兩種方式的脈絡可能完全不同——預定時間表的訪談或觀察，人爲情境條件限制比較多，參與觀察則相對比較自然。

不要小看這些相關條件的潛在影響。比方說，田野場域成員可能會幫忙安排有利於己方的考察時間表。此外，他們也可能事先知道考察的時間表，從而提前準備，而美化考察的結果。在如此情況下，實地考察期間的活動和反應，就不能代表該田野場域平常的情形。其中的活動可能偏向理想化，參與者的反應也可能傾向她們認爲你想聽到的反應，而不是平常的眞實反應。

§ 實地考察東道主陪同

實地考察者如果由東道主陪同，觀察活動或訪談就可能會衍生若干複雜的問題。東道主可能有如後兩種動機：(1) 監督考察者；(2) 從旁查看考察者之目的是要考察什麼。比方說，當考察的場域是某些組織，考察者可能得到組織高層的許可，前來探查東道主無權進接的某些事物或資訊。

東道主出現在田野場域，可能使反身性（*reflexivity*）的問題更加複雜。由於東道主的在場，場域中的其他人可能會對考察者的探究，做出不自然的反應；再者，也可能會使他們的言行態度有所改變。因此，研究者有必要決定，什麼時候不希望有東道主陪同，並且預先提出討論此問題，以避免考察期間發生尷尬情況。

§ 建立研究團隊合作

實地考察研究，如果有場地涉及多人團隊（或是多人團隊負責不同的場地），那就需要加強建立研究團隊合作。比方說，所有人員需要接受統一訓練和行前準備，增加實地考察工作的一致性。團隊成員也必須學會有效溝通，建立合作無間的化學效應，包括了解如何共同完成訪談，避免打斷團隊其他成員的訪談詢問。

相較於單一個人的研究，研究團隊成員除了做好個人本分之外，還需要一定程度的合作和規劃。雖然需要付出較多，不過團隊研究也提供了額外好處，譬如：創造機會增強研究的效度和信度，以及更加關注三角檢核目標（討論請參閱第 6 章，G 節）。研究者即是研究工具，就此而言，研究團隊的實地考察有機會運用多元的研究工具，如此自然是勝過單一個人的參與者觀察員的限制。

本章複習

請簡要陳述，下列關鍵術語和概念：

1. Fieldwork 田野工作
2. Chicago School 芝加哥學派
3. Field settings 田野場域
4. Discourse analysis 論述分析
5. Field access 田野進接
6. Gatekeeper 守門人
7. Going native 入境隨俗
8. Authentic self 真實的自我
9. Entering and exiting a field setting 田野場域進場與離場
10. Participant-observation 參與觀察
11. Ethnography 俗民誌
12. Main research instrument 主要研究工具
13. Letting the field reveal its reality first 優先讓田野揭露事實
14. Site visits 實地考察
15. Being “hosted” in a field setting 田野場域東道主陪行

練習作業

田野觀察（工作見習）

安排大學行政工作見習（例如：系主任辦公室、校園餐飲部、服務部門、大學附屬研究中心，或其他在校內擁有辦公室的工作人員）。

在兩個星期的見習期間，選擇三天（或更多天）緊跟著這個人見習，觀察其行動，包括他（或她）與其他人的談話或互動。如果可能的話，選擇你的見習對象工作比較緊湊的日子，而不是整天賦閒坐在辦公室。準備好自我介紹的說法（並且取得見習對象同意你的說法），以便向場域出現的其他人解釋，並確保他們不會反對。

實地考察之前，預先設想，在沒有錄音或錄影的輔助之下，你要完成良好的觀察和筆記，可能會遭遇什麼困難。本練習作業所作的筆記應該是你對以下四個問題的回應（並作為第 10、11 和 12 章練習作業的基礎）：

1. 對話是否總是很順利就可以準確呈現？
2. 是否總是很容易就可以描述意義、身體語言，或物理環境中的細微之處？這些是否屬於被觀察事件的重要組成元素？
3. 當你被帶進對話或某觀察事件當中時，是否有任何意料之外的狀況發生？
4. 在該等狀況下，你如何作筆記？

〔如果，沒辦法安排工作見習，改換備案的田野場域，例如：打聽校內擅長帶領學生課堂熱絡討論的教授或講師，安排參觀她（或他）任教的幾門課程；或旁聽觀察若干場會議，最好是有開放旁聽的市議會或學校董事會的會議。〕

第 6 章

資料蒐集方法

資料是實徵研究的基石。質性研究主要是透過四類田野研究活動取得資料，分別是：訪談、觀察、(素材) 蒐集和檢視，以及感覺。首先，在訪談實務方面，特別受關注的就是結構化訪談和質性訪談的對比。在觀察實務方面，請特別注意如何選擇觀察的「時機」、「地點」與「對象」。在素材、文物的蒐集方面，田野研究可以蒐集許多不同類型的有用物件。最後，在感覺管道方面，不限於觸覺，也包括噪音、時間快慢感、場域冷熱感，乃至於有關參與者社會關係的感覺。針對這四類田野活動，本章討論了五種理想的實務做法，包括如何區辨第一手、第二手、第三手的證據。

做實徵研究，你必須蒐集資料。不同類型的社會科學研究，各有偏好的資料蒐集程序。因此，質性研究的資料蒐集也就有諸多不同的特徵和挑戰。

 何謂資料？

本節學習重點

- 如何定義資料。
- 資料是否屬於質性研究的外在事件。

要適切執行質性研究的資料蒐集，你或許應該先問自己，是否知道資料是什麼。首先，「資料」一詞有單數、複數兩種用法，兩種都是可接受的；但是，大多數研究人員可能會偏向使用複數形式，這也是本書所使用的。但

「資料」究竟是什麼呢？「資料」是何方神聖？所在何處？如果遇上了，你能認得出來嗎？如果無法認出來，那如何能夠期待自己有辦法去蒐集？

不妨讓我們先來查閱「維基百科」（*Wikipedia*）的相關定義，這網站還算合理的參考來源，提供的定義與傳統字典並沒有很大的差別。根據「維基百科」（2015 年 2 月）：

> 「資料」是指，有組織的資訊組合，通常是經驗、觀察、實驗的結果……。組成要素可能包括：數字、文字，或圖像，特別是關於若干變數的測量或觀察結果。

「維基百科」進一步提供例子，以區分資料（*data*）、資訊（*information*）和知識（*knowledge*）。分別言之，聖母峰的高度為「資料」；描述聖母峰地理特徵的書籍為「資訊」；提供有關聖母峰最佳攻頂計畫的實用指南，則屬於「知識」。從這個例子，很明顯地，「資料」是從經驗、觀察、實驗，或其他情境產生的最小或最基本的紀錄。

請注意，這些例子似乎都是無涉於研究者的外部事件。因此，在非質性研究蒐集資料時，研究者的角色可能是負責讀取機械儀器（例如：米尺）的數據。然而，請務必記住，在質性研究中，研究者的角色則是主要的研究工具（請參閱第 5 章，E 節）。因此，質性研究者在觀測田野場域的事件時，報告的內容和方式，無可避免會透過個人的想法和意義的過濾作用，這些都會影響資料蒐集。就此而言，質性研究的資料蒐集就不可能完全是無涉於蒐集者的外在事件。

B 資料蒐集的四類活動

本節學習重點

- 參與觀察和其他資料蒐集活動之間的關係。
- 每種資料蒐集活動可能產生的資料類型。

質性研究的角色定位可能採取某種形式的參與觀察，包括最主動到最被動以及之間的諸多取向（請參閱第 5 章，E 節）。不過，參與觀察本身並不是一種資料蒐集方法。如果角色定位爲參與觀察者，還必須採行若干配合的蒐集資料活動。再者，質性研究者也可以定位參與觀察以外的角色。不論哪種情形，以下四項活動，都是質性資料蒐集可以考量採用的選項：

◆訪談；

◆觀察；

◆蒐集與檢視；

◆感覺。

這四項活動，初看乍聽之下，可能太近似於日常生活，而不像正式研究活動。如果需要的話，你可以配合補充下列比較規格化的做法：(1) 規格化的研究工具；(2) 嚴格定義的資料蒐集程序。

比方說，「訪談」可以採用問卷，再加上訪談博多稿。「觀察」可以在不介入的情況下，拍攝屋舍前景，作爲社區研究的部分資料。「蒐集」可以採用格式化的搜尋和檢索程序，例如：電子書目檢索工具。甚至採用某些機械儀器來評估「感覺」，例如：溫暖或寒冷的感覺（溫度計），時間推移的感知（鐘錶或其他計時器），或吵鬧程度的感受（聽力計）。

再者，你也可以採用正式的取樣程序，選擇特定場合，進行資料蒐集。再比方說，研究者可以使用**系統化觀察**（*systematic observations*），依照嚴格規定的時間間隔來進行觀察。採用此種程序的研究例子很多，包括：兒童觀看電視行爲（例如：Palmer, 1973），以及警務人員執法巡邏行爲（例如：Reiss, 1971）。

不過，質性研究一般比較少使用如此固定的工具、程序或樣本。雖然，你可能採用機械工具來幫助資料蒐集，主要研究工具可能還是在於你自己。

這四類資料蒐集活動，也分別產生不同類型的資料（請參閱**【展覽 6.1】**）。透過列舉的例子，應當有助於你敏銳覺察，質性研究過程可能關聯的各種資料。請注意，每種類型的資料蒐集都有其侷限性。

比方說，如果資料蒐集只包括訪談和對話，而你的主要興趣是要了解，人們在特定情況的實際表現，那麼你的資料將侷限於你和一組參與者的互動，以及他們**自陳報告**（*self-reported*）的行爲、信念和感受。視你的研究而定，這些自陳報告與其措詞表達方式，可能揭顯極其重要的洞視，有助於

展覽 6.1 質性研究資料蒐集方法與資料類型

資料蒐集法	資料類型	資料範例
訪談和對話	口語、文字和身體語言	他者對於行爲或行動的解釋；回憶
觀察	人的手勢、身體姿態；社會互動；行動；場景與物理環境	兩人之間各種協調動作的屬性與數量；空間分配與布置
蒐集	個人文件、其他印刷品、圖表、檔案紀錄，以及人造物件的實質內容	標題、內文、日期，以及記事表；其他文書資料；檔案紀錄中的條目
感覺	各種感官知覺感受	地方的冷熱感；時間的感覺；對於他人安適與否的詮釋

深入理解參與者對於某些行爲的想法或感受，以及她們如何產生該等理解。不過，你也不要愚蠢到認爲，這些自陳報告就代表現實生活行爲的實情，以及當事人眞正的感想。

你或許會找參與者訪談和對話，尤其許多質性心理學研究，看重的是人們談話的現實（例如：Willig, 2009）。在這種情況下，你可以做純粹口語分析，不見得要與任何特定行爲有所連結。在做完整的對話互動分析時，除了分析口語之外，你還得檢查非語文的部分，包括：語氣、語音、停頓、打斷插話，以及其他的特殊言談舉止（例如：Drew, 2009）。

另一方面，如果你進入田野場域，但只觀察而不參與訪談或對話，那麼你蒐集的資料將包括觀察人們在該等場域的行爲和物理環境，但不會從你所觀察的參與者擷取任何自陳報告。你也不會知道，參與者對於該等事件有什麼想法或感覺。

爲了更詳細了解這些限制，以及在自己的研究中使用這四種資料蒐集活動，本章的其餘部分將更深入討論。首先，分別介紹每種類型的資料蒐集活動，理解和領會其特點和相關程序。其次，再介紹若干理想的實務做法，適合這四類資料蒐集活動選擇採用。

 訪談

本節學習重點

- 結構化訪談和質性訪談之間的差異。
- 質性訪談當中，有助於成功對話的提示。
- 質性訪談當中，刺探問法和後續追問法，以及其他有用的互動方式。
- 團體訪談的執行程序。

訪談可以有許多形式，爲求討論方便，這裡擇要介紹兩種，酌供參考採用：結構化訪談（*structured interviews*）和質性訪談（*qualitative interviews*）[1]。請注意，爲了方便清晰對比，以下提供的簡介乃是這兩類訪談的刻板化描述。（有經驗的研究者，通常自行設計混合這兩種類型的訪談做法，但那通常是高度客製化的經驗結晶，已超過本書討論的範圍，在此恕不介紹。）

§ 結構化訪談

所有訪談都涉及訪談者和參與者（受訪者）之間的互動。結構化訪談透過仔細的腳本來界定該等互動。(1) 研究人員使用正式問卷，列出每一道要問的問題。(2) 研究者採取正式訪談者的角色，設法取得受訪者對於每道問題的答案。(3) 訪談各參與者時，訪談者會儘量採用一致的行爲和舉止。因此，訪談者的行爲和舉止都必須遵循腳本，通常是透過早期研究成果和特定的訪談訓練，以確保訪談蒐集資料能夠盡可能保持一致。

當人們使用訪談（*interviewing*）這個詞，通常是指結構化訪談。人們傾向認爲，訪談比較像是某種形式的問卷調查或普查，而不是質性研究。問卷調查或普查必須抽選代表性樣本的參與者或受訪者，並且要密切關注樣本

---

[1] 質性研究採用的訪談，有許多不同的名稱選擇，其中最適當的應該是「質性訪談」，其他還包括：結構化訪談、密集訪談，以及深度訪談。由於質性研究的訪談已經相當豐富多樣，在不同的情況下，可能包括多種訪談類型的組合。有關此議題的簡要討論，請參閱 Weiss（1994）附錄 A：「質性訪談的其他名稱」。

的定義和抽樣的程序，盡可能要求精確。最後再透過適當的統計檢驗，來評估研究結果和樣本母群之間的關聯性。

因此，如果研究只使用結構化訪談，最有可能就是屬於問卷調查或普查，而不是質性研究。如果，你除了仿效結構化訪談的方式，另外又採取質性方法來蒐集和分析額外種類的資料，那麼你可能就是做混合方法的研究（*mixed methods research*）（進一步討論，請參閱第 12 章，B 節）。

除了具有特殊的程序之外，結構化訪談也傾向偏好若干類型的問題——受訪者只能根據研究者擬定的若干答案選項作答，亦稱爲**封閉式問題**（*close-ended questions*）。無論調查採用電話訪談、面對面訪談，或在商場和公共場所的「攔人」訪談（“intercept” interview），訪談的程序都是要求受訪者回答相同的問卷問題，選答每道題目提供的若干答案選項（Fontana & Frey, 2005）。

許多調查研究人員相信，封閉式的問題可以取得更準確的資料，以及更明確的分析。比方說，兩位知名的調查研究學者指稱：「相較於開放形式的問法，有列出答案選項的方式，比較可能得到更可靠、更有效的結果」（Fowler & Cosenza, 2009，頁 398）。總體而言，調查研究在處理問卷的設計方面的諸多議題已經有很長的歷史（例如：Sudman & Bradburn, 1982）。

§ 質性訪談

在質性研究採用的訪談類型當中，質性訪談應該是占有絕對主導的地位（例如：Holstein & Gubrium, 2003）。相較於結構化訪談，質性訪談有若干關鍵性的差異。

第一，研究者和參與者間的關係沒有嚴格的腳本界定，也沒有提供參與者答覆的問卷問題和答案選項。研究者在心裡持有若干研究問題（請參閱第 4 章，選項 7），但訪談個別參與者提問的具體問題陳述，會根據訪談的脈絡和場域，而機動調整。

第二，對於每次的訪談，質性研究不會刻意維持訪談行爲或舉止的一致性。相反地，質性訪談會採取對話的模式，訪談本身會導致某種的社會關係，而且和每一個參與者之間應該會產生不同的訪談社會關係（請參閱【專欄 6.1】）。

【專欄6.1】質性訪談作爲一種社會關係

有若干參考書專門探討質性訪談。其中，Irving Seidman（2006）的《訪談研究法》（李政賢譯，2009）[2]，深入淺出介紹了質性訪談的實作程序，以及相關理論基礎。

《訪談研究法》有許多相當實用的題材，其中第7章〈訪談：一種特殊的社會關係〉（頁95-111）（中文譯本，頁133-154），參考價值極高。比方說，該章建議，訪談關係應該力求友好，但並不是如同朋友之間的關係。該章也特別提醒，應該努力維持恰如其分的平衡：「一方面，訪談者必須適度分享個人的經驗，展現自己能夠感同身受……；另方面，又必須保持適度沉默，容許參與者展現自主性，用自己的話，說出自己版本的故事……」（頁96）（中文譯本，頁135）。

另外，Seidman在書中還建議，避免若干種類的訪談，因爲可能對訪談關係造成不良影響，例如：主管或上司訪談部屬，或是老師訪談自己的學生，以及訪談熟人和朋友（頁41-42）（中文譯本，頁60-61）。這些情況都可能導致訪談關係混淆，平添困擾。

總體而言，《訪談研究法》可幫助讀者了解質性訪談基本目標——充滿探知的知性興奮和樂趣，「渴望去認識、理解他人的生活經驗，以及他們對於該等經驗所賦予的意義」（頁9）（中文譯本，頁14）。

相較於結構化訪談，對話模式的質性訪談，提供了雙向互動的機會，參與者甚至可以詢問研究者，也可以和一群人同時對話，而不像結構化訪談通常只有一個受訪者。

對話模式下，參與者保有直接回答與否的彈性空間，可選擇坦白以告，也可迴避閃躲，研究人員需知道如何辨別兩者的區分。因此，「質性訪談需要很投入而且有系統的傾聽……真正聽見和理解別人告訴你的事情」（Rubin

[2] 譯者補注：中文譯本書訊：Irving Seidman（2006）；李政賢（譯）（2009），《訪談研究法》（*A Guide for Researches in Education and the Social Sciences*）。臺北市：五南。

& Rubin, 1995，頁 17）。這種傾聽是要「聽見說話者所說的涵義」（頁 7）。

第三，在質性訪談，開放式問題比封閉式的問題來得更重要。參與者只限於給出簡短二、三個字的答案，這應該是質性研究者最不樂見的。與此相反，質性訪談研究者會想盡辦法，讓參與者使用自己的說法（而不是研究者預先擬定的答案選項），來討論研究的主題。

在上述三項表層的差異當中，還反映了一個更深層的區別。結構化訪談採用研究者的用語、詞彙與意義。相對地，質性訪談則是企圖了解參與者「從他們的角度，如何賦予自己的生活、經驗，和認知歷程的意義」（Brenner, 2006，頁 357）。這一點頗適配質性研究的一項根本目標——從參與者的觀點，來描述複雜的社會世界。

結構化訪談還有一層限制，就是無法充分領會參與者人生過程的變化趨勢與脈絡背景；相對地，質性研究則比較能緊密切入。這是因爲，質性訪談可以投入更長的時間，而且可能和同一位參與者進行一系列的訪談。例如：可能訪談同一位參與者三次，每次 90 分鐘，每次間隔若干天，乃至數個星期。第一回，建立參與者經驗的脈絡，通常是訪談參與者的個人背景；第二回，請參與者針對該項研究主題重建經驗細節；第三回，請參與者反思該等經驗的意義（Seidman, 2006，頁 16-19）（李政賢譯，2009，頁 25-28）。

此外，結構化訪談和質性訪談對於訪談的執行，有兩種截然不同的影響。結構化訪談執行時，研究人員致力於重複同樣的問題，並且對於全部受訪者維持相同的訪談風格。一整天重複多次如此的訪談工作，研究者可能會覺得體力透支，但可能還保有相當的精神能量。

相反地，在執行質性訪談的時候，研究者試圖了解參與者的世界，很可能必須集中精神能量來掌握參與者說話的涵義。訪談問題的進展路線不是由問卷控制，而是需要研究者持續貫注精神能量。一整天重複多次如此的訪談工作，研究者可能會覺得心理疲憊，但可能仍有多餘的體力。

§ 質性訪談的實施

對話模式的質性訪談就好像是日常生活的自然交談。但是兩者還是有很重要的差異（例如：Rubin & Rubin, 2012，頁 99-107）。正是由於太近似日常生活的活動，所以反而不容易做好。而且弔詭的是，當雙方講的是相同語言，個中挑戰就更加困難了。譬如：參與者可能使用某些特殊用語或日常用語，研究者不求甚解，卻逕自假定知道該等用語的涵義。諸如此類的問題不時可能發生，尤其在質性研究聚焦地方或機構的文化事務，這方面的困擾更是嚴重（Spradley, 1979）。

在質性訪談中，要成功進行對話，需要練習。你必須「向人們學習」，而不是去研究他們（Spradley, 1979，頁 3）。下面是一些提示：

1. 話量適可而止

儘量少說話，而且要比參與者少說很多。你需要找到方法，促使參與者延長他們的對話。相反地，最不可取的就是「是／否」的問題，也就是你問了很多，但是只需要參與者回答是或否即可。

你還需要避免單一問題包含了多重問題，或是連續問了好幾個問題，參與者根本沒有機會逐一作出回應。請記住，對話並非意味著詰問，而且儘管你說的話相對較少，但仍然需要說得足夠，以便 (1) 保持良性的對話進行；(2) 顯現你有眞誠的興趣，關注對方的反應；(3) 盡可能像是平常的對話。

保持自己儘量少說話的一個談話關鍵，就是要熟悉策略性的話引子（probe）和追問（follow-up）。當參與者作出見解精湛的說詞，可是卻點到爲止，明智地使用話引子和追問，可以激發對方進一步深談。作爲對話式訪談的策略，話引子不需要像封閉式問卷的問題形式，而可以試著以簡短的話語，例如：「嗯哼」、「再多說一些」、「為什麼呢？」、「怎麼回事？」、「換個方式說」，或是很明顯地保持沉默，故意停頓。但是要小心，不要過度使用這種話引子。對於參與者，你仍然必須表現出積極參與對話的態度，而不是像個腦袋空空的機器人。

2. 保持非引導性

盡可能保持非引導性（*nondirective*）。目標是要讓參與者，依照自己的優先順位，用自己的方式來描述感知的世界。僅舉一個簡單的例子，參與者的觀點也可能反映在其選擇討論主題的順序，而且可能和你本來計畫的順序有所不同。不過，讓參與者有機會按照自己的順序來討論，日後分析可能從中揭顯參與者的重要觀點。

在具體做法方面，你應該避免提示任何特定的主題順序，再者，你也應該審慎拿捏質性訪談的開場方式，包括初步的探詢或聲明，這些都是至關重要的技巧。你需要設定對話的界限，但仍可允許參與者展現個人的色彩，同時也容許參與者有需要的時候得以跨越該等界限。爲了因應這些情況，研究人員已經發現，可以應用壯遊問題（*grand tour* questions），作爲訪談對話的有效開場（Spradley, 1979，頁 86-88）。壯遊問題設定廣泛的主題或場景，但沒有提出研究者特別感興趣的具體話題，更談不上任何特定主題的順序（請參閱【專欄 6.2】）。

【專欄 6.2】使用「壯遊」問題來展開訪談對話

在開放式訪談或對話，要找到適合的開場問題並不容易。此外，還有若干動機也需要同時滿足：開場白應該有足夠的豐富性，以便受訪者能夠自在侃侃而談，而不是簡短的回答；能夠讓訪談朝向研究相關的主題展開；盡可能減低對受訪者的引導。

Mary Brenner（2006）等研究學者主張，在大部分情況，「壯遊」問題應該可以有效滿足上述動機。根據 Brenner 的說法，Spradley（1979）首創並描述壯遊問題的格式。在教育場域，有效的壯遊問題包括：學校最近發生的事件（例如：「今年，學校有哪些重大發展？」），或是受訪者的角色（例如：「你在這所學校擔任校長，主要責任有哪些？」）。一旦對話啟動了，就可以接著問後續問題，或是針對「壯遊」問題追問更具體的面向，直到取得所需的詳細程度爲止。

除了最初的開場，接下來訪談全程繼續保持非引導性也很重要，尤其是如果你的研究是要用他們的陳述，來揭顯他們對於若干主題所賦予的重要性。你或許會想，透過他們第一次談到特定主題的感覺，來推測該等主題對他們的重要性。反之，如果是你先提出討論該等主題，那就不可能做這樣的評估了（請參閱【專欄 6.3】）。

3. 保持中立

保持中立也是屬於非引導性的一部分，但也是提醒訪談者應該注意自己在談話過程表現出來的身體語言、表情，以及所說的話，這些都需要保持

【專欄6.3】非引導式訪談關鍵主題

《外西凡尼亞小鎮的國族政治與日常生活的種族議題》（Brubaker et al., 2006）處理非常抽象的主題：「種族和國族在政治領域的再現與競逐」（頁 xiii）。田野研究聚焦 1995-2001 年間，羅馬尼亞一個小鎮的日常生活。研究團隊都能講羅馬尼亞語和匈牙利語。他們記錄一百多次的訪談，舉行多場團體討論（全部都有轉謄逐字稿），並投入長期參與觀察。最後完成一本學術基礎扎實的論著，彙整了歷史文獻，富有說服力的歷史綜觀視野，以及豐富的當代田野證據。

田野研究凸顯，羅馬尼亞和匈牙利兩種族和種族混合在克盧日小鎮的角色。爲了減少偏見，Brubaker 等人在訪談過程格外小心，避免直接提及種族，因爲「如果探尋目標太明顯，很容易就會被察覺」（頁 381）。相反地，在訪談開始時，談論的主題「表面上，和種族沒有關聯」，主要就是談些日常生活的活動，然後讓「種族的主題，在討論的過程中，自然而然出現，否則就不主動提出討論」（頁 383）。這本書的序言、導論，還有附錄的「資料的備註」，詳細說明作者們如何執行這些任務，以及其他田野研究的策略運用。

請另行參閱【專欄 11.5】。

中立。你需要確保，你對於參與者的回應，或你提出的問題，沒有傳達你的偏見或偏好，因而反過來影響參與者的後續反應。最不理想的談話就是，參與者言不由衷地討好或迎合你，而不是表達自己的坦誠意見。當你說話的聲音、舉止，或其他人際互動的信號帶有讚許或不讚許的暗示意涵，這類討好或迎合的情況尤其更可能發生。

從理論上來說，經驗豐富的質性研究人員承認，眞正的中立是不可能存在的。質性訪談是發生在自然場域的人際活動，或不期而遇的社會邂逅（例如：Fontana & Frey, 2005），在這些情況下，你在對談中，不可避免會帶有某些觀點，而產生**協議的文本**（*negotiated text*）（頁 716-717）。因此你的角色變得更加複雜，不斷地在整體與局部的**解釋中循環**（*hermeneuitc circle*）。理想的補救之道就是，避免粗暴的偏見，另外還得敏感覺察依舊存在的偏見。日後，你也應該竭盡所能，致力揭示和討論，該等偏見如何可能影響你的研究發現（請參閱第 11 章，D 節，反思自我的呈現）。

4. 保持契合關係

這是關於人際互動的技巧。你需要和參與者保持良好的關係，因爲你已經建立了特定的研究情境，你也有責任避免可能損害他人的談話，比方說，使用可能導致仇恨想法的語言，引發參與者傾訴涉及隱私，乃至於犯罪的事情，或是讓他們在沒有必要的情況下，陷入不愉快的痛苦處境。

總之，前述四種實踐做法都沒有清楚可茲依循的規則。你的每次訪談都會有各自的背景和情境，促使你必須因勢制宜，見機行事。正如一位作家所描述的那樣，目標是要直取訪談任務的核心，或所謂的「加速的親密感」（accelerated intimacy）（Wilkerson, 2007）：

> 我盡我所能，讓參與者能夠很自在和我談話。我還是會提問題，而且是很多問題。我努力扮演好聽者的角色。我點頭；我直視他們的眼睛；我用心聽他們說笑話，不論好笑與否，我都會開口笑。他們認眞的時候，我也會嚴肅以對。

5. 使用訪談指南

使用訪談指南可以給你的訪談提供適當的引導。如果，你有擬定使用研究博多稿的話（請參閱第 4 章，選項 7），訪談博多稿應該反映研究博多稿的實質大綱，因此規模應該比研究博多稿來得小些。

訪談指南通常只涵蓋局部的訪談主題，亦即是和當次訪談有關的主題。每項主題的訪談問題可能包含若干簡要的話引子和後續追問。訪談博多稿不應被認爲是調查研究使用的問卷。因此，再次重申，指南代表你的心理架構（請參閱第 5 章，選項 8），而不是直接用來詢問受訪者的實際問題序列。

如果使用得當，訪談指南可以產生「談話指南」的效果（Rubin & Rubin, 1995，頁 145、161-164）。此外，需要的話，你可以採用書面形式的訪談博多稿，充當「道具」的角色。這可以發揮令人驚訝的效能。比方說，參與者看到你持有紙本的訪談指南，也得以瞧見上面列出的訪談提綱，這有助於讓他們感覺自己參加的是正式的研究，從而比較願意認眞表達對於爭議問題的看法（Rubin & Rubin, 1995，頁 164）。相對地，如果你手邊沒有如此的書面指南作爲「道具」，而是在不拘形式的交談情況下，提出爭議問題，參與者有可能不會認眞以對，也可能會傾向於忽視你想要探查的話題。

6. 訪談與分析同步進行

最後一點提醒，和蒐集質性資料的其他做法一樣，訪談過程往往也會同時伴隨分析，你必須當下決定，是否要進一步探問更多的細節，還是要轉向改談其他的話題，以及何時修改原本擬定的博多稿或議程，以適應訪談浮現的新發現。這些都是分析的選擇，你做選擇時需要保持敏感，以便參與者不會對於你的談話感到驚訝，或是茫然若失，不知道你究竟是要談些什麼。

§ 質性訪談的「進場」和「退場」

你的壯遊問題，或其他初始問題，代表訪談開場的實質問題。然而，訪談通常不會直接開門見山，就從實質問題開始。一般而言，你一開始比較可能先寒暄，聊一些彼此開心的事情，接著再以比較正式但輕鬆的態度，介紹你的研究，包括講解知情同意的相關事宜（請參閱第 2 章，E 節）。

同樣地，訪談結束的時候，對話也可能不涉及實質的問題，而是透過人際互動的溝通技巧，讓對方注意到談話已經要結束了。禮貌地說聲「謝謝你」，祝對方順心如意，這些都是典型的結束方式。

你如何開始和結束談話，大致而言，乃是關於禮貌和文化的問題。或許是基於這個原因，大多數的教科書都沒有投入太多的關注。然而，依我來看，進場和離場卻是我最愛的訪談階段，相當適合用來建議如何推動質性訪談順利進展。

首先，你應該知道關於進場和退場的兩件事情。「進場」可以清楚設定人際互動的基調，進而延伸到實質主題的對話，所以你應該準備好「進場」的對話，而不是像逛街散步一樣，毫無準備就隨便出發。在開始任何新的訪談之前，先想好你打算如何進接每個你訪談的人，並設想你想在談話中含括哪些主題。訪談的「進場」挑戰，可能不下於初始進接田野場域的「進場」挑戰（請參閱第 5 章，D 節）。

「退場」可能更爲重要。過去，有兩部很受歡迎的電視偵探影集（一部是彼德 ・ 福爾克飾演的男偵探「科倫坡」，另一部是安潔拉 ・ 蘭斯伯里飾演的女偵探「潔西卡 ・ 佛萊雪」）。劇情當中經常運用「退場」契機，來追問更多的實質問題。在一般情況下，人們一旦認為偵查接近結尾階段，心防多少會比較鬆懈。這時候，已經穿上外套、佯裝準備離開的偵探就會轉過身來：「哦，順道一提，……」，如此一來，往往能夠從對方套出關鍵的口風。

另外，關於退場還有一點值得注意：你可能有注意到，無論是有意或意外，有時候，你和同事的專業對話會延長，遠遠超出預期或可支配的時間。有時候，這是因為雙方不自覺都想握有最後的發言權，扮演總結話題的一方。每次你說了某些話題，對方就會覺得需要回答些什麼，然後這又會讓你覺得有必要再說出你的回應，如此一來一往，持續不停。請注意，在你的資料蒐集談話中，千萬不要讓這種情況發生。解決之道，不妨試著擱下你的自我，讓其他人握有最後發言權。

§ 團體訪談

不論你是否有所規劃，有時候，你都可能有機會訪談一群人。可能是 2 至 3 人的小團體，也可能是 7 至 10 人中等規模的團體。對此，你有必要用心準備因應。

你或許可以把 2 至 3 人的小團體訪談，當成類似單一個人的訪談一樣，將注意力主要放在其中某一人身上，同時還適當尊重其他在場者，而不讓他們覺得只是陪襯的配角。

一旦訪談人數超過 2 至 3 人的規模，你就需要將注意力妥善分配到所有參與者，而不是聚焦特定單一個人。這是頗為艱鉅的挑戰，除非你已經累積了相當經驗，能夠獨當一面，妥善執行中等規模以上的團體訪談，否則最好不要輕易嘗試。如果你還沒有這方面的實作經驗，不妨試著先從你的學校或認識的群體，找尋一些練習機會。

§ 焦點團體訪談作為蒐集質性資料的方法

研究文獻認為，「焦點團體」主要類型是中等規模的團體，許多教科書和文章都有收錄這種資料蒐集方式（例如：Stewart, Shamdasani, & Rook, 2009）。之所以稱為「焦點」團體，乃是因為他們是具有共通經驗或意見的一群人（請參閱【專欄 6.4】）。與焦點團體對話時，你的角色是主持人（moderator），負責讓團體成員充分表達意見，儘量不干涉團體的討論方向，

【專欄 6.4】蒐集焦點團體資料的傑出「實用手冊」

Robert K. Merton、Marjorie Fiske、Patricia L. Kendall 合著的《聚焦訪談：問題及程序手冊》(*The Focused Interview: A Manual of Problems and Procedures*)，提供關於如何蒐集焦點團體資料的指導原則。1956 年發行第一版，1990 年再版，其中包含詳細的有用訣竅，說明如何有效組織焦點團體、發展開放式問題、扮演成功的主持人。這書也討論了焦點團體的動力學，並提供具體的建議(例如：圓形或半圓形的座位安排，這樣主持人的地位就和團體成員趨於平等)，並提出了重要的注意事項，時至今日仍然有相當高的參考價值。

Merton 等人的這本參考書與許多後期出版的新書不同的是，當時寫作的年代，質性和量化研究乃是相容互補，而非壁壘分明的對立，這可見於當時大眾傳播的研究。Merton 等人都是聲名卓越的社會學家，同時也是哥倫比亞大學著名應用社會研究院的成員，該團體也是推動問卷調查和統計分析的開路先鋒。

如果有需要協助，通常只提供最小程度的提示。

原本，焦點團體是電臺節目或其他大眾傳播用來蒐集特定觀眾的看法(Merton, Fiske, & Kendall, 1990)。相較於訪談個人的模式，焦點團體有著明顯的利弊權衡：效率增高(同時訪談若干個人)，但深度減損(從個別受訪者取得的資訊相對較少)。不過，進行團體訪談的主要理由與這種權衡沒什麼關係。團體訪談的優點與適用時機，乃是當你懷疑研究對象(例如：青少年和兒童)，在團體當中可能比單獨一人更容易表達自己。再者，如果團

- 比方說，有研究透過一系列的焦點團體，訪談家中年長者的照護者。目標是獲得照顧者對於老人照護制度化和老人診斷的觀點，而不是假設研究人員已經掌握這方面的知識，同時也要避免研究者對於這些主題的先入觀點，影響了焦點團體的初步討論方向(Morgan, 1992，頁 206)。

體當中有參與者老是沉默不發言，你還可以在會談結束後，單獨找那些人，試著做簡短的個別訪談。

焦點團體有其內部動力，需要設法妥為管理。成功主持焦點團體的技巧，有賴經驗磨練累積。例如：焦點團體可能有相當高的風險，會有一個或兩個人主導討論。遇到這樣的情況，你必須有禮貌但堅定地控制滔滔不絕的成員，設法鼓勵沉默寡言者，並且不影響或導致團體討論有所偏頗。同樣地，團體討論有時候可能會陷入沉默，無人發言。這時候，你需要設法打破沉默，重新啟動團體的談話，在此同時，也沒有影響團體討論的方向。最後，還有可能會有成員提出有關你或其他人的問題。你應該當場立刻決定，該等問題是否有助於或妨礙焦點團體的進程，然後即時採取適當的因應做法。

再者，你可能會從若干焦點團體蒐集資料。如果你能成功掌握進行的程序，而且焦點團體也提供足夠的資料，那麼多元焦點團體甚至就足以提供研究需要的大部分資料（請參閱【專欄 6.5】）。

【專欄 6.5】焦點團體作為蒐集田野資料的唯一方法

有時候，傳統的田野研究不太能夠有效探索某些重要的主題。比方說，公共教育的一個重要議題，倡導者希望學生能有更多的升學選擇權（目前，大部分公立學校畢業生都只能進入特定的學校）。因此，全國各地陸續試辦各式各樣的「升學選擇」制度。

要了解學生和家長如何看待升學選擇的運作，一個研究團隊舉辦了一系列的焦點團體（Stewart, Wolf, Cornman, & Mckenzie-Thompson, 2007）。他們精心挑選參與者，舉行焦點團體討論，並記錄和轉謄討論逐字稿，這些資料就成為該項質性研究的主要證據。

這種「消費端」的資料受到高度重視。然而，傳統的田野研究不但實施困難，而且不太能夠有效揭顯這方面的資訊。除非緊密跟隨特定學生（不過，這種做法具有高度的侵入性，而且可能產生強烈的「研究者」效應），否則不太可能在學校場域，經驗或「看見」重要的田野資料，因為除了選校制度有所改變之外，基本上並沒有新的教育措施，學生當然也就沒有不同的經驗可能被觀察或看見。

D 觀察

本節學習重點

- 如何因應田野觀察可能存在的偏頗，以及潛在的缺乏代表性。
- 可以作為觀察主題的項目。

「觀察」可以是非常有價值的蒐集資料方法，因爲是你親眼所見，用自己的感官感知，而沒有間接透過其他人陳述（自陳報告）的過濾，或其他文件作者的詮釋。就此而言，你的觀察是一種第一手資料，值得高度珍惜。

§「系統化觀察」與觀察研究

社會科學盛行兩種觀察研究；嚴格說來，沒有一個代表質性研究中的觀察程序。首先，長久以來，在社會心理學領域，「系統化的觀察」研究一直是歷久不衰的傳統（例如：Weick, 1968）。觀察程序通常使用正式的觀察工具，明確地指出觀察時的狀況（請參閱【專欄 6.6】）。在觀察時，研究者是完全被動的。

【專欄 6.6】學校課堂的系統化觀察

系統化觀察法普遍應用於學校課堂研究中。Borman 等人（2005）探討全美各地公立學校的數學和科學教育，其中就包含了課堂的系統化觀察。

研究人員觀察了總共將近二百間各年級的教室課堂，附錄的方法論部分包含觀察使用的正式工具（頁 225-227）。該等工具通常是要求觀察者做出質性的判斷，例如：教學是否以教師爲中心、以學科爲中心，或以學生爲中心，然後評量課堂期間，前述各種做法的比率，提供作爲觀察到的行爲的量化證據。Borman 等人採用此種系統化觀察程序，記錄各種做法的次數，然後討論發現的模式（頁 96-103）。其中一個模式就是：「我們所觀察到的教師，大約四分之一在課前會先檢視教材備課」（頁 103）。

第二點，觀察研究這個詞指的是使用準實驗設計，刻意找出「有處理」和「沒處理」，而且其餘條件特徵都類似的兩個對照組（例如：吸菸者 vs. 不吸菸者）。（這種研究之所以稱爲「準」實驗，乃是因爲「有處理」和「沒處理」乃是現實存在的，而不是經由研究者人爲操弄的，如果是出於人爲操弄的，那就屬於實驗了。）

兩種研究類型都可能有很多觀察取樣，在可比較的條件下，從正式的工具中有系統地分析，獲取觀查資料。因此，無須太訝異，當你搜尋方法論文獻時，你會發現許多**觀察研究**（*observational studies*）其實是指統計研究，或準實驗研究，尤其是在社會心理學領域（請參閱【專欄 6.7】）。

【專欄 6.7】「觀察研究」也可指稱統計研究

雖然，觀察是質性研究常見的資料蒐集方法，但也可能用來指稱統計研究。這種觀察研究類似實驗研究，因爲研究主題都是要檢驗「處理」（treatment）的效應。不過，觀察研究只能觀察而不能操弄該等處理；相對地，實驗研究則可以透過實驗設計來操弄該等處理。

姑且不論有無使用統計，這種觀察研究與質性研究其實也有若干重要的共通原則。Paul Rosenbaum（2002）《觀察研究》（*Observational Studies*）一書說明，如何應用該等共通原則，包括：擬定初始理論架構對於啟動研究的益處；避免隱藏偏見的必要性；對立解釋的重要性。至於個案研究和觀察研究之間，還有另外兩種共通原則：選擇結果已知的個案；評估同一個案內在的多元結果。你可以自行判斷，諸如此類共通原則的存在是否顯示：社會科學其實是整合一體，而不是分歧不一。

§ 決定何時、何處觀察

大多數的質性研究不會只觀察單一地點，研究感興趣的目標事件也不可能隨時隨地都會發生，而且保持一致不變。

再者，研究者也不可能隨時分身有術、無所不在。如果場地非常複雜，你也不可能全面觀照，毫無遺漏。因此，必須審愼選擇，什麼時間、地點來觀察什麼重點。這些都是擬定資料蒐集程序時，必須清楚決定的。你的決定或許談不上嚴謹的理由，但最好還是得知道可能衍生的後果：你觀察和記錄的事件，並不必然是田野場域發生的事件當中最重要的，也不一定是最具代表性的。

因此，研究者必須審慎以對，建議你可以試著簡單記錄你的觀察時間和地點，包括記錄你在田野觀察時出現在其中的諸位參與者。你也應該摘要記錄田野中，似乎有發生（或是沒有發生）的事件的類型。

另外，你還可以嘗試一種做法，應該有助於減少前述的潛在偏見和缺乏代表性，就是在多個場合執行觀察。如果可能的話，你在初期可以先「打量」你的研究地點，然後安排不同時間，增加同一田野場域的多樣化觀察機會（如果沒辦法安排不同的星期，或不同的季節），還有不同地點和場合，以及不同的人物。（當然，如果你的觀察是要聚焦探索獨特的單一情況或事件，諸如此類的調度就沒有必要了。）

無論你如何選擇，重點還是要確保觀察蒐集的資料是有效的，就此而言，你可以試著在研究反思日誌，討論你所做的選擇，以及可能衍生的後果（請參閱第 7 章，E 節）。你應該揣度，你的決定可能會對研究結果和結論造成何種影響，再據實指出你的研究的限制、缺點（或獨到的優點）。

§ 決定觀察什麼

許多項目可以作爲你觀察的對象。這些項目的相對重要性取決於你的質性研究的主題優先順位。質性研究可能觀察的類別，包括：

◆個別人物的特徵，包括：穿著、手勢、姿態和非語文行爲；

◆兩人或多人之間的人際互動；

◆田野場域發生的人類「行動」或機械「動作」；

◆物理環境，包括視覺和聲音的線索。

其中，物理環境的觀察項目還包括所謂的「道具」（*props*）（Murphy, 1980），例如：牆上掛飾、海報、牌匾、書架上的圖書，以及與特定個人或組織相關聯的物件。道具可以提供線索，讓研究者及早發掘可能對特定個人或組織有意義的事件端倪；最起碼的程度，道具可以用來作爲啟動質性訪談的切入點。

§ 善用非介入測量的優點

當你觀察任何人物或活動時，頗容易出現反身性（reflexivity）的問題。你在田野場域的現身，無可避免會給在場人士帶來一種未可預知的影響。相對地，人們的活動也可能直接影響你的觀察方式。這種反身性是無可避免的，因此在研究報告（方法論的部分），需要對此有所說明。

觀察現實世界的某些物理跡象，可能有助於揭顯過去發生的人類活動，這對減低反身性的可能影響（即使不能徹底消除），應該頗有助益。人類活動的物理跡象，譬如：書籍或文件頁面角落的翻摺痕跡，可能代表有人翻閱而留下的跡象；再者，其他人的照片和影音紀錄，也可以揭顯他們日常生活部分資訊。舉凡這些都可以視爲非介入測量（*unobtrusive measures*）（Webb, Campbell, Schwartz, & Sechrest, 1966; Webb, Campbell, Schwartz, Sechrest, & Grove, 1981.）。這類測量的主要價值在於，是在「非反應性」的情境下產生，研究者不可能有機會對參與者行爲留下的物理痕跡產生影響作用（請參閱【專欄 6.8】）。

單獨使用非介入測量取得的證據，可能不足以充分支持質性研究。但是，非介入測量可以作爲輔助資料，補充訪談或其他蒐集方式取得的資料。因爲這些資料有可能受到研究者的影響，若能補充非反應性來源的資料，應該可以大大強化你的研究。因此，你的研究是否要納入一個或多個非介入測量，應該值得你仔細考慮。

§ 從觀察推導意義，以及三角檢核觀察所得證據與其他來源的證據

即使觀察處理的是非介入的測量，個中困難還在於，你不會只是想如同機械一樣記錄觀察。你的質性研究焦點多半是關於人類社會行爲（諸如：例行事物、儀式、人際互動）的更廣泛概念。觀察和記錄必須能夠讓你有機會（如果不是在觀察當下，最遲也應該在分析階段），可能釐清這些充滿意義的概念。

你從觀察取得的意義將是推論的結果，比方說，兩人之間某種互動是否代表不認同的意思；再比方說，象徵官位的服飾是否反映官員在組織的崇高地位。你可以透過蒐集其他資料（例如：訪談資料），以佐證或挑戰你的推論，從而強化之。這樣的做法就是「三角檢核」的例子，是質性資料蒐集的重要組成部分，請參閱本章稍後更詳盡的討論。

【專欄 6.8】「非介入測量」作爲觀察的對象

非介入測量記錄既存的社會和物理環境資料，因爲不是研究者操縱，或研究者在場而產生的產物，所以也稱爲非反應性測量（*nonreactive measures*），不少知名的質性學者與非質性學者都有廣泛採用（Webb et al., 1981）。

比方說：校園草坪的禿黃路徑，可能代表人們習慣抄小路而留下的物理跡象，就是這種測量的最好例子。再比方說，檔案資料可能包括：日常生活留下來的照片和家庭錄影帶，這些當然也不是出於研究者立意而記錄的資料（頁 247）。相對來講，非質性研究可能以量化或統計的方式，來處理非介入測量取得的資料，而質性研究則試圖辨識個中蘊含的意義。

由於非介入式的測量具有非反應性的特質，頗能輔助質性研究的其他實施程序，譬如：訪談或問卷調查，這些程序屬於介入式的測量，具有反應性的特質，因爲研究人員是主要研究工具，可能對測量的結果產生影響（頁 241）。就此而言，非介入測量可以稱得上質性研究不可或缺的重要元素。

 物件蒐集與檢驗

本節學習重點

- 可以蒐集和檢視的物件類型。
- 考量你能夠投入在田野的時間和心力限度，兩種有助於保持物件蒐集在合理範圍內。

「蒐集」是指，編纂或累積研究主題相關的物件（文件、文物和檔案紀錄）。大多數的蒐集發生在你置身田野場域時，但你也可以從其他來源，包括：圖書館、歷史檔案、電子媒介等來源蒐集物件（請參閱【專欄 6.9】）。有時候，你可能無法把物件帶走。在這種情況下，你可能要花點時間當場檢

【專欄 6.9】穿插歷史證據和田野證據

質性研究可以結合田野研究與歷史檔案。這是 Circe Sturm（2002）的契諾基（Cherokee）原住民族血統政治研究，契諾基是美國最大的原住民部落，「也有著最多元化的種族人口組成」（頁 2）。

田野研究地點包括：奧克拉荷馬州東北部的契諾基原住民族和諸多社區，爲期三年，強調與爲數頗多的原住民的訪談。歷史研究包括：大學、專門檔案館，和契諾基原住民族歷史協會的收藏，以及 1 名律師收藏的契諾基自由人恢復原住民身分法律案件的文件。

Sturm 將這些來源的資訊編纂成一本書，追查三個世紀，根據血統比率（從百分之百到 1/2,048 的契諾基血統）、膚色和種族等基礎，檢視契諾基身分政治和自我身分。全書以歷史敘事爲主軸，並穿插大量的受訪者的說法，其結果就創作出一部不折不扣活生生的民族歷史。

另請參閱【專欄 10.3】。

視物件。本節討論的「蒐集」，便是包括如此的檢視。

蒐集（或檢視）物件，可以產生語文、數字、圖案和相片等資料。這些資料可能是關於物質和社會環境（例如：田野場域和其成員的舊照片），不過也可能產生無法直接觀察之事物的寶貴資料（例如：文件記載有關組織的政策和程序之類的抽象主題）、人類關係（例如：兩人之間的通信），以及歷史資訊（例如：檔案紀錄揭示的趨勢）。此外，蒐集的物件也可能包括參與者直接產生的物件，例如：日誌和照片，可用來補充訪談參與者的資料（例如：Murray, 2009，頁 118）。

§ 蒐集田野物件（例如：文件、文物、檔案紀錄）：無價但耗時

由於這些物件代表了另一種形式的主要證據，因此對於質性研究非常寶貴。比方說，電腦印表機輸出的學生作業，可以幫助了解課堂發生的教育內容。同樣地，舉凡私人信件、藝術品，或是個人的紀念物品，也可能揭顯許多有價值的訊息。最後，檔案紀錄，例如：人口統計數字、市政府的住宅或犯罪紀錄、學校的成績單，或是報章雜誌的文章，都可以提供重要的背景資

料，作爲田野研究補充資料。

不論你研究的是什麼主題，物件數量都可能相當龐大，即使已經轉成電子紀錄，也可能極爲耗時。（試想想，蒐集和查看他人的電子郵件紀錄。）因此，你需要非常謹慎決定，哪些物件值得投入大量時間和心力來蒐集。

以下，兩種策略可以幫助物件的蒐集比較有生產性：

1. 先初步設想，需要蒐集的物件的完整陣列結構，例如：文件的數量和範圍，或是檔案紀錄統計數據的大小和範圍。另外，也應該明白進接和取用該等物件的可能難度。然後，再決定是否需要蒐集完整陣列，或是取樣選擇蒐集陣列的某些部分即可。如果取樣就足夠了，仔細定義樣本，儘量減少任何不必要的偏頗。
2. 完成某些初步的資料蒐集之後，立即檢視蒐集的結果，衡量是否適用於你的後續研究。和你已經蒐集或預期蒐集的其他資料做比較，推估該等資料是否切合你的研究中心議題。然後，再據以決定，是否要投資更少或更多的時間，繼續蒐集該方向的資料。到了資料蒐集的中期階段，也值得重複前述的比較策略，多次推估資料蒐集方向是否值得投入，以及如何分配投入的時間。

§ 使用文件補充田野訪談和對話

對於質性研究資料蒐集而言，許多文件頗爲重要的因素就在於，個中包含相當豐富的細節。包括：姓名的拼寫、頭銜、職稱、組織、事件發生的日期，以及座右銘、口號、宗旨與其他溝通的特定用語。

在重要的訪談前，你可能運氣不錯，得以先行檢視許多相關背景文件，這可以讓你無須爲了請問參與者如何拼寫某人的姓名或頭銜，而打斷原本可以讓對方暢談無阻的理想訪談。你還可能提前知道，已經存在有哪些相關的文件。這樣，即使在訪談前，你還沒有檢視過該等文件，至少你也可以比較放心，該等文件應該有包含名稱拼寫之類的細節，因此可以不用爲了要查問有關資料，而不得不打斷訪談參與者。

§ 「網路衝浪」與「Google 搜尋」相關資訊

目前的時代，不論質性研究主題是什麼，你或許都應該花一些時間，搜尋查看相關的網路資訊。網路資訊數量龐大而且方便，至少可能從中找到一些有用的研究線索。

你可以用網路搜尋，來幫助發掘研究主題相關的既存研究或文獻。在擬定研究主題，或是建立檔案庫的階段，你有可能已經開始網路搜尋（第3章，B節）。網路搜尋是否足以提供充分資訊，作爲完成文獻探討之用，將取決於需要提供所需訊息的進接，你的網站的各種期刊和文獻搜索引擎最需要的會員或某種形式的費用。再者，你也應該有所警覺，在網路蒐集資料可能相當耗時費事，你需要加強練習前面討論的注意事項。

使用網路資訊時，應該特別注意、理解引用資料的來源，並且在你的研究書寫當中完整標明。在你的理解當中，應該包括有關該資料來源普遍認知的潛在偏見或立場傾向。

比方說，報紙文章可能非常有用，但在接受新聞說法之前，你應該知道報紙的聲譽或政治立場。你可能會發現，大城市的報紙和社區的報紙，對於社區活動的報導有著明顯的差異，尤其是涉及種族議題的新聞（例如：Jacobs, 1996）。「官方」的政府公報可能會刪除不想讓民眾知悉的資訊。更糟糕的是，部落格和個人的貼文在選擇呈現的素材方面，可能存在著刻意的偏頗。最後，新聞稿和其他形式的公開宣傳，通常有一些背後的動機，引用之前，必須有所顧慮。

§ 蒐集或檢視物件作為資料蒐集的補充部分

蒐集物件可以減低反身性（*reflexivity*）衍生的問題和挑戰。由於物件的存在早於你的研究之前；換言之，物件不是爲了你的研究而特別製造的，因此不至於受到研究的影響。

相對地，質性訪談可能有雙向的反身性效應：你對於參與者的影響，以及參與者對你的影響。「觀察」可能有單向的反身性效應，你對於觀察對象的影響。蒐集的文件、文物和檔案紀錄，基本上，都不至於遭受上述兩種反身性效應，但仍須謹愼處理。雖然，諸如此類的既存物件產生沒有直接受到反身性的影響，你還是應該注意其生產動機，以及潛在偏頗。

感覺

本節學習重點

➢「感覺」可以涵蓋田野場域多種有用的重要特徵。

感覺也非只是侷限於單一感官，例如：觸覺的結果。你需要考量蒐集各種不同的感覺，任何對你的研究具有潛在重要意涵的感覺，你都不應該忽視。

§「感覺」有許多不同的形式

初步開始嘗試蒐集這種資料時，試著去體驗某些關於環境的感覺（例如：某個地方的溫暖／寒冷、吵鬧／安靜、或時間快慢步調）。如果需要，你可以使用機械儀器，來測量這些環境的資料，但你的「感覺」即使沒有機器測量那麼精確，通常就已經足夠了。

除了上述關於環境的感覺資料之外，另外還需要蒐集關於其他人的感覺資料（例如：感覺某人在工作場合是可靠的／桀驁不馴的，感覺某兩個人之間是疏遠的／親密的，或感覺某團體的工作氣氛融洽投機／扞格不入）。這些都是比較難以衡量的，而且不必然吻合當事人的自陳報告。但是，如果你有機會，你還是應該請教其他人怎樣看待自己的情境。總之，你不應該忽略自己的感覺，用以三角檢核其他佐證或反駁的資料。

最後，還有一種感覺可能更複雜，那就是你的直覺或「第六感」。這樣的感覺不侷限於任何單一的感官，而且有些時候根本無從解釋。不過，直覺倒是可以提供重要的線索，幫助你在缺乏解釋線索的情況下，作出可接受的反應。當然，你也需要進一步透過其他資料，來證實（或挑戰）你的直覺。

§ 感覺的記載與記錄

這裡的資料是你的感覺。你應該儘量謹慎寫下這些感覺，並指出何時何地發生。除了描述感覺，你也應該儘量形容可能有助於解釋該等感覺的事件、行爲或情境。在這之後，當你在蒐集相同事件、行爲或情境的其他資料時，這些關於感覺的記錄可能會幫助你發揮更大的洞視覺察。

 適用所有資料蒐集模式的理想實務做法

本節學習重點

➢ 做好田野研究的五項重要實務方式。

不論何種形式的資料蒐集，你都應該考慮某些可以強化成效的實務做法。至少，盡力做到以下五點是很重要的：

1. 良好的「傾聽者」

正如前面所討論的（第 2 章，A 節），傾聽的主要精神就是要用心觀照周遭的細節。同樣地，在觀察時，也應該本著同樣細心觀照的精神。

你一開始會想投入質性研究，多半是源自於社會世界複雜和微妙的吸引力。要做個良好的傾聽者，在對話過程中，應該儘量讓對方多說話，還要有能力聽出言外之意；在閱讀文件或書面資料時，也要能夠詮釋出「字裡行間」之外的蘊義。蒐集質性資料時，如果你有人們稱之為「充耳不聞」的毛病，或完全沒辦法體會字面以外的其他潛藏意義，那你可能就很難成為理想的交談對象。

2. 保持探索的心

除良好的「傾聽者」之外，你也應該保持探索的心。乍看似乎有些相互衝突，但其實你可以也應該兩者兼顧。如果你把「探索心」聯想成，在對話中霸占主導地位，從而減少自己「傾聽」的機會，這樣兩者當然就會產生明顯的衝突。

事實上，「探索」是一種心態。當你傾聽或觀察時，也應該思索聽到或看到的意義，進而探索其他進一步的問題。你不需要當下就用言語表達這些問題，但是要能夠在心裡記住，即使不在目前的訪談或觀察探尋，也應該在日後追蹤探索。

3. 保持敏感，妥善管理別人和你自己的時間

前面幾節已不斷指出，資料蒐集可能需要大量時間。如果你訪談別人，

你不只花你的時間，你也花用了別人的時間。

參與者都有個人優先處理的事務和需求，不可能爲了你的研究投入無限量的時間。所以，你應該設法弄明白，參與者的時間限制，或偏好的時間安排，並盡力配合。尊重參與者的時間限制或偏好，將可進一步加強你們的良好關係。

同樣地，敏感覺察你自己的時間限制或偏好。尊重自己的時間限制或偏好能讓你自己感到快樂，而這當然不是你得以等閒視之的枝節末微小事。

4. 區分第一手、第二手、第三手的證據

這是區分主要和次要證據的擴大做法。「主要」或「第一手」證據，是你親耳聽到，或親眼看到，而且自己記錄的資料，沒有經過他人的過濾，也不假他人之手的記錄。一般而言，第一手的證據，因爲少了層層的過濾，通常可信度也就比較高。

第二手證據就可能有透過他人的過濾。歷史學家關於某歷史事件的寫作，就屬於第二手的證據。同樣地，參與者告訴你關於發生的某些事情的說法，也是「第二手」的證據。

「第三手」的證據是最遠的，隔了兩層的過濾：有人告訴你（第一層過濾）聽到其他人說（第二層過濾）的一些事件（你想了解的事）。比方說，你引用新聞文章，文中引述某人對於某事件的說法，你就是使用第三手的證據（記者的新聞寫作是第一層過濾，新聞引述的某人說法則是第二層過濾）。

區分這三類證據並非意味，你應該忽略第二手或第三手的證據。你不太可能只憑蒐集第一手證據，就能夠完成質性研究。比方說，前面關於「觀察」的討論指出，你一個時間只能出現在一個地方，然而，在其他地方或時間，卻可能有重要事件發生。因此，你很可能必須使用第二手、第三手的證據，以便對事情有更全面的了解，包括你無法直接觀察的事件。第二手或第三手的證據，可能讓你取得有價值的洞視。當然，你必須注意，不應該僅依靠第二手、第三手的證據，而不去努力蒐集其他來源的佐證資料。

5. 三角檢核多元來源的證據

我們保留在最後才討論這種做法，因爲這對各種形式的實徵研究都很重要，而非只限於質性研究。三角檢核的理念，在先前討論當中，是作爲加強

研究效度的一種重要途徑（見第 4 章，選項 2），做法是檢核兩個或多個來源的資料，以確定是否聚斂，或得出相同的發現。舉例而言，當你觀察到某一事件，或聽到有人提到該事件；再者，有同僚也觀察到或聽到同樣的事情，你們相互核對之後，都得出同樣的結論，這就是資料來源聚歛的例子。（你們之間的談話通常可能如後：「你有沒有看到我所看到的 XX？」，或是「你有沒有聽到我所聽到的 XX？」）

你能證明這種聚斂越多，特別是在關鍵的發現，你的證據就越強。理想的情況下，三角檢核是指檢視三個不同來源證據的聚歛情形。例如：你看到某事情，在現場的某人也看到同樣的事情，後來新聞也報導了同樣的事情。

最後一個例子，教育研究經常聚焦課堂的教學實踐。不同來源的證據可能包括：你自己在教室裡的觀察（第一手證據）；你訪談老師上課情形，但沒有自己親身看到（第二手證據）；你訪談校長，請校長訴說他或她認爲（而不是校長親眼見證）老師上課的情形（第三手證據）。如果，這三方面的證據相互吻合，那麼你對於你的證據就會更有信心。如果，你僅能依賴校長單方面的說法，那證據力道就相對薄弱許多。

三角檢核在質性研究扮演相當重要的角色，甚至可以視爲一種心態，而非純粹只是作爲一種做研究的技術——無論你在做什麼，這種心態都能幫助你保持張開眼睛和耳朵，仔細觀照佐證或衝突的想法或資料。

本章複習

請簡要陳述，下列關鍵術語和概念：

1. Data 資料
2. Systematic observations 系統化觀察
3. Discourse analysis 敘事分析
4. Structured interviews 結構化訪談
5. Scripted 腳本化
6. Closed-ended questions 封閉式問題
7. Qualitative interviews 質性訪談
8. Open-ended questions 開放式問題

9. Conversational mode 對話模式
10. Nondirective 非指導性
11. Grand tour questions 壯遊問題
12. Negotiated text 協議的文本
13. Hermeneuitc circle 解釋上的循環
14. Interview guide 訪談指南
15. Entrances and exits in interviews 訪談的進場和退場
16. Focus groups 焦點團體
17. Observational studies 觀察研究
18. Props 道具
19. Unobstrusive measures 非介入測量
20. First-, second-, and thirdhand evidence 第一手、第二手、第三手證據

練習作業

交叉檢核兩個不同來源的資料（文件回顧和訪談）

從你的大學或工作場所，選擇與其運作相關的主題。主題應涵蓋重要的議題，而且是大學或工作場所大多數人熟悉的議題（例如：最近的一些成就、事件，或持續進行的對話）。檢索詳細記載該主題的文件（不只是簡短的文宣、傳單、折頁或小冊子），可能的話，可以到大學或工作場所的網站等，搜尋較長篇幅的新聞報導，或其他具有實質分量的文件。

準備簡單的訪談博多稿，引導你進行開放式訪談，你大學或工作場所的某人，諸如：同儕、職員或教授，談論該項主題（因為這是練習，所以也容許你選擇訪談大學或工作場所的朋友）。訪談時，記得現場記錄筆記，但是還不要忙著格式化你的筆記，那是第 7 章的練習作業，才需要處理的事情。

請集中注意力，放在你的探詢問題，目標應該是要比較受訪者的說法和你先前查詢文件檔案等資料呈現的說詞。在本練習中，你可以建立自己的探詢問題，以滿足你的研究興趣，但也可以採行以下建議的問題（請注意，這些探詢問題是給你用來問自己的，而不是直接拿來問你的訪談對象）：

1. 受訪者對於該主題的認知和文件檔案之間，有什麼重大差異：如果有

的話，為什麼會存在如此的差異？

2. 如果差異很少，或根本沒有差異，受訪者如何得到如此好的理解（亦即設法確認，該受訪者是否從你查詢的某文件獲得該等理解，或是從其他來源，如果是其他來源，具體查明是什麼來源）？
3. 以文件檔案記載呈現的資訊作為基礎線，相較之下，受訪者對於該主體涉及的諸多深層議題的理解比較深，或比較淺？
4. 不管受訪者對於該主題的認知清楚程度或知識深淺，在哪些方面，如果有的話，他（或她）可能同意或不同意，該等文件所陳述的議題？

第7章

記錄資料

決定哪些資料應該列入記錄，是質性資料蒐集工作不可或缺的環節。此外，爲了改善資料的完整和準確，田野研究期間的原始筆記需要當夜就進行複閱、修改。研究者會發現，原始筆記的落差和潦草難以辨識的地方，這些都需要修正。本章涵蓋了做筆記的方法，包括對於捕捉完整逐字稿的渴望。還討論了各種記錄設備的使用，例如：錄音機和錄影機。這些都是質性研究資料蒐集的主要技術，值得認眞處理，包括徵求參與者同意使用記錄設備，以及取得進一步分享記錄的權限。最後，質性研究還需要一種記錄，就是研究者記載的研究日誌。

你或許會認爲，研讀本書時，你就已經有在做筆記了，不是嗎？如果，你眞正有在做質性研究（而非僅是研讀本書或其他參考書），你可能從研究啟動初期，還有在研究設計的各種程序（第3、4章），就已經開始做筆記了，更別說資料蒐集階段（第6章）。你也可能已經開始寫研究日誌，記載你對研究過程的感想（請參閱本章，E節）。

有些人認爲，要做出卓越的質性研究，就必須擅長寫筆記和日誌，而且最好能成爲每天必做的習慣。這些看法雖不中，亦不遠矣。我們不妨來聽聽，質性研究暢銷作家的現身說法（Kidder, 1990）：

> 通常我完成一本書，筆記會超過10,000頁……。另外，還有圖書館研究的筆記、標準辦公室訪談筆記。筆記做好之後，還得加以組織。（Kidder, 2007，頁52）

研究筆記確實可能產生數量龐大的資料。不過，本章討論的是不同形式的記錄，而非只是做筆記。當然，在做質性研究時，做筆記（以及後來重新整理田野筆記）很可能是主要的記錄方式。因此，我們會針對筆記的撰寫，給予較多關注。個中挑戰包括：你在田野積極投入參與、觀察、傾聽等任務的同時，還必須分身有術，做好筆記（或是以其他方式記錄田野資料）。在田野場域，通常不會有方便的實驗室或教室，讓你可以安穩地坐在書桌或辦公桌前，好整以暇把筆記做好。

田野研究和做筆記幾乎同步並行，這意味著，筆記和其他記錄並不是做完田野研究，就會自動依序列隊等著你收成備用。你的田野研究顯然會影響你的記錄程序。或許吧，記錄程序（尤其是筆記的記錄）具有一種正面的功能，卻比較少受到賞識，那就是它能夠提供田野研究有用的提示，兩者之間乃是遞迴而不是嚴格的線性關係，這也是非常典型的質性研究的特質。

這些主題——資料蒐集和記錄之間，雖然是循環反覆的遞迴關係，不過本書的討論卻得依照線性呈現，亦即第7章（記錄）擺在第6章（資料蒐集）之後，即使有些筆記其實可能在資料蒐集之前，或同步進行。也就是說，實際運作時，這兩個章節的活動可能會有所重疊。

接下來，讓我們先從你應該記錄哪些事項談起（A 節），然後討論各種記錄的實務做法（B、C、D、E 節）。

 記錄什麼？

本節學習重點

- 做筆記的行動和生動的圖像。
- 捕獲逐字語句。
- 田野場域蒐集有關文字素材的處理和筆記。

§ 拼命記錄「全部」vs. 過分選擇性記錄

這樣的兩難困境是所有質性研究者都會面臨的。「全部」記錄是不可能的，不過有些人筆記還是太多，遠超出研究的需求。影響所及，參與者往往必須配合放慢講話速度或暫停，以便研究者完成筆記。這裡的建議是，努力學習讓自己拿捏如何完成你所需要的筆記，同時又不至於擾亂參與者的談話節奏和步調。和你在田野的穿著、舉止一樣，筆記過程應該是默默配合輔助研究任務的進行，而不是成為惹人注意的焦點。即使是撰寫筆記的動作，也應該儘量不要顯得突兀。

另一個極端——過分選擇性記錄——問題就更大了。記錄太少，可能會失於不準確，或沒有足夠資訊來分析，甚至整個研究都可能因此報銷。

研究者應該在這兩種極端之間，拿捏恰到好處的折衷之道。隨著經驗積累，逐漸找出感覺取捨合宜的程度。目標是要筆記的分量足夠支持日後分析、寫作需求，但又不至於筆記多到大部分都沒能派上用場。更何況，有時候，筆記太多還可能癱瘓了分析階段，因為壓根不知道該從哪裡開始整理。

經驗的歷練可以幫助預先衡量，什麼樣分量的筆記最適合研究需求。因此，理想的折衷之道也可以說就是取決於研究者的個人「風格」。有些研究者筆記可能以豐富描述著稱，栩栩如生的程度足以讓讀者感覺「身臨其境」；有些則是擅長提供有說服力的證據，有效聚焦探討研究問題；另外，還有些則是能夠不斷發掘原初研究計畫以外的一些新鮮有趣的事物。

§ 凸顯田野行動和逐字捕捉語句

大部分的人可能會發現，即使先前已有田野研究的經驗，每次進入任何新的田野，第一天仍舊會讓人感覺難以招架。不論是經驗老道或初學新手，都會面臨決定該記錄什麼的挑戰。話雖如此，還是有些策略可供參考因應，對於新手尤其受用。在此介紹兩個策略：凸顯田野發生的行動（*actions*），以及逐字（*verbatim*）捕捉語句。

這裡所指的「第一天」，可能是第一天進入田野觀察，也可能是第一次進入田野訪談，你可能會面臨相當多不熟悉的領域。對於觀察，你對於許多看到的人、事、物可能毫無頭緒，甚至連誰是誰都不清楚。對於訪談，你可能不熟悉受訪者談話內容的脈絡背景，也不清楚談話當中提及的某些人物。某研究員進行田野調查，探訪一些家庭及其孩童的家園好幾次，說道（Lareau, 2011，頁 355）：

「頭幾次的探訪很怪，沒有人知道該做些什麼（包括我們）。」

在這些情況下，筆記可以是暫定的未完成稿。目標是要讓你對於新的環境和參與者有初步的認識，而不是馬上就想記下大量而完整的筆記。在這裡，「聽」比「做」可能更重要，而且應該保持態度開放。無論觀察或訪談，早期的挑戰就是要避免過早讓刻板印象左右你的記錄。

觀察的時候，應該聚焦田野發生的行動，而不要只是描述個人或場景，這樣應該有助於記錄田野現場發生的事情，同時還能減少刻板印象。目標是要記錄「栩栩如生的意象」，而不是「視覺的刻板印象」（Emerson, Fretz, & Shaw, 2011，頁 60-61）。栩栩如生的意象可能涉及個人、群體的活動，或是參與觀察者的經驗（請參閱【專欄 7.1】）。

【專欄 7.1】「栩栩如生」的多樣化例子

透過三個範例展現，質性研究者如何呈現多種不同的栩栩如生意象。

- Anderson（1999）使用最後一章結論，來呈現「Robert」的街頭生活，大部分內容描述 Robert 出獄重返社會的調適。其中包括許多街頭事件和場景的鮮活描述，反映了 Robert 的新關係、態度和工作，並爲讀者提供 Robert 新生活的具體圖像。
- Pedraza（2007）使用四章，呈現田野研究主題：古巴的四波移民潮。她給予這四章鮮明的標題，進一步吸引讀者的興趣：1959 年至 1962 年，Castro 政權上臺，古巴「精英」外流；1965-1974 年，「小資產階級」移民；1980 年，瑪利爾海港年輕男性「混沌艦隊出走潮」；1985 年至 1993 年，筏板（輪胎和臨時拼裝的船）逃亡潮，描述人們冒著生命危險、飢餓、脫水、溺水，和鯊魚攻擊的情景。
- Van Maanen（1988）介紹他參與觀察城市警察部門的田野研究，包括長達七頁的故事，描寫他坐警車在城市街頭參與觀察警匪追逐的場面，標題：「有人荷槍實彈，有人攜警犬上陣，還有人渾身顫慄。」

請另行參閱【專欄 9.4】、【專欄 11.3】、【專欄 11.5】、【專欄 11.8】。

對於訪談，聚焦逐字（*verbatim*）也可發揮類似的功能。你第一次（或最初兩次）訪談筆記至少應該包含受訪者所使用的字眼，而不是你的釋義，以避免刻板印象。

逐字捕捉確切的用詞和短語，以及手勢和表情（例如：Emerson, Fretz, & Shaw, 2011，頁 31-33），這種做法的重要性不應該只限於最初幾次訪談。你越深入研究某地方或群體的文化，你就更需要捕捉他們使用的語言。Spradley（1979，頁 7-8）指出，

> 文化是指，人們身爲某群體之成員長久習得的知識。文化無法直接觀察……如果，要找出人們的該等知識，我們就必須進入他們的頭腦。

然後，Spradley 又指出，從一開始，田野研究者就必須面對筆記使用特定語言的問題。在田野訪談全程，持續專注捕捉逐字話語，最終將有助於你洞察受訪者的想法，而不是你揣測的意義（請參閱【專欄 7.2】）。

【專欄 7.2】逐字原則

大多數有經驗的田野研究者，都了解逐字稿的重要性。逐字筆記旨在捕捉受訪者使用的精確字眼、俗語和標籤，這也就是 James Spradley（1979，頁 73）所謂的「逐字原則」。

運用逐字原則時，田野研究者必須首先體認，即使每個人都講著同樣的語言，「田野」還是可能有多元語言。比方說，Spradley 指出，田野研究者的語言是「觀察者的語言」，田野成員的用語則是「在地人的語言」。他進一步指出，田野成員的不同角色（例如：服務供應者和接受者），也都可能有各自的語言。

許多質性研究者發現，語言直接反映研究對象的文化，Spradley 呼應如此的見解。因此，田野研究者需要有高度的敏感，能夠善於覺察各種語言的隱微差異細節。Spradley 認爲，逐字記錄筆記乃是「發掘他者文化道路上必須優先採行的步驟」（頁 73）。

對於觀察和訪談，特別是在田野研究初期，筆記應該避免使用你自己揣測的意義，更需要注意，不要在不知不覺中，套用自己的「範疇」來描述現實。比方說，使用「講述教學法」（*didactic instruction*）的術語來描述課堂場景，而不是記錄師生缺乏交流的情況；或是指出有人穿著「邋遢」，而不是描述穿著實際的情形。

一旦你實際投入資料蒐集，活動過程當中應該已經提醒你注意，避免過早範疇化或成見。這裡的關鍵是，如果不謹慎，你的筆記可能在不知不覺中犯了這方面的失誤。以下情況出現時，你有可能陷入種族中心主義或自我中心觀點：(1) 帶有另類意涵的陌生表達說法；(2) 雖然沒有明白表示，但是主張單一絕對眞理的詮釋；(3) 帶有「應該是」框架的描述寫法（Emerson, Fretz, & Shaw, 2011，頁 131-133）。

§ 記得你的研究問題

關於記錄的策略，除了聚焦凸顯行動或捕捉逐字稿之外，還有另一種策略可以幫助你知道該記錄什麼。

無論是否擬定正式的研究博多稿，在研究起始點，都會有一些想要探討的問題，或主要的研究旨趣。只有在經過仔細的考量後，你才能辨識出你的研究問題或研究主旨，以及決定選擇的田野場域。因此，你可以多加關注與你的研究問題相關的行動和逐字說法，優先做些初步的筆記（還有提問）。

§ 針對文字素材、研究報告、田野發現文件撰寫筆記

除了觀察和訪談，田野筆記的第三個常見的來源就是文字素材。在設計質性研究準備回顧文獻時，你應該已經有撰寫筆記了。但是，除非是研究沒有文字存在的史前社會群體，否則你在田野研究當中多少會遭遇到其他的文字素材。

對於這些文字素材，筆記應該和訪談筆記沒有太大差別，重點是再次捕捉文字素材中精確字彙和片語。你應該清楚區分直接引述說法（使用引號）和改寫的差別。這樣處理之後，日後再使用這些素材，就不至於被控抄襲而侵犯智慧財產權。

做田野研究，比方說，關於組織機構的田野研究，即使文字素材也可能數量龐大，因此筆記應該盡可能完整，避免日後還需要把原始素材找出來，

重新檢視整理筆記。你可以把它當成輔助研究發現的方式來寫，請注意你的筆記不僅要針對文件的內容，而且還得記錄引用所需的資訊，例如：文件的出版或寫作日期、正式標題、所屬的機構（例如：出版社、期刊、協會組織、公私立機關或基金會等）名稱，以及其他相關的參考文獻書寫格式細節。

要懂得把握機會當下完成文書素材的筆記，不妨就把它當成唯一的機會（很有可能，確實也是如此），否則等到日後有需要時，還得費心費力返回找出文檔，徒添不少挫折感。而且如果你可能得麻煩別人幫忙找出該等素材，那就更應該把握機會，當下就把筆記做好。另外，當你還在田野的時候，你可能會想要把文書素材影印存檔，但這種做法利弊參半，最好依照實際研究情況，審慎斟酌（請參閱下節討論）。

§ 在田野影印文件和文書素材

有些研究者在田野期間，往往會使用商業影印服務，這樣就可以完全複製所接觸到的任何文字素材。不過，這只是把頭痛問題暫時往後延遲而已。

完成田野研究後，同僚面對複印的素材，可能會質疑某些素材和整體質性研究不太有關聯，或者根本就認爲可以棄之不予理會。複印素材的某些部分的重要性，也可能不再顯而易見。如果有這兩種情況發生，那複印的素材往往就不會列入日後的資料分析之列。

另一方面，複印的素材也可能在日後的研究成爲不可或缺的重要資料。因此，應該把握機會，將文字素材儘量予以複印。不過，在田野場域的時候，仍然需要費心注意文字素材的內容，或是在複印本上標註記號或簡單的備忘注解，以便日後需要的時候，知道如何尋找值得參考或引述的部分。備忘注解應該大致說明，該等素材如何與爲何（許多田野研究者用於此目的），讓你當下覺得可能和研究有所關聯。

最後一點提醒：當文字素材包括研究報告的時候，如果你能夠聚焦證據和結論，那效益應該可以提高不少。你應該考慮影印關鍵的表格、圖案或其他文稿資料，這樣才不至於因爲手寫記錄或記憶的潛在失誤，而錯失了某些重要證據。透過聚焦證據和結論，你也可以免去浪費時間，回頭去找尋需要的素材。最後，不像田野觀察和訪談，文字素材的筆記可以在安靜的環境中，直接在電腦上完成。

B 筆記的書寫

本節學習重點

- 筆記的格式化。
- 使用你自己的記號和轉謄寫法。

§ 田野研究「做中學」——預先做好準備

攝影師總是隨身攜帶相機，以備臨時拍照機會出現；做研究時，你也應該隨時準備好記錄寫些東西。因此，你最好隨身攜帶書寫工具。同樣地，隨身帶個小墊子（大小適合放進錢包或口袋），甚至幾張乾淨的紙片，都可以讓你因應不時之需，順利完成臨時可能需要的筆記書寫（Scanlan, 2000，頁28）。長期下來，一旦你習慣了特定類型的書寫工具（例如：鋼筆或鉛筆）、墊板（例如：課堂使用尺寸或方便放入口袋或錢包），平時就應該有所準備，日後研究需要時，就能及時派上用場。如果你想用手機，要控制自己，避免監控其他不相干的資訊；此時，手機不過是個錄音工具罷了。

§ 設定筆記的書寫格式

你的「隨筆」（jottings）（Emerson, Fretz, & Shaw, 2011，頁29-41）或初始筆記，儘管不求嚴格的正式規格，仍應遵循某些格式。不妨參考你的課堂筆記格式，因此，基本上，大家應該都有某些格式可供田野筆記參照使用。以下三點提示可能有所幫助：

1. 你需要決定，哪種筆記素材用起來最舒服：標準尺寸的筆記本、散裝的紙張、速記本、日記本，或索引卡片。如果，田野研究涉及大量的移動，例如：進出車輛，或是環境當中不太容易找到方便擺放筆記本或紙張的平臺，你或許會更喜歡有硬紙板或墊板等輔助工具。這樣的環境，再加上你必須時常走動或站立，可能也會讓你沒辦法使用筆記型電腦做筆記，因爲你可能無法找穩固的表面擺放電腦。在田野研究戶外光影下，電腦螢幕也可能會產生觀看方面的困難。
2. 記得養成習慣寫下做筆記的日期（更詳細的話，可以標明時間），簡要說明涉及的人物或場景，還有頁次編號。我們建議，田野筆記最好全部使用單面（如果不是散裝的活頁紙之類的素材，而是有裝訂的筆記本，則不受此限），以免日後要找尋特定段落時，拼命找了半天，才發現原來是寫在某頁筆記的背面。

3. 記得在每一頁筆記留下空白，請參閱【展覽 7.1】。這是參與者小組討論的筆記樣本：在頁面左緣，可以看見代表參與者的劃底線姓名縮寫或名字，冒號後面是發言內容，只占用左半頁面；另外右半側，則保留以供書寫注解意見（或寫些相關的評論，請看【展覽 7.1】右側英文縮寫「J.H.」的部分）。兩欄之間的空間允許使用箭頭、中括號、括號，可以讓田野研究者書寫一些可能存在的關係或假說，進而擬出後續追問的問題，或日後有待檢視的議題。

在你自己的筆記，你可以留下較寬的空白，只寫一欄，留下另一欄空白。當然，你也可以使用任何你喜歡的版面安排格式，原則上只要不把頁面寫滿就好。你會發現留白的好處，比方說，如果日後碰巧發現，某個項目可能屬於某條原始筆記，那就可以把它加入該條筆記的空白處（使用不同顏色書寫）。又或者，當你複閱筆記時，想要插入自己的意見，或標記特定的段落（同樣地，也記得使用不同的顏色或樣式）。

§ 發展你自己的田野筆記語法

請記住，做田野筆記時，你需要同時聽、看，還得消化、吸收田野即時發生的事情。尤其重要的是，逐字原則和田野資料的豐富性。要妥善因應田野或非結構化訪談的豐富性，你必須練就一心數用的功力，方能同時兼顧該等多重任務。最後，田野筆記必須盡可能翔實，儘量不要依賴記憶能夠正確保留諸多細節（因爲細節之多，很可能會超過記憶所能承載的程度，更別說還有可能產生記憶扭曲謬誤）。

所有這些情況都促使你需要發展一套筆記語法。最重要的是，田野筆記語法需要有速記的便捷做法，但仍可保持正確和精準。總之，田野筆記語法可能和一般寫作的語言有相當大的差別。

展覽 7.1 田野筆記樣本

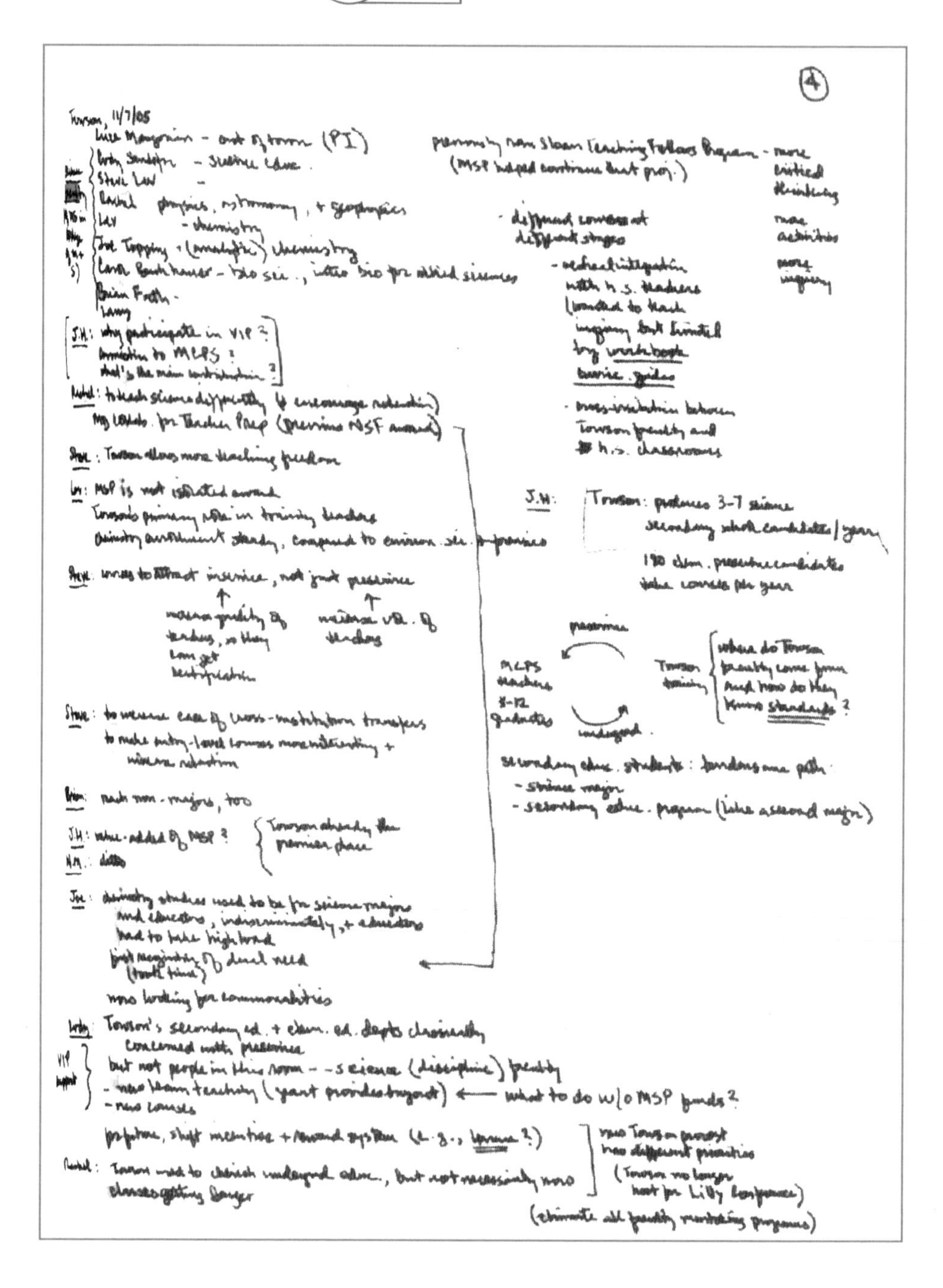

比方說，大多數人都知道速記有利無害，但是卻沒有眞正喜歡去學會速記。你可以利用自行發展的速記寫法，類似手機簡訊或即時通的寫法，只要你能夠讀得通即可。縮略詞語是必須的，但請再小心，你可能不經意寫下相同的縮寫或英文字首文字縮寫，其實卻是代表若干不同的概念。同樣地，如果你書寫筆記落後時，建議你不要試圖去完成每一句話；即使你沒能來得及完成前一個句子，也應該開始筆記接下來聽到的句子（Scanlan, 2000，頁 32）。因爲你如果把心力放在想要完成前面來不及記的完整句子，那你就不太可能有餘力去聽進新來的句子。

爲了克服田野筆記裡有太多零碎、不完整的句子（如果不是混亂），當你仍然在田野時，應該試著找時間來快速修復。在訪談、觀察空檔，或休息期間，找個安靜的地方，挑出不完整的句子或零碎筆跡，當場即時修補，而不是等到一天結束的時候，這樣修復的效果會好很多。

另外一個建議是，把字體寫小些，這樣就可以在一張頁面內寫下更多的素材，速度也會快些。試著儘量只動用手指來寫，而不要像小學生動用到手腕和手臂，一筆一畫書寫的動作。同樣地，英文的書寫體寫起來通常會比印刷體來得快些。

理想的田野筆記語法應該能夠清楚區分下列兩類記錄：(1) 關於他人和外部事件的記錄；(2) 你自己意見的記錄。你會希望針對聽到或觀察到的事物做簡短記錄，但也需要與你自己的意見清楚區分。使用反斜線 \ 或方括弧 [ ]，或邊際留白空間，來記錄你的意見；相對地，保留圓括弧（）作爲書寫眞正的備註之用。其他標點符號也能派上用場，比方說，使用引號「」，代表直接引述人們所說的話。總之，如同縮略詞語一樣，你也應該預先決定，要用哪些標點符號或其他記號（例如：✓ 或 × 之類記號）來代表何種意義。如果能彙整一份田野筆記常用的記號釋義表以備查核，應該也滿有幫助的。

田野筆記語法當然也需要練習，才能熟能生巧，主要是測試你能否有效率地寫下你想記錄的一切相關資訊，以及日後能否看得懂該等記錄。

§ 田野筆記包含繪圖和素描

田野筆記也包含你畫的繪圖或素描。這些素材可以提供非常理想的補充作用，幫助你記錄田野的若干關係，在完成田野研究之後，也有助於你回憶該等關係。

最常見的圖畫就是捕捉特定場景的空間布局圖。繪製這樣的圖畫並不需要「語言能力，或是和參與者建立契合關係」，因此可以在田野研究初期就完成繪製（Pelto & Pelto, 1978，頁 193-194）。

空間場景圖可能包括參與者之間的空間關係，而非僅是呈現物質環境。雖然，你可能有些繪畫天賦，但也不要太過執著於圖畫的藝術美感。畢竟這裡的用意，是要很快畫出足以捕捉場景重點的圖畫，而不是爲了要畫好一幅完美的靜物畫，反倒忽略了正在進行的活動或討論。例如：你可以快速記錄個別參與者的相對位置，附上編號，以方便日後解讀之用（請參閱【展覽 7.2】）。

對於手繪草圖唯一的要求，如同 C 節討論的田野筆記一樣，就是你日後可以看得懂。（在稍後的時間，如果你仍然不忘情自己的藝術才華，你還是可以把原始草圖進一步美化。）

繪圖除了傳達特定場景的物理和社會特徵之外，也可有助於捕捉社會關係，例如：家譜圖表，或組織結構圖。當田野人物關係龐大而複雜，透過繪圖的參照，可以讓研究者在田野時，比較容易掌握個中人物之間的關係。

C 轉化田野筆記成為較完整的筆記

本節學習重點

- 使用轉化筆記的時機，來評估你的研究進展。
- 使用轉化筆記的時機，來擴展你的研究想法。
- 複閱筆記時，找尋需要證實的地方。

前面介紹的是田野研究或訪談期間的筆記做法，在時間和注意力方面，必然有所侷限，因爲主要的關注還是在執行田野研究或訪談。所以，田野筆記有時被認爲是「隨筆」（jottings），可能顯得零碎片段、不完整，或難以辨識。田野筆記需要修改，轉換成更正式的筆記，以便成爲質性研究結案報告的素材。

展覽 7.2　田野筆記素描插圖

團體討論圍坐會議桌（見下圖），或是不拘形式，隨意找地方坐下。田野研究者和團體成員可能沒有互相介紹；再者，如果有介紹，當下也可能記不得所有人的名字。有些時候，田野研究者還沒來得及充分掌握現場狀況，討論可能就已經開始了。

一個快速記錄現場狀況的方式就是，標示座位的相對關係，並且附上編號。稍後，隨著討論的進展，或是後續查問的結果，田野研究者就可以解讀座位之間的潛在涵義。另外還有一個好處，素描也捕捉座位之間的相對空間關係，這可能反映了隱含的社會等級或人際關係，舉凡這些都有可能變成日後研究的重要線索。

§ 儘快轉化田野筆記

每次田野研究或訪談之後，應該儘快把握時機，把田野筆記轉化成比較完整的筆記。通常是在每天結束的時候，所以你每天至少應該預留完成這項任務的時間。再者，任何有空的時機出現時，也應該善加把握，儘快做好田野筆記的轉化。

雖然，這些例行工作起初可能讓人覺得有些壓力，但多半質性研究者很快就會發現，每天還滿期待這個時刻的來到，因爲就有機會可以「整理好自己的思緒」，反思白天發生了什麼事。在追尋有趣的研究問題時，反思可以促使你看到潛在的發現和啟示，在某些情況下，可能非常令人興奮。因此，在你跟好友分享日常程序時，試著把他寫下來，如同 Emerson 及其同事所述：(2011，頁 50)

> 這種「今天發生了……」的談話可以用筆記記下來，抒發內心情緒；成爲一種往事的敘述，而非發洩。

如果不出意外，夜間反思也可提供機會，以便確認（或重新考量）隔天田野研究的計畫。正如前面第 5 章（A 節）討論的，田野研究日程和議程是沒有可能嚴格定義的，所以每天都有可能出現彈性的安排。因此，夜間反思不無可能導致新的想法，進而促使你修改隔天田野研究的優先順序。

作這樣的選擇時，特別困難的是判斷你的研究是否有所進展。事後回顧，你可能會覺得，某一天的田野研究沒有提供太多有用的資訊。通常會覺得很難決定，隔天是否要修改原計畫的優先事項，還是應該依照既定行程執行？一方面，除非你改變方向，否則可能確實是在浪費時間；另一方面，除非重複數天出現，否則很難確認田野的相關社會模式或體制模式。耐心是美德，除非接連數天都沒有重複出現有意義的模式，否則你或許不應該草率做出判斷，考慮改變你例行的田野研究事項。

§ 當天轉化田野筆記的最起碼要求

每晚例行轉化田野筆記的方式有很多。請注意，有時候，即使你當天沒有足夠時間仔細強化筆記，至少仍須設法完成以下步驟：趁著記憶猶新，將筆記零碎片段、縮寫，或其他語焉不詳的臨時意見，予以妥善轉化或補充說明，以免日後望文興嘆，不知當初是要記些什麼。對於意義不甚清楚的語句，你必須補充說明或修正。你也可以在寫原始田野筆記時，在有待補充說明的地方先畫上問號，提醒你當晚例行轉化田野筆記時，設法補充詮釋該等筆記遺缺不足的意義。

任何人都不應該低估這一最低要求的重要性。如果，你有很多課堂筆記的經驗，那你應該和大家一樣，都遭遇過如後的尷尬處境：看不懂自己的筆記到底寫什麼，或要表達什麼意思。此外，田野場域可能還會出現你不熟悉的習俗、語言和行動，所以無法理解自己的筆記的風險會更大。

§ 進一步提升原始田野筆記的四種方法

除了前段介紹的最起碼的要求之外，你還可以運用下列四種方法，來進一步提升原始田野筆記：

1. 閱讀筆記可以刺激你，回想田野觀察或訪談時的額外細節。你可以自由添加修改，但是最好採用不同的書寫工具，或獨立符號代碼，這樣你日後才能有效區分原始筆記及修改的部分。
2. 對於原始筆記的某些部分，你可能有自己的臆測、詮釋或意見。其中有些可能只是給自己看的提醒，例如：某些主題在日後田野研究有機會時，需要更加仔細檢查。這類提醒並不需要寫入原來的筆記，但可以考慮記錄在另外一份單獨的列表，附加到原始筆記。
3. 複閱前一天的筆記，可能會發掘浮現的新主題、範疇，甚至是暫時性的解決方案或答案，有助於闡明或解決你的研究問題。這些想法顯然是值得記錄的，並可能連接到筆記中激發該等想法的特定部分或項目。這樣做的同時，你也可以開始預想日後可供分析資料的「編碼」（請參見第 8 章，B 節）。
4. 你應該採用有組織的方式，將當天的筆記加入既存的筆記。你可以試著建立一些範疇來分類組織筆記素材，而非只是按時間順序排列。此目標是，避免筆記，包括田野研究的筆記和閱讀文獻的筆記，累積變成一大堆毫無組織的原始資料。如果任由筆記堆積如山，不整理，當田野研究結束的時候，你就等著不知所措的沮喪狂潮把你淹沒。

§ 深化你對田野研究的理解

每晚轉化原始田野筆記的時間，提供了相當大的實質機會和價值。你應該可以用來釐清對於田野發生事情的理解。有待釐清的項目範圍很廣，從各種具體的細節，乃至於你對於原初研究問題的新想法。但是，你如果把這項任務視為只是「回想細節，然後記錄下來」（Emerson, Fretz, & Shaw, 2011，頁 85-88），那將會失去上述的諸多效益。

任何釐清想法的轉化，都有可能發揮相當的實用價值：找出筆記當中疏漏不足，而需要返回田野補充釐清的地方。【展覽 7.3】包含若干有待釐清的樣本，擷取自某項學校「改革」的研究——檢視學校如何透過各種做法，包括：重新規劃課程組織、課程表、教師徵選和培訓，以及學生家長的參與，來提高學生的學習效率。每個樣本項目顯示了，筆記的某些部分需要返回田野蒐集更多的證據。

§ 驗證田野筆記

每晚複閱田野筆記，也讓你有機會注意，質性研究偶爾忽略的方法論方面的重要步驟：驗證蒐集的資料。田野研究仍在進行期間，從這個角度，來檢視筆記和記錄，可以讓你有機會，改善資料蒐集的作業（請參閱【專欄 7.3】）。此外，從另一個角度看，這樣的驗證也可算是初步的資料分析。

在質性研究當中，有許多類型的驗證都是值得注意的。例如：如果你認爲，筆記中有某些關鍵點可能導致重要發現，那就應該設法多次檢驗（Pelto & Pelto, 1978，頁 194）。另一個例子是，不應該假定所有受訪者的說法都是可信的，而需要驗證（Becker, 1958）。最起碼的程度，你應該要查證，受訪者是否確實有在某時某地，直接觀察其陳述的事件，而不是轉述他人對於該

展覽 7.3 當夜複閱田野筆記，揭顯需要返回田野釐清的項目樣本

樣本	某學校改革研究的範例
某關鍵人士背景資訊的細節	筆記顯示，受訪者在擔任學區總監之前，沒有從事教師的經歷；需要再確認其經歷，結果或許可以解釋，該總監推行的改革政策何以在許多方面缺乏敏感度。
小學和中學合用校址	實地考察一所小學，但校內似乎有一些看起來年紀稍大的學生；需要檢查該校址是否還有一所中學，這可能使學校改革更加複雜。
改革願景的顯著性	重讀筆記顯示，大多數學校的受訪者參與改革活動，但似乎不明白更高的願景；需要檢查受訪者是否了解，他們的努力是爲了更高的改革遠景。
教師工作坊的出席情況	學校大部分學生是中南美裔，講西班牙語的教師比率很高，但重大改革的教師工作坊似乎只提供英語活動；需要問清楚，是否所有老師都有參加工作坊，抑或是講西班牙語的教師往往沒參加，因爲沒提供足夠的西班牙語相關議程，提升他們教導學生的效能。

【專欄7.3】檢核田野素材

實徵研究意味著必須處理證據，而且肯定的是，幾乎痴迷地，要求證據的準確性。Duneier（1999）在紐約市街頭擺販的研究中，稱這種做法爲「檢核田野素材」（checking stuff）。他在附錄的方法論，詳細列出該研究採用的若干種檢核程序，這也顯現出整體研究方法的妥適完善。

首先，Duneier指出，相同事件，經由不同人，在若干不同場合，一再告訴他，那他就更有信心，那件事情的確有其事（頁345）。第二，他刻意去找尋物理跡證，來佐證人們訴說的故事，比方說，如果他們自稱有領社福救濟金，那他就會請他們出示社福卡，或書面通知（頁346）。另外，他也會找其他人，比方說家人，來驗證他們的說詞。

所有這些檢查都需要時間，而對研究有意義的事件，「卻有可能好幾年才只發生一次，而這就需要〔他〕在當地待上相當時日，才有機會等到」（頁346）。Duneier的方法也凸顯了，投入長時間做田野研究的效益，再者也讓我們見識到，「檢核田野素材」應該是田野研究例行必須做的工作。

請另行參閱【專欄10.6】。

等事件的傳聞。

其中，最重要的驗證就是，你可能要開始比較，田野研究取得的不同來源的證據，查看是否有衝突或互補的資料。【展覽7.4】摘列了若干例子，示範說明不同來源組合的交叉驗證。雖然，這些例子是取自社區夥伴關係的研究，其他主題的質性研究應該也很方便參考借鏡。

【展覽7.4】的例子是刻意挑選的，用來展現完成的驗證，顯示不同來源的證據如何能夠指向相同的結論。但是，在早期階段積極投入筆記和其他記錄的驗證，還有一個額外的好處就是，你的田野研究和資料蒐集活動還未結束，因此，如果有需要的話，你還有機會可以做一些額外的交叉檢核。等到研究進入後段部分，你可能就不會有這樣的機會了。

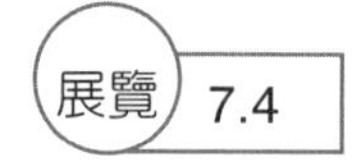

驗證不同來源的田野證據

不同來源的組合	舉例說明社區合作夥伴關係的研究
訪談不同的人	夥伴關係組織的某位受訪者表示，難以與其他組織維持關係；該組織的另一位受訪者在不同訪談場合，也有類似說法。
訪談和文件證據	受訪者都說，合作夥伴關係始於 1995 年；主要文件也顯示，合作夥伴關係是在那時候建立的，在那之前，查無任何證據顯示該合作夥伴關係存在。
訪談和觀察資料	合作夥伴關係似乎是由一個外部組織支持建立；田野觀察夥伴組織辦公室發現，印鑑和理事會名錄證實，該外部組織確實存在；訪談也證實，合作夥伴和該組織之間的人員有所重疊。
不同來源的文件	當地報紙某記者署名的報導使用獨立資料，評估合作夥伴的重大計畫提案，以及明顯的益處；該新聞的結論，似乎與當地大學某教授的獨立研究相互吻合。
兩個田野研究者（如果有研究小組）	兩位田野研究者相互查問，是否有聽說某個受訪者表示，想要換到其他地方工作；兩人都記得，該名受訪者有如此的說法。

 筆記書寫以外的資料記錄做法

本節學習重點

- 使用筆記書寫以外的其他方式來記錄田野活動：優點和缺點。
- 使用其他記錄方式時，記錄和展示記錄的權限相關議題。
- 使用其他形式的記錄，作為主要資料蒐集技術的質性研究類型。

先前有關資料記錄做法的討論，主要集中在文字筆記。然而，田野事件的記錄，除了文字筆記之外，還可以有許多不同形式。最值得一提的，就是各種影音錄製設備，例如：錄音、錄影和照相。

這些設備可以創造寶貴的副產品，因爲等於是田野活動的副本，而不需要選擇何時、何地，記錄何種事項（Fetterman, 2009，頁 564-572）。不過，使用這些設備也可能衍生重大的複雜問題，甚至可能未得其利、先蒙其害。

個中利弊得失，研究者需要審愼決定如何權衡。一個可能的做法是，許多經驗豐富的研究者，主要依靠書面筆記，只有在特殊情況下，使用錄音設備。這些研究者可能會考慮，只選擇特殊的訪談進行錄音，而且很可能是時間較長或關鍵性的訪談。不過，在其他情況下，例如：本節末尾討論的課堂行爲錄影研究，資料蒐集過程則是全程使用錄影設備。

不論如何，個中可能牽連的複雜問題確實不容小覷，你在決定是否採用之前，需謹愼考慮。接著，整理若干值得重視的潛在複雜問題，討論如後。

§ 取得錄音或錄影的許可

首先，使用任何錄音或錄影設備，你都必須先取得錄音或錄影對象的許可。一般而言，最簡單的做法就是在訪談開始時，這樣說：「你介不介意我將這次訪談錄音呢？」如果參與者不反對，研究者接下來就得妥善使用錄音設備，選個適當的位置放置，開始進行訪談錄音，並且盡可能把錄音的干擾控制到最低。

至於製作影像記錄，無論是攝影機或智慧型手機、平板，面臨的情況則略有不同。即使不聚焦任何特定的參與者或談話，例如：拍攝工作場所的工作情形，或校園學童玩耍，仍然需要先取得某種權限。通常需要通過權責主管人士的批准，而且在某些情況下，可能要有書面的批准。

原則上，需要了解，在考慮任何影音錄攝之前，所有的研究者都應確保，他們已經獲得相關權責人士的許可。如果沒有獲得許可，日後必然會發生麻煩。這方面的議題討論，也應該納入研究對象保護的審核程序（相關討論，請參閱第 2 章，E 節）。

§ 熟悉錄音設備

研究進行過程中，如果影音記錄設備故障而被迫中斷，沒有什麼比這更令人懊惱了。這樣狀況還可能破壞了你好不容易才和參與者建立的默契。參與者甚至可能（私下）懷疑你是否知道你在做什麼，進而還可能懷疑你的實質研究問題（邏輯如下：如果你沒有準備充分，了解自己的設備可能會發生故障，那又如何相信，你有認眞準備你提出詢問的問題）。

每個人大概都經歷過如後的尷尬處境：旅遊到了名勝古蹟，或千載難逢的拍照場合，卻發現相機故障了，而很多時候就是電池沒電。除了諸如此類的狀況，操作儀器草率、笨拙的模樣，也可能讓人分心，而減損了對於討論實質內容或觀察的專注力。

熟悉儀器也意味著知道該等儀器會正常運作，並且產出預期的記錄。有很多實際發生的例子，研究者認爲已經有完成錄音或錄影，事後才發現品質實在太差，不堪使用。有可能是錄音太小聲，或是背景噪音淹沒了訪談內容。再者，錄影帶和照片也可能失焦、光線不足，或沒留意逆光。

最後一點，田野研究時，務必關閉與研究無關的設備，例如：手機或呼叫器。曾有田野研究員指出，在田野採訪的關鍵時刻，他的呼叫器發出嗡嗡聲，結果搞砸了整個訪談的氣氛（Rowe, 1999，頁 9）。

§ 分享記錄和維護記錄安全

一旦成功使用了影音記錄裝置，影音檔案或照片就會衍生新的問題。需要取得當事人的書面許可，才可公開展示這些素材。再者，他們還可能會要求你提供副本，你必須決定要答應或拒絕如此的要求。由於網路分享資訊與影音檔案的情形相當容易，這些問題稍不注意就可能變得非常棘手，不應該掉以輕心。

除了分享問題之外，也必須注意素材的存儲與安全維護。保護研究對象事宜需要妥善處理，否則可能會洩露了當事人的身分或研究的地點，從而給研究對象或田野場域造成威脅。因此，你可能需要預先擬好計畫，妥善安排記錄的儲存與刪除。目前，影音記錄、照片或其他資料數位化如此普遍的情況下，資料的儲存與安全維護等任務更是變得格外困難。

§ 預先安排時間複閱與編輯記錄

影音記錄或許可以幫助你提高田野研究的精確度，甚至刺激你回想起當時發生卻沒有記錄的事情，例如：只用錄音記錄的情況下，沒能記錄到的受訪者的面部表情或肢體語言。

要充分發揮這些影音記錄的益處，必須要有認眞和系統化的複閱。因爲記錄產生大量的資料，所以複閱可能需要很多時間。此外，除非你非常熟練擷取影音檔案，可以輕易找到特定段落，否則你每次需要時都得從頭逐段搜尋，這過程可能相當單調乏味。投資在檢視影音記錄所需的時間，可能讓你獲得寶貴的回報。總之，在決定是否使用任何錄影或錄音之前，請記得先審愼推估，你的研究時程計畫是否能夠應付所需投入的時間，包括錄製和之後的編輯、複閱、分析等。

§ 電子記錄作為主要的資料蒐集技術

儘管影音記錄設備，可能衍生諸多問題，不過有些質性研究還是需要大量使用。主要例子就是課堂行爲或工作場合的研究，錄影是蒐集資料的主要方式，能夠捕捉教室或工作環境的行動和聲音，以便研究者探究課堂教學，或職場的行爲和互動。另一個例子就是，醫生和病人互動的質性研究（例如：Stewart, 1992）。

諸如此類的研究當中，影音記錄儀器實際上變成蒐集資料的主要工具。影響所及，至少在兩個方面，田野研究很可能必須配合該等儀器的使用。首先，必須要有專門技術人員負責錄影或錄音，以確保日後能夠有效應用。

其次，影音記錄的分析很可能需要正式標準化的協定程序（Erickson, 2006）。比方說，**對話分析**（*conversation analysis*）研究興趣包括口語以外的蘊義。這類研究需要制定一套詳細的符號，以便針對談話者的特殊舉止進行編碼，諸如：暫停、說話速度、語調和插話（Drew, 2009）。標準化的協定程序還應該包括信度的檢查，例如：2 位以上評閱者進行獨立編碼或評分，以計算評閱者間信度（例如：Hall, 2000）。錄影帶可以暫停在特定畫面，方便對最細微的細節進行探討。不過，與人類的裸眼相比，錄影機鏡頭有很大的侷限性，無法捕捉人類觀察者所能「看見」的諸多事項（Roschelle, 2000）。

有趣的是，在錄音或錄影的同時，主要研究者可能還會動手寫筆記。不過，由於影音錄製儀器負責記錄場域情境與發生的事件，因此研究者做筆記就可以比較輕鬆些。

§ 產出完成的作品

許多人，包括你自己在內，可能會想用影音記錄設備的輸出（例如：照片或錄影、錄音），作爲研究成果發表的素材。正式結案報告或出版物，也可能收錄照片（例如：Brubaker, Feischmidt, Fox, & Grancea, 2006; Pedraza, 2007），相關討論請參閱第 10 章，C 節。

當你考慮如此做法，可能需要慎重其事。因為當前的時代，幾乎每個人都接觸過不少高品質的影音媒體，因此閱聽者有可能會不欣賞「土法炮製」的錄影或錄音。品質不佳的影音素材，甚至有可能損及原本還算不錯的研究。一般因應對策就是鼓勵使用日益簡便的數位編輯軟體（例如：Fetterman, 2009，頁 571）。這類軟體可以大幅提高影音輸出品質。比方說，教育研究領域就可以看到頗多應用高質量的影音素材，藉此栩栩如生地呈現師生互動，或是學生、教師的單獨活動。

還有一點也必須注意：過度編輯視覺或聲音素材，可能扭曲質性資料內容。因此，尤其當編輯剪接出高品質的產品，很可能就無法代表完全自發或眞實的訪談紀錄。過度編輯也可能導致其他懷疑。例如：觀眾可能不會單純地接受，編輯只是技術性的修飾，他們還有可能會懷疑，影片呈現的老師和學生是否受到指示，對著鏡頭看（或不看鏡頭），以便拍出來的影片更好看。

有鑑於這些可能發生的問題，你可能要考慮不做任何編輯，並且在發表時，明確說明你的影音記錄（尤其是數位的影音檔案）沒有做任何編輯。在此情況下，為求影像具有吸引力，你在拍攝或錄製過程，就必須發揮相當熟練而高明的技術，而不需要動用任何的後製編輯。從攝影師的角度來看，目標是生產出高品質但仍然忠實反映研究對象的眞實意象。

E 研究日誌

做筆記和其他記錄需要的精力和注意力甚多，很可能耗盡了你投入其他寫作的能量。然而，研究當中，除了資料蒐集和記錄之外，還有一項活動：撰寫研究日誌或日記，捕捉你對於研究工作的感受與反思。

研究日誌或日記的寫法比較不拘形式，沒必要一定得是長篇大論的正式內容，甚至語句不完整也 OK。和田野筆記一樣，研究日誌或日記的記錄也可以使用你慣用的縮略語詞，只要日後知道意思即可。

在質性研究中，這樣的日誌可以發揮更多的功能，不只是供自己私下使用而已。因為身為研究者的你，很可能是主要的研究工具，自我反思和深入了解你對田野研究工作（或體整研究）的反應或感覺，日後可能揭顯你不當抱持的偏見。長期寫日記也可以讓你察覺自己的研究方法傾向或個人傾向。

你平常可能沒有意識到自己有這類傾向，但正視這些傾向或許能幫助你更清楚構思如何處理以後的分析。

第 11 章（D 節）將會提出建議，結案報告應該如何陳述反思自我（*reflexive self*），日誌或日記都是撰寫反思自我的很好資訊來源。

本章複習

請簡要陳述，下列關鍵術語和概念：

1. Recording everything 記錄所有事物
2. Vivid images rather than visual stereotypes 栩栩如生的意象而非視覺刻板印象
3. Verbatim principle 逐字原則
4. Jottings 隨筆記錄
5. Transcribing language 語法
6. Reading mode 閱讀模式
7. Verifications between different sources of evidence 不同來源證據之間的驗證
8. Permissions to record and permissions to show recordings, when using mechanical devices 同意使用機械設備記錄和分享記錄
9. Conversation analysis 對話分析
10. Overediting visual recordings 過度編輯影像記錄
11. Personal Journal 日誌

練習作業

撰寫訪談記錄

以第 6 章【練習作業】的訪談筆記為基礎，完成一份正式的訪談記錄，內容至少應該包括：你對於訪談各部分的反應，同時還需要加強原始筆記的語句結構和清晰度。有必要的時候，請儘量加入注腳、引述句和參考資料。

第 8 章

分析質性資料 I —— 編纂、解組、重組

質性資料分析通常包含五階段，本章先介紹前三階段。第一階段：編纂，把原始資料整理爲資料庫，這需要細心和嚴謹有條理的組織作業。第二階段：解組，把資料庫的資料分解，可以選用編碼程序，但不一定非得如此不可。第三階段：重組，較少機械化的操作，較多仰賴研究者的洞察力，找出資料浮現的模式。此階段有許多建立資料陣列的方式，可供選擇揭顯浮現的模式。

電腦軟體可提供分析過程各階段頗多的輔助；不過，是否使用電腦軟體，以及該選擇何種軟體，都必須由研究者自己來決定。使用軟體需要費心去遵循軟體的操作程序和專業術語，這些都可能影響分析過程所需的思考、心力和決策。

好了，現在來到了神奇的時刻。你開始以某些有效率的方式，彙整田野研究蒐集的質性資料。你遵循操作指南，確保分析嚴謹。分析過程讓你得以直接做出所需要的結論，順利完成研究報告的撰寫。

對於前述的神奇時刻，質性研究者可能會有兩種相反的反應。有些人希望那是眞實的。他們甚至可能認爲，使用專門設計的電腦軟體來分析質性資料，就能順利完成分析任務。另外有些人則是明白，這種神奇的時刻是不切實際的。不過，他們還是能在質性研究當中，發現分析的機會和自由，避免陷入拘泥不變的方法。

無論你抱持哪種看法，也不管你最後採取何種資料分析取徑，最重要的是務必力求分析的嚴謹（請參閱第 1 章，C 節）。注意以下三點事項，可以幫助增益分析的嚴謹：

1. 檢查和複查你的資料的準確性；
2. 盡可能確保分析徹底而完整，而不是便宜行事；
3. 分析資料時，持續正視是否有出於你自己價值觀強加，而沒有事實根據的偏見。

我們要避免讓人有選擇性分析數據的印象，質性研究的本質屬於高文字性。例如：你不會想要著重某參與者的詞語，而忽略其他人的——或是在蒐集資料前就以偏見來進行分析——或是事實擺在眼前時做出與之相反的結論。大部分的同儕審稿人（包括我自己）知道該如何尋找這種偏差，希望作者都能儘量避免這種情況。

若干特定的技術（本章稍後討論）也有助於增益分析嚴謹的目標，應該充分利用，例如：持續比較法（*constant comparisons*）、負面反例（*negative instances*）、對立解釋（*rival explanations*），以及針對資料和分析不斷提出問題（*posing questions*）。另外，還有一個強烈推薦的做法，就是頻繁針對分析過程，記錄、組織和複閱方法論筆記或備忘錄（通常稱爲分析備忘錄 analytic memos，詳本章 C 節）。由於質性研究的分析並沒有普遍接受的常規，因此這些做法都是很重要的。

 概述質性資料分析循環的五個階段

本節學習重點

- 質性資料分析的五段式循環。
- 輔助質性資料分析的電腦軟體。

雖然，質性研究的分析沒有普遍適用的標準程序，但也並非全無規矩可言。事實上，實踐經驗顯示，大多數質性研究採取的分析做法，以及教科書的介紹說明，都可以歸納出包含五階段的分析循環。因此，本章其餘部分即是圍繞這五個階段，簡要介紹如下。

介紹分析的五段式循環：(1) 編纂；(2) 解組；(3) 重組（資料陣列）；(4) 詮釋；(5) 結論。

【展覽 8.1】描述質性研究分析過程的五段式循環，箭頭方向表示這五個階段的順序。其中，雙向箭頭暗指，兩個階段之間可以循環反覆。因此，這整個展覽圖隱含的意思就是，質性研究分析過程如何可能以非線性方式進展。下面介紹簡要定義的這五個階段，然後，第 8 章其餘部分以及第 9 章全部，逐一討論各階段的實施做法。

1. 分析循環的開始階段，**編纂**（*compiling*），就是針對田野研究和其他資料蒐集累積的田野筆記，進行排序整理（請參閱第 6 章 G 節）。如同第 7 章（C 節）所述，田野研究期間每天夜裡，你應該已經有把原始田野筆記補齊、強化。另外，你也可能已經從檔案文件記錄了相當的研究筆記。不過，這些素材的編纂與排序，倒不一定得按照當初建立的順序。編纂完成的產物，可以視爲一種資料庫。

展覽 8.1　質性資料分析的五個階段與個中交互作用

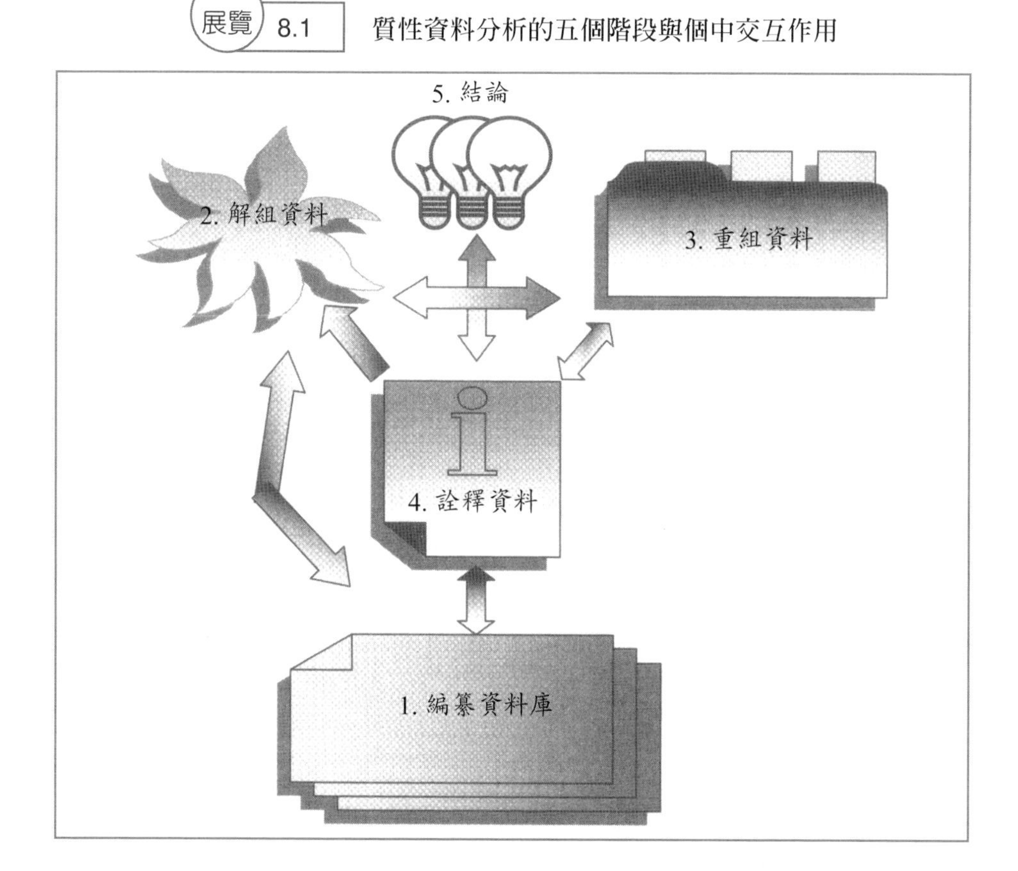

2. 第二階段，解組（*disassembling*），將編纂過的資料分解成更小的片段。解組結果可能建立新的標籤，或「編碼」（codes），來命名新產生的資料；不過，也可以不需要編碼。解組過程會與編纂階段反覆來回，透過嘗試錯誤，多次測試編碼的適切性。
3. 第三階段，重組（*reassembling*），用實質主題（甚至編碼或集群編碼），將解組產生的資料片段，重新組織成有別於原始筆記的分組和順序。以圖形、表格或其他陣列形式，可輔助資料的重新排序和重組。再次，【展覽 8.1】的雙向箭頭暗指，解組和重組階段可以重複多次循環往復。
4. 第四階段，詮釋（*interpreting*），涉及到使用重組後的素材，創造新的敘事，有需要的話，可以附上適切的表格和圖形，所有這些素材將會成爲分析的主要內容。這個階段可以視爲針對重組資料進行詮釋。最初的詮釋可能會導致某種欲望，想要嘗試一些新鮮的方式，重新編纂資料庫，或是用不同的方式來解組或重組資料。所有這些序列之間的行進方向，可參考【展覽 8.1】圖式的單向或雙向箭頭。
5. 第五階段，結論（*concluding*），要求做出你整個研究的結論。結論應該連結到第四階段詮釋，從而和其他階段取得連結。

綜合上述介紹，你現在對這五個階段應該有初步認識，也能體會這些階段如何不陷入線性序列，而是有著反覆遞迴的關係。整個分析過程應有較長的時間，若干星期，甚至數月。在這期間，當你接觸到研究以外的其他經驗，無心插柳中，也不無可能影響你對其中某些階段的想法。

並非所有質性研究人員都會投入同等的心力，來面對、處理這五個階段。有經驗的研究者或許能夠迅速完成前三個階段，儘快達到詮釋階段。缺乏經驗者可能會投入太多心力在解組階段，然後重組階段又陷入百般掙扎，拖延了詮釋和結論，超過原定的最後期限，最後連自己的耐心也消磨殆盡。

因爲這五個階段需要頗多篇幅來解釋，所以本書只得拆成兩章，本章涵蓋前三個階段，而第 9 章涵蓋第四和第五階段。除了文字介紹之外，另外也提供若干專欄、例子和【研究範例 1】，藉以提高具體參考價值。【研究範例 1】分割成第 8 章和第 9 章兩部分（這項研究的前三階段收錄在第 8 章結尾，後兩階段則收錄在第 9 章結尾）。

§ 使用電腦軟體輔助質性資料的分析

市面上，已有若干廠商發行不少這類的軟體，有些售價可能超過 1,000 美元。最廣泛使用的包括：*ATLAS-ti7*、*NVivo10*、*MAXqda11*（Lewins & Silver, 2007）。另外，還有 *HyperRESEARCH*、*QDA Miner 4.0*、*Qualrus*、*Transana 2.60*。這些應用軟體都有不定期更新版本。

這類軟體程式通稱「電腦輔助質性資料分析軟體」（Computer Assisted Qualitative Data AnalysiS，或簡稱 CAQDAS，發音爲「cactus」）（例如：Fielding & Lee, 1998）。本書不採取偏好任何軟體的立場，因此討論將針對 CAQDAS 的通用軟體，以及這些軟體使用的普遍分析程序。

除了 CAQDAS 之外，還有專業化程度較低但也非常有用的通用軟體，例如：Word、Excel 和 Access。幾乎每個人都知道如何使用這些通用軟體，而且幾乎可以支援質性資料分析的全部過程。

> 例如：Christopher Hahn（2008）提供單獨章節，專門講解 Word、Access 和 Excel 的功能，逐步說明實施步驟。舉例而言，Word 的表格和索引工具足夠用來組織文字資料，以及轉成陣列格式，甚至可以執行初始編碼的功能（Hahn，第 6 章）。同樣，Access 和 Excel 的報表／資料庫程式可以支援更高層次的編碼（亦即建立範疇），也可以很有效率地執行檢索、操作和計數等功能（第 7 章、第 8 章）。

至於是否考慮使用 CAQDAS 或通用軟體，則因人而異。舊世代的研究人員，可能習慣自己動手分析質性資料。他們可能會覺得用電腦很麻煩，而且軟體自身無可避免的侷限性，即便不是硬性規定，也讓人用來有些綁手綁腳。年輕世代的研究人員可能從來沒有見過打字機，更別說使用過。他們日常生活可能早已習慣使用電腦軟體的各種功能，因此在做質性研究時，無可避免會對 CAQDAS 軟體頗多依賴。

多年來，CAQDAS 軟體已經改良進步了不少，許多功能也都能仿效重要的分析步驟；雖然，新功能連帶也涉及更複雜的電腦操作程序和規則。然而，使用仍然需要注意：你必須承擔所有的分析與思考工作。你還是需要下指令，來執行軟體每一步驟。而這當然就會添加額外的負擔，因爲你將不得不費心去掌握特定軟體的執行，同時還得記住自己的（實質的）分析思路。

有些人可能對 CAQDAS 軟體的功能抱持不適當或過高的期望，以為也可能類似量化（*quantitative*）分析電腦輔助軟體。量化分析軟體的電腦作業通常是執行複雜的數學運算，舉凡計算結構方程式模型，來檢驗二階層或三階層的線性模型，或是測試潛在成長模型。分析師提供一組輸入數據，讓電腦軟體跑出結果。然而，分析師並不需要知道其中涉及的數學運算公式，更不需要了解如何推導公式。（我們可以保險的猜測，大多數的量化分析師並不知道如何推導卡方檢定的公式，更不用說運用於更複雜模型的數學公式。）

質性分析面臨的挑戰是，不存在如此的公式。分析師需要提供一組輸入資料，通常是文字的資料，而不是數字。更重要的是，你不能如同量化研究一樣，要求預先設定的公式，而必須自己開發整個分析過程的實質程序，諸如：文本某些素材的排序、編碼、組合、重組，你還必須給電腦的運作下達指令。

量化研究人員可以從軟體引用某些統計模型，而不需要提出辯護；然而，質性研究人員卻必須辯護整個操作過程的邏輯性、有效性。就此而言，量化和質性分析的電腦軟體效能，明顯有很大的差別。

有了這些的認識以後，你當然還是可以考慮使用 CAQDAS ，特別是如果你可以很容易操作軟體和電腦，而且田野研究的資料量很大。如果你有使用 CAQDAS ，也不應該完全依賴軟體附送的使用說明書，最好身邊也能有幾本參考書，需要的時候可以方便查看（請參閱【專欄 8.1】）。此外，參考這些書籍，然後再選擇適合的應用軟體，可以幫助你周延斟酌選擇過程涉及的諸多相關因素。比方說，不同軟體的使用者友好程度，以及特殊長處。不管你的需求是偏向文書檢索、文本管理、編碼和檢索、建立編碼本位的理論，或是建立網絡，你都可以參考相關指南書籍，找到比較適合你的特定用途的應用軟體（例如：Weitzman, 1999，頁 1246-1248）。

【專欄 8.1】CAQDAS 軟體實用指南

CAQDAS 軟體可以幫助分析質性資料。但是，這些工具在消耗大量時間、精力之後，卻也可能產生令人失望的結果。

使用任何軟體最好能夠小心翼翼，一步一步慢慢來。Lewins 與 Silver（2007）的參考書，正好提供了這樣的指南。書中介紹了若干種的電腦軟體，首先是概論式的介紹，然後示範說明三大軟體（*ATLAS-ti5*、*MAXqda2*、*NVivo7*）的操作指南。

此書的 2 位作者倒也不是毫無保留倡導 CAQDAS；相對地，他們一再提出警告，不要指望軟體來進行實質的分析工作。另外，也再三提醒要記得下載電腦處理的結果，妥善保管存檔，還有用印表機把資料印出來。第二個指引則僅與 Nvivo 有關（Bazeley & Jackson, 2013），一步步引導讀者，非常友善易學。此書除了介紹軟體之外，還涵蓋資料編碼、如何藉由軟體來排序組合資料庫。而且還有些行銷資訊，吸引你對作者之一的顧問服務感興趣。

B 第一階段：資料的編纂

本節學習重點

- 思考為何你的資料需要組織成有秩序的資料庫。
- 如何使用這個過程讓你重新熟悉資料，而非只是資料的彙集而已。
- 保持組織過程一致的重要性。

分析循環的第一階段是編纂（*compiling*），算是質性資料分析的前奏。這階段相當於建立「資料庫」的過程。普通介紹質性研究的教科書，很少會出現這樣的一個詞彙。[1] 大部分似乎都認爲，不需要特別教導或參考，研究

[1] 本書作者早在 1984 年起，即已在《個案研究：設計與方法》的若干版本中，倡導編纂「個案研究資料庫」的做法。中譯本書訊：《個案研究：設計與方法》

者自然而然就會知道，如何把田野筆記和其他筆記以及證據素材，整理出某種秩序來。

但是，這樣的假設並不切實際，資料有條理其實是需要花心思去整理出來的。而且這對於質性研究的分析工作又是很重要的，因此質性研究者設法建立「資料庫」不但有其必要，而且也很適合質性研究的特殊情況。目標是要在正式分析之前，有系統地整理資料，這可不像寫一般課堂作業一樣，坐下來就可以把檔案整理好。資料越有條理，分析結果就可能會越好，而最終也比較可能完成較爲理想的質性研究。

最起碼，這樣的組織可以幫助研究者，方便找尋和取用田野筆記和素材。更大的好處是，經過組織處理，可以幫助資料分析的工作。雖然，並非每個人都會使用「資料庫」這樣的正式名稱，但是只要研究者有成功完成質性研究，就有頗高的可能性，研究過程應該有執行資料組織的，並且產生有用的資料庫。

總之，只要資料有經過組織和編纂，就可以視爲「資料庫」。以下，介紹討論幾種組織資料的有用方式。

§ 平行於量化研究的做法？

在量化研究當中，資料庫通常是數字記錄的電子檔案，每一筆記錄（*record*）都有若干的屬性（*fields*）與數值。**資料辭典**（*data dictionary*）說明每種屬性與可能出現數值的定義。在資料庫可以運用之前，需要通過「清理」與「驗證」等步驟，檢驗每一筆資料記錄的邏輯、一致性、正確性。

不論質性研究的資料是否爲電子檔案，還是可以採用類似或平行於量化研究的資料組織程序。相較於量化分析，質性資料庫的主要差異在於它是文書資料（而非數字資料），通常採某種系統化的方式排序。在質性資料的分析當中，**辭彙表**（*glossary*）可以幫助定義質性文本發現的重要語彙。辭彙表的功能，類似於量化資料分析使用的「資料辭典」。

質性資料的編纂要達到什麼樣的格式化程度，也是取決於你個人的偏

（*Case Study Research: Design and Methods*），Robert K. Yin 著，周海濤、李永賢、張蘅譯（2014），臺北市：五南。

好，以及研究風格。你可以把資料輸入成為電子檔案，也可以依據資料的意義，分成若干個檔案夾。你也可以用非電子化的媒介來儲存資料，然後再用老式的索引卡片來重組資料。比格式化更重要的是，你在編纂資料時投入的專注心力。

§ 重複聽讀：致力「了解」你的田野筆記

編纂（*compiling*）階段的第一個功能，就是熟悉田野筆記。你應該持續複閱田野筆記，以及第 7 章討論過的各種資料記錄素材。重複閱讀的過程應該提醒你，注意田野觀察和訪談，同時也重新注意你先前閱讀的文件，或其他來源的證據。

你的訪談或許有錄音存檔記錄，但還沒有轉謄成逐字稿。在這種情況下，你當然就沒有文字記錄可供重讀，重聽錄音檔也可以發揮類似的功能。你可以重複聽錄音檔，讓自己熟悉所蒐集到的資料。如果，你已經完成逐字稿轉謄，直接看逐字稿，重複閱讀，應該是比較理想的做法。

不過，在重複檢視田野筆記與其他素材期間，你多半已經沒有在做田野研究。因此，你可以比較從容不迫，將各方資訊予以更透徹的整合。重複檢視應該涉及相當的分析功能，而且可能需要頗長的時間（幾個星期或幾個月都不算太長，而實際長短還得看你的田野研究與整個研究規模的大小而定）。在重複檢視資料，乃至整個分析進展過程中，你應該持續問自己諸如下列的問題：

- ◆你的研究有哪些有別於相關研究的特色？
- ◆蒐集的資料和研究初始問題有何關聯？
- ◆有浮現任何潛在的新洞見嗎？

§ 維持資料格式的一致性

資料編纂的結果，應該會讓你把先前的筆記整理成為規格一致的資料庫。個中關鍵就是你必須注意各種潛在的不一致字眼或術語。比方說，當你複閱先前的筆記，思索如何整理出某種秩序，你可能會發現，若干筆記當中使用了某個相同的術語，但意思卻全然不同，因為分別記錄不同的田野觀察或訪談。如此落差甚至不一致的用法，可能會給日後分析工作造成困擾，因此應該在這裡予以清除。

在此同時，也必須非常小心處理，因爲某些受訪者可能賦予某些字眼，屬於其個人的特殊涵義。所以，你不應該爲了統一字彙用法，而抹除了該等字眼的特殊差異性。至於應該要賦予新的字眼，還是保留不變，這就需要因勢制宜、審愼斟酌。建立辭彙表（*glossary*），也很有幫助決定是否要修改成一致說法，抑或維持原本說法。

同樣重要地，統一資料的格式也意味著，將資料區分爲若干組的記錄（*record*）。至於如何算是一份記錄，則因個別研究而異。資料的來源，例如：一次訪談或一份文件，或許可以算是適當的記錄單位。比方說，如果研究有五十七個訪談（即使其中可能包含同一個人的多次訪談）、十三份文件資料，這樣總共就有七十份記錄。再比方說，如果研究聚焦詮釋人際關係，每份記錄就應該代表研究對象之間的一次互動。

有經驗的研究者，一份記錄很可能就已經是原始田野筆記編纂（第一階段），產生的概念化範疇。不過，這也可能會有風險，因爲研究者建立的記錄可能沒有公正或充分代表全部的田野筆記，但是概念範疇很快就推向分析循環的第三階段（資料重組）。

資料的內容也不應該只限於文本或敘事資訊。你先前的筆記可能有包括表格、圖案，或其他視覺影像素材，這些也需要妥善組織成爲資料庫的一部分。如果，你的研究有涉及錄影，你在編輯影帶的時候，也應該注意維持格式的一致性（Erickson, 2006）。

§ 使用電腦軟體編纂記錄

使用 CAQDAS 軟體，或其他通用軟體，應該可以幫助資料編纂階段的工作。大部分軟體主要功能都可以把資料組織成某種記錄，然後，每一條記錄就成爲一個檔案或「個案」。某些 CAQDAS 軟體也接受非敘事的素材，包括錄影帶，如此產生的記錄就可以作爲你的資料庫的一部分。

CAQDAS 軟體可以幫助你以更格式化的方式來編纂資料。比方說，如果你給每一份記錄建立檔案，軟體就會要求你賦予檔案名稱、建檔日期，以及其他可能的識別碼（*identifier*）。軟體也會強化辭彙表的使用，以確保用語的一致性；提醒你使用特定的識別碼，來指稱不同的受訪者；容許你在每一筆記錄的備忘錄，增添新的電子化筆記、標記或書籤。

再次，決定是否要使用 CAQDAS 軟體，來幫助你編纂格式化的資料庫，也是取決於你個人的偏好。如果你下個階段要使用這類軟體，來輔助資料解組（下一節討論），你在此階段就必須先把資料編纂成如此的格式。

當然，你也可以把 CAQDAS 軟體的應用侷限在資料編纂階段。不過，在決定有限應用軟體之前，你得明白，需要投入多少時間來學會如何使用軟體，你也應該比較斟酌，是否可以改用其他比較普遍的軟體工具。

不論你是採用電子格式或非電子格式的資料記錄，你都應該有心理準備，編纂過程都會耗費相當時間和心力。請記住，在這過程中，你應該會變得更加熟悉你的原始資料，這是做質性研究一定要做到的。一般而言，新編纂的資料應該盡可能保留你先前筆記的原始細節。因此，你應該有心理準備，資料庫的建立將會需要你投入相當的心力和耐性，更別說是細心處理編纂過程的所有工作。

一般而言，資料庫的建立應當是你研究很重要的任務。因此，你應該定下高標準，盡可能周延、完整，而且應該要不厭其煩，耐下心性把這任務做好。把編纂過程記入個人研究日誌，也是很可取的做法。

舉例而言，某項關於四十個社區組織的研究，編纂完成的資料庫包含四十篇報告，每篇報告的資料涵蓋受訪者對於田野博多稿的回應（博多稿共有四十九道題目，請參閱【展覽 4.2】）。然後，根據田野研究團隊對於該四十九道題目的回應作為綱要，將這些個別受訪者的報告所提供的資訊予以組織（其中一篇報告的完整範例，包含問題和回應，請參閱 Yin, 2012，頁 69-87）。

第二階段：資料的解組

本節學習重點

- 如何透過正式編碼程序，進行資料解組。
- 如何不使用正式編碼程序，進行資料解組。
- 使用電腦來進行資料編碼時，誰負責實質編碼的工作。

假設你現在已經將資料做了適當的組織處理，接下來，就可以開始進入第二階段——資料的解組（*disassembling*）[2]。再次，請記住，這個階段也是具有遞迴往返的屬性，你可能同時往前或往後：往前是預想或浮現你在未來階段可能運用的想法；往後是回頭修改你在前面階段完成的某些部分（如果你已經知道如何下手，可以省略下面的兩小部分）：

§ 從回頭看開始

首先，實徵探究的整體分析目標在於清楚地連結資料與大量的研究點子。如果這個原則聽起來很明確的話，解組的主題就與你開始的興趣有關。因此不需停下來盯著資料看，回頭看有助於破冰—— (1) 檢視你的研究問題（是在研究之前或期間產生）；(2) 檢查筆記，看看蒐集資料時是否有什麼新點子浮現於腦海中；(3) 針對有興趣的主題發展新研究，或是繼續（他人）現有的研究。這些活動有助於釐清源頭的線索。如果你很幸運的話，甚至可以了解研究報告的議題本質。

§ 從往前看開始

第二，將解組過程的計畫描繪出來（在腦海裡畫也行）是很有用的，描繪可以讓你遵守工法格律，協助你明白地說出解組步驟。

這個描繪可以作爲路線圖，指出：(1) 一開始該注意什麼相關的資訊，在進攻其他資料之前，解組該如何運作，該從哪個部分下手（例如：Auerbach & Silverstein, 2003）；(2) 如何將資料進一步拆分成更小，呈現出解組的過程（從哪個小部分開始）；(3) 是否要進行資料編碼，如果要的話，是否、如何使用電腦軟體來協助編碼。你可能會試著編碼，要牢記原先的描繪

---

[2] 使用「解組」這個術語，應該會比文獻常見的兩種術語來得好些。其中有些使用資料裂解（*fracturing*）的說法，拒絕這種說法的原因是，日常用語當中，這字含有破裂成碎片的意思，因此可能會讓人聯想到對資料產生破壞性的結果，或是資料破裂到很糟糕的狀況。另外，還有學者使用資料化約（*data reduction*）（因爲，比方說，原始記錄的許多文字資料被濃縮或編碼成比較短的版本）。拒絕這個術語的原因就是，資料解組的結果並非總是化約或減少資料，而且資料化約也不應該是解組程序的目標。

本質。稍後你可能會有所修改，但確保不要忽略資料——只因爲當時顯得不太相關。

§ 分析備忘錄的書寫

同樣地，你也應該要有心理準備，資料解組階段也會有許多重複的例行步驟。你必須在你的初始解組想法、原始資料、解組資料之間持續往返，然後逐步修正你原本的想法。整個分析過程中，諸如此類的想法都應該記錄在分析備忘錄（*analytic memo*）。

好的備忘錄可以保存起初似乎「半生不熟」的粗略想法，其中有些想法日後可能會發揮難以估計的價值，再者也可以避免你不確定是否有思索或拒絕過某些想法。大部分研究者多半會同意，在分析質性資料時，寫備忘錄是絕對必要的。套句某位研究者的說法：「任何時間，只要想到和資料編碼、分析有關的任何（*anything*）想法，或是任何重要的事情，不管手邊正在忙什麼，都要立刻停下來，不容遲疑寫進備忘錄裡」（Saldaña, 2013，頁 33，英文斜體字是原作者標注強調）。至少有兩本書花了整個章節來介紹如何書寫分析備忘錄（例如：Saldaña, 2013，第 2 章 ; Charmaz, 2014，第 7 章）。

§ 要不要編碼

你可以用許多不同方式，來進行資料解組。這裡，只是擇要介紹其中幾種，而且沒有規定不變的標準公式，所以你當然可以自行設計適合你個人的做法。

資料解組的各種不同方式，包括你自行設計的做法，根本而言，可說關係到一個關鍵的選擇：是否要透過編碼來進行解組——所謂編碼就是指使用新的標籤或代碼，來代表資料庫當中的特定文字、片語或其他資料區塊。在諸多質性研究取徑中，扎根理論（*grounded theory*）支持者可算是主張編碼作業的前鋒（請參閱【專欄 8.2】）。不過，關於是否要編碼的決定，倒也不是非此則彼的二選一問題。你可以選擇在研究當中的某些部分編碼，但是在另外某些部分則不編碼。

【專欄 8.2】質性資料編碼的實用指南

四十多年來，扎根理論的創始者和支持者提供了許多質性資料編碼的實作指南，對於考慮要做編碼的研究者，即使不採用扎根理論，也都很有參考價值。

扎根理論定義了三類的編碼，簡述如後：

- 開放編碼（*open coding*）：使用於編碼程序的第一階段，「分析者設法建立範疇，與其屬性」；
- 軸心編碼（*axial coding*）：「透過系統化方式，將範疇予以發展，並且和次級範疇建立關係鏈」；
- 選擇性編碼（*selective coding*）：分析者致力於「範疇整合與優化的過程」（Corbin & Strauss, 2014）。

這三類的編碼都可以附帶配合歷程編碼（*process coding*），幫助描述「發生在時間和空間的行爲／互動的一系列演化歷程」。

這些作者針對這幾類編碼做法，提供了非常詳細的說明。這些編碼做法，約略等同於本書討論的五階段分析循環的其中兩個階段：解組（開放編碼），以及重組（軸心編碼、選擇性編碼與歷程編碼）。

§ 資料編碼

在大部分的質性研究，田野筆記的原始文本，乃至於你組織整理過的資料庫，將會有若干特定的項目，諸如：田野的行動、事件、物件、特定的意見、解釋和田野受訪者表達的其他觀點。這些項目都有著高度脈絡化的細節，諸如：時間、地點，乃至涉及其中的人物。因此，每一個項目都是獨特的。

編碼目的是要開始透過比較嚴謹的方法，將該等素材提升到稍微高一些的概念化層級。編碼將無可避免地代表原始資料的意涵（Charmaz, 2014，頁 111）。較高層級的概念可以容許你在後面的階段嘗試用各種方式來重新整理這些記錄，譬如：區分爲相似或相異的群組（Emerson, Fretz, & Shaw, 2011，頁 175）。

初步的編碼，可以稱爲第一層級編碼，或開放編碼（例如：Hahn, 2008，頁 6-8），本質可能相當多樣化。這些編碼和原始資料極爲接近，甚至可能重複使用原始資料的文字，有時稱爲**實境編碼**（*in vivo code*）（例如：Saldaña, 2013，頁 3）。當你執行第一層級編碼，你可以開始思索，諸多第一層級編碼之間的關聯，接下來的目標就是要發掘第一層級編碼可能落入的範疇，進而將編碼提升到較高的概念化層級。在這裡，你就是在進行第二層級編碼（亦即範疇編碼，請參閱協同家庭作業問題，I）。

有關編碼的必要決策

此時，即使你試著運用前述的「回頭看」和「往前看」原則，在編碼過程中可能還是會遇到困難。「編什麼碼？」取代「從何起頭」，成爲新障礙。這個時候，你需要做的決策與編碼內容的細節有關——例如：要逐行編碼還是截取某部份的文本（字或句或一大段）來編碼。你還要決定哪些一定要編碼——例如：重複的片段、不尋常的片段、參與者都同意或持不同意見的片段、或是看起來「有趣」的片段（例如：Gibson & Brown, 2009，頁 134）。更重要的是，編碼的片段代表過程，參與者日常生活的重要面向，或是實際考量和情況（Emrson, Fretz, & Shaw, 2011，頁 178）。編碼文字合乎語法也很重要：動名詞有助於描述行動與過程，名詞則「將行動轉爲主題」（Charmaz, 2014，頁 120）。

以示意圖作為啟發式工具

如果用這些方法努力過後還是覺得有點困難的話，不妨畫個示意圖，涵括分析循環中的解組（階段 2）到結論（階段 5）。這個圖是以概念樹的方式呈現，不含有任何實際的資料或解碼。

想像一棵上下顚倒的樹，最瘦小的樹枝代表最具體的概念（用於解組階段），樹幹是最抽象的概念（用於結論階段）；介於兩者間的則是逐漸融合的樹枝，從具體到抽象的概念，每一層的樹將下一層較大群的項目聚集在一起（Saldaña, 2013，頁 11-12）。

最具體的概念就是原始的第一層級開放編碼，推測可能與編纂資料有關。下一層就是潛在的第二層級範疇編碼，可能將二個或以上的原始編碼整合成另外一組。接下來，下一組樹枝將整合這些範疇成爲更加抽象與複雜的主題，需要你的詮釋。理論陳述（theoretical statement）是最高、最抽象的層級，代表你的詮釋與結論在文獻上和過往研究中的重要性。

例如：你可能蒐集一些有關課堂活動的資料，期望你的研究將檢視這些活動與學校革新的關係。在處理實際資料之前，你想要畫個示意圖，看起來可能如下：

第一層的概念可能包括課堂上採取的新測驗程序（例如：花在準備、實測、檢視考試成績的課堂活動本質）；第二層的範疇編碼可能強調施測過程與其他課堂教學活動的衝突或是兼容；第三層所浮現的主題可能是處理這些衝突或兼容及其如何影響教師們對教學計畫的定義。圖中最高的第四層，理論陳述可能與全球化概念相關，整合下面的所有概念。

理論陳述可能試著解釋「某種學校革新如何有利於高風險測驗」（第四層級概念），但卻對「教學方法、保有均衡課程與教師滿意度」等（第三層級的主題）帶來未預期到的結果，起因於「施測程序與其他課堂教學活動的衝突」（第一層級與第二層級的概念）。

在這個研究的關口，目標並非創造一個完整或最終的示意圖，而是發展出概念樹中的一些樹枝，從最簡單的到最抽象的層級。全部的精力將用於克服解組過程起步的困難；事實上，你很有可能根本不會完成這整個圖。如果你在開始解組過程時，沒有遇到任何困難的話，一開始就不需要示意圖。因此，將這個圖視爲啟發式工具（heuristic device）（或是建築新大樓時的鷹架作業），而非永久的方法。

需要這種圖的話，你就有能力畫出來，因爲你對資料有所洞見，而且很有可能在編纂階段中指出一些原始概念（在任一個層級中）。也有可能在「回頭看」時找出研究的目標。因此，只要得出一小部分的圖都算有所收獲，可以開始考慮更進一步開始解碼實際的資料。

§ 解組資料，不使用編碼

你也可以選擇不用編碼來進行資料解組。這樣做可能會比較自由，比較少既定的程序，對於經驗老到的研究者，這也可能有潛在的優點，比較有空間容許發揮獨到的想法和洞視。這是因爲編碼可能會產生干擾，比方說，必須把注意力放在編碼的作業，而不能專注於思考資料。不過，如果不用編碼，解組的過程可能會比較缺乏系統化，判斷可能不一致，所以研究者若是決定不使用編碼，就需要特別小心，維持分析的嚴謹，包括本章先前提出的三個注意事項。

不使用編碼時，解組的過程會像是從原始資料庫，確認某些素材，再建立新的實質筆記。你會以某些不同的順序、概念或想法，來整理從原始資料擷取的素材。你可以把新的筆記寫在索引卡片或活頁紙，這樣有助於你試驗不同的排列方式，這也是下個階段重組（*reassembling*）的部分任務。

要建立有效的實質筆記，其過程不必然總是有效率。一開始，你可能會寫下若干筆記，但後來卻發現線索不充足，難以有效處理資料。比方說，你起初可能從某個新的主題出發，從原始資料擷取相關材料，但後來卻發現該等材料並不適合用來闡明該等主題。然後，你試著修改該等主題，接著這又促使你必須另外再選取其他的資料素材。你還可能發現，即使修改該項主題，也無濟於事，於是只好重新來過。總之，當中有相當多的不確定性，這些都是你必須學習去容忍的。

協同家庭作業問題（I）

【展覽 8.2】以簡化的方式，示範說明兩個層級的編碼，擷取自田野研究的筆記，學生家庭訪問和觀察，查詢為什麼沒辦法順利達成家長協同學生做家庭作業（該學校課程倡導家長協同學生做家庭作業）。

【展覽 8.2】的第一列呈現原始田野筆記的素材；第二列呈現第一層級編碼；第三列呈現第二層級編碼。

解組的歷程產生了四項第二層級的編碼，分別是：「障礙」、「正向期待」、「家長的相關知能」、「額外的外來支助」。

〔將這些範疇予以重新整理，則是下個階段——資料重組（*reassembling*）的任務。不過，目前讓我們先來看如何進行資料的解組（*disassembling*）〕。

（未完待續，下接，頁 226）

雖然直接做資料解組可能存在不確定性，但是許多研究者還是偏好此方法，而不使用正式編碼，因爲創意似乎會運轉得比較快，也比較好。不過，也可能需要承擔難以避免的風險，那就是可能會發生不一致和不正確。因

展覽 8.2 第一層級編碼與第二層級編碼：樣本

田野筆記原文	初始編碼（第一層級）	範疇編碼（第二層級）
1.「S 有把家庭作業帶回家，但她有時候會弄不清楚要寫哪個部分。」	學生粗心大意	完成家庭作業的障礙
2.「每次 S 要媽媽陪她做家庭作業，媽媽通常都很忙。」	家長沒空	完成家庭作業的障礙
3.「媽媽有空的時候，她也經常被其他事情打岔，離開之後往往就沒有再回來陪 S 寫作業。」	外來干擾	完成家庭作業的障礙
4.「S 的老師說，S 天分似乎很高，可是老師就是不明白，爲什麼她作業老是出狀況。」	正向的老師觀點	正向期待（完成家庭作業）
5.「S 表示，做學校功課很開心，也很期待老師出的回家作業。」	正向的學生觀點	正向期待（完成家庭作業）
6.「S 的媽媽也認爲，S 應該有足夠能力，在學校有好成績。」	正向的母親觀點	正向期待（完成家庭作業）
7.「S 的媽媽似乎相當熟悉作業範圍的學習概念。」	正向的母親背景	家長的相關知識學能
8.「S 的媽媽和老師至少有一次建設性的會面，沒有其他明顯的負面互動。」	正向的家庭學校合作	額外的外來支助

此，研究者必須反覆重新檢視原始資料，以確保解組的主題盡可能忠實反映原始資料。

§ 使用電腦軟體輔助解組資料

CAQDAS 或其他軟體，當然可以幫助質性資料的解組，尤其是如果資料庫很大，那就有必要執行正式的編碼程序。一旦你對文本賦予編碼，軟體可以提供若干便利好處，輔助你多次檢查編碼過的素材，讀取和操弄，乃至執行第二層級的範疇編碼。

當你使用軟體支援編碼作業，請做好心理準備，軟體的操作也需要你費心仔細應付。你必須學習軟體的專有術語和程序——往往有「陡峭的學習曲線」（Miles, Huberman, & Saldaña, 2014，頁 50）——還得擔心軟體是否順利運作而不會出狀況。這些當然都會耗費時間和心力，讓你比較無法專心投入思索資料當中的實質形態或主題。這方面的思考乃是分析循環第三與第四階段的開端，如果你還得分心去顧慮軟體的操作，那你可能會顧此失彼，而斷送了某些難能可貴的思路。你很可能會在使用軟體時感到氣餒，例如：來自軟體開發商、你的組織或是學術部門等等的技術支援不足（Davidson & di Gregorio, 2013，頁 497-498）。你只好賭看看，會不會剛好有同事之前使用過這個軟體。

另外，也請記住，軟體並沒有眞正做編碼的工作，實際做編碼的是你。然後，軟體以有效率的方式記錄你的編碼，以及編碼的項目，以便日後容易取用。你也可以比較容易重新編碼某些項目的資料、改變編碼，重複幾次都沒有問題，未來進行分析處理編碼項目也很方便，而且效率之高是費時費力的人工記錄手寫資料編碼遠遠趕不上的。這些都是軟體的主要優點，尤其是當你有很大的資料庫的時候，這些優點的效益更是顯著。

最後一點，小心軟體可能會誤導你關注某些已超出情境的文字段落。換句話說，解組可能著重於孤立的字句，記得要利用軟體來比較、編纂以釐清各字句間的關係。但是這樣做的話，解碼可能就會忽略了敘事的情境；而這個情境很重要，因爲是參與者在敘事時所散發出的信號（Gibson & Brown, 2009，頁 189）。

 第三階段：資料的重組

本節學習重點

- 資料重組過程浮現形態的重要性。
- 排列資料陣列的方式，作為進一步分析的前奏。
- 重組過程，最小化或揭顯偏見的三種程序。
- 應用電腦軟體輔助重組非數字的質性資料，可能衍生的挑戰。

質性分析需要找出資料的形態，解組——編碼（編碼選項）或是從資料衍生出新的一組實質筆記（不使用編碼選項）——很有可能會讓你分心，忘了要完成找出資料形態的挑戰。

解組過程的瑣碎作業很可能阻礙你思索資料的較廣意義——資料如何有助於理解原初研究問題，或是揭顯原初研究主題的重要洞視。更糟的是，你可能會落入編碼陷阱，認爲只要仔細的編碼，資料就會「昭然若揭」。很不幸地，大部分有關質性分析的教科書會不知情地強化這種誤解。這些教科書往往著重於資料編碼或解組，但卻忽略了如何處理這些解組資料。本書將利用後面的三個分析階段——重組、詮釋與結論——來補足這個落差。

§ 找尋形態

重組階段開始轉移焦點，以尋找形態爲主。這個形態可寬可窄，可能涵括不同的主題，不一定要彙整。因此，分析循環的第三個階段中，形態就是最主要的結果。

幸運的話，可能在編纂和解組階段中，就挖掘出有趣的形態。如果，你繼續使用正式編碼程序，將會把第一和第二層級的編碼，推向進一步的概念化，從中開始浮現主題或理論概念，這些可以視爲第三或第四層級的編碼（例如：Hahn, 2008，頁 6-8）。

協同家庭作業問題（II）

（上承，頁 223）

現在讓我們回到學生作業的實例。浮現的第三層級的主題（不論是否有運用編碼程序），可能還是相同的：與第二層範疇編碼明顯的前後矛盾——也就是在小孩輕忽、媽媽無法配合的情況下，完成作業的正向期待與正面環境。乍看之下，這些浮現的主題頗吻合文獻探討的發現，家長往往忙到無暇自顧，很難抽時間陪孩子做家庭作業，通常是因為家長必須全職工作，或是需要照顧其他小孩和家人。

為了進一步檢視研究的假說，田野研究者還沒有完全信服目前的重組結果。當中有些浮現的粗略形態似乎露出些端倪——尤其是母親似乎滿願意，讓自己被其他事情打岔（請參閱【展覽 8.2】，第 3 項），即便她還滿熟悉女兒家庭作業範圍的概念（請參閱【展覽 8.2】，第 7 項）。

這些猜測想法促使田野研究者重新回去檢視，蒐集但沒有重組的背景資料，結果發現，這個研究的社區，過去十幾年來，一直都處於經濟衰退、人口外流的狀況。雖然，在研究初始，這些背景資訊似乎和研究主題沒有太多關聯。但是，後來田野研究者回想到，社區的成年人對於子女離鄉背井，另謀出路的情況，頗感憂心忡忡。

這促使田野研究者推論，家長之所以沒能陪孩子做家庭作業，個中原委可能不是工作太忙，或是有太多家人需要照顧，而是因為他們擔心，孩子如果成績優秀，未來遠離他鄉的可能性就會升高。教育研究文獻甚少點出這方面的主題。田野研究者未來研究的方向，就是要繼續拓展這項新發現的主題。

就本章主題而言，同樣重要的是，請注意，在資料解組與重組階段，不論有無採用編碼程序，田野研究者的懷疑心態乃是很關鍵的。因此，再次重申先前的提醒，承擔分析工作的主角是研究者的思考，而不是電腦軟體的操作程序。

不論有無採用編碼程序，在重組階段，你應該不斷對你自己（和資料）提出問題，這對質性研究分析是不可或缺的。在這些思索過程中，比找出答案更重要的是，嘗試用不同的方式來排列你的各種想法，從中找尋浮現的形態。典型的問題可能如下：

◆資料庫中不同的事件或經驗，如何彼此關聯？
◆浮現的形態是否將你帶向更重要的地方？
◆該等形態如何可能和研究初始概念、假說產生有意義的連結？
◆隨著你重新檢視資料庫更多的素材，該等形態是否有擴展廣度或深度（例如：Nespor, 2006，頁 298-302）？

下面的程序與解組階段整合後，將有助於你尋找形態。

§ 使用陣列幫助重組資料

重組資料過程可能涉及「把玩資料」（playing with the data），這意思是說，嘗試用不同的安排方式和主題，來整理你的資料，一而再、再而三地嘗試，直到浮現某些似乎讓你可以滿意的程度。

比方說：透過 CAQDAS 軟體，你可以使用布林邏輯（Boolean logic），來檢視編碼的不同組合。另外，如果你新增的筆記是寫在索引卡片，你可以將這些卡片整理出許多不同的組合。你可以試著運用下列的幾種方式，來重組資料，找尋其中的形態（Nespor, 2006，頁 298-302）：追蹤同一個體在不同時間、地點的再現；從行動涉及的人、事、物或理念等因素，來檢視行動的結構；與他人發掘的形態做比較。

除了運用你的直覺（或是沒有任何直覺），你也可以嘗試透過下列三種方式，來「把玩資料」：

- 建立階層；
- 設計矩陣；
- 其他類型的陣列。

建立階層

最普遍的做法，就是建立階層（*hierarchy*），每一個階層很像先前提到的概念樹中預期的方案，但是現在則以實際的資料來取代預期方案。最具體的項目排在最底層，聚集某些具體項目；比較抽象的概念放在高層，循序往上層層堆積。重組資料後，類似的資料放在同一層，不相似的資料則分在不同層（例如：潛在的「分類」（class）或「類型」（typology））。這個階層還可以說明各群組之間的關係（也就是「分類」或「類型」間的關係）。如果有採用編碼，階層的發展可以簡單視爲建立第一層級到第四層級編碼；如果沒有採用編碼，也可以從解組階段中的實質筆記發展出階層——可能會比較仰賴概念化而不是程序化的做法。

依此類推，你可以建立不只一個階層。然後，就可以用其中一個或多個階層，作爲組織整個研究的結構基礎，爾後的分析則是聚焦該等階層的編碼或概念與其中的關係。再針對階層的每個層級補充細節，以確保你最後的報告充分涵蓋並詮釋原始資料的豐富內蘊。

設計矩陣作為陣列

第二種常見重組質性資料的方式，就是建立矩陣（請參閱【專欄 8.3】）。最簡單的矩陣就是二階的行列式，行、列各代表一種維度。

> **【專欄 8.3】建立矩陣來重組質性資料**
>
> 建立矩陣——最簡單的就是二維矩陣——乃是重組質性資料最常見的一種做法。
>
> Miles 與 Huberman（1994）提出多種類型的矩陣。比方說，他們討論時間排序的矩陣（例如：編年紀事表）、角色排序的矩陣（例如：根據人的角色），以及概念排序的矩陣（例如：一組範疇對另一組範疇交叉排列的矩陣）（頁 110-142）。他們還提供了有關矩陣內容的實用建議，也就是說明矩陣的每個方格要填入什麼樣的資料。雖然，例子多半是二維矩陣，他們也很清楚指出，可以有二維以上的矩陣（頁 241）。他們的參考書提供了很好的矩陣範例，並且詳細說明如何運用矩陣。

如果，一時之間，你沒有辦法想出至少兩個有興趣的維度，你不妨可以先嘗試所有質性研究幾乎都會用到的維度。例如：質性資料一般都會涵蓋一段時間發生的行動和事件。因此，可以考慮的一個維度就是按時間順序排列，每一行代表一個不同的時期。再者，你可能研究了幾個人物在不同時期的經驗或狀態，因此第二個維度就是按人物排列，每一列的資料就可以用來代表個別人物的經驗或狀態。這樣你就建立了一個二維的矩陣，然後你就可以將相關的資料，填入代表特定人物、特定時期的空格。

或者，你可能研究了某些團體、組織，或街坊社區，以期探索個中變遷的主題。你可以透過建立矩陣重組研究資料，最後建立一個完整的敘事（請參閱【專欄 8.4】）。首先，時間順序排列的年表矩陣，將使你得以從中辨識出街坊社區變遷的形態。比方說，在一項關於三十所學校的研究中，有十五所學校採用某種新式的課程或教學法，並獲得聯邦政府的支持，而其他十五所學校則沒有得到什麼獎勵。按時間順序排列全部三十所學校的年表矩陣，可以用來對照比較這兩類學校各年度之中浮現的形態（請參閱【展覽 8.3】摘列的樣本頁，呈現其中五所學校）。

【專欄 8.4】研究街坊社區的變遷

街坊社區的變遷是某城市四個街區的研究主題（Wilson & Taub, 2006）。這項研究聚焦該等街區的種族隔離和居民外移等現象，參照 Albert O. Hirschman 在《人口外移、聲音和忠誠》（*Exit, Voice, and Loyalty*）（1970）提出的著名理論，檢視當新的居民遷入之後，原本的居民離開或留下的情形。

該研究以四個專章，分別討論這四個街區橫跨二十年的變遷。第一個街區始終都是白種人居多；第二個街區則有大幅度的變遷，主要居民由白種人變成中南美裔；第三個街區則是流動型的中南美裔居民，只要有能力，就會搬到比較理想的地方；第四個街區則很穩定，大多是中低收入户的黑人居民。

研究使用田野資料解釋，這四個街區爲何有些有人口變遷，有些則否，大致支持 Hirschman 的理論。這本書還結論，都會的街坊社區仍然有著種族和文化隔離的情形。

請另行參閱【專欄 5.8】。

除了行和列之外，矩陣還有另外一個組成元素——空格。爲了重組資料，目標是將資料填到空格（包括註明沒有資料存在的空格）。完成的矩陣，可以讓你掃描各行、列的實際資料。

你在每個空格填入資料的數量和性質，可能幫助或阻礙掃描的過程。首先，填入的資料應該是實質的資料，代表解組直接產生或是經由編碼產生的素材。

第二，特別是不使用編碼的情況，填入空格的資料可能會太多或太擁擠。矩陣也可能變得過於龐大、笨拙，導致掃描不能順暢進行。在這種情況下，你可能需要做一些明智的縮寫，以期每個空格都只保留該筆資料的精髓。有縮寫的資料，應該以注釋說明該等縮寫代表的原始資料。你應該頻繁審視，以確保縮寫有忠實代表原始的資料。

第三，空格的內容不應該包含你的意見或結論。理想的矩陣應該是資料（*data*）矩陣，容許你檢查資料，然後才開始做出結論（注意【展覽 8.3】

展覽 8.3　年表矩陣示範

	學校A（6至8年級）	學校U（幼兒園至5年級）	學校Q（幼兒園至5年級）	學校G（幼兒園至8年級）	學校K（10至12年級）
2000-2001	N/A	N/A	州政府開始推行「AYP」	N/A	N/A
2001-2002	N/A	N/A	N/A	指定爲州立「一級學校」；啟動全校改進委員會；全校開辦FBL	N/A
2002-2003	6至8年級組織改造	N/A	未來兩年，學生午餐費減免人數由60%提高爲95%	啟動學區主導的一至二年級「識讀小組」創新計畫	N/A
2003-2004	N/A	N/A	N/A	N/A	N/A
2004-2005	N/A	N/A	州政府要求發展年度SIP	選爲「閱讀復原」訓練地點；州政府選爲FBL燈塔學校	N/A
2005-2006	教職人員參與州辦研習會，認識TP、CSR；83%教師投票贊成CSR之前先試行TP訓練（4月）	N/A	AYP未達標（秋季）	增設托兒所和全天制幼兒園	執行需求評估，顯示學習成效和輟學等問題；成立領導團隊，校長擔任關鍵幹部，研究學校改革

（續）

	學校A（6至8年級）	學校U（幼兒園至5年級）	學校Q（幼兒園至5年級）	學校G（幼兒園至8年級）	學校K（10至12年級）
2006-2007	獲得CSR補助基金（一月）；啟動TP訓練	AYP未達標（秋季）；方法開發者參與州辦CSR博覽會（一月）；投票贊成採行LFS，申請CSR（五月）	連續兩年列入有待改進學校名單；教師參與方法博覽會；教師投票全員通過採行Co-nect方案；申請CSR（SIP基金會）	N/A	教師投票贊成啟動ULC的前置準備活動（一月）；接受ULC開辦前講習，成立四個委員會；開辦第一學科（技術科）
2007-2008	開始TP，每個月初數日，校外教練蒞校指導	獲頒CSR獎（八月）；啟動LFS	獲頒CSR獎（八月），但2002-2003年度的所有方法全被學區主管擱置，以便所有學校都能配合辦理「開放學堂」，以符合州政府的課程架構。	州立「一級學校計畫」支援，開辦CSR獎	獲得CSR補助基金；規劃第二學科（衛生職業科）
2008-2009	N/A	初期AYP未達標，後來州級評鑑制度改變，訴請更裁成功	學區撤銷暫停計畫處分；啟動Co-nect（以及第一年度CSR），續辦「開放課堂」	N/A	N/A

注釋：

學校A、學校K有獲得補助基金；學校G有州立指定計畫支持；學校U、學校Q沒有獲得補助基金

N/A：沒有資料

AYP：Adequate-Yearly-Progress，年度進步標準

FBL：Four Blocks Literacy，四方塊閱讀

CSR：Comprehensive School Reform，綜合學校改革

TP：Turning Points，轉捩點

SIP：School Improvement Plan，學校改善計畫

ULC：Urban Learning Communities，城市學習社區

LFS：Learning Focused Schools，學習焦點學校

資料來源：COSMOS研究顧問公司。

矩陣空格的內容）。此展覽鳥瞰獲得 CSR 獎的 5 間學校，研究的推力在於將有獲獎與沒獲獎的學校進行比較；這種鳥瞰的方式有助於組織比較、更精細地檢測原始資料庫，因此更加支持逐漸浮現的詮釋。

在分析的這個階段，主要目標是重組資料，理想的矩陣應該只是待處理的文件，而不是用來和讀者溝通的終端成品。從這個矩陣，你以後還可能會轉化製作出更簡潔，而且具有吸引力的表格、圖式等輔助素材來介紹你的研究資料（請參閱第 10 章，C 節）。如果要將此矩陣收錄在結案報告中，或許可以放在附錄文件。

總之，矩陣如同階層一樣，都是質性分析的核心要素。現在，解組資料已經通過重組程序，而有了新的秩序，以及更進一步的意義概念化。你可能會發現，有一個或若干個矩陣指向研究關聯更廣泛的概念主題。接下來，這些更廣泛的主題也會成爲詮釋的基礎，進而讓你開始著手撰寫整個研究的敘事。另外，有些矩陣也可能直接作爲敘事的實徵基礎。你的矩陣甚至可強大到作爲摘要架構，組織研究成果的整體詮釋。

其他類型的陣列，包括敘事陣列

質性資料有很多陣列或排列方式，階層和矩陣只是兩種可供選擇的做法。搜尋方法論文獻還可以發現許多其他類型的排列方式，包括使用更多的圖形，例如：流程圖和邏輯模式（例如：Yin, 2014，頁 155-163）、組織結構圖、網絡（結合點—— Miles, Huberman, & Saldaña, 2014，頁 111），以及一般化的圖式。更複雜的排列方式也不一定需要是二維陣列。你可以透過概念化的方式，很方便地將第三維添加到二維矩陣，雖然三維的圖示描述起來，可能會比較困難。

§ 關於建構資料陣列的小結論

如何選擇資料陣列的格式，基本上因人而異，或多或少取決於研究者個人的風格和喜好。沒有唯一正確的方法或建議。有些研究人員甚至跳過建構資料陣列的程序，以便儘快進入分析循環的第四階段——詮釋（*interpreting*）（第 9 章，A 節）。另外有些研究人員，雖然沒有花時間來構建任何正式的陣列，但是透過擴大先前的筆記或建構一套新的實質性筆記，結果還是可以完成某種概念化的資料重組。

還有其他研究人員，如果他們能夠建構各種可能的陣列，那資料重組的工作就能達到最理想的境界。如果他們是動手把陣列寫在很大張的紙，可能鋪滿很大片的地板空間，或是掛在牆上，多次嘗試哪種排列組合方式的陣列感覺最理想。

§ 資料重組過程的重要程序

資料重組過程中，不可避免會遭遇越來越多需要酌情選擇的處境。每一次的選擇（例如：從資料庫中檢索什麼資料，乃至於如何建立資料的階層關係，如何設計資料矩陣），都需要你自己的判斷。因此，你逐步形成的分析，免不了會受到未知偏見的危害。你需要採取盡可能多的防患措施，以便將諸如此類的偏見減至最低程度，或者至少也應該設法將該等偏見予以揭顯。就此而言，你不妨可以考量採取下列三種程序，或許有助於達成這方面的要求：(1) 持續比較；(2) 找尋負面反例；(3) 投入對立思維。

在介紹這三種程序之前，先提出一點提醒，當你從事這三種程序時，並不意味著，你必然採取實證主義的研究取向（例如：Eisenhart, 2006; Rex, Steadman, & Graciano, 2006）。你在研究的其他部分有可能是採用詮釋取向，而不是實證主義觀點（或其他觀點）。如果是這樣，你使用這三種程序時，也是可以採取相同的觀點；也就是說，你的研究透鏡可能會影響甚至決定，你如何執行持續比較、尋找負面反例、對立思維等程序。

1. 持續比較（*constant comparisons*），例如：尋找資料之間的相似或相異——在重組資料階段時，問自己爲什麼認爲某些資料相似或相異：

> 比方說，你的田野研究的重點是關於組織領導風格，在資料重組階段，你意識到你正在思考，有些「領導風格」（leadership）的情況提供較多參與的機會，有些情況則沒有太多參與的機會。持續比較之下，你可能會問自己，浮現的主題是否確實包含了這兩種情況，又或者你是否應該擴大你對於此主題的初始思考。

從事扎根理論研究時，持續比較是非常核心的一個方法。觀念在於比較編碼項目，可能是相同的編碼，也可能是不同的編碼，尋找新的關係以得出新觀念或分類，甚至是衍生出新的理論（例如：Glaser & Strauss, 1967，頁 101-115）。然而，即使你的質性研究並非遵從扎根理論法，無論進行資料編碼與否，還是可以在重組階段中運用這個原則。在進行有關形態、主題等重組決策時，持續地跟其他形態與主題比較。

2. 負面反例（*negative instances*），例如：找尋表面類似但仔細觀察卻相互牴觸的事項。負面反例可能會因此質疑編碼或標籤的穩健性：

> 比方說，你的田野研究涉及若干不同類型社區團體的工作，而你正試圖建立「團結精神」（solidarity）相關的主題。你初步發現，除了一個團體之外，其餘團體似乎都合作得很好，你還發現，該特定團體內部所屬的次級團體都合作得很好。
>
> 你不會忽略這個看似細微而不顯著的差異，而是更仔細去探查這個負面反例的團體，是否有什麼特別的地方，結果發現該團體施行的是去中心化的運作方式，實際上並不代表該團體缺乏「團結精神」。

如同持續比較的方法一樣，尋找負面反例在質性研究中一直扮演著重要的角色（例如：Lincoln & Guba, 1985，頁 309-313）。原則是利用負面反例來修飾詮釋與成果，含括所有的案例，同時包括正反兩面。在前面有關社區的範例中，這種修飾有助於在兩種環境下——集權或分權——都朝向「群體團結」的方向前進。

3. 對立思維（*rival thinking*），例如：尋找可以解釋初步觀察發現的另類解釋：

> 比方說，你可能在研究醫療院所如何實施創新做法。當你觀察到該等新做法實施不順利，在資料重組階段，你最初的想法可能是某些員工抵制該等做法。然而，在確定如此詮釋之前，你應該仔細檢查你的資料，是否可能有其他對立詮釋。然後，你會希望你的分析顯示，確實沒有證據支持對立詮釋，如此才得以確立你的結論：員工抵制是造成新做法實施不順利的原因。

總之，資料重組仍需要敏銳的分析處理，因此應該避免任何純機械化的方法。透過密切關注持續比較、負面反例、對立思維，你可以增加資料重組工作的準確性和穩健性。

§ 使用電腦輔助重組資料

重組資料時，電腦軟體可以發揮頗大輔助效益。例如：幾乎所有類型的 CAQDAS 軟體都有建立階層的功能。附帶還有一個好處就是，能夠以圖形來展現階層結構。有些軟體也可以使用諸如陣列、矩陣和概念圖等方式，來重組和展現資料。例如：用軟體處理更複雜的問題（例如：Bazeley & Jackson, 2013，頁 248-255），包括交叉列表矩陣、檢視某些連結點的網絡等。

在此，有一點需要特別注意：如果你使用 CAQDAS 軟體，但不知道要建立何種格式的資料結構，你可能需要修改你的原始編碼或範疇，直到發現某種你感興趣的格式。比方說，建立階層所需的範疇，可能就與建立矩陣的範疇不盡然相同。

軟體還可能無法支持發展，更具創意的資料結構。在這種情況下，你可以考慮以電腦爲基礎和手動操作相結合。主要目標是分析思考靈活，跳脫「條條框框」，而不受限於軟體既定的程式功能。

另外，使用 CAQDAS 軟體時，還有一點需要注意：除了以下三種情況例外，其他所有情況都要抵抗誘惑，別把計算詞語出現頻率當成主要的資料重組策略：

1. 你在初始研究問題當中，就有涉及語詞頻率的假設（但這樣的研究問題，通常不會是非常有趣的質性研究問題）；
2. 你的質性研究當中，包含開放式問卷調查，而且有特別設計的編碼與頻率計數，試圖檢視受訪者在先前封閉式問卷調查答案的各種不同理由或解釋的頻率（例如：封閉式問卷「你投票給誰？」；開放式問卷「為什麼投給那個人呢？」）；
3. 字詞的使用頻率，是內容分析研究的重要組成部分（例如：Grbich, 2007）。

除了這三種情況之外，資料重組階段使用計算字詞頻率的策略，通常不能提供質性研究很有洞視性的分析效益。而且，還可能帶來頗大的危害，一方面是因爲可能認爲研究就是「計算量數」的活動，再者是因爲軟體程式很輕易就可以完成這類的計算。影響所及，你的閱聽者將會感到很失望，這種「質性」研究，根本不需要什麼研究能力。

換句話說，要成功使用 CAQDAS 軟體，面臨的主要挑戰應該是，即便電腦軟體可能自然傾向計數或量化的策略，你如何可能讓軟體的應用充分發揮質性研究的特質。這當中所面臨的挑戰，可能類似如何以創意對抗預先設定的思維方式，例如：直接到圖書館去搜尋成堆的書籍、文件，而不是僅僅依靠索引目錄；彙整新生個人資料檔案，而不使用既定學生資料格式，以避免可能帶有的偏頗；像偵探辦案一樣，發揮創意，拼湊某件犯罪的獨特元素。

本章複習

請簡要陳述，下列研究設計的關鍵術語和概念：

1. Compiling, disassembling, and reassembling 編纂、解組與重組
2. CAQDAS 支援資料分析的電腦軟體
3. Database, glossary and data record 資料庫、辭彙表和資料紀錄
4. Analytic memos 分析備忘錄
5. The advantages and disadvantages of coding data versus not coding them 資料編碼與否的利弊
6. Grounded theory 扎根理論
7. Level 1 or open codes 第一層級或開放編碼
8. *In vivo* codes 實境編碼
9. Level 2 or category codes 第二層級或範疇編碼
10. Schematic diagram 示意圖
11. Heuristic device 啟發式工具
12. Derived notes 實質筆記
13. Playing with the data 把玩資料
14. Hierarchies, matrices, and narrative arrays 資料陣列

15. Constant comparisons 持續比較
16. Negative instances 負面反例
17. Rival thinking 對立思維

練習作業
解組、重組和詮釋自傳資料

與第8章有關的部分

重組與擴增第 1 章有關自傳的練習作業。重組應該將原來的描述按時間順序拆分成幾小段；擴增的部份則包括額外的經驗（例如：你的出生地與日期）。

每一段都加上一些關鍵細節（例如：地理位置、與你有關的人物、你和他們的關係，該等經驗發生的機構場域、相關日期、以及你的感覺等等），讓各段落看起來比較一致。這個版本代表編纂階段，或是編纂資料庫。

完成之後，開始針對細節進行編碼，至少八至十個編碼，根據下列兩種方法選擇：(1) 歸納取徑，可能指向「較高」層級概念範疇的編碼，或 (2) 演繹取徑，從你覺得可能很重要的概念開始，然後在自傳素材當中找到適合說明該等概念的編碼。把編碼寫在自傳相關文字的附近。

現在檢查編碼。決定哪些可能相互關聯，哪些可能彼此完全無關，哪些可能存在某種更複雜的關聯。根據各種相關情況，擬出適合的範疇，再把範疇寫在原始編碼附近。以此代表解組階段的素材。

以陣列或其他方式（例如：階層、矩陣或流程圖），將編碼和範疇予以組織。以此代表重組階段完成的素材。例如：如果你階層式地陣列出各段落，反應出生命中最有意義到最沒意義的事件，你可能已看出值得進一步檢視的形態（這將是第 9 章詮釋階段的練習）

與第9章有關的部分

以重組素材作為基礎，更廣泛思索如何詮釋你的自傳，以及提出探討你感興趣的議題（也可參考以下建議）：

1. 以 1-2 頁的篇幅，引述重組資料或陣列（第 8 章練習作業）的某些特定部分，討論你選取的該等經驗素材有哪些共通點，或者屬於哪些重要主題（如果有的話，是什麼？）。如果你呈現的經驗素材沒有共通點或重要主題，往往會讓讀者感覺零散斷裂、缺乏關聯。

2. 接著再以 1-2 頁的篇幅，寫下你的詮釋，引述特定編碼的素材或陣列，來支持你想要傳達給讀者的宣稱，比方說：「我生命當中重要的人」、「我和某些機構或組織之間，長期維持的關係。」
3. 在最後一頁，討論你的自傳，在何種程度上，可算是完全獨特的經驗，而不太可能類推到他人。

◆研究範例簡介

本研究旨在探討大學和 K-12 學校之間的夥伴關係。由於此項主題是大多數的讀者曾經有過或目前仍置身其中的場域，以此作為範例，即便不是教育專業人士，對於個中背景和探討議題，應該也可很容易理解。

具體而言，本研究範例涵蓋四十八個夥伴關係。在每一個合作夥伴關係，大學系所教授與 K-12 學校合作，以期改善 K-12 學校的數學和自然科的教育。主要研究問題是要檢視，聯邦政府補助經費到期之後，這些夥伴關係如何可能維持永續發展的前景（此範例和其研究問題，乃是一項更廣泛的評鑑研究，涵蓋該等合作夥伴關係的更多面向，請參閱 Moyer-Packenham et al., 2009; Wong, Yin, Moyer-Packenham, & Scherer, 2008）。永續發展一直是公共政策相當熱衷探究的主題，但是在過去，由於缺乏外部補助經費來源，很少有探討數學、自然科教學的夥伴關係永續發展的研究。

這項研究涉及廣泛的田野研究，包括：訪談、觀察和文件檢視。因此，使用質性方法，很適合用來示範闡明質性資料分析循環的五階段實作。

以下簡稱此研究為【研究範例 1】。本章先呈現分析循環的前三階段——編纂、解組、重組三個階段；第 9 章呈現分析循環的後二階段——詮釋、結論。

▶研究範例1的資料庫編纂

這項研究的資料庫相當簡單明瞭，但需要投入不少時間來編纂。合作夥伴關係分散於美國各地，每一個合作夥伴關係都需要田野研究，以及蒐集檔案文件。

研究團隊編纂所有的田野筆記和檔案文件筆記，每一個合作夥伴關係都有一份報告（每份報告構成一份記錄）。報告以敘事形式為主，有些也包含數字表格、圖式和其他類型的圖形。但是，報告的寫作完全遵循主題大綱（出現在每一個報告的各項標題），而且所有報告都採用類似的術語（請參閱**【展覽 8.4】**的主題大綱，以及簡化版的辭彙表）。四十八個獨立報告，不屬於任何 CAQDAS 軟體，然後成為資料庫，以供分析使用。

展覽 8.4　研究範例 1 使用的統一標題與辭彙表

彙整四十八份田野報告的統一標題：
- 第 1 節：邏輯模型的概述（如何組織夥伴關係，以提高 K-12 數學和自然科教學）
- 第 2 節：合作夥伴的資料蒐集和其他評鑑活動的樣本
- 第 3 節：教師的素質、數量和多樣性
- 第 4 節：挑戰性的課程
- 第 5 節：大學數學、自然科學系教授的角色
- 第 6 節：對立解釋
- 第 7 節：不斷發展的創新和發現
- 第 8 節：資料來源和參考文獻

辭彙表樣本項目：
- 職前教育：K-12 師資訓練
- 在職教育：K-12 教師的進修教育
- 挑戰性的課程：經過挑選符合州立規定標準的 K-12 課程（而不是使用於職前教育或在職教育的課程）
- 大學系所教授：大學自然科學、技術、工程、數學等研究領域的教授，通常屬於理工學院的系所
- 對手解釋：合作夥伴關係之外，可能說明 K-12 數學、自然科教育變化的其他解釋
- 永續發展：聯邦政府補助經費到期後，合作夥伴關係有能力持續發展其活動

▶研究範例1的資料解組

為了示範容易理解，這裡的解組程序特別予以簡化，只聚焦單一主題：大學教授從事 K-12 數學、自然科教育活動的角色。編碼由研究者動手完成，涉及兩個步驟：

- ◆ 步驟一，徹底檢視資料庫，找出任何提及大學或大學教授的資料，結果找到許多這樣的素材，用括號把該等資料標示出來。
- ◆ 步驟二，如果括號內的資料，提及大學教授和 K-12 教育之間任何方面的活動，就給予該活動第一層級編碼（或標籤）。（如果括號內的資料，不涉及如此活動，就不用編碼。）編碼應該立意指向，看起來涉及 K-12 教學的活動，最後浮現出八個範疇（第二層級編碼）（請參閱【展覽 8.5】）。

展覽 8.5 檢視資料庫浮現的八類活動——【研究範例 1】的編碼

涉及大學教授和 K-12 教育之間的各類活動
1. 職前教育：大學的數學、自然科學系所教授提供的課程和學程，可提供想成爲 K-12 教師的學生選讀。
2. K-12 教師在職進修：大學教授爲現職的 K-12 數學、自然科教師，開設的特定主題工作坊、暑期進修課程，以及指導支援。
3. 為在職 K-12 教師開設的大學課程：大學教授開設的大學部或研究所新課程，輔助在職教師獲得認證或更高的學位。
4. 協助學區：大學教授協助學區定義數學、自然科的課程架構、教學法指引，或課堂評鑑。
5. 直接與 K-12 學生接觸：大學教授透過各種途徑來指導 K-12 學生，包括：非正規的科學計畫（例如：科學中心）、大學研究實驗室實習、擔任科學展評審等。
6. 社區教育：大學教授出席 K-12 學生家長參與的聚會，例如：當地學校主辦的家庭數學之夜活動。
7. 研究：大學教授從事聚焦 K-12 教育相關主題的研究，例如：K-12 課程或教學法。
8. 大學的教學：大學教授因爲接觸 K-12 教學法原理（例如：探究本位的科學或數學），有所心得，從而修改自己的課程，採取新的教學方法。

然後，在報告頁面的邊界，寫下相對應於括弧內資料的所有標籤和範疇，再編註識別號碼。這些編號的標籤或範疇，就是第三層級的編碼，提供分析循環的後期階段使用。

用手寫在紙張有個好處，可以將紙張攤開來，一再的重複檢視括號內的項目和標籤，檢查標籤的使用是否一致，或任何其他目的。如果使用 CAQDAS 軟體，也可發揮類似的作用，但也可能有更多的效益，比方說，軟體容許更快速的掃描，也能夠更有效率搜尋到特定的項目。然而，研究團隊不認為田野資料的數量足夠大到有必要使用軟體，還有花額外的心力把原始資料轉換成電腦格式。這也讓我們再次見識到，每個研究者在面臨諸如此類的研究階段時，都必須視情況斟酌，是否要用 CAQDAS 軟體。

▶研究範例1的資料重組（使用陣列）

完成編碼的資料，在此階段就要依照二維矩陣的格式，來進行重組（不過，這個二維矩陣規模還真是不小，所以本書在此並沒有翻印）。第一維度

（行）代表先前**【展覽 8.5】**定義的八類活動。第二維度（列）代表四十八個合作夥伴關係。這矩陣包含 8×48 個空格，每個空格內，填入資料庫經過編碼的實際資料，以及識別號碼。從本質上講，這矩陣能夠幫助研究者，根據八個範疇的 K-12 教育活動與四十八個夥伴關係，有系統地重新組織原始資料。

（未完待續，下接第 9 章，頁 275）

第 9 章

分析質性資料 II —— 詮釋、結論

研究並非止於純粹分析資料，或文字陳述實徵結果。良好的研究還必須完成兩項任務——詮釋研究結果，以及做出總體結論。遺憾的是，一般往往認為，研究者理所當然能夠完成這兩項任務。比方說，許多實徵研究（不只是質性研究）的結論，其實只是把研究結果重複陳述或略為改寫。有鑑於此，本章提供若干選擇做法與實作範例，另外再特別針對三種詮釋寫法，以及五種結論寫法，詳細介紹說明實施步驟與注意事項，希望有助質性研究者加強詮釋和結論的撰寫。

本章介紹質性資料分析的第四階段詮釋（*interpreting*），以及第五階段結論（*concluding*），這也是社會科學研究最迷人的兩個階段。個中挑戰在於，你必須以有條理的方式，來呈現研究發現，創造合適的詞語和概念，並告訴世界你的研究的意義。

§ 重組過渡到詮釋

從重組過渡到詮釋的階段有兩種不同的版本，一個比較溫和。在溫和的過渡中，從重組的階段衍生出想要往前進的想法，這些想法與具體的陣列或（和）實質筆記有關。這些素材準確地汲取你的資料，融合、排序素材，以找出形態與主題，建構詮釋的基礎。這個溫和過渡表示你準備好前進到分析的詮釋階段——甚至可以省略下段，直接跳到 A 節。

在比較不溫和的過渡中，你相信自己已經完成重組階段，但是沒有浮現出什麼驚人的資訊，還在懷疑（遊蕩？）雖然你有些陣列和筆記，沒有形態或主題，沒有明顯的詮釋可接受。

如果在這種不溫和的過渡時，你必須要跳到另外一個地方。首先，考慮

回到重組階段，再一次審視你的陣列和筆記。第二，如果有時間和耐心，再往前回溯到解組階段，回想當時的情況，或是參與者在田野調查時所說過的話——先不論這些是否提供不同的新編碼（編碼選項）或是實質筆記（非編碼選項）。第三，重看文獻，有時候重讀會出現新洞見。第四，可以朝反向走——先看看本書有關詮釋階段的素材（如下的 A 節）。這些素材包括許多範例，說明他人如何詮釋成果，這些範例有助於你重新思考形態與主題。

§ 五階段循環的重現與詮釋、結論階段的重要

再次不厭其煩的提醒：請注意所有分析階段都有的遞迴關係。【展覽 9.1】聚焦分析階段的最後四個階段，個中凸顯詮釋階段的關鍵作用。

如同【展覽 9.1】的雙向箭頭暗示的，你的初始解釋可能促使你返回資料重組（*reassembling*）階段，可能是為了要修改相關的資料陣列。你可能會在這兩個階段之間往返不只一次或兩次。【展覽 9.1】也暗示，詮釋階段甚至可能會促使你重返解組（*diassembling*）階段，可能是需要重新編碼若干項目。然後，該等重新編碼的項目可能在重組階段產生新的主題。同樣地，詮釋和結論階段之間也可能有來回往返的遞迴關係。

在開始詮釋階段前，你應該已經建立了若干資料陣列，或其他重組資料的方式。你多少也逐漸明白該用什麼方式，來詮釋實徵基礎的素材。在這裡，「詮釋」意味著，對於相同資料，其他人可能抱持不同的看法。如果，你的研究企圖心比較強，你可能會努力去預測主要的對立詮釋，並且論述為何你的詮釋比較有說服力。

在開始結論階段時，你應該已有扎實的詮釋（即便只是初步版本）。你多少對研究結論有些想法。強而有力的結論，可以整合研究的其餘部分。如果，你的結論還沒有達到這樣的程度，你可能需要回頭重新檢視你的詮釋，以便建立更扎實基礎，支持你所預期的理想結論。本章結尾處，會繼續運用先前第 8 章的【研究範本 1】，示範說明如何處理詮釋和結論階段。

最後一點澄清：本章與第 11 章有不同的目標，雖然，表面上，這兩章可能有類似的主題。不過，第 11 章是假設你已經完成詮釋和結論，目的是要建議有力而敏感的方法，讓你得以整合該等詮釋和結論。相對地，本章目的則是要幫助你完成詮釋和結論的寫作。

展覽 9.1　分析四階段的遞迴關係

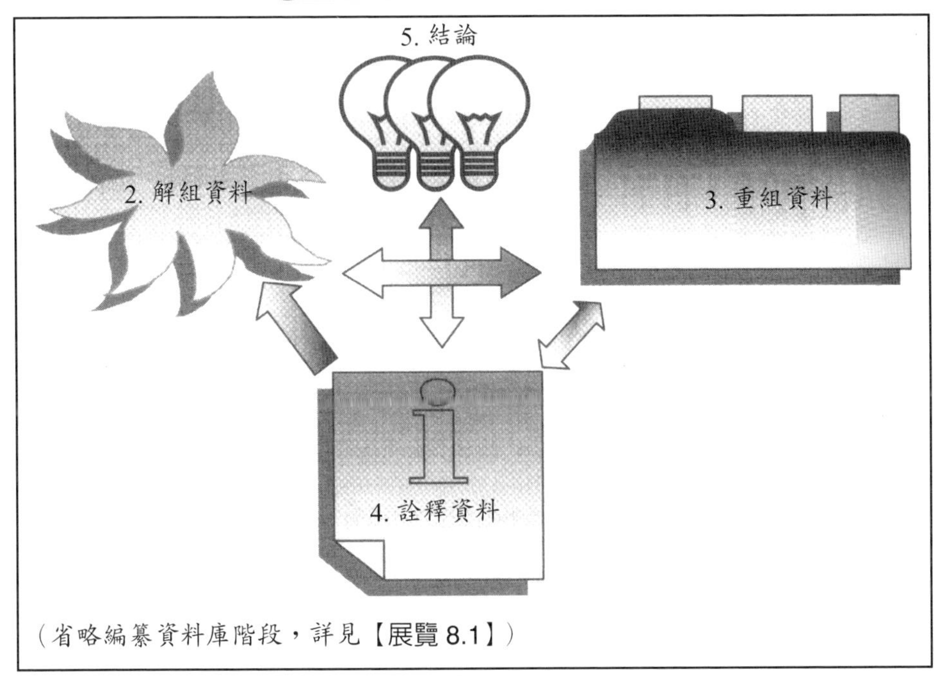

A 第四階段：詮釋

本節學習重點

- 詮釋目的是要涵蓋研究的整體，而非只是若干圖表或資料。
- 理想詮釋的五點特徵。
- 質性研究的三種詮釋模式。
- 注意現有質性研究副標的用處。

詮釋（*interpretation*）可視為，針對重組的資料或資料陣列，整理出自己體會的意思。詮釋是一種技藝，將全部的分析整合起來，並推上巔峰。詮釋階段需要廣泛使用分析技巧，涵蓋資料的關鍵部分，呈現你最深刻的體會。換句話說，這裡所指的「詮釋」不是狹義的，比方說，詮釋某特定圖表的資料而已；相反地，這個階段的目標是要完成全面性的綜合詮釋，同時還要含括具體的資料，從中提出重要的主題，進而以之爲基礎來了解你的整個研究。

什麼才算是全面而理想的詮釋？這並沒有確切定義可言。你或許可以考量盡可能努力朝向滿足下列五點判準：

- ◆完整性（你的詮釋是否有開頭、中間和結尾？）
- ◆公平性（和你立場相同的其他人，是否得出一致的詮釋？）
- ◆實徵正確性（你的詮釋是否如實呈現你的資料？）
- ◆價值增加（詮釋是否有新意？還是大部分重複你回顧的文獻？）
- ◆可信度（在該主題領域最受敬重的同行，將如何批評或接受你的詮釋？）

如果，你的質性研究經驗豐富，對於如何達到這五個判準，應該已經有相當的了解與把握；至於新手仍然需要不少摸索，最好的建議就是，在建立詮釋的過程中，持續徵詢同僚的反饋意見。

資料不會「自己發言」，把意思說明出來。退而求其次，或許只能期待所有人對於相同的資料，詮釋看法都能趨於一致。不過，這樣理想化的情形可遇而不可求。[1] 因此，你的詮釋品質好壞，攸關於你的整個研究將可能得到何等的評價。再者，詮釋品質和資料強度也有緊密關聯。因此，切記避免下列兩種極端情況：(1) 資料豐富，但詮釋卻很膚淺，沒能充分「開採」資料；(2) 言過其實的詮釋，遠超出資料所能支撐的內涵。總之，過猶不及，不過黃金定律也是無從確切定義的，你只能努力去追求，儘量達到平衡的中道。

§ 詮釋的模式

關於質性研究的詮釋，並沒有普遍遵循的標準類型。在草擬詮釋時，你往往會進入相對乏人探勘的新天地。不過，在這方面，歸納或許可以提供一些幫助：文獻回顧質性研究的詮釋寫法，從中歸納是否有可以參考的共通做法。

透過這樣的回顧，應該可以歸納出幾種可能適用的詮釋模式（你也可以

---

[1] 對於認爲質性資料詮釋的分歧狀態乃是質性研究的致命傷，最好也別忘了，量化資料主宰的領域——經濟學——量化資料的詮釋其實也有顯著的分歧，而缺乏共識。

自己試著回顧，歸納出你最喜愛的質性研究，看看是否可以增加或修改下列的模式）：

- ◆描述；
- ◆描述外加呼籲行動；
- ◆解釋。

乍看之下，上述分類似乎不太有參考價值。比方說，大家都知道，質性資料原本就給「描述」模式，提供相當厚實的基礎，所以這裡再提出描述作為詮釋的一種模式，似乎沒有太多的意義。

然而，要寫出好的描述，可不一定很容易就能夠辦到。質性分析很可能陷入漫無目標的零碎描述。所以，我們還是需要努力試看看，能否建立有用的想法，幫助描述能夠提供社會科學更有目標性的詮釋。接下來，就讓我們依次來討論這三種詮釋模式。

§「描述」型的主要詮釋

首先，回顧兩個質性研究的經典：Lynd 與 Lynd 的《中城：現代美國文化研究》（*Middletown: A Study in Modern American Culture*）[2]（Lynd & Lynd, 1929），以及 Margaret Mead 的《薩摩亞人的成年》（*Coming of Age in Samoa*）（Mead, 1928）。特別選擇這兩部經典名著，取自對質性研究貢獻最大的兩個學門：社會學和人類學。值得注意的是，出版年代幾乎相同，將近百年的時間內，陸續有新版本問世，奠定了傳世不朽的經典地位，在各自學門廣受尊崇。[3]

---

[2] 譯者補注：簡體字中譯本書訊：Robert S. Lynd & Helen Merrell Lynd（1929）；盛學文、馬春華、李曉鵬（譯）（1999），《米德爾敦：當代美國文化研究》。中國北京：商務。

中譯本內容簡介：本書從以下幾方面分析研究美國社會的縮影——中城的社會變遷以及社會觀念的變化：謀生手段；建立家庭；培養年輕人；利用閒暇；宗教習俗的吸引力；社會活動的吸引力。

[3] 任何經典研究作品（無論是社會科學或自然科學領域），原始的作品往往都會受到重新檢驗。Mead 的《薩摩亞人的成年》也不例外，後繼的研究者發現薩摩亞人的生活，和 Mead 當初的描述有顯著的差異，尤其是有著更多性方面的

這兩部著作的詮釋主要是屬於描述寫法。《中城》描述二十世紀初葉，美國中部一個「平均值的」小鎮的日常生活。描述非常直接了當，捕捉家庭和社會生活的普遍面向：

第一篇　生計

第二篇　成家

第三篇　年輕人的教育

第四篇　休閒

第五篇　宗教活動

第六篇　社區活動[4]

約束（例如：Gardner, 1993，〈薩摩亞的大騙局〉，《懷疑探究》期刊，17 期，頁 131-135，轉述於 Reichardt & Rallis, 1994b，頁 387）。後繼的研究者懷疑，Mead 對於薩摩亞語言能力有限，而使她很可能受到當地資訊提供者的誤導，他們可能揣摩 Mead 可能想要探索性濫交的原始社會，所以就投其所好，告訴 Mead 想要聽到的想法。

4 譯者補注：簡體字中譯本詳細章節目錄如後：

緒論

第 1 章調查的性質；第 2 章城市的選擇；第 3 章歷史背景。

第一部分謀生手段

第 4 章主要的謀生手段；第 5 章米德爾敦的養家人；第 6 章米德爾敦人靠什麼謀生；第 7 章工作的權威；第 8 章他們爲何如此勤奮工作。

第二部分建立家庭

第 9 章米德爾敦人的住房；第 10 章婚姻；第 11 章子女撫養；第 12 章衣食和家務。

第三部分教育子女

第 13 章誰該去上學？第 14 章兒童的學習內容；第 15 章教育者；第 16 章學校「生活」。

第四部分利用閒暇

第 17 章傳統的休閒方式；第 18 章休閒方式的創新；第 19 章休閒娛樂組織。

第五部分參加宗教儀式

第 20 章主要宗教信仰；第 21 章宗教儀式的時間和地點；第 22 章宗教儀式的主持者與參加者；第 23 章宗教儀式。

第六部分參與社區活動

這部著作出類拔萃之處，可能源自以下兩個特點：

1. 在此之前，少有社會科學家針對普通美國城鎮的生活，蒐集廣泛的田野資料。研究團隊包括 2 位主持人和其他團隊成員，在當地設立了一個辦事處。他們花了二年時間投入參與當地生活，也彙整了當地統計數據，使用問卷進行訪談，並檢視大量文件素材。
2. 當年正好處於特殊的歷史時期，研究捕捉到農業經濟仍占主導地位，尚未進入工業經濟的時代，為一般鄉鎮的美國人生活風貌，因此報導涵蓋了美國歷史上相當重要的一個年代。[5]

《薩摩亞人的成年》處理的，則是完全不同的世界。這本書聚焦女生的青少年發展週期。研究蒐集資料來源的對象是，薩摩亞海岸三個村子的 68 位女生，年紀介於九至二十歲。訪談採用薩摩亞的語言，包括用薩摩亞語言施測智力測驗，另外也詳細檢視這三個村子的家庭社會結構。

這本書的章節組織是根據女生的青少年發展週期：

第一章　導論
第二章　薩摩亞一日
第三章　薩摩亞兒童的教育
第四章　薩摩亞人的家戶
第五章　女孩和同齡群體
第六章　社區中的女孩
第七章　正式的兩性關係
第八章　舞蹈的角色
第九章　對待人格的態度
第十章　普通女孩的經歷與個別性
第十一章　衝突中的女孩
第十二章　成熟與晚年

第 24 章政府機構；第 25 章保健；第 26 章社會救濟；第 27 章資訊；第 28 章群體整合。

第 29 章結束語。

5 在 Lynd 與 Lynd（Lynd & Lynd, 1937）後續的《變遷的中城》（*Middletown in Transition*），更直接探討農業社會邁入工業社會的時代變遷主題。

第十三章　從薩摩亞的對比看我們的教育問題

第十四章　迎向自由選擇的教育[6]

像《中城》一樣，《薩摩亞人的成年》的獨到特色，也來自於田野研究資料的豐富，當時不為人知的天涯異境。不過，也像《中城》一樣，這個研究提出探討更廣泛的主題，試圖洞察美國女孩遭遇的「衝突和壓力的症狀」，但顯然不存在於薩摩亞女孩的成長過程（頁 136）。研究的一項主要目標是要檢視，「該等困境是青少年都會經歷的，抑或是只有美國青少年才會經歷」（頁 6），研究藉由薩摩亞的情況，來獲得解答此一研究問題的洞視。導論和最後兩章，就是提出討論這項廣泛的研究目標。

這兩本經典，描述都很周延深刻，而且發人深省，尤其是研究的主題先前都沒有其他社會科學家做過有系統的探究。除此之外，這兩本經典之作也展現了，不只是卓越的描述，更進一步提出更廣泛議題的結論——類推型的結論（請參閱本章稍後，分析循環第五階段結論的類型）。不過，就目前而言，且讓我們進一步探索描述類型詮釋的本質。

在質性研究的詮釋類型中，描述是主要的一種，範例可見於當代若干作品。透過這些作品，可以見識到描述的實質。因此，你應該找出這些或其他作品，深入檢視。

為求本書討論方便起見，我們摘錄若干作品的副標題與章節標題，希望能夠幫助讀者一窺究竟。【展覽 9.2】摘錄九份研究，研究的副標題（不是研究的標題），雖然只是簡短的字句，不過通常能夠捕捉整個研究的廣泛主題與範圍。

然後，【展覽 9.2】列出各章標題，可以提供線索窺見整個研究描述的結構。（在發表於期刊的質性研究論文中，論文各節的小標題約略等同於書籍各章的標題。）

若干研究典型涵蓋某社會族群或某地區人士的日常生活，描述的結構通常逐步呈現日常生活的例行活動，例如：

---

6 譯者補注：附錄一各章注釋；附錄二本研究的方法論；附錄三今日薩摩亞文明；附錄四心理缺陷和精神疾病；附錄五分析所依據的素材。

展覽 9.2　描述作爲詮釋：研究範例的作者、副標題、章節標題

	研究1	研究2	研究3
作者	Liebow (1993)	Anderson (1999)	Sharman (2006)
書名	*The lives of homeless women* 《女性街友的生活》	*Decency, violence, and the moral life of the inner city* 《內城生活的禮儀、暴力、道德》	*The tenants of East Harlem* 《紐約東哈林區的租户》
導論	從缺	德國村下城區	從缺
第一章	一天又一天	街頭家庭	東哈林區
第二章	工作和職業	尊重運動	歡樂大街：義大利裔
第三章	家庭	毒品、暴力、街頭犯罪	106街：波多黎各裔
第四章	社福人員和接受者	配對遊戲	125街：非裔
第五章	朋友、上帝、我	禮儀老爹	116街：墨西哥裔
第六章	故事的總結	轉型中的內城區黑人祖母	第三大道：西非裔
第七章	關於無業遊民的若干想法	約翰透納的故事	第二大道：華裔
第八章	從缺	從缺	都市更新和最終移民
結論	從缺	角色模範的轉變：尋覓 Johnson 先生	從缺

	研究4	研究5	研究6
作者	Napolitano (2002)	McQueeney (2009)	Pérez (2004)
書名	*Living in urban Mexico* 《墨西哥的城市生活》	*Race, gender, and sexuality in lesbian and gay-affirming congregations* 《男女同志肯定教會的種族、性別與性慾》	*Migration, displacement, and Puerto Rican families* 《移民、遷徙與波多黎各家庭》
導論	彩虹歸屬感與另類現代性	從缺	從缺
第一章	國際化區域、擴展城市、轉型中的鄰里	研究方法	導論：兩個西語鄰里的性別化故事
第二章	移民、空間與歸屬	場域：信仰教會與統一教會	逃避鞭打與遷徙的根源
第三章	宗教嚇阻與現代性的政治	同性戀與基督教的衝突	認識你的同胞：波多黎各的美國國民
第四章	醫療多元主義	性慾的最小化、正常化、道德化	Los de Afuera（西語：外來者）、跨國主義、認同的文化政治

（續）

第五章	成爲 Mujercita（西語：女性化的男性）	從缺	仕紳化、都市內部遷移、地方政治
第六章	性別協議、順從、抗拒：超越已婚、鰥寡、單身、離婚的制式類別	從缺	跨國生活、親族關係、生存策略
結論	從缺	結論	結論：重新檢視性別、貧窮與移民的論爭
	研究 7	研究 8	研究 9
作者	Hays (2003)	Bogle (2008)	Padraza (2007)
書名	*Women in the age of welfare reform* 《社福改革年代的婦女》	*Sex, dating, and relationships on college campuses* 《大學校園的性、約會和感情》	*Political disaffection in Cuba's revolution and exodus* 《古巴革命政治不滿與移民潮》
導論	從缺	從缺	從缺
第一章	金錢與現代性	導論	虛幻的希望
第二章	推行工作倫理	從約會到濫交	革命定義
第三章	提倡家庭價值	濫交	革命深化
第四章	社福人員的恐懼、希望與離職	濫交的情節	革命重新定義
第五章	不平等的金字塔	校園成爲性交場所	革命鞏固
第六章	不可見性和包容性	男、女和性事的雙重標準	1980 年代馬列爾偷渡事件（*Los Marielitos*）
第七章	貧窮文化	大學畢業後的人生：回歸約會	蘇聯解體之後
第八章	社福改革的成功	濫交與約會：比較	最後一波移民潮
第九章	從缺	從缺	教會與公民社會
第十章	從缺	從缺	民主化與移民
第十一章	從缺	從缺	不可能的三角
結論	從缺	從缺	從缺

- Liebow（1993）女性街友生活的研究；
- Anderson（1999）內城街坊的街頭生活研究。

（請參閱【展覽 9.2】研究 1、研究 2。）

另外，研究的描述也可能立基於某地區多樣分歧的人物或族群，例如：

- Sharman（2006）紐約東哈林區的租户，這是紐約市眾人皆知的人口混雜區域。

  （請參閱【展覽 9.2】研究 3。）

有些研究，雖然也關於人們的日常生活，但可能更關切社會體制的本質。這類研究的描述就會比較著重於**體制的結構**（*institutional structures*）、功能（*functions*）或主題（*topics*），例如：

- Napolitano（2002）墨西哥的城市生活研究；
- McQueeney（2009）兩個天主教會面臨的道德兩難研究；
- Pérez（2004）波多黎各移民研究；
- Hays（2003）美國新社福政策實施後的婦女生活研究。

  （請參閱【展覽 9.2】研究 4、研究 5、研究 6、研究 7。）

檢視**歷時過程**（*process over time*）的研究，可能會採用時間序作爲描述的組織，再採用某種類型的敘事探究，深入檢視過去乃至遙遠的歷史事件（例如：Connelly & Clandinin, 2006）。這種描述的結構，可能包括許多差異性極大的分類，例如：

- Bogle（2008）大學校園約炮的研究，呈現約會—打炮—約會的序列；
- Padraza（2007）橫跨數十年的三波古巴移民潮研究。

  （請參閱【展覽 9.2】研究 8、研究 9。）

前面引述的這些描述，其結構可以作爲質性研究資料分析、詮釋的原型。再者，你可以斟酌選擇適合的翔實描述程度。**厚描述**（*thick description*）（Geertz, 1973, 1983），可提供讀者高度翔實的細節，有助於體會和深入理解研究的社會情況。描述的厚度如果成功的話，可以促使詮釋脫離研究者中心的觀點，而能夠忠實描繪在地意義脈絡下的人物、事件和行動。不論描述是否有包含高度翔實的細節，關鍵重點就是，大部分的研究接著就需要致力呈現某些較廣泛的社會主題，而且必須和主要的研究文獻有所關聯。

最好的描述應該都會擁抱研究的資料。資料可能多樣分歧，包括：立基訪談的受訪者個人資料；立基文件搜尋的歷史資料；檔案資源彙整的數據資料。最後，再提醒一點，質性資料分析循環的第三階段，至少要包含若干最低程度的資料重組作業。不過，當你進入第四階段建立描述型的詮釋時，也可能持續重組的作業。

§ 描述外加行動呼籲

除了前述描述型的詮釋之外，有些研究闡述議題之餘，也會想要倡導某些因應行動（Holstein & Gubrium, 2005），就會採取這種描述外加呼籲行動的詮釋類型。典型寫法是在描述型的詮釋之後，緊接著提出呼籲，希望在公共政策或政策議程等方面做出變革（請參閱【展覽 9.3】）。

有些研究可能開宗明義就會揭示，研究動機是要倡議改革行動。就此而言，行動研究（*action research*）即是從一開始就公開表明，研究者和參與者採取協同合作的模式（例如：Reason & Riley, 2009，請參閱【專欄 9.1】）。另外還有一種例子，自傳俗民誌（*autoethnographic*）則是直接將研究者置於研究的場域之中（Jones, 2005）。

【專欄 9.1】與研究主體的 8 位老師合作

Gloria Ladson-Billings（2009）從事一項俗民誌，聚焦於 8 位老師，這些老師成功地指導非裔美國籍學生提高學業成績；他利用訪談、觀察與錄影，深入、貼近地從事課堂研究。這項研究刻意設計成團體合作，這群老師們與 Ladson-Billings 會面好幾次，試著分析各種相關的教學方法。這種合作的成果就是充分反應「實際教師經驗」（頁 180），同時帶領研究者「重新思考研究的意義」（頁 186）。

另外，有些研究則不是在事前就先呼籲行動，而是隨著研究結果浮現，才提出適宜的行動呼籲（例如：Hirsch, 2005，頁 131-139）。不論是在哪個階段提出行動呼籲，這種研究都明顯有別於前述的純粹描述型的主流研究類型。個中主要差異，簡要說明如後：

9.3　描述外加呼籲行動作爲詮釋：研究範例的作者、章節標題

	研究1	研究2	研究3
作者	Bales (2004)	Sidel (2006)	Newman (1999)
標題	*New slavery in the global economy* 《全球化經濟的新型奴隸制》	*Single mothers and the American dream* 《單親媽媽與美國夢》	*The working poor in the inner city* 《內城區的貧窮勞工》
導論	從缺	導論	從缺
第一章	新型奴隸制	超越汙名	勞工人生
第二章	泰國：因爲她看起來像個小孩	眞正的家庭價值	隱形的貧窮
第三章	茅利塔尼亞：毋忘舊日時光	失落	在內城找工作
第四章	巴西：邊緣人生	反彈復甦、力量、毅力	不以爲恥
第五章	巴基斯坦：當奴隸不再是奴隸	每個人都認識我祖母：延伸家族與其他支持網絡	學校與低薪世界的工作
第六章	印度：耕農的午餐	我必須振作：脫軌的夢想	窮困潦倒，奮發向上
第七章	當務之急	我眞的、眞的相信他會同甘共苦：婚姻承諾的衝突概念	家庭價值
第八章	從缺	21 世紀的議程：關心照應所有的家庭	誰進，誰出？
第九章	從缺	從缺	我們能爲貧苦勞工做些什麼？
結論	CODA：三件你可以阻止奴隸制的事情	從缺	從缺

1. 行動的呼籲可能會主導研究的結論。再次，檢視各章標題可以提供的線索，體會如何完成這種詮釋與結論的文章寫法，例如：

- Bale (2004) 全球化經濟下的「新型奴隸制」研究；
- Sidel (2006) 單親媽媽和美國夢的研究。

（請參閱【展覽 9.3】研究 1、研究 2。）

2. 行動的呼籲可能促使讀者以不同方式，重新審慎檢視研究資料。即使資料大半是以描述形式來呈現，還是有可能強烈偏向支持呼籲行動。

呼籲行動的研究取向，再加上質性研究原本就必須格外注意反身性和取樣偏差等議題，這也可能提高偏頗的可能性。因此，呼籲傾向越強，就必須更審慎小心。

3. 行動的呼籲可能涉及錯綜複雜，且極富爭議性的公共政策議題。當代美國政治，主題可能包括：提高最低薪資、提供全民健保、擴大幼兒托育或安親班。這些議題都有相當多廣泛討論的文獻（包括質性與非質性），而且每項議題也需要書籍篇幅的專論，才有可能處理個中深廣層面。因此，質性研究納入呼籲行動的訴求，對於政策主題的探討，就有可能流於天眞浪漫的危險。

許多學者相信，社會科學研究應該是要蒐集和呈現資料，來支持或挑戰政策立場。其他學者更進一步——選擇研究主題和方法時，反應著存有偏差的文化價値體系。就像本書前面所提到的（請參閱第 1 章，D 節），後現代論點斷定即使是物理科學家都有可能無意識地將自己的個人價値觀置入研究之中，例如：定義，因此選擇値得研究的主題來進行（例如：Butler, 2002）。因此，呼籲行動或許不像剛開始那樣的令人反感。不過，你也必須注意一點，如果你要在研究當中納入呼籲行動的訴求，你也必須小心遵循學術的規範。你應該在相關研究文獻脈絡，來呈現你希望呼籲的政策主題或倡導的實質議程，或許可以在附錄增列若干資料，以顯示你對於該等事項的精熟程度。再者，你也可以試著納入詳細的注腳，深入討論政策議題，以及引述相關政策文獻，如下列例子：

- Newman（1999）內城「勞工貧民」的研究[7]。
  （請參閱【展覽 9.3】研究 3。）

透過這樣的做法，應該有助於化解呼籲行動可能引來研究可信度方面的質疑。

---

[7] Newman 的書總頁數 376 頁（不含索引），其中注腳部分就高達 65 頁，大部分是關於政策議程的細節。透過這樣的呈現方式，作者顯然對於政策主題做了相當周延而透徹的鑽研，這給讀者留下深刻的印象，相信她確實有全面深思熟慮掌握該項政策，因此大幅提高了行動呼籲的說服力。

§「解釋」型的詮釋

在描述型詮釋當中，總是會有某部分的解釋（*explanation*）。例如：前面【展覽 9.3】引述的 Newman（1999），在關於速食店初階店員研究的描述當中，就包含解釋該等店員如何克服同儕之間，對於該等工作的汙名印象。不過，這解釋只是整部描述型研究的附屬部分。

相較之下，解釋型的詮釋，重點則是全部用來解釋研究對象事件如何發生，以及為何發生；或是解釋研究對象人物如何與為何做出某些特殊的行動。在這種情況下，詮釋的架構就會採用解釋模式，範例請參閱【展覽 9.4】五項研究的副標題和各章標題。

展覽 9.4　解釋作為詮釋：研究範例的作者、副標題、章節標題

	研究1	研究2	研究3
作者	Royster (2003)	Williams (2006)	Edin 與 Kefalas (2011)
書名	*How white networks exclude black men from blue-collar jobs* 《白人網絡如何排除黑人加入藍領工作？》	*Working, shopping, and inequality* 《工作、逛街購物與不平等》	*Why poor women put motherhood before marriage* 《貧窮婦女為何寧可未婚生子？》
導論	從缺	從缺	導論
第一章	導論	走進玩具店的社會學家	在我們有小孩之前……
第二章	看得見的手與看不見的手	美國的玩具店購物史	我懷孕的時候……
第三章	從就學到就業……黑人與白人	玩具店的社會組織	夢想如何破滅？
第四章	找到工作，找不到工作	不平等的購物環境	婚姻代表什麼？
第五章	評價市場的解釋	Toyland 玩具城的兒童	為愛辛苦
第六章	內嵌的過渡	玩具與民權	母職如何改變我的人生？
第七章	包容的網路 vs. 排外的網路	從缺	從缺
第八章	白人特權與黑人適應	從缺	從缺
結論	從缺	從缺	結論：闡明單親母職的合理性

（續）

	研究4	研究5	
作者 主題	Allison 與 Zelikow (1999) *Explaining the Cuban missile crisis* 《解釋古巴飛彈危機》	Neustadt 與 Fineberg (1983) *The epidemic that never was* 《虛驚一場的流感疫情》	
導論	導論	導論	
第一章	模式一：理性角色	新流感	
第二章	古巴飛彈危機：第一版本	Sencer 決定	
第三章	模式二：組織行爲	Cooper 背書	
第四章	古巴飛彈危機：第二版本	Ford 宣布	
第五章	模式三：政府政治	組織	
第六章	古巴飛彈危機：第三版本	實地測試	
第七章	從缺	責任	
第八章	從缺	立法	
第九章	從缺	啟動和中止	
第十章	從缺	Califano 介入	
第十一章	從缺	傳統典範	
第十二章	從缺	反思	
第十三章	從缺	技術層面的編後語	
結論	結論	從缺	

當研究主要目標是要提供全面性的解釋，那解釋就會驅動研究的整體結構，而非只是其中附屬部分。在前言或導論之類的研究目標宣言部分，就已經提出有待解釋的某些問題情境。很多時候，質性研究感興趣的問題情境往往是屬於規範性的問題，例如：社會不平等：

- Royster（2003）單親媽媽和美國夢的研究；
- Williams（2006）白人藍領工作網絡排斥黑人的研究。

（請參閱【展覽 9.4】研究 1、研究 2。）

有些研究，開場則是先提出某些社會現象，作爲需要解釋的主題，例如：

- Edin 與 Kefalas（2011），研究貧窮婦女為何寧可未婚生子。
  （請參閱【展覽 9.4】研究 3。）

另外，再舉政治學領域的例子，質性研究主要目的可能是要，針對重大區域政治事件提出解釋。研究旨趣焦點通常是全國性或國際重大事件。例如：

- Allison 與 Zelikow（1999）解釋古巴飛彈危機；
- Neustadt 與 Fineberg（1983）研究美國 1970 年代，一場未爆發的流感疫情。
  （請參閱【展覽 9.4】的研究 4、研究 5。）

不論研究旨趣所關切的是人物、社會或政治事件，在初步研究目標提出說明之後，接下來的章節就要讓作者建立解釋。每一章增添進一步的解釋，或相關脈絡資訊，在此過程，最有效的解釋也會持續關注對立解釋。

在研究方法論的程序思考中，考量**對立解釋**（*rival explanations* ，請參閱第 4 章，選項 2），乃是增進分析技術質量最重要的一種方式。當分析進入詮釋階段，而且是採用解釋型的詮釋，對立解釋的重要性就更是不容等閒視之。你應該盡力思索與呈現對立解釋的現實存在的相關證據，或理論上可能的相關證據，致力展現該等證據如何可能偏向支持對立解釋（在這找尋證據的過程，應該要把對立解釋視同你所要確立的主要解釋）。當研究進展理想的情況下，你所彙集的證據本身應該就足以推翻對立解釋，而不需要你再多做反駁的論述。最後，整體結果應該就能夠呈現一個扎實而且合理可行的解釋。

有一項相當出色的企管領域的質性研究，就採用了一種別出心裁的呈現對立解釋的方式（Schein, 2003）。研究主旨是要提供解釋，一家名列全國前五十大企業的電腦公司爲何倒閉。雖然，作者呈現大量的訪談和文件證據，支持他提出的解釋，他也在附錄納入若干章，每一章都提供前公司的關鍵經理人員，有機會來呈現對立解釋。

要建立好的解釋不是件容易的事。因此，你不太可能完全不需要任何人的協助。主要的幫助可能來自同僚和同儕——他們對於你的研究主題和研究方法有所了解。在建立解釋以及修定草稿的過程，你應該持續和他們保持對話，虛心聆聽他們的回饋批評與建議。同僚和同儕的外來者觀點可以幫助，揭顯你的解釋架構潛在的缺漏或怪異之處，這些都是你會希望能夠有效修補的。因此，這個階段絕對不宜閉門造車。找朋友和同僚，談談你的研究故事。你越能夠和別人互動，你就越有可能創作出充滿眞知灼見的詮釋架構。

§ 創造真知灼見的有用詮釋

分析可以有無限多的做法，只要滿足以經驗爲基礎的前提即可，知道這點應該可以讓你振奮一下。能夠阻擋你找到理想詮釋架構的絆腳石，就是你不夠用心關注自己的資料，或是缺乏創意。理想的詮釋應該能夠把你重組的資料連接到有意思的想法，比方說，相關文獻的各種想法。

你可以試著從以下幾個方面，來著手開始詮釋：

1. 你應該已經知道你的研究的主題，反映在你給研究命名的可能副標題。
2. 分析階段，你可能已經在你的研究資料持續觀察到重要的或新的形態，比方說，橫跨不同個人或事件的形態。值得注意的形態超越任何單一的資料，很可能會滲透整體資料的相當部分。這些新發現的形態，可以成爲創意詮釋的支柱。
3. 你應該總是能夠從你的初始研究問題切入，來著手開始詮釋，並且延伸發展。

你也不需要認爲，詮釋只是線性序列的一環，也就是說，必須等到分析的第四階段，然後才可以開始嘗試做任何詮釋。有不少質性研究在此階段之前，就已經提出他們的詮釋。例如：Adrian（2003）全球化脈絡臺灣婚紗業的研究，整部作品到處都可以見到她的詮釋（請參閱【專欄 9.2】）。這樣的策略可能會有風險，只選擇特定而偏於狹隘的資料呈現。然而，就如同 Adrian 的研究範例顯示，只要你能夠呈現大量詳細的資料，在各章節涵蓋一系列的相關主題，這樣應該可以幫助抵消如此的風險。

當你事後回顧，徹底了解相關文獻可能也有助於圓滿完成這些另類的詮釋做法。如果文獻薄弱（只有少數幾則和你研究主題相關的研究，或研究主題和理論基礎含糊不清），就可以展現你的詮釋如何奠定基礎，而有助於開

【專欄9.2】貫穿質性研究的詮釋主題

正面迎接質性研究詮釋不可避免之挑戰的方法，就是從一開始就將研究嵌入更廣泛的主題。

Bonnie Adrian（2003）的研究切入點是一個具體的事件——觀察臺灣朋友主臥室懸掛的三英尺高婚紗照，還有業者贈送的一大本婚禮相簿，貼滿了十五英寸婚禮留念照片（頁1-2）。這些照片反映了臺灣社會一個廣泛的變遷——競爭激烈的婚紗攝影店、新娘美容的套裝促銷。

描述這種引人注目的有趣現象之餘，Adrian很快就介紹了研究的主要詮釋重點——全球化與消費社會——這促使她得以在結論，討論「臺灣婚紗攝影不只是對於臺灣急速全球化的反應，而且本身也是這……進程的一部分」（2003，頁244）。在整個研究中，臺灣的婚禮儀式也持續反映出全球化主題的脈絡。

展未來研究的新方向。如果文獻夠強大（有許多以前的研究，反映了相當豐富多樣的主題），那你的詮釋就可以從中確認尚待未來研究加強或補足的主題。如果文獻強弱居中，你就可以延伸傳統界線，建立詮釋來展現「超越既定範圍」的研究創意。

B 第五階段：結論

本節學習重點

- 結論如何捕捉研究的「重要意涵」。
- 五種類型的結論實例。

在質性分析循環的詮釋之後，緊接著就是第五階段結論（*conclusion*）。完整的實徵研究，無論是否基於質性研究，都應該有結論。結論應該連接前面的詮釋階段，以及研究的主要資料或實徵發現。就此而言，結論可算是研究分析的一部分，因此這裡特別把它列為分析循環的第五階段。

就某種程度而言，每一項研究的結論可說都是具有高度的特殊性，甚至可能是獨一無二的。基於這個原因，結論似乎不太必要牽扯一般性的理論論述。話雖如此，注意別人如何做結論，或許有助於指引自己思考該怎麼來處理研究的結論。

結論是某種總結的陳述，把研究結果提高到更高的概念層次，或更廣泛的理念。結論捕捉研究更廣泛的「重要意涵」，而結論的精神就反映在「經驗心得」（lessons learned）和「研究蘊義」（implications of research），以及更務實的口號，例如：「實務的啟示」（practical implications）（不過，你的結論不必然一定得出現諸如此類的概念或用語）。你擁有全權的自由，可以決定如何來寫你的研究結論，而且比起任何其他的研究階段還要來得更自由。只是，千萬別把結論當成單純的重述研究結果。

以下提供五種結論的寫法，你可以從中擇一模仿，或任意組合。當然，你也可以跳脫這些類型，寫出你個人獨特風格的結論。

§ 第一類：呼籲新的研究與提出實質（非方法論）的命題

這種結論寫法相當普遍，淵源可能來自基礎研究。在結論的部分展現，研究的發現（例如：研究結果支持或不支持原初命題）如何指向未來研究應該繼續探究的問題。主要的結論也就是陳述「我們仍然不知道的事物」。

在這種情況下，研究的結論通常是提出未來研究應該探討的問題。除了未來研究的問題之外，甚至可能需要提出研究方法的建議。因此，這種模式的最完整結論寫法，就是要提出新研究的設計。你可以提出挑釁的聲明，偶然地誘發出新的研究起點。例如：Liebow（1993，頁 223）研究女性街友（【展覽 9.2】，研究 1）結論的命題，他承認乍聽之下像是同義反覆的說法：「無家可歸的街友無家可歸，因為她們沒有住的地方。」不過，他緊接著就拿這個命題和其他更常見的說法做對比，討論——無家可歸乃是肇因於無家可歸者身體或精神狀況或缺乏就業。你可以想像得到該如何設計新研究來跟 Liebow 的原始命題做比較。

另外，Wilson 與 Taub（2006）的研究則示範如何以結論的命題來做預測。他們研究多個不同種族混居的社區，得出結論與預測如後：「美國城市的社區 …… 未來仍可能維持種族、文化隔離的分裂態勢」（頁 161）。這種見解不純然只是基於預測，而是來自針對居民敏感性的解釋——一般民眾偏好住在經濟或文化上讓自己感覺舒適自在的社區。因此，預測可以做爲新研究的基礎。

無論如何陳述，這個命題都應該指出實質性的議題，應避免單純的方法論主題，除非一開始就將研究的目的設爲探索方法論議題。研究中還是可以包含方法論，但是不要喧賓奪主，取代了實質的結論。

質性研究者可以採用這種傳統的結論寫法，指出新的研究主題，但除此之外，也有其他更具吸引力的結論模式可供選擇。

§ 第二類：挑戰傳統的社會刻板印象

通常運用於質性研究，這是考量到質性研究通常聚焦於具體的特定情況。爲了得出結論，新的質性研究可能會開始使用先前發表的研究作爲出發點。先前的研究，往往是採用非質性方法，可能已經產生了大量的證據，而且以某種方式描述研究對象人物行爲、儀式或組織的刻板印象。相對之下，新的質性研究可能揭顯有別於該等刻板印象的形態，這些都可以構成質性研究結論的基礎。

比方說，研究窮人最常見的結論就是，窮人是自己生活能力障礙的受害者，例如：缺乏毅力，沒辦法認眞做工作，進而導致社區崩壞和生活環境混亂、不健康。此外，「破碎」的家庭結構，也導致窮人的惡劣處境代代相承，惡性循環越來越難以翻身。

多年來，大量的質性研究，不斷強化這種對於窮人的研究結論。其中，最早的範例就是著名人類學家 Oscar Lewis（1963, 1965）的「貧困文化」系列研究。該等研究結論指出，「貧困文化」構成了潛在的障礙，導致窮人難以克服重要的社會問題（1965，頁 xlii-lii）。[8]

---

[8] 譯者補注：中譯本書訊：Oscar Lewis（著），邱延亮（譯）（2004）。《貧窮文化墨西哥五個家庭一日生活的實錄》（*Five Families: Mexican Case Studies in the Culture of Poverty*）。臺北市：巨流。

中譯本內容簡介：「本書是五個墨西哥家庭男女老少日常生活極富戲劇性的有力寫照，一部溫厚的人類素描，同時也是變遷文化之嚴謹而權威的紀錄。它提供了當年墨西哥社會切片，讀者隨著作者走進五個家庭，也領進這些人們的心更多的當代研究一直努力挑戰此種類推的基本前提——低收入者的社會崩壞和個人生活能力障礙。比方說，Pérez（2004）研究第一代和第二代的波多黎各移民研究（【展覽 9.2】，研究 6），挑戰「底層階層刻板印象」（【專欄 9.3】）。另外，Hays（2003，頁 180-181）關於美國社會福利改革的母親研究，也得出類似的結論，挑戰典型的社會福利救助母親的刻板印象——無能或不願工作賺錢（【展覽 9.2】，研究 7）。最後，Bourgois（2003）研究毒販和其他城市地下經濟，得出結論：「歷史、文化和政治經濟結構，限制了個人的生活」（頁 16）。

【專欄 9.3】結論挑戰傳統的類推

Gina Pérez（2004）的「兩地研究專案」，探究主題爲第一代和第二代的波多黎各移民的生活（頁 20）。她在芝加哥和波多黎各的聖塞巴斯蒂安，從事俗民誌研究，分析歷史學會眾多的檔案文件。

這項研究是從性別和跨國觀點來進行研究。比方說，移民經驗是「有著強烈的性別因素差異……因此有些事情可能實現，但有些事情則不可能」（頁 17）。從跨國觀點來看，研究結果「挑戰早期研究的結論：循環移民是司空見慣的」（頁 198）。此項研究當中的波多黎各人顯現出一種跨國意識，但這不是由於迴流式遷移（circular migration）使然。因此，這項研究挑戰，往往連結到此種移民形態的底層階級刻板印象——移民促成跨代之間的社會結構瓦解，進而導致貧窮循環不斷（頁 199）。

類似地，質性研究的發現也提出挑戰，下列主題的類推結論：女子在職場和家庭的角色；男子在職場和家庭的角色；員工與雇主之間立基於經濟利益衝突的敵對關係；不同民族或種族群體之間的衝突；人類社會的其他重大

中，和小農莊、貧民窟、大雜院與高級住宅區裡的他們一塊生活一整天。對家庭生活親密而貼切的研究是那麼引人，對開發中國家隨著「西化」而來的「文化沙漠」的透露又是那麼嚇人，還有那劃時代的俗民誌書寫取徑，眞可說是一齣驚人的演出。」

刻板印象。

在探討與挑戰這類刻板印象方面，質性研究的典型貢獻就在於，質性研究提供機會探索非主流的文化和社會情境，從而揭顯在諸如此類的刻板印象背後，其實存在著先前研究未曾探知的更多樣化的情境。這樣的研究主要聚焦於歷史上經歷種族歧視、各類歧視和排擠打壓的社會群體（Banks, 2006，頁 775）。因此，質性研究可以增加諸如「（統計）平均値家庭」之類理解的廣度和深度，這類平均値的理解可能會忽略了實際家庭結構或行爲的多樣性和複雜度。

質性研究除了提出挑戰傳統研究的類推之外，還可以進一步建議，傳統研究如何可能改變、調整或豐富。例如：

- Carr（2003）關於某近郊社區的研究，促使他提出挑戰先前研究的推論：緊密的社會關係對於有效遏阻青少年犯罪扮演相當重要的角色。Carr 的社區研究發現，即使該等近郊社區沒有緊密的內部網絡或社會關係，在遏阻青少年犯罪的成效也很顯著。因此，Carr 在結論，提出修訂的非正式社會控制理論，來解釋郊區因應青少年犯罪的情形。

§ 第三類：提出人類社會行為的新概念、新理論，乃至於「新發現」

無論是否挑戰傳統智慧，質性研究的結論可以支持新概念、新理論的必要性，以及有用性。這些就是第三類的質性研究結論寫法。

在本章諸多研究範例中，Anderson（1999）「街頭法則」研究（【展覽 9.2】，研究 2）代表一種特殊的做法，研究者致力提供新的洞視，來理解內城居民的生活（【專欄 9.4】）。另外，Allison 與 Zelikow（1999）研究古巴飛彈危機（【展覽 9.4】，研究 4），結論指出，理解重大國際事務決策的重點，應該聚焦複雜組織行爲，而不是個別政治領袖的單獨行動。

結論也可能提出新的思維方式，而對學術領域帶來廣闊的啟示意義。比方說，Napolitano（2002）在關於社區變遷研究的結尾部分（【展覽 9.2】，研究 4）指出，如果能從「文化作爲開放和未完成的過程」觀點，來從事這

【專欄 9.4】使用質性研究建立與檢驗理論構念：「街頭法則」

Elijah Anderson（1999）關於特定時間發生在某特定地方的研究（二十世紀 90 年代的費城）。不過，研究者的興趣是要針對城市文化的一個重要面向提出更廣泛的宣稱——「都會區長期貧困和失業導致的社會問題」，以及這些問題如何「匯流深化了主流社會、體制，尤其是年輕人的疏離」（頁 32）。

Anderson 聲稱，「這種疏離最公開的表現就是『街頭法則』，內城區域普遍蔓延的一種對於安全感喪失的適應……，對於警察和司法系統嚴重缺乏信心」（1999，頁 323）。他的研究描述了該等地區的特徵和事件，文中描述了年輕人和家庭如何面對日常生活中無所不在的毒品、犯罪、法律。這些資料提供了具體的「街頭法則」證據，讀者讀起來更能體會，作者建構的新理論對於理解都會文化的貢獻。

請另行參閱【專欄 7.1】和【專欄 11.5】。

種社區的研究，而不是採用「社區研究的標準人類學」觀點，那可能會有更好的結果（請參閱【專欄 9.5】）。

至於提出「發現」作爲研究的結論，在此可舉一個混合方法（質性和量化）的經典研究範例，其基礎包括大規模的問卷調查和廣泛深入的田野研究。這份研究聚焦於新英格蘭地區一個小城鎮的社會階層結構，結果集結成五冊的報告。主要發現收錄在第一冊。其中一個研究發現顯示，個人的階級定位和其經濟狀況無關。另外，研究證據似乎指出，高度分化的六類階級結構。研究者運用他們的資料，估計各個階級的人口百分比，而且還發展了一套階級分類術語，一直沿用至今（Warner & Lunt, 1941，頁 81-91）：

- ◆「前段上層階級」（upper-upper class）（1.4%）；
- ◆「後段上層階級」（lower-upper class）（1.6%）；
- ◆「前段中產階級」（upper-middle class）（10.2%）；
- ◆「後段中產階級」（lower-middle class）（28.1%）；
- ◆「前段下層階級」（upper-lower class）（32.6%）；
- ◆「後段下層階級」（lower-lower class）（25.2%）。

【專欄 9.5】墨西哥城市社區變遷的研究

多年來，大量的質性研究聚焦探究「變遷中」的社區。這些社區人口大量遷出或遷入、經濟蕭條（衰退），或更新開發（「高檔化」）。大多數研究是美國的城市和社區，但類似現象顯然也可能出現在其他國家、地區。

Valentina Napolitano（2002）研究墨西哥西部最大的中心城市瓜達拉哈拉（1990 年，人口超過 300 萬）的若干社區。田野研究橫跨十多年，包括：1989 年，六個月；1990 年至 1992 年，兩年；1997 年、1998 年、1999 年，各一個月。她的「義大利」形象，讓她被視爲「外國人」的身分，不過這也敞開了「原本可能緊閉不開」的大門（頁 xvi）。

Napolitano 的研究，彙集該等社區處於國際化和低收入人口「新危機」脈絡之下的日常生活資料（2002，頁 22）。這項研究還嵌入了豐富的人類學框架，凸顯「文化作爲開放和未完成的過程」，而不是呈現出「社區研究的標準人類學」（頁 2）。

這個里程碑的研究，其影響結果就是促使人們開始關注，社區之內社會階級分層的幽微細節。這項首開先河的研究完成之後，吸引許多研究者相繼投入，至今持續不墜。

§ 第四類：類推結論應用到更廣的狀況

這種模式目前相當盛行，做法是在結論的地方，將研究發現類推到研究對象以外的其他情況。

第 4 章（選項 6）介紹的分析類推（*analytic generalization*），已經預覽過這種結論模式，可分爲兩個步驟：首先是定義一組特定的概念、理論構念，或一系列的假設事件；然後，設法把研究結果連結到該等概念，接著再指出該等概念如何可能類推、應用到其他新的狀況。例如：

- 從飛彈危機事件，類推到其他情況下的世界兩大強權之間的對抗（Allison & Zelikow, 1999）—— 請參閱【專欄 4.9】；
- 從墨西哥青少年移民的經驗，類推到其他英語能力侷限學生的「文化去根學校教育」經驗（Valenzuela, 1999）—— 請參閱【專欄 1.3 和 4.2】；
- 從婚紗產業，類推到「全球化消費社會」（Adrian, 2003）—— 請參閱【專欄 9.2】。

「世界強權對抗」、「文化去根教育」和「全球化」代表研究定義的理論構念。Burawoy（1991）運用了相同類型的程序——他稱爲「擴展的個案研究法」，從俗民誌研究所得的資料中重建理論（頁 271-287）。他認爲這個程序「闡明了微觀與宏觀之間的關聯」，因此得出類推（頁 274）。他跟同事從事一系列的研究，展現出這種關聯（請參閱【專欄 9.6】）。

【專欄 9.6】10 種當地場域下的俗民誌研究

有 10 個不同的俗民誌研究，每一個都由不同的同事進行（Burawoy 等，1991），包含了 10 個當地機構的日常生活：一個愛滋病相關組織、一個和平組織、一個有關州政府福利的勞工工會、一個烘焙合作社、兩個移工合作社、某種族飛地的女性領導群、一個八年級的教室、一個以社區爲基礎的課後班、有關吸毒者愛滋病防治的專案、以及一個社會學研究所班級。每個研究都有其獨特的特質，每個團體都有其特性，有目的性的對話導向——將觀察轉向解釋，將資料轉向社會理論階層，反應出「擴展的個案研究方法」（頁 4-6）。

另外，還有兩種常見於非質性研究的類推模式。不過，通常不太建議質性研究採用。

1. 這是源自問卷調查的類推模式。其前提是假設研究聚焦在某種已知統計意涵的人物、地點或事件樣本。如果是這樣，類推的結論就可以推斷，該研究的結果可應用於該等人物、地點或事件的母群。這種方式稱爲統計類推（*statistical generalization*）（討論請參閱第 4 章，選項 6），就研究的重要性而言，只具有數量上的貢獻，而沒有任何概念層面的貢獻。質性研究可以嘗試應用這種類型的類推，但即使有精心挑選具有代表性的人物、地點或事件，典型的質性研究樣本數量可能還是太小，不太可能保證能夠做出有效的統計類推。

2. 這種模式源自實驗研究。其前提是假設在類似的情況下，實驗結果可以充分複製，研究發現因此也就得以類推到其他類似的情況。實驗法的這種類推，即是所謂的「外部效度」（external validity）（例如：Cook & Campbell, 1979）。在質性研究中，也有類似此種理念的類推。

當質性研究目標是要企圖複製某特定部分或全部，就可以採用這種類推。例如：多元個案的研究，其中兩個或兩個以上的個案可能是特別挑選，來檢驗是否眞的相類似（Yin, 2014）。當研究結果相似程度越高，結論就可以更有信心宣稱，該等個案有相互複製的類似性。不過，這種檢驗複製的情況只可能存在於多重個案的研究，然而這種研究設計卻是相對罕見於質性方法的研究。比較常見的質性研究，通常不會出現同樣的情境。基於這個原因，這種類推可能比較不適合用來作爲質性研究的結論方式。

§ 第五類：採取行動

前面的四種結論類型代表分析導向的結論，但是質性研究變得越來越多樣化，第五種結論可包括採取行動的主動態度。這種態度部分反應了社會正義議題的萌芽，與先前有關詮釋階段的討論不太相同。前面提到「描述外加行動呼籲」爲詮釋的種類之一；但是這種呼籲（例如：想要成立新法案）不一定表示實際採取行動（例如：組織行動以遊說國會立法）。

當實際採取行動爲研究收尾步驟的話，要留意兩點：

1. 單一研究的結果很有可能不足以作爲採取行動的理由。需要有很多研究作爲支持，而且這些研究的詮釋要類似（不一定要完全一樣）。下列例子說明了眾多研究的重要性：

   單一研究有可能具有重要的方法論特點，從問題的字句到受訪者的採樣，這些都可能會影響到結果與詮釋。整合不同的研究團隊所執行的研究結果（不論是其他調查或是質性研究都可），可提供確證的詮釋，因此成爲採取行動的強力後盾。

2. 著重於設計、資料蒐集等的研究可能並未檢視採取行動的實際情況。

因此，在行動前應該要發展實施計畫（implementation plan），根據過去的執行經驗（非研究經驗）來反應尖端品質。至少這個計畫要指出行動的順序、時間點、負責人、所需資源與相關風險等。即使有計畫，行動中往往會有意想不到的事發生，有好有壞，也有可能帶來副作用。有計畫的話可以減少這種狀況的發生，因此第二點要注意的就是一定要有計畫。

總而言之，以採取行動做結論的話只假設分析的導向，超出一般研究結論的正常範圍。如果主動出擊是質性研究動機的話，上述兩點值得嚴肅看待。

本章複習

請簡要陳述，下列關鍵術語和概念：

1. Interpreting and concluding 詮釋與結論
2. Recursive relationships among the various phases of analysis 分析循環各階段的遞迴關係
3. Comprehensive or good interpretation 綜合或好的詮釋
4. Description, description plus a call for action, and explanation 描述、描述外加呼籲行動與解釋
5. Narrative inquiry 敘事探究
6. Thick description 厚描述
7. Action research 行動研究
8. Autoethnography 自傳俗民誌
9. Rival explanations 對立解釋
10. Avoiding conclusions that only restate a study's findings 避免結論只是重述研究結果
11. Five examples of conclusions 五種結論範例
12. Analytic generalization 分析類推
13. Statistical generalization 統計類推
14. Implementation plan 實施計畫

練習作業

解組、重組和詮釋自傳資料

與第8章有關的部分

重組與擴增第1章有關自傳的練習作業。重組應該將原來的描述按時間順序拆分成幾小段；擴增的部分則包括額外的經驗（例如：你的出生地與日期）。

每一段都加上一些關鍵細節（例如：地理位置、與你有關的人物、你和他們的關係，該等經驗發生的機構場域、相關日期、以及你的感覺等等），讓各段落看起來比較一致。這個版本代表編纂階段，或是編纂資料庫。

完成之後，開始針對細節進行編碼，至少八至十個編碼，根據下列兩種方法選擇：(1) 歸納取徑，可能指向「較高」層級概念範疇的編碼，或 (2) 演繹取徑，從你覺得可能很重要的概念開始，然後在自傳素材當中找到適合說明該等概念的編碼。把編碼寫在自傳相關文字的附近。

現在檢查編碼。決定哪些可能相互關聯，哪些可能彼此完全無關，哪些可能存在某種更複雜的關聯。根據各種相關情況，擬出適合的範疇，再把範疇寫在原始編碼附近。以此代表解組階段的素材。

以陣列或其他方式（例如：階層、矩陣或流程圖），將編碼和範疇予以組織。以此代表重組階段完成的素材。例如：如果你階層式地陣列出各段落，反應出生命中最有意義到最沒意義的事件，你可能已看出值得進一步檢視的形態（這將是第九章詮釋階段的練習）

與第9章有關的部分

以重組素材作為基礎，更廣泛思索如何詮釋你的自傳，以及提出探討你感興趣的議題（也可參考以下建議）：

1. 以1-2頁的篇幅，引述重組資料或陣列（第8章練習作業）的某些特定部分，討論你選取的該等經驗素材有哪些共通點，或者屬於哪些重要主題（如果有的話，是什麼？）。如果你呈現的經驗素材沒有共通點或重要主題，往往會讓讀者感覺零散斷裂、缺乏關聯。
2. 接著再以1-2頁的篇幅，寫下你的詮釋，引述特定編碼的素材或陣列，來支持你想要傳達給讀者的宣稱，比方說：「我生命當中重要的人」、

「我和某些機構或組織之間，長期維持的關係。」

3. 在最後一頁，討論你的自傳，在何種程度上，可算是完全獨特的經驗，而不太可能類推到他人。

研究範例1的詮釋

先前在研究資料重組階段（請參閱第8章），結果發現大學和K-12學校的八種夥伴關係活動。在詮釋階段，透過文獻探討提供的背景，讀者可以清楚看見，研究發現的大學和K-12學校的八種夥伴關係活動，除了一樣例外，其餘都沒有不同於先前研究發現的類型。

文獻探討顯示，大學和K-12學校夥伴關係也很難長期維持，因為彼此很少產生互惠效應。通常只有大學系所或K-12學校單方面獲益（例如：大學提供K-12老師在職進修課程，並無助於開課教授升等考績）。由此看來，少了外部補助經費之後，夥伴關係的前景似乎不太看好。

不過，有一項活動則是例外，夥伴關係似乎雙方都有獲得某些益處。那就是大學系所提供正式課程，作為合作夥伴關係K-12學校老師的在職進修（相對地，典型的K-12學校老師在職進修，則是特別開設的工作坊，或暑期進修課程，不屬於大學正式課程），K-12學校老師仍然可以獲得進修的好處，而大學系所與教授，也能夠因為正式課程數量增多，或修課人數增加，而從中獲利。因此，即使在外部補助經費終止後，這項活動或許仍有可能持續辦理。【研究範例1】的詮釋，就是要嘗試闡明這方面的論點。

研究範例1的結論

根據研究結果確認的一種合作夥伴互利的活動（大學系所提供在職進修課程），研究結論如後：如果推廣這種活動的話，未來夥伴關係是有可能永續發展。

此一結論對於實務的啟示就是，未來K-12學校可以鼓勵老師在職進修去選修大學正式課程，而不是支持老師去參與特定主題的工作坊、暑期進修課程。一方面，K-12老師應該可以從大學相關系所，獲得更豐富的數學、自然科學知識（因為，不像特定主題的工作坊、暑期進修課程，大學系所正式的課程需要先通過審查核准，才能夠開放給學生修讀）。另一方面，如前所述，選修正式課程的人數增多，大學系所也能夠從中獲利。

第三篇

質性研究結果的發表

第 10 章

質性資料的呈現

研究資料的呈現是質性研究必須面臨的一種特殊挑戰，因爲質性資料通常包括參與者的敘事，研究者必須從諸多呈現方式中妥善選用，其中簡短的有直接引述或間接引述的素材，長的則有文章篇幅的生命史。要充分發揮這些素材的優點，研究者必須先蒐集相應的資料。比方說，如果目標是希望透過參與者自身的話語來呈現長篇敘事，那訪談同時最好錄音存檔備用。除了敘事形式呈現資料之外，質性研究也可以受益於多種類型的非語文呈現，例如：圖案、照片和複製品。諸如此類的素材也可以呈現在簡報之中，強化口頭報告的效果。本章將討論如何運用這些呈現形式，以便達成最準確而且富有吸引力的質性研究資料的展示。

A 呈現質性資料的挑戰

本節學習重點

- 質性資料的文字本質，呈現資料給觀眾的挑戰。
- 比較自己使用、分析的排列與呈現給觀眾的排列。

質性資料的文字遠多於數字，而資料可能呈現爲敘述文或資料陣列，例如：圖表、階層、矩陣，以及前述第 8 章、第 9 章討論的其他類型的圖示。

乍看之下，這些呈現文字資料的做法似乎不構成太特殊的挑戰。畢竟，每個人多少都懂得，如何把文字整理到紙張或簡報上。不過，如果你有處理質性資料的經驗，應該有所體會，不太容易判斷是否做了準確而且最好的選擇。如果做了不恰當甚或錯誤的選擇，資料還可能會顯得可怕的沉悶、囉嗦或空泛。本章試圖幫助你避免陷入這樣的窘境。

此一挑戰的嚴重性不容小覷。首先，分析階段使用的資料陣列，對於閱聽人未必能夠達到有效溝通的效果，因此可能不是呈現與分享研究成果的最佳方式。原始的資料陣列雖然方便查閱，但是請記住，其功能乃是提供研究者分析之用，以及極少部分的閱聽人，他們可能是想要透過該等資料來檢視你的分析做法。然而，如此的資料可能過於詳細或冗長，不適合原封不動呈現在研究報告，更不適合講求精簡的簡報，或許可以考慮收錄在附錄或作爲輔助素材的一部分。[1]

我們或許可以保險地假設，除了了解研究結果和結論之外，大多數閱聽人可能也有興趣見識你的資料都是些什麼樣子；不過，原始資料陣列可能就不容易達到如此目的。因此，如何將質性資料最好地呈現給閱聽人，以便達到有效溝通，仍然是極具挑戰性的任務。

呈現質性研究的敘述，通常會包含研究者自身的話語（詳細討論，請參閱第 11 章），譬如：在詮釋研究發現時，就會需要呈現研究者的說法。不過，敘事也可用來呈現質性資料，本章稍後就會介紹說明這方面的做法。這種做法對於質性研究特別重要，因爲質性研究主要基礎就是敘事探究，讓參與者有機會得以詳細敘述他們的經驗，包括生命故事或生命史（例如：Labov & Wiletsky, 1997; Murray, 2009）。

質性研究經常會以直接引言和轉述的形式，來呈現研究對象敘述自己的生活、行動和意見，即使是簡短的敘述也能夠作爲重要的資料形式。如何斟酌選擇適合呈現這類敘事資料的方式，當然會涉及到相關的方法論問題，而非只是文學風格的問題而已。遺憾的是，質性研究方法參考指南文獻當中，對於如何呈現敘事資料（不論長篇敘事或簡短引言）的議題，普遍沒有獲得太多的關注。

---

[1] 至少有一社會科學期刊使用電子檔案，來補充正式發表的文章，以便讀者可以查閱研究使用的儀器、編碼筆記、資料陣列，以及其他文件（例如：請參閱有關個案研究的補充素材，Randolph & Eronen, 2007）。另外，美國科學促進協會發行的《科學》（*Science*）期刊，Bryant 等人所做的加州學生學業成績〔量化〕報告（Bryant, Hammond, Bocian, Retting, Miller, et al., 2008），也採行同樣的做法，補充正式報告未列出的素材，包括：研究方法、表格，以及其他展示素材。

有鑑於此，本章特別聚焦探討，質性資料的呈現做法相關議題。首先，B 節討論如何呈現參與者的敘事資料。其次，C 節回顧表格、圖案和圖式模型等資料形式，如何可能呈現在研究報告。最後，D 節詳細說明如何將這些質性素材轉換成簡報，作爲強化口頭報告的輔助工具。

B 質性研究參與者的敘事資料

本節學習重點

- 呈現參與者自己的話，作為整個研究敘述的一部分。
- 研究報告當中收錄的參與者敘事的數量，以及田野研究設計描述各種類型資料蒐集作法的數量和精準度。
- 研究者對於參與者文字的改寫轉述，相對於直接呈現參與者自身觀點和意義的長篇逐字稿，兩種呈現方式的差異。

幾乎所有質性研究都會包含參與者行爲和態度的資訊。無論是以眞實或虛構姓名呈現，參與者都是質性研究的重要組成部分。你的研究可能是關於某團體、文化，或某集體的活動歷程，例如：政治運動。對於這樣的研究，其中一個重要的要素就是該等團體、文化或集體活動的參與者的敘事資訊。簡言之，質性研究便是要蒐集參與者的敘事資料，以及報告他們的看法、願望、信念或行爲。

在非質性研究中，典型的策略是蒐集數據資料，以及呈現有關個人的集體特徵，例如：研究社區之家庭成員組成特徵；不同年齡組的行爲（例如：青少年濫用禁藥的比率），或是某組織成員的人口學特徵（例如：種族背景、性別）。在質性研究中，也可能呈現類似的統計數據，作爲研究背景資料；但是，質性研究的本質是要把重點放在現實世界場域的具體的人，而非在於任何統計的概括描述。同樣重要的是，你可能會想從參與者的角度，來描繪現實世界事件。藉由引述參與者的引言素材，你的敘事可呈現他們的聲音。

適用的格式或許有所不同，不過研究者大致都知道如何編寫和呈現這類質性素材。比較容易忽略的是，呈現方式其實可以有若干不同的選擇。可能涵蓋蒐集時間更短或更長的資料，也可能擇要選錄片段素材，或是長篇詳細引用。這些呈現方式並不是只能擇一而從，所以你當然可以混合採用多種呈現方式。然而，每一種呈現方式可能需要不同的資料蒐集程序相配合，也可能需要不同層級細節的田野記錄做法。

以下介紹四種呈現方式，先後順序依照篇幅長度和複雜程度排列，篇幅短、章法簡單的先介紹：

§ 文章當中插入引述語句

呈現個別人物的最簡短方式，通常就是在研究的整體敘事當中插入該等人物的一段引述語句。Elliot Liebow（1993）關於女性街友研究的敘事，提供了很好的例子。下面這段文字擷取自 Liebow 對於女性街友與家人關係的討論（頁 114），斜體字代表參與者本身的話：

> 相反地，有些家人對於女性街友走上無家可歸一途，扮演相當關鍵的角色，而且事後更是因爲她們淪爲街友，而對她們不聞不問。後來，如果婦女脫離無家可歸的處境，那些家人驚訝地發現，她們不再是賤民，至少有一些家人會重新接納她們，和她們恢復關係。Grace 不僅驚訝，有部分家人肯接納她回家，這也讓她頗爲憤恨難平，她說：「*流落街頭的時候，我還是同樣一個人。我並沒有改變，改變的只是我的處境。現在，我有了自己的房子和財產，這是唯一的區別。*」

另外，也有在敘事文本嵌入引述對話的呈現方式，這種寫法可以用來捕捉兩人以上的交流互動。Liebow 有好幾次在收容所過夜，藉此蒐集如此的交流互動，請參見下列的例子（頁 132）：

> Shirley 和其他人正準備上床睡覺。收容所的工作人員 Gretchen 隨口說了：「*別忘了把身體洗一洗*」。Shirley 怒氣沖天，高聲叫嚷：「*我都五十三歲了！我孩子年齡都比你大啦，用不著妳來告訴我，睡前要洗澡。*」Shirley 火氣一發不可收拾。她責怪謾罵 Gretchen 和收容所的工作人員，說她們故意要貶低人，好方便控制。她就這樣不斷狂罵，沒完沒了。直到最後，終於被趕了出去。這麼一來，也

被迫落實了她指控她們不懷好意的說詞。

前面兩個例子，引述文句都不長。引述短句與作者的敘事，兩相穿插結合，可以產生簡潔而有吸引力的呈現風格。你可以想像，一長串如此穿插引述短句與作者敘事的呈現寫法，可以讓讀者感覺置身街友收容所，猶如現實場景人、事、物歷歷在目的樣子。

這種引述素材的簡潔風格，也頗能配合 Liebow 的田野研究方法。在某些特定場合，他不用錄音機，而是當場手寫簡短的筆記。等回到辦公室之後，再把當天的田野筆記結合自己的回憶，打字存檔。對於這種處理做法，Liebow（1993，頁 322-323）有如後的說明：

> 我盡可能逐字記住整段談話或對話的一部分。熟能生巧，多做過幾次就能勝任……。如果我可以確認，重建的記錄和說者原本的說詞相當接近，連說者本人都分辨不出有差異，那我就會使用引號，把它當成直接引句。否則，我就會把它當成間接引述。

另外有些場合，Liebow 則有使用錄音機，方便有效記錄較長的訪談內容，以茲建立 20 位參與者的生命史，收錄作為附錄。（這些生命史大多是作者的敘述，也和前述寫法一樣，在作者敘事之中穿插街友的直接引句。）

關於直接引句和間接引述（轉述）的區別，其他質性學者也尊重和實行類似前述 Liebow 的寫法，雖然個別所持理由略有不同。有些人，像 Ruth Sidel 關於單身媽媽的研究，因為自信田野筆記和逐字稿轉謄具有一定的水準，即使談話沒有錄音存檔，也會採取類似 Liebow 的做法，逕自使用引號，把該等素材當成直接引句呈現（Sidel, 2006，頁 15）。另外有些人，像 Mitchell Duneier 在關於紐約市街頭攤販的研究，除非談話內容有錄音存檔，可茲查證是否為直接引句，否則一律以間接引述方式呈現（Duneier, 1999，頁 13）。

§ 涵蓋多段引述的長篇敘事呈現

如果，你的研究報告涵蓋個別參與者更全面的素材，尤其是大量引用其自身話語，那你面臨的挑戰就會變得更艱鉅。至少有兩個原因，使得質性資料的呈現有必要提供更廣泛的涵蓋面。

第一，某位（或某幾位）研究參與者可能有不尋常的生活狀況，並在你的整個研究占了相當重要的分量。第二，有意義的場景或對話可能橫跨頗長的時間，而不像 Liebow 研究中那種簡短時間內互動的例子。在這兩種情況下，個別參與者的敘事都應該跨越多個段落，乃至於連續數頁的篇幅。

如果，你在設計研究之初，沒有預料到如此的需求或機會，你可能有需要再去找該等參與者，蒐集更多的資料，以便充實你的資料庫。在這裡，資料蒐集和分析階段的重疊，也讓我們再次見識到，質性研究過程遞迴的必要性。

另外，在研究設計的資料蒐集部分，你也可能決定，只限於深入研究某些參與者，至於其他大部分的參與者，則只蒐集少量的資料。比方說，你可能設計了兩個層次的資料蒐集模式，針對少數參與者投入更長的時間，涵蓋許多不同的情境，至於其他人則只有較短時間的訪談（請參閱【專欄 10.1】）。

再者，你也可以聚焦研究一小群人，比方像 Valdés（1996）針對十個移民家庭的研究。Valdés 通常引用半頁篇幅的對話記錄，資料呈現除了訪談中使用的西班牙語，還附上英語翻譯。熟悉西班牙語的讀者可以自行解讀原始西班牙語對話的意義，或是參考作者提供的英譯版本。

【專欄 10.1】針對不同大小的團體蒐集不同層次的資訊

Hochschild（2012）研究報告顯示，如何以不同層次的強度，來呈現研究的對象。

研究對象分爲大、小兩種團體。大團體包括 50 對夫婦，研究者或研究助理訪談每對夫婦，每回約 2 小時。小團體包括 12 對夫婦，研究者親自深度觀察每對夫婦家務事分配的情形，以及更深廣的訪談，以茲蒐集更翔實而豐富的深度資料。

研究結果主要是以大團體的資料爲基礎，但是關鍵議題的深入探討則是較多參考小團體的深度資料，在研究報告的每一章，這 12 對夫婦的資料都占有顯要地位。

這種二元模式，針對不同大小的團體，蒐集不同層次的資料，有助於分別闡明不同廣度和深度的研究問題。

不論採取何種呈現模式，你和研究參與者的接觸意味著，你會投入相當多時間與他們相處，無論是訪談、參與或觀察。典型情況下，質性研究如果採取深度報導模式，研究者通常會投入頗多時間在資訊提供者的家中，一起參與社區和家庭活動，並且扮演參與觀察者的角色，投入其他的情境。

在篇幅較長的報導中，還可能混合研究者的第三人稱描述，外加穿插引用或轉述參與者的對話。研究者也可以採用**自我俗民誌**（*autoethnography*）的模式，以第一人稱來陳述自己擔任參與者觀察角色的經驗。另外，也有研究者以第三人稱的方式，來指稱自己，不過這樣的寫法比較不常見。比方說，Circe Sturm（2002）在奧克拉荷馬州東北部契諾基原住民族（Cherokee Nation）的血統政治研究，便是採用這種寫法。

§ 專章篇幅呈現研究參與者

另外還有一種報告寫法，使用一整章的篇幅，來呈現對研究主題很重要的單一研究參與者或團體，可能遭遇的挑戰會更大。

Anderson（1999）美國內城「街頭法則」的研究，最後兩章就是以這種方式，作爲全書的總結。這兩章呈現的是該項研究的核心主題：美國的年輕非裔男性如何在夾縫衝突中求生存，「一邊是治安死角殘酷大街的迌迌人，另一邊是傳統合法工作和穩定家庭的正常人生活」（頁 285）。倒數第二章，聚焦一位無法克服個中夾縫衝突的人物；最後一章，則是報導另一位似乎比較成功克服和適應該等困境的人物。

在這兩章中，Anderson（1999）靈活切換以下兩種寫法：以第三人稱描述這兩位當事者的故事，以及長篇引述他們本身的說法。這種靈活混用兩種模式的寫法，也反映了他熟練運用多種田野方法的功力，包括：(1) 廣泛的參與觀察（例如：在田野研究期間，Anderson 每天慣常都會出入其中一人閒晃的地點，偶爾就會在那裡碰巧遇到他，研究結束之後，有好幾年的時間，他還試圖幫忙此人找工作和辯護律師）；(2) 數不清的閒聊，以及錄音記錄他和這兩位青年的長時間對談（頁 237-238）。

另外一種相關的寫法，不僅用一整章來呈現研究參與者，而且是以第一人稱自述參與者的觀點，而不是透過研究員再現的第三人稱轉述（這種狀況常發生於敘事探究、論述分析或是扎根理論等質性研究中。）。這樣的做法需要錄音記錄參與者的所有對話內容，並且徹底複閱全部的錄音逐字稿。研究者必須將逐字稿編輯、剪接、重新排序，而且在這過程需要特別小心，以免研究者的觀點強行介入，而出現在最後完成的研究報告之中。

採用這種研究書寫模式最著名的範例，可能就是 Oscar Lewis 的《桑切斯家的兒女》（*The Children of Sanchez*）（1963），這本經典名著完全由一個墨西哥家庭 5 名成員的話語構成（請參閱【專欄 10.2】）。另外一本屢獲殊榮的《生活》（*La Vida*）（1965），總頁數接近七百頁，則是以同樣模式，呈現一個波多黎各家庭。

【專欄 10.2】完全以研究對象本身聲音呈現

除了緒論介紹之外，這本長達五百頁的研究報告，全部素材都是該研究對象桑切斯家庭 5 名成員第一人稱的自述故事（Lewis, 1963）。其中開場白和結語，由父親 Jesús Sánchez 開講；中間是三段事件，分別由四個子女 Manuel, Roberto, Consuelo, Marta 陳述個人所見的版本，總共有十二章。

作者人類學家 Oscar Lewis 指出，這種呈現方式，「頗能夠減低研究者的偏見作用，因爲這些陳述沒有通過北美中產階級心思的篩選」（頁 xi）。他還進一步指出，「針對同一事件，由所有子女提出個別自述版本的講法，可以用來檢驗資料的信度和效度」（頁 xi）。

爲了獲得所需的素材，他投入四年多的時間，廣泛錄音記錄他和該等家庭成員的對話，以及諸多探問和追問釐清的資訊。他宣稱安排和組織素材的文責自負，在文中也刪除了自己提問的說法，以避免破壞他們自述故事的流暢度。

後來，Lewis 沿用此種單一家庭研究的方法，完成了另一本名著《生活：貧窮文化的波多黎各家庭——聖胡安和紐約》（*La Vida: A Puerto Rican Family in the Culture of Poverty--San Juan and New York*）（1965）。

§ 呈現若干參與者的資訊，但不聚焦個別生命史

質性研究的主旨若是要探討，橫跨個人或團體的普遍主題，而不是單一個人或個別家庭的獨特情境，報告呈現方式就可能會遭遇更複雜的挑戰。研

究的敘事還是會穿插個別參與者的話語，但討論不同議題時，使用的素材不一定會擷取自相同的參與者（請參閱【專欄 10.3】）。

【專欄 10.3】引述不同參與者的經驗和說詞，而不是編纂生命史

以下兩項研究說明這種呈現方式：

- Guadalupe Valdés（1996）關於十個墨西哥新移民家庭的研究，沒有呈現任何一個家庭的生活故事。這項研究的獨特之處在於，雖然提供了關於這十個家庭相當多的資訊，但是並沒有編纂個別家庭史，或呈現個別家庭的個案研究結果。而是逐次探討教育和上學的議題，包括：「子女教養」和「與學校教職員互動」。在探討個別議題時，引述素材分別擷取自一個或若干家庭的特殊經歷。結果就成了「跨個案」的呈現，這種方式有助於讀者體會研究的主要議題，也就是，這些新移民家庭所遭遇的過渡階段的挑戰。
- Circe Sturm（2002）關於契諾基原住民族的血統研究，聚焦一系列種族政治關聯的文化模式。研究呈現了大量的相關田野場域情境，描述研究參與者的行動和感受，以及直接引述其中某些參與者的發言。再者，這項研究也沒有提供任何參與者的生活故事或生命史。

請另行參閱【專欄 6.9】。

Liebow（1993）示範了另一種別具吸引力的呈現方式。在書中，正文依次呈現若干主題，並擷取不同參與者的相關和適切經驗，來加以闡明。讀者還可以翻到書末附錄，覽讀 20 位參與者的生命史，進一步了解，每位參與者生命故事的完整背景。透過這樣的安排，如果讀者願意，當然也可以往返於書本正文和附錄的個別生命史之間，去更透徹認識參與者個人故事的脈絡細節。

當研究報告採取**跨參與者**（*cross-participant*）的敘事組織方式，個別參與者的聲音就比較無法深入體現。雖然，他們對於特定議題的感受和意見，仍然有保留下來，但整體目標還是促請讀者注意所要闡論的主題和議題，而不是特定個別人物。這種跨個人的文章組織方式，千萬不要和另一種截然不同的寫作策略混為一談，也就是揉合若干不同參與者的經驗或話語，虛構一個複合人物（*composite person*），而且還讓人誤以為是眞實人物。從方法論的角度來看，這種寫法是相當不可取的，現在也很少有研究者採用。

 表格、圖案，以及其他圖示呈現

本節學習重點

- 非敘事形式的資料呈現做法。
- 如何創建適合發表的圖表，通常不同於先前使用於分析階段的資料陣列。
- 當個別參與者收錄於表格之列，即使使用假名（如果需要的話），都需要格外小心匿名保護做法。
- 如何處理圖案、照片和複製品，以呈現質性研究的資料。

許多質性研究完全只採用敘事來呈現資料，涵蓋研究的所有問題、現象和事件。其中收錄的個別參與者敘事，可能採用第三人稱或第一人稱，篇幅長度可長可短。

另外有些質性研究，除了敘事呈現之外，還增添若干表格、圖案和照片，以及其他溝通形式。這些呈現資料的做法也提供了獨特機會，可能超越純粹敘述的限制，有助於閱聽者更易於理解；同時，也可以在閱聽者的腦海裡，產生更生動的圖像。因此，在考量如何呈現你的質性研究資料時，除了呈現敘事格式的資料之外，你或許也可以考慮這些呈現模式。

【展覽 10.1】展示質性資料的三種呈現模式，以及範例說明。每種模式都在下文討論。

§ 表格與清單

表格（*tables*）通常包含兩個向度：行和列。多向度的表格比較複雜，但呈現方式也遵循類似原則。質性研究的表格內容通常是文字，而不是數字（請參閱第 8 章，C 節），這類表格通常被視為文字表格（*word tables*）。

另外，如同本章一開始已經提過的，要達到與閱聽對象有效的溝通，需

展覽 10.1　質性資料的三種呈現模式

呈現的類型	範例
文字圖表	· 研究發現的摘要總結，以矩陣呈現 · 大事紀 · 研究或訪談對象的綜合特徵 · 研究對象的名單，以及人口學背景資料之外的個人特徵表單
圖示	· 地圖 · 研究地點的空間示意圖 · 階層圖，例如：組織圖 · 流程圖，例如：事件發生順序的圖表 · 族譜與其他圖示
圖片	· 照片 · 複製或翻印品，例如：其他人的素描或圖畫作品的複製

要的表格和陣列可能不同於分析階段使用的表格和陣列。就溝通效益而言，理想的表格應該比較簡短些，詳細程度也低於分析階段使用的表格，不過許多研究者都不太能掌握這點重要的區別。

理想的表格也應該有提供指明內容的簡潔標題（可能以精選的字眼陳述表格的詮釋內容，而不只是主題而已），以及清晰明瞭的行、列標題結構（如果需要的話，可再納入次級的行、列結構）。讀者應該能夠很容易讀取你的表格，辨識行、列之間的主要關係，而且能夠很快速詮釋各個細格內部的資訊（請參閱【專欄 10.4】和【展覽 10.2】）。

表單（*list*）可視爲單行一若干列的表格。表單對於資料呈現，也可能發揮相當的助益。比方說，如果你的研究包括一系列橫跨若干時日的重要事件，你或許可以用表單的形式，依照發生的時間順序，將該等事件依序列出。讀者可以覽讀整個表單，有助於一目瞭然該等事件的先後時序關係，這比起純文字的敘述更方便易讀。

對於許多質性研究而言，表格和表單都可用來呈現研究參與者的特徵。例如：參與者整體的平均年齡、性別的百分比、職業類別的分布情形等。Cable, Shriver 與 Mix（2008）就使用表格來呈現訪談參與者的特徵（頁 387）。表格可用來對照比較兩組不同的參與者，比方說：問卷調查的參與者 vs. 俗民誌研究的參與者（例如：Moore, 2008，頁 342）。

【專欄 10.4】使用純文字表格摘要展示分析結果

組織良好的文字表格，簡明而俐落，可以有效傳達研究主要發現的精髓。比方說，George（2005）俗民誌研究，檢視從印度移民美國的女性護士與其丈夫的經驗。其中關鍵影響因素就是性別角色，或許是因爲印度是父權色彩頗強烈的社會。

訪談有一部分聚焦夫妻如何分配家務事，結果顯示有四種分配型態（頁 81）。表格摘要呈現家務分配型態、移民類型、家庭與工作地位、子女教養責任分配之間的重要關係（請參閱【展覽 10.2】）。以此表格爲基礎，George 用一章的篇幅，進一步詳細闡述這四種形態。

請另行參閱【專欄 10.5】。

展覽 10.2　移民家庭的型態（【專欄10.4】附件）

家務分配型態	影響因素		
	移民類型	家庭與工作地位	子女教養責任分配
傳統家庭	男性是主要移民者	・男性地位較高 ・女性地位較低或平等	・女性待在家裡 ・孩子留給親戚帶，或寄宿學校
被迫參與的家庭	女性是主要移民者	・女性地位較高 ・男性地位較低 丈夫在印度的工作與妻子在美國的工作	・男性被迫參與 ・夫妻交錯輪班工作 ・美國與 Kerala 有提供兒童托育協助
夥伴關係家庭	女性是主要移民者	・女性地位較高 ・男性地位較低 丈夫在印度的工作或妻子在美國的工作	・男性參與 ・夫妻交錯輪班工作 ・少有外界支持
女性主導家庭	女性是主要移民者	・女性地位較高 ・男性不在、不主動，或是地位較低	・女性獨自承擔 ・親戚和社區提供部分支持

資料來源：George（2005，頁 81）。

有一點需要特別注意，如果用表單來呈現個別參與者的特徵，可能會衍生一種微妙的情況。比方說：關於阿拉伯裔美國人的研究，以表單列出 38 名參與者的假名，以及詳細的人口學個人背景資料（Read & Oselin, 2008，頁 305）。其他研究當中，也可能發現類似的研究參與者個別特徵表單，譬如：

- Stone（2007）研究的 54 名訪談參與者；
- Valenzuela（1999）研究的二十五個焦點團體與各團體的組成參與者；
- Valdés（1996）研究的十個家庭，個別家長的特徵表格。

其中若干表單，即使以假名呈現，還是有可能曝露參與者的身分，因此除非參與者本人同意，否則應該避免冒如此的危險。

當匿名的議題有妥善處理，以表單列出研究參與者的做法確實有可取之處，也有助於讀者對於研究和資料有更好的認識。比方說，研究參與者的相關特徵可能直接反映研究的主題，而非只是典型常見的人口學個人背景資料（請參閱【專欄 10.5】）。

§ 圖案設計

圖案設計（*graphics*）包含諸多類型的素描、圖示或手繪作品，可用來呈現質性資料。特別值得一提的，就是用來釐清空間關係。適切挑選的地圖或是空間配置圖，比起單獨文字描述，更容易讓讀者明白研究地點的實際狀況。因此，質性研究常常會使用這類圖示素材，來輔助文字描述。當質性研究焦點是關於某地理區域（例如：某社區街坊），如此做法尤其能夠發揮最大效益。例如：

- Sharman（2006）研究紐約市某社區街坊的諸多文化族群，在書內標題頁面的隔頁，他提供了一張地圖，標示出該社區街坊的街道示意圖，以及鄰近區域的相關地標。讀者可以清楚辨識其中各族群關聯的相對空間關係。

【專欄 10.5】表列研究參與者的資訊

以下介紹的這兩項研究，可以見識到如何應用表格，來呈現研究對象的資訊，尤其是研究主題相關的特徵，而非只是羅列一般常見的人口學背景資訊而已。

Sheba Mariam George（2005）在研究跨國移民的報告附錄中，收錄表格詳細呈現50名研究對象的諸多資訊，包括：移民的理由、職業位階、抵達美國的年分，以及與研究主題（跨國移民的性別和階級議題）相關背景資訊。

Deirdre Royster（2003）訪談將近40人，分成三組：低成就、普通成就、高成就。表格呈現的資訊包括：受訪者的姓名、種族、職業。這種分組和表格資料，直接可供檢驗研究的主題：男性黑人在高中畢業後是否很難進入藍領階級工作。

請另行參閱【專欄 10.4】。

即使研究焦點不是關於某地理區域，地圖也可能發揮相當效益。比方說，移民的研究就可以透過地圖，來描繪移民者的移出地區。地圖可以是呈現詳細而完整資訊的精準地圖，也可以只是概略輪廓的簡圖。特別有助於讀者認識一般可能比較不熟習的地點，例如：

- 西班牙東部地中海沿岸（Narotzky & Smith, 2006，地圖，第一頁對面頁）；
- 墨西哥南部太平洋沿岸（Smith, 2006，頁 21）。

地圖也可以幫助讀者了解複雜都會區的地理空間等狀況，例如：洛杉磯大都會鄰近的五個郡（Waldinger & Lichter, 2003，頁 27）。

再者，研究也可以使用**普查範圍圖**（*census tract maps*），再加上普查資料，來呈現研究主題相關的諸多人口母群分布情形（例如：Edin & Kefalas, 2011，頁 15、17-18; Smith, 2006，頁 31-33）。歷史時空的地圖也可能發揮用途，例如：關於東歐兩個種族當代關係的研究，在前言就附上一幅

1910 年代這兩個種族的地理關係圖（Brubaker, Feischmidt, Fox, & Grancea, 2006，頁 31）。

除了地圖、普查範圍圖、歷史地圖之外，圖案設計還包括可以用來傳達諸多抽象主題的特殊圖示，例如：

◆事件發生的進程（例如：流程圖）；

◆階層關係（例如：組織圖）；

◆族譜；

◆概念關係〔例如：范氏圖（Venn diagram）呈現重要資料之間的交集與非交集部分〕。

只要具備足夠的繪圖技巧，任何想法都可以繪製成圖案，主要限制就在於你的想像力。當然你也可能需要找到適合的幫手，協助繪製精準而且吸引人的圖案。這類圖案素材運用恰當的話，可以賦予質性研究與資料鮮明而生動的面貌。

§ 照片與翻印

照片可以呈現參與者或研究的地方，或是研究相關的人造物件與環境特徵。本書引述的許多質性研究例子，就頗多使用這類的照片（例如：Adrian, 2003; Bourgois, 2003; Brubaker et al., 2006; Duneier, 1999; Lee, 2009; Pedraza, 2007; Rabinow, 2007; Sharman, 2006; Smith, 2006）。

由於照片在日常生活使用量相當大，任何人只要有照相功能的手機隨時隨地都可以拍照，人們對於照片品質好壞要求也日益提高。因此，研究使用照片必須提高品質水準，包括在照相技術（例如：光線、聚焦、影像大小比例等），以及照片構圖美感。再者，學術刊物通常不會刊登彩色照片，而是翻印成黑白形式，這一點也必須審慎考量，以免翻印效果不佳。當然，照片也應該妥善選擇，以期能夠適切反映研究核心面向和脈絡。

照片品質低劣可能讓人聯想，研究的其他部分也同樣不值得一看。相對地，好的照片可以勝過千言萬語（請參閱【專欄 10.6】）。照片不只呈現在書籍，也可以呈現在期刊論文，比方說，Lee（2009）的街頭互動研究論文，就收錄了十七張照片，有效呈現五類的街頭互動。

【專欄 10.6】善加利用照片的優點

大部分質性研究在考量收錄照片時，都可能面臨相當的挑戰，包括：照片選擇的門檻太高、照片太精緻、色彩鮮豔，或是構圖拙劣、影像主題不明。以下兩位研究者的做法可供參考：

Mitchell Duneier（1999）關於紐約市街頭的研究，就有效克服了上述問題，頗值得其他研究者參考仿效。他的研究包含五十多張照片（降低了選擇門檻的挑戰）；黑白的照片相當貼切反映研究主題的街頭情景；照片也忠實呈現街頭人物的眞實面向。負責照相的是專業攝影記者，從事相關街頭新聞報導工作已有三十多年的經驗，「長年進出該區域，和當地人互動相當熟稔」（頁 12）。

Paul Rabinow（2007）的摩洛哥田野研究，也提供了類似的好例子。他也仰賴專業攝影師的合作，並在書中提辭致謝：由衷感謝「他觀察入微的出色照片，鞭闢入裡的獨特洞見，還有他的友誼。」

請另行參閱【專欄 7.3】。

複製品（*reproductions*）類似於照片，因爲是拷貝圖像作品的副本。複製品可以是拷貝其他人的藝術作品、素描、老照片的副本，也可以再現某些文物，譬如：某人的日記頁面、老地圖、制服或某種服裝風格，或是與質性研究相關的任何文件或物件。

前面討論的照片與複製品的主要差別在於，照片是由自己拍攝的原創作品，而複製品則是拷貝其他人的第二手作品，因此在引用複製品時，必須注意說明引述素材的原始來源。和前述引用照片的考量因素一樣，引用複製品時也必須注意，應該要能夠有助於增益報告的敘事與吸引力，另外也必須注意複製品的品質。

製作簡報

本節學習重點

➢ 如何製作富有吸引力的簡報，達成與聽眾妥善溝通的輔助效益。
➢ 純文字、矩陣或其他素材的簡報呈現訣竅。

原則上，本章討論的所有質性素材，包括各種簡短的敘事或引述文句，都可以納入製作簡報。目前，電腦軟體已有現成的簡報製造應用程式可供使用。

但是，簡報一定都能發揮功效嗎？有多少次，簡報的字體太小或太模糊，根本沒辦法看清楚？發表人是否只是照本宣科，逐字唸出簡報上的文字內容？簡報是否有在任何方面讓你覺得印象深刻，比方說，以某種視覺意象的形式，讓你牢牢記住研究的發現？

能夠發揮溝通功效的好簡報並不難設計，只不過發表者可能太過輕忽，或礙於其他因素，而沒有投入足夠的心力。有鑑於此，本節特別整理若干注意事項與訣竅，只要多加注意，應該可以幫助你設計與製作的簡報達到相當的成效。

§ 書面報告的展示素材不適合直接轉用到簡報

第一個要訣就是：書面報告使用的展示素材，如果沒有重新處理過，尤其是格式方面的轉化，可能不適合直接轉用到簡報。請注意，讀者面對書面報告時，比較不受時間限制，因此可以從容檢視展示素材；相對地，簡報呈現時間比較有限，聽眾能夠查看的時間頂多幾分鐘而已，同時還得用心去聽發表者陳述的內容。

因此，你可以發現，相較於相對應的書面展示素材，理想的簡報容納的資訊數量應該要比較少。簡報必須使用較大的字體，概念也必須比較簡化，原則上，應該要讓聽眾能夠很快理解。比方說，書面的論文或書報展示可能會使用注腳，這對於釐清主文的若干細節頗有助益，但是在簡報就不適合。因此，從實用觀點來看，諸如此類的展示素材必須適當轉化，才能成為具有溝通效果的好簡報。

就個人主觀判斷而言，當你用印表機把簡報單頁印下，理想的簡報應該看起來有些太大。相反地，書面的展示資料，如果沒有經過適當調整，直接轉貼到簡報，看起來就會顯得模糊不清。

一般而言，如果聽眾位置有相當距離，簡報盡可能使用 18 號以上的字體。因爲原則上，應該容許距離最遠的聽眾可以清楚檢視簡報內容。另外，也不用擔心上下左右的邊框留得不夠寬，因爲螢幕投射出來的畫面，通常可以自動補上留白的邊框寬度。

總結上述注意事項，簡報一頁最多不應超過八行文字（雙倍行高）。一般不會使用到如此多的行數，因爲在多數情況下，聽眾多半無法消化如此多的資訊。

§ 純文字簡報

最基本的簡報可能只包含文字內容，也就是所謂的純文字簡報。比方說，在報告的第一頁簡報，編號摘列報告的主題綱要。另外，在報告最後一頁，也可以用純文字簡報，編號摘列主要結論。

製作純文字簡報時，許多人往往會犯一個普遍的毛病，就是在單一頁面內塞進太多文字。簡報應該簡明扼要，不宜直接轉貼完整的句子，或更糟糕地，收錄整段文章。簡報的文字應該儘量以關鍵字、對偶字（例如：形容詞—名詞，或動詞—名詞）、片語，或是能夠傳達意義精髓的短句爲主。目的是要讓聽眾能夠記住關鍵字句，從而強化對於完整報告的理解和記憶。

§ 善加利用簡報的美工素材

製作簡報時，應該要斟酌文字的行數限制，否則可能不會得到理想的結果。比較理想的做法，可能是選擇貼入適合的圖表、圖示或圖片等美工素材。有許多深受聽眾好評的簡報，根本完全不用純文字的簡報。

比方說，即使簡單如 2X2 的二階矩陣，單純只使用口語陳述可能也很難有效溝通；相對地，貼上矩陣圖表，個中關係很容易就可以讓人一目瞭然。【展覽 10.3】的矩陣圖表，擷取自學生升學擇校方案的研究，這是一項日益普及的教育政策，容許學生可以從若干公立學校當中選擇想要就讀的學校，而不是被動等候分發。透過這張展示圖凸顯的四種不同選項，簡報發表人可以進一步闡述該等矩陣的更多詳細內容。

展覽 10.3　二階矩陣範例

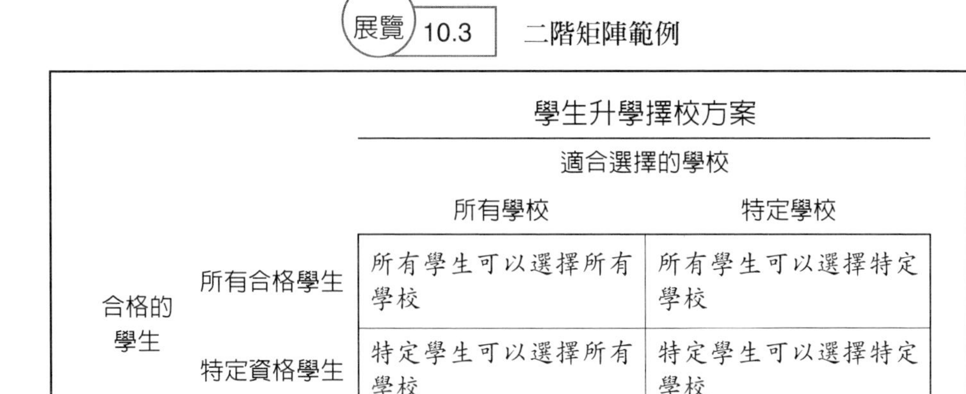

		學生升學擇校方案	
		適合選擇的學校	
		所有學校	特定學校
合格的學生	所有合格學生	所有學生可以選擇所有學校	所有學生可以選擇特定學校
	特定資格學生	特定學生可以選擇所有學校	特定學生可以選擇特定學校

講述抽象概念時，也可以運用創意方式來呈現，比方說：將摘列抽象概念的矩陣或表格，置入諸如金字塔之類的幾何圖案。在【展覽 10.4】，即使主要概念乃是表格內的文字敘述，但是簡報如果加入幾何圖案或其他圖檔，聽眾或許就會更有興趣多看幾眼。稍候，你也可以簡單指稱「效能的金字塔」（【展覽 10.4】的簡報圖標題就有註明：「效能的金字塔」），聽眾就可以比較方便明白你所說的是什麼；相對地，如果你重複詳細交代抽象概念

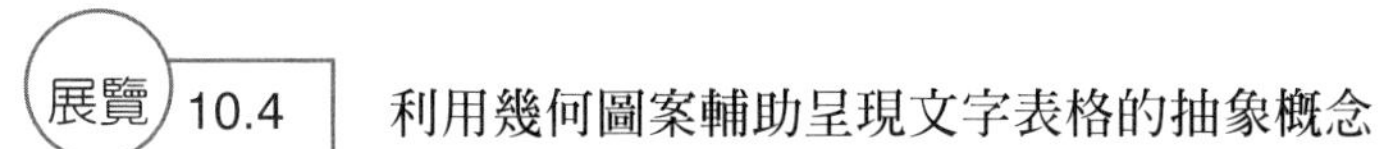

展覽 10.4　利用幾何圖案輔助呈現文字表格的抽象概念

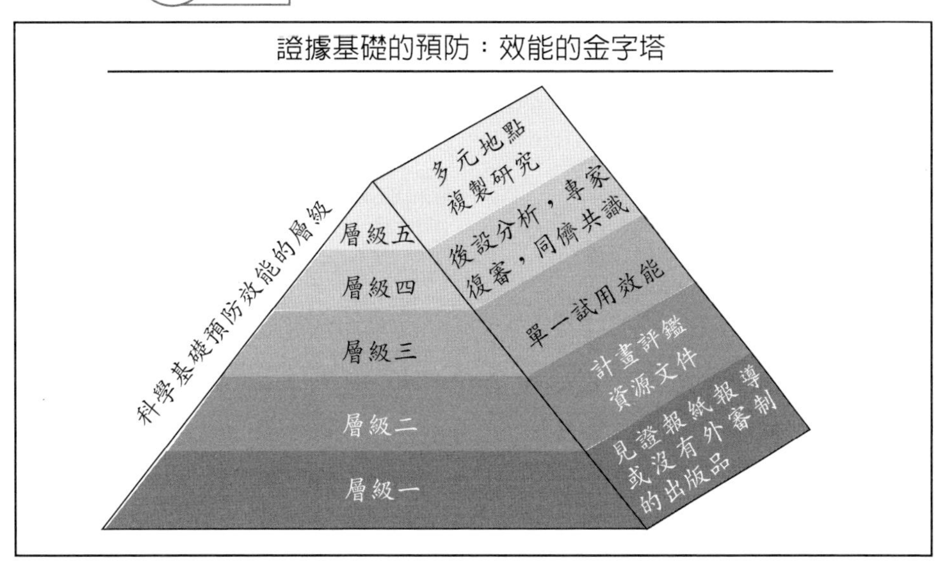

（譬如：【展覽 10.4】的「證據基礎的預防」），即使你大費脣舌講了老半天，恐怕不少聽眾也失去了專注力。

§ 使用電腦圖案與其他符號

電腦圖案與其他符號，也有助於釐清困難的概念關係。比方說，前述升學擇校方案的初步研究結果，確認了四種重要的選擇類型。除了列出這四種類型之外，簡報還運用「公車」和「學校」的圖案來闡明，這四種類型當中，學生在學校之間的流動方向。（請參閱【展覽 10.5】）。

展覽 10.5 使用圖示闡明概念關係

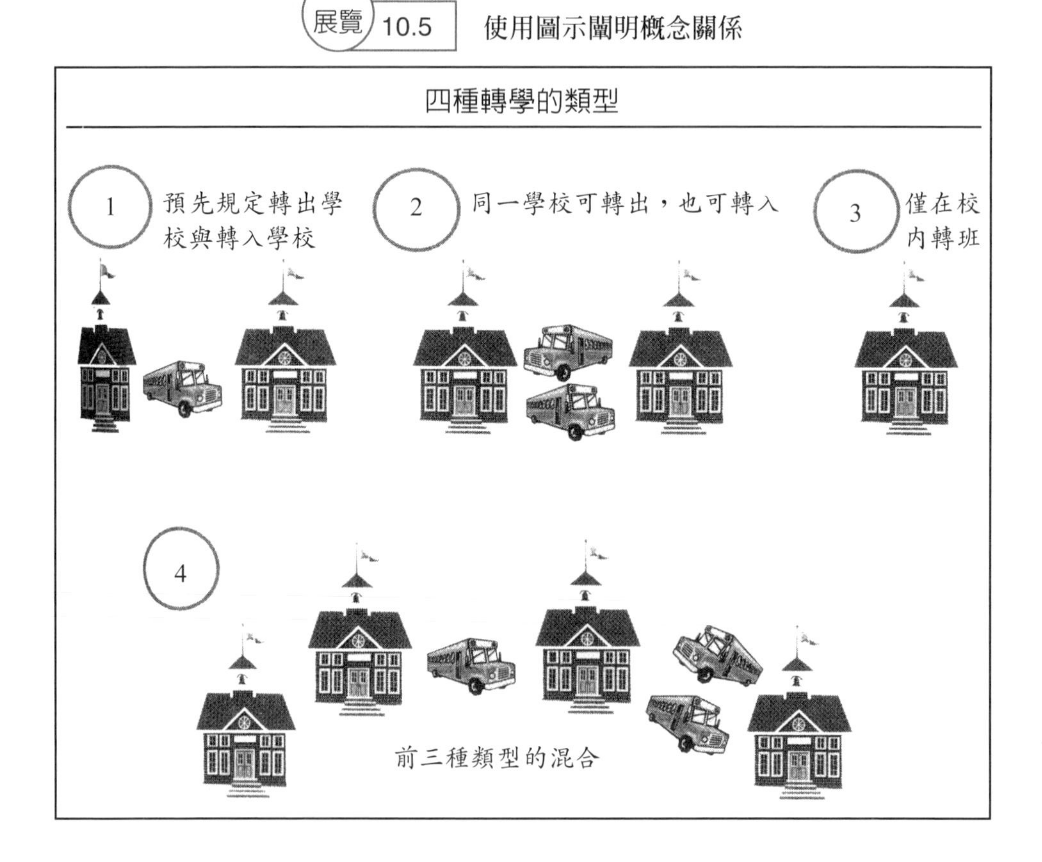

再者，電腦圖案與其他符號也可以增益簡報的美感。原本平鋪直敘的文字，加入圖案之後，頗有助於關鍵概念的闡明。比方說，【展覽 10.6】，以三種電腦圖案分別代表三種不同的行業：新聞、偵探、法警。再比方說，【展覽 10.7】，透過拼貼報告頁面，再配合數條報告的主要內容摘要。

展覽 10.6　添加圖示闡明特殊主題

斟酌對立假說

既存的評鑑或研究方法教科書
- 如何揭顯最有力而且可行的對立假說
- 如何測試對立假說

三種行業運用對立假說的情況
- 新聞
- 偵探
- 法醫

展覽 10.7　使用拼貼來輔助闡述文字訊息

各州預防藥物濫用體系的資料蒐集

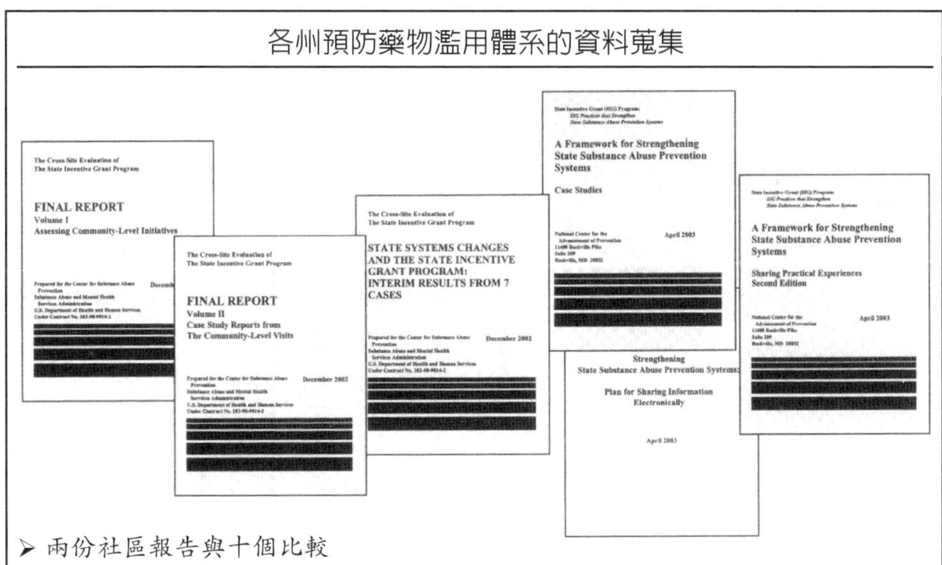

- ➢ 兩份社區報告與十個比較
- ➢ 七份個案素材摘要
- ➢ 二十四州四十三種預防體系實施的彙整資料
- ➢ 八種預防體系實施的深度個案研究，包括複製步驟
- ➢ 超過六百五十頁的素材

§ 顏色和美工風格的選擇運用

電腦軟體都有製作簡報的預設功能，很方便就能直接運用。預設功能通常包括若干簡易的美工設計，例如：預設的顏色通常就是設定各種色階的藍色。

如果，你希望簡報和整體發表擁有個人風格的獨特性，就不能僅限於預設的功能。首先，你可以關掉預設的顏色，因爲通常只需要黑白色階，就足以建立富有吸引力的簡報。不過，如果你還是想要彩色的簡報，以下三點注意事項，或許能夠幫助你製作出滿意的簡報。

1. 顏色使用不宜過度，除非是圖像原本就含有許多顏色，而且簡報呈現的是該圖像的眞實複製，否則顏色的運用最好要知所節制。簡報的訊息是建立在實質的內涵，而不是無關緊要的色彩。顏色的作用是要當配角，陪襯烘托簡報主角的實質內涵，而不是要喧賓奪主。
2. 某些顏色，對於距離稍遠的大部分與會者，可能不太容易辨識。再者，背景如果有顏色，也有可能使得文字或圖形不易辨識。比方說：深藍色和黑色的線條，即使用力看到眼睛脫窗，也不見得分辨得清楚。還有同色系的深淺色調，也可能太近似而難以分辨。背景顏色如果太深，就會更爲雪上加霜，文字或圖案通常會變得模糊難以讀取。你的目的是要聽眾注意簡報的實質內容，而不是分心去想你在簡報裡使用的色彩。如果你還是希望使用顏色，儘量找些對比清楚而不至於相互牴觸的色彩（例如：明亮的藍色、銀色和金色，或是紅色、橙色和黃色），不過主要的文字和圖案內容最好還是使用黑白色調。如果你想用深色或黑色的背景，配上反白的字體或圖案，務必確保你選用的背景色彩能夠容易辨識。
3. 在簡報使用同一色系的深淺色調（例如：深棕色和淺棕色），來區分不同的類型，如此做法有時可能不太能夠奏效，因爲投影的不同色調之間可能差別不大，不容易有效分辨。同樣地，如果使用黑白與不同灰階來呈現，也可能遭遇類似的問題。比方說，黑白簡報使用圓餅圖，深淺灰階之間，通常不太容易區分，不妨考慮使用不同的圖案，例如：條紋或雜點的圖案來替代。

§ 簡報作為發表報告的輔助工具

即使你製作了高品質的簡報，請記住，簡報終究只是輔助工具，你和臨場報告表現仍然占居舞臺中央。最後，也請留意其他的簡報發表策略：

◆不要只是照本宣科，單純念出簡報的內容；

◆小心不要在太短的時間之內，匆忙呈現太多頁的簡報；

◆維持簡報發表的焦點，有效吸引閱聽人專注於研究的實質要點。

本章複習

請簡要陳述，下列關鍵術語和概念：

1. Narrative data 敘事資料
2. Life histories 生命史
3. Distinction between quoted and paraphrased dialogues 引用與釋義對話的不同
4. Two-tiered design for collecting narrative data from participants 二階設計蒐集參與者的敘事資料
5. Presentation of cross-particapant narratives (but not blending them into a composite but imaginary person) 跨參與者敘事的呈現（並非結合成一個複合的虛構人物）
6. Displaying data 呈現資料
7. Word tables and lists 文字圖表與列表
8. Pseudonyms 虛構的名字
9. Graphics, photographs and reproductions 圖表、照片和複製品
10. Your own photographs, compared with reproductions of someone else's photographs 自己的照片與複製他人照片的比較
11. Difference between the artwork for slides (to accompany an oral presentation) and the artwork for exhibits (to appear in a printed publication) 簡報的藝術作品和文字報告的藝術作品之間的差異
12. Word slides 文字簡報
13. Icons 圖示

練習作業

製作簡報

（請注意，務必要在第 11 章練習開始之前，完成本項練習。）

根據第 5 章【練習作業】的田野研究筆記，製作兩組簡報，每組各包含三至五頁的內容。這兩組簡報應包括相同的實質素材，可能是含括田野研究經驗，或是總結該等經驗的要點。這兩組簡報也應該將全部或部分的經驗素材，從導論的出發點到總結的結論之間，建立起有條理可循的連結關係，向閱聽人訴說一則頭尾連貫的「小故事」。

- 第一組簡報，應僅限於文字素材（即是「文字」簡報）。
- 第二組簡報，應儘量減少文字素材，而是使用非文字素材（例如：圖案、繪畫、電腦繪圖，或圖片），來表達相關概念。不過，第二組的簡報也應該有清楚的文字標題。

哪一組簡報比較困難製作，為什麼？哪一組簡報對於閱聽人有更大的影響，為什麼？

第 11 章

質性研究的寫作與分享

研究報告，無論書面論文或口頭發表，都必須正確呈現研究的發現與結論，讓人信服而且專注，不只是把研究呈現即可，而是要有效與特定閱聽人溝通分享。對於質性研究，寫作還有多一層的要求，就是必須呈現研究者的宣稱自我與反思自我。這些就是本章的主題。

本章一開始，先介紹可用來避免寫作瓶頸的「由內而外」與「逆向」寫作策略；然後，討論如何寫作溝通「宣稱自我」與「反思自我」。文中會提供許多建議，如何完成引人入勝的寫作，同時還能正確反映研究的實徵資料。最後，我們會討論修改強化寫作的做法，包括如何回應各種審閱者的評論意見，以及預測結案報告的樣板編輯需求。

研究進行到此階段，你已經可以著手開始整合先前所有程序的成果，目標是要完成有效溝通整體質性研究的報告。

進入正題之前，先讓我講個小故事：每當我在電腦寫作時，如果有人在身邊走動，偶爾總會聽到我拋出一、兩句話。有人會以為，我是在對他們說話。不過，我們很快就會釐清，這是他們誤會了。另外有些人則認為，我是在喃喃自語。

事實上，我是把自己寫的東西唸出聲音來。我不清楚這是為了什麼理由，我就是需要聽到自己唸出某些句子或段落，才好決定是否有寫出我想說的內容，還有聽起來是否通順好讀。就好像腦袋裡站了個想像的聽眾，不時問著我，指導教授、同僚、競爭對手、朋友、家人是否了解這個或那個句子。透過了這樣的檢驗，我才可以安心，暫時應該沒問題了。

就記憶所及，我好像一直都有這樣的習慣，這還真是有點古怪，所以我也就沒有和其他社會科學家討論過。姑且不論我是唯一有如此怪癖的人，還是有一大票人其實也和我一樣；也不論這習慣是否行之有效，這當中都有個滿有幫助的提示：在撰寫書面寫作或口頭報告時，你應該記得想到閱聽人，千萬不要一廂情願，認爲寫給自己看就好，這樣的想法絕對要克制。

在寫作過程的每個環節，記得要想到其他人。你只是把訊息傳送出去〔**傳播**（*disseminate*）〕？抑或如你所願，讓你認爲重要的人能夠有效接收、理解〔**溝通**（*communicate*）〕？

關於溝通，有兩點值得特別注意：

1. 報告目的是爲了與他人溝通，至於書面或口頭模式，表面上的差異就比較沒有那麼重要了。不論哪種模式，你都應該妥爲斟酌應用呈現方式或策略。因此，本章會交替使用**寫作**（*composing*）、**呈現**（*presenting*）、**報告**（*reporting*）等說法。個中介紹討論都可以互通，書面模式和口語模式當然都適用。
2. 質性研究的目標，和所有實徵研究一樣，都是要將理念公開，和廣大群眾分享。知名哲學家 Michael Polanyi（1958, 1966）曾經爲文指出：科學的進步有賴於研究者設法將**個人知識**（*personal knowledge*）轉化爲**公共知識**（*public knowledge*），以便後繼者得以複製或挑戰前人的研究發現。這對於質性研究尤其重要，這也是本章要闡明的重點主題。稍後，你還會發現，你不只需要分享研究發現，還需要提供洞視，讓讀者明白研究執行過程涉及了哪些你的**研究透鏡**（*research lens*）。

本章分成三部分，介紹有關質性研究報告寫作的各種主題：首先，A 節和 B 節，焦點放在一般的寫作訣竅，以及質性研究的特殊寫法；然後，C 節和 D 節，介紹說明質性研究應該強調**宣稱自我**（*declarative self*）和**反思自我**（*reflective self*）；最後 E 節，討論報告寫作潤飾的做法，包括取得審閱者的評論意見，以及編輯改寫等程序。

在準備寫作之前，或寫作進行期間，你也不妨嘗試去看看其他相關領域，諸如：新聞、歷史、非文學類，或許能找到有助質性研究寫作的他山之石（請參閱【**專欄 11.1**】）。其中不乏頗爲中肯的建言，還有不少有用的範例。埋首質性研究寫作期間，抽空讀個一、兩章這些參考讀本，既可以讓你稍微喘息，或許也能給你的寫作提供激發靈感的活水。

【專欄 11.1】相關領域關於寫作的參考讀本

在思考如何寫作時，找些參考書來閱讀，也可以幫助激發思考。這裡，介紹四本我最喜愛的寫作參考讀本，讀起來很賞心悅目。建議你在寫作之前，以及寫作期間，不妨把這些參考書擺在書架上，需要的時候，可以隨手拿來參考閱讀。

- Howard Becker（2007）《社會科學家的寫作》（*Writing for Social Scientists*）。書中涵蓋許多研究寫作格式的問題，也提供不少克服常見寫作瓶頸的對策。
- Christopher Scanlan（2000）《新聞報導與寫作》（*Reporting and Writing*），雖然是訴求新聞記者，但是大量的實用建議，對質性研究報告與寫作也很有參考價值。
- Barzun 與 Graff（2003）《現代研究員》（*The Modern Researcher*），屬於歷史領域。書中詳細介紹優質寫作的重要基礎，例如：如何寫出好的句子與好的段落。
- 最後，變換一下口味，Kramer 與 Call（2007）《眞情故事珠璣集》（*Telling True Stories*），這本可以隨身攜帶的非小說類精選集，可以讓你開卷有益，飽覽一百篇來自不同領域的說故事高手，從中揣摩他們如何寫出字字珠璣的極短篇眞情故事。

寫作：通用訣竅

本節學習重點

- 質性研究的三類閱聽對象，與其可能偏好的報告寫作特徵。
- 啟動研究寫作的策略，以及避免寫作瓶頸的策略。

寫作可以有許多不同的形式，在社會科學研究，最普遍的就是敘述文。另外，也可以結合其他形式，包括：統計、視覺影像、口語、詩（請參閱【專欄 11.2】）。至於最終選擇何種形式，還得綜合考量你的目標閱聽對象，以

【專欄 11.2】使用非傳統呈現形式的風險

我做過一項研究，探討 1970 年代的七個城市街坊，居民飽受治安、消防和衛生服務敗壞之苦（Yin, 1982b，第 10 章）。每個街坊分別由 1 位田野研究者負責，研究接近尾聲階段，田野研究者報告各街坊的研究發現，但我沒有規定他們應該採用何種報告模式。

其中，有 1 位田野研究者採用若干首短詩構成的長篇「街頭詩」，來呈現研究結果。這樣的詩篇恰如其分傳達了街坊的實質狀況和「韻律」。詩句當中，巧妙揭顯了城市公共服務單位應該多加注意的重要意涵與啟示，並且讓我們清楚見識到，該等勤務人員如何經常戴著不甚恰當的文化與階級有色眼鏡。

後來，在贊助研究機構的年度報告書中，若干董事看到這篇詩作，他們質疑這種寫法如何夠資格，作爲有意義和有價值的研究報告。

你必須決定，如何選擇最好的方式展示你的研究，在此同時，你還得注意，研究贊助者對於你的報告也會有一定的期望，他們自有一套標準來判斷，贊助你的研究經費是否花得有價值。

請另行參閱【專欄 2.4】。

及研究贊助單位。對於質性研究而言，多半採取敘述文和視覺影像的呈現。

§ 了解你的閱聽對象

在社會科學當中，質性研究幾乎是唯一能夠廣納諸多不同背景閱聽者的研究類型，簡介如後：

1. 其他質性研究者：這類閱聽者或許會期待，你的研究報告呈現創新寫法與策略，也比較可能樂於看到傳統 vs. 外來陣營，保守 vs. 冒險之間的界線鬆動跨越。
2. 其他社會科學家：這類閱聽人在賞識質性研究的同時，也能尊重其他類型的研究，特別是非質性方法的研究。他們可能會期待，你的報告寫作符合「標準」社會科學方法的寫法，或比較近似「寫實故事」的寫法（請參閱 Van Maanen, 2011，另請參閱稍後相關討論）。

3. 實用傾向的閱聽對象。他們可能會認爲，質性研究應該提供方便應用的見解，因此希望能夠從你的研究找到有實用價值的結果。

有效的溝通應該是要能夠確認目標閱聽對象，並且選擇最適合的溝通模式，以便該等對象能夠有效汲取個中重要訊息。由於質性研究的潛在閱聽對象相當多元分歧，你的首要目標應該致力於確認目標閱聽對象，並且認清他們偏好的報告寫作特徵。

你應該要清楚，潛在閱聽對象與他們的偏好可能相當多元分歧。有人可能喜歡質性研究，不過也可能有些人抱持質疑的態度。比方說，人類學研討會報告的素材，不見得適合贊助研究的民間基金會董監事成員。書面報告和口頭報告可能需要凸顯不同的重點，以便滿足特定閱聽對象的不同需求。

§ 對文字有一套

不過，無論閱聽對象如何多元分歧，質性研究的溝通還是有若干共通點。質性研究就定義而言主要乃是處理文字，而比較少處理數字和符號。不論資料來源是你的田野研究、田野筆記、資料陣列，即便不是對文字書寫抱持十足的熱情，你至少也必須要能夠輕鬆自在，順利把該等資料轉化成文字或口語報告。

如果，你要順利完成質性研究，對文字有一套（亦即所謂的文字功力），會是很重要的優勢。事實上，許多人選擇投入質性研究的初衷，多半是爲了可以有機會寫作，而且可以有很多機會寫很多。只不過，喜歡寫並不代表一定就能寫好。除了喜歡之外，你還需要下筆流暢，滿意自己的遣辭用句。

要達到處理文字得心應手的順遂境界，最普遍的建議就是多寫、常寫，例如：課堂作業、期末報告、研究論文。另外，在日常生活當中，也有很多做法，有助於提高文字處理的敏銳能力（請參閱【展覽 11.1】）。

文字能力只是基本功，質性研究的寫作還有許多重要挑戰需要克服。首當其衝，就是如何開始寫的問題。事實上，你或許已經嘗過苦頭了，比方說，當你想要開始寫研究，卻苦思不知從何下手。你可能有聽過建議，先擬個報告大綱，至少先試著草擬章節標題。不過，如果你不確定要說什麼，或寫什麼，那即使只是構思大綱或章結標題，仍然不免會覺得無從下筆。

展覽 11.1 日常鍛鍊文字功力的練習：七個例子

- 寫日記或工作日誌，每天至少寫一次，多多益善。
- 留心觀察，注意傾聽，隨時隨地做筆記。
- 活用電腦和手機的鍵盤，看你的手指在輸入字句時，能有多靈活。
- 經常發送簡訊或即時通。
- 玩每天報紙的填字遊戲。
- 閱讀時，注意寫作的風格，而不只是文章的內容；如果讀起來感覺非常有吸引力，會不會是因爲寫作風格使然，而不只是內容吸引你？
- 讀任何文字素材的時候，注意是否有錯別字。

關於各種寫作障礙，舉凡不知如何開始撰寫研究，乃至於草擬寫作大綱，其實已經有很多建言可供參考（例如：Becker, 2007; Wolcott, 2009）。一般來講，這些就是所謂克服「寫作瓶頸」的方法。在這裡，不能免俗，容我介紹兩種使用多年的私家祕訣，姑且名之爲「由內而外」與「逆向」寫作策略。這兩種寫作策略在朋友、同僚之間流傳多年，口碑還不錯。你或許可以考慮，嘗試這兩種還算可靠的啟動研究寫作策略。接下來，就讓我們來瞧瞧，「由內而外」與「逆向」到底是什麼名堂。

§「由內而外」寫作策略

質性研究報告的「內在」包括：特定田野經驗，或你希望呈現的其他資料陣列與證據。這些素材通常透過以下的形式來呈現：

- ◆引述對話（請參閱第 10 章，B 節）；
- ◆文字表格；
- ◆專欄（範例說明個案素材，譬如：本書呈現的專欄，或是生命史精簡版）；
- ◆圖示和其他資料陣列（例如：第 10 章，C 節）；
- ◆你希望呈現的其他圖片、卡通、軼聞或故事；
- ◆數字表格。

報告的「外在」就是環繞這些「內在」特定田野經驗與資料的敘事，包含從緒論到結論之間的所有思路陳述。因此，研究報告的寫作就是透過這些「外在」的穿針引線，將所有「內在」素材統合成為完整的作品。

寫作最好先從「內在」開始著手，這有兩個好處：(1) 你可以從頭就開始撰寫田野素材或證據；(2) 寫作的過程，可以讓你釐清該等田野素材或證據的具體細節。你必須重新檢視，你選取的引述說法和資料陣列，並且斟酌決定是要把素材完整補足，還是擷取特定局部段落來呈現在最後的定稿。

最終定稿的完成需要投入相當多的心力，包括編輯、增修、校對等工作，方能符合公開發表與出版的要求。你可以依照自己的喜好，選擇從任何地方開始處理素材，你當然也可以從最簡單的部分開始著手。最重要的是，你可以直接開始進行「內在」的寫作，而不需要先急著煩惱「外在」。

整理報告的「內在」素材可能持續相當時日。你可能會發現，起初整理的引述說法或資料陣列草稿，不太符合你原本設定的研究目標。你或許會改寫、暫時擱置，或乾脆另起爐灶，改以其他素材取代。再者，你也可能發現，分析不夠完整，必須回頭重新檢視資料證據。

一旦整理的「內在」素材已經讓你感到滿意，你就可以開始嘗試各種順序來組織排列，摹擬哪些部分適合擺在前面或後面。比方說，描述研究的時間、地點、人物，這些素材通常適合放在前面。再比方說，你的資料陣列可能包括若干研究對象的精簡版生命史，你就可以嘗試不同的順序，看看哪種排列可能比較吸引人。

等到「內在」素材整理有了初步滿意的成果，你應該會頗為驚奇，你已經順勢邁向斟酌該如何書寫所需的「外在」素材。過濾「內在」的資料、證據，以及嘗試安排組織這些素材的順序之餘，舉凡這些都會自動刺激你開始思索，如何組織整部報告的起頭、中間和結尾，從而讓你在心裡形成報告可能採用的「外在」結構輪廓。

對於質性研究而言，「由內而外」的書寫策略還有另一個重要性。這種寫法尊重並落實了質性研究的歸納本質——許多初步的洞視和發現，都是源自於實徵研究發掘的具體特定事件。雖然，你的研究出發點是出自新的假說和理論議題，但是質性研究的主要優點還在於細心關注田野證據與資料，並從中導出原始研究假說或理論架構所未曾預見的想法和解釋。

總之，「由內而外」的書寫策略是實徵研究獨特的寫作方式，不同於寫小說或其他虛構的作品。你的報告必須立基於事實證據，而不能像寫小說之類的作品，可以憑空想像創作。

§「逆向」寫作策略

不論書面或口語報告，最後都會呈現線性結構。在實際寫作時，你當然可以先寫結論，然後再著手寫解釋，來交代說明如何與爲何得出如此的結論。一般而言，比較傳統的寫法，多半是從研究問題與文獻探討開始切入寫作。也就是順著研究啟動的出發方向，依序順向而寫。

不論從何處開始書寫，基本上都會有開頭、結束與中間。雖然，最後完成的作品結構是線性的，但這並不代表你一定得依照線性的順序來寫作。你可以先寫結尾，再寫開頭；你也可以先寫中間，然後再寫頭、尾兩端。

大部分的寫作會把補充素材擺在正文結論或總結之後，這類補充素材可能包括：注釋、附錄（可能是短篇的報告）、參考文獻清單。雖然，這些輔助素材的關鍵性可能不如主要的正文，卻也是任何有價值的研究報告不可或缺的元素。

「逆向」書寫，就是先寫這類輔助的素材，寫得越多越好。寫的時候，也是先寫「內在」的實質內容，暫時還不需考慮「外在」的部分。雖然，在還沒寫報告主體之前，你可能無法撰寫文後注釋；不過，你還是可以先整理附錄和參考文獻。在附錄當中，有一項對於質性研究特別重要，那就是關於研究方法的陳述。稍後，我們會更詳細說明這部分的寫法，包括：如何呈現你在執行研究時，可能涉及的研究透鏡。

在書寫報告主體之前，你可能已經有若干素材可以寫研究方法的草稿。這份草稿可以暫時放在報告正文後面，當作附錄。稍後，經過增訂改寫之後，也許可以往前挪，納入作爲報告的主體，或是作爲前言。不論研究方法討論最後放在哪個位置，撰寫這些素材都可以讓你的寫作往前躍進一大步。

再者，你也可能會想在附錄部分，收錄闡明研究某些主題的生命史、若干篇的個案研究，或是提供補充證據的表格。撰寫這些素材也有助於幫助你完成報告的最後一部分，同時還能讓你思考，報告主體要如何討論這些素材。

最後，在集中心力撰寫報告的其他部分之前，你也可以抽空彙整參考文獻，或其他輔助素材。從研究初期開始，你應該已經有陸續蒐集、記錄參考文獻，甚至還有依照英文字母（譯者按，或中文筆劃）順序排列。在記錄文獻的時候，務必要資訊完整無誤。不管日後可能採用何種格式，若干資訊（諸如：作者姓名、出版年分、標題、出版社或期刊名稱、發行地點、頁次等）

都應該記錄齊全，以備不時之需。否則等到報告其餘部分寫好了，還要去補寫某些參考文獻的遺缺細節，那挫折感肯定很難消受。所以，在你增列任何一筆文獻資訊的時候，盡可能一次就把細節整理齊全。

B 質性研究的書寫指南

本節學習重點

- 使用不同人稱的陳述，來呈現質性研究素材。
- 建立讓讀者「身臨其境」的感覺。

除了一般寫作議題之外，你還必須熟悉，質性研究寫作應該注意的重點。舉例而言，質性研究的一個關鍵價值就是，引領讀者進入接觸研究的真實世界。有若干選擇可以幫助你達成此項目標。

第一類的選擇，部分涉及方法論的議題，再者也需要考量適合採用何種人稱的陳述（第一、第二和第三人稱）。

John Van Maanen（請參閱【專欄 11.3】）提供了三種寫作模式，可用來呈現田野研究的成果：(1) 寫實故事（*realistic tales*，第三人稱陳述，不涉入寫作者的個人觀點）；(2) 自白故事（*confessional tales* ，第一人稱陳述，時常提醒讀者，你置身其中）；(3) 印象故事（*impressionist tales* ，描述翔實逼真，讓讀者彷彿身臨其境）。你可以選擇其中任何一種，也可混合運用，或自行創造屬於你個人的寫法。不過，因爲每種寫作模式，在田野蒐集資料時，都需要不同的筆記做法，所以你最好在投入田野研究之前，就先選好要採用哪種呈現模式，而不是等到要著手開始寫作，才來選擇。

第二，「質性研究」的「研究」面向意味著，要投以敏感而細密的心思，注意觀照實徵證據。質性研究方法不提供固定格式來呈現證據，這也明顯不同於其他類型的研究，比方說，量化研究可以依靠統計軟體，自動將數據轉化成描述統計表，或是其他分析模型。因此，在整理質性資料的時候，你可以採用敘事、圖案設計或照相（第 10 章）的形式來呈現，但是進入寫作階段，你有必要以更審慎的態度，來處理資料的呈現做法。總之，你的研究寫

【專欄 11.3】呈現田野研究發現的三種寫作模式

John Van Maanen（2011）確認與對比質性研究的三種寫作模式：寫實故事、自白故事、印象故事。書中詳細描述這三種寫作的類型，並且擷取他自己的田野研究報告，作爲範例說明（例如：Van Maanen, 1978）。

- 寫實故事，這是最常見的田野呈現寫法，採取「不涉入作者感情的第三人稱」（Van Maanen, 2011，頁 45），作者本身不出現在故事當中。
- 自白故事，「再現田野研究者投入研究現場的參與情形」（頁 91），讓讀者明顯注意到作者在詮釋田野事件中的角色（例如：「我看到警察做 X」，而不寫成「警察做 X」—頁 74-75）。作者也可能會自白，研究如何給予她們有別於研究初始想法的新觀點。
- 印象故事，致力於「讓讀者進入田野情境」，「和田野研究者一起重新活過該等故事，而不是去詮釋或分析它」（Van Maanen, 2011，頁 103）。印象故事可能會採用戲劇化的鋪陳，「原先不起眼的某些事物……到後來，可能變成舉足輕重的關鍵要素」（頁 104）。

請另行參閱【專欄 7.1】。

作，除了有適當標示理論思辨的部分之外，應該以實徵證據爲基礎，而不宜言過其實。

以下摘列若干其餘的質性研究特徵：

§ 涵蓋五官感覺：視聽嗅味觸

「身臨其境」意味著，置身投入眞實世界環境的人類互動。你越能充分運用所有的感官知覺，來描述傳達你對於現場發生經驗的感受，你就越能提高你做質性研究的入門實力。

還有，也很重要的就是「第六感」，包括：田野場域的在地人和你自己的直覺和感覺。捕捉這些直覺和感覺，並且適當予以命名標示，這也是區別質性研究和其他研究類型的重要特徵。

§ 呈現多元聲音、觀點，處理匿名性議題

質性研究的另一個優點，就是欣賞差異觀點的能力。稍早之前，我們討論過如何以不同的方式，呈現研究參與者的多元觀點，其中包括呈現第一人稱的敘事，可以用簡短的直接引述句，也可以使用長篇的生命史（第 10 章，A 節）。

在呈現多元觀點的情況下，必然會面臨是否要保持研究參與者匿名的議題（例如：Guenther, 2009）。延伸來看，還有質性研究地點的保密議題。幾乎所有的研究，都選擇採用參與者匿名的做法，另外再以假名作爲代稱。在此同時，大部分的研究則都選擇標示研究地點（例如：高中的校名），除非這樣做可能會導致曝露原本應該受到匿名保護的參與者（例如：該校的校長）。這些事情當然都應該在研究初期就審愼考量決定，並且納入研究倫理審查與保護研究對象的相關做法（第 2 章，E 節），以及作爲研究設計的一部分（第 4 章，選項 8）。

§ 敏銳感知寫作的詮釋本質

近年來，質性研究者已經越來越能夠理解質性研究報告的詮釋本質，而這一點也跟你在質性研究身爲研究工具的角色有著直接的關聯。

詮釋乃是質性研究不可或缺的本質要素，也是質性研究的特殊長處所在（請參閱【專欄 11.4】）。你應該保持覺察，敏銳感知詮釋的作用，尤其是在寫作的時候。稍後在有關反思自我（*reflective self*）的討論，我們會進一步詳細說明，如何監督你自己的詮釋。

事實上，提出反思自我乃是要讓人們注意到，每個好的質性研究者都有宣稱自我和反思自我。宣稱自我是要把你所知宣告天下。反思自我則需要承認你如何獲得你的所知，其中可能包括對你研究方法的保留態度。好的質性研究都有呈現這兩種自我。接下來兩節，我們將分別討論，質性研究報告如何呈現宣稱自我，以及反思自我。

【專欄 11.4】眼肌抽搐或眉目傳情：詮釋建構現實

在一篇廣受引述的著名質性研究論文，Clifford Geertz（1973）引用 Gilbert Ryle 討論「厚描述」的作品。Ryle 要傳達的訊息有一部分是建立在一個例子——急速閉眼瞬間連帶出現的眼部肌肉收縮（這可視爲「寫實的」描述），有可能傳達兩種截然不同的「意義」——可能是眼肌抽搐，也可能是眉目傳情。

Geertz 深入探索這個例子，並藉此解釋一個更困難的概念：對於人類互動的觀察可能涉及觀察者和觀察對象之間的複雜關係。觀察者可能必須詮釋個中互動，才可能分辨究竟是代表社會意涵的眉目傳情，還是不太帶有社會意涵的眼肌抽搐。對於 Geertz 而言，「寫實的」觀察者可能看不見這兩者之間的差異。不過，「詮釋的」觀察者也需要小心，因爲觀察對象或許是刻意假裝眨眼，不過這不是眼肌抽搐，也不是眉目傳情。

 宣稱自我的呈現方式

本節學習重點

- 如何從有趣的地方開始寫作質性研究，並且緊扣讀者的興趣。
- 如何將研究的實徵資料，有效融入強有力的寫作結構。
- 如何減少使用冷僻的研究術語。
- 標題和次標題。

你和其他人可能會發現，「說故事」的隱喻頗適合用來描述，你如何呈現研究發現和可能蘊含的啟示。不過，如果你使用這樣的隱喻，務必格外小心你沒有給人留下錯誤的印象，以爲你的研究也像「故事」的字面意義那樣，都是根據你的想像寫出來的。在質性研究，所謂的「故事」必須是基於你的田野經驗，以及他人的經驗（另外，也容許對講出來的經驗所做的反思或感想），而不是你純粹想像的虛構創作。陳述你的研究故事，乃是宣稱自我的挑戰重點。

你的最高目標應該是，從有趣的地方開場，接著引人入勝的進展，緊扣讀者的目光，直到故事終點。不過，你也必須有心理準備，因爲這樣的目標其實極具挑戰難度。而且你寫的不是憑空幻想的虛構故事，而必須是有實徵研究資料作爲基礎。實徵資料對你的故事有相當的影響。有時候，資料可能太過貧乏，以至於沒辦法支撐你完成預期想要的故事。另外有些時候，資料可能會出人意外，讓你的故事增添一些小插曲，甚至是重大的轉折。爲了避免過早深陷如此遺憾窘境，或是錯失意料之外的良機，你不妨保守一些，先設計確定可以完成的適中研究，然後再酌情逐步提升研究的規模、複雜度與重要性。

和其他類型的寫作一樣，質性研究當然也沒有一套普遍通行的寫法。再者，你可能也有自己建立起來的寫作方式，可以有效地呈現你的質性研究給不同的閱聽對象。不過，如果你需要額外的協助，也樂於接受建議，接下來，我們整理了一些寫作訣竅和實用例子酌供參考。當然，如果你採取「由內而外」的寫法（請參閱 A 節），已經完成若干對話、表格、專欄小故事，或是其他素材，那麼你的故事大致輪廓應該已經逐漸浮現。

§ 從有趣的地方開始寫起

故事的開場需要你發揮創意和分析思考能力。你的目標是要吸引讀者進入你的文本，但是開場有趣味之外，也必須和你的研究故事與證據有緊密的連結。

最典型的寫法，你可以描寫某件具體的事件或情節。這種策略可以算是歸納取徑，也是本書一再強調的質性研究的優點。不過，在開場的地方，你也可以條列若干具有爭議性的觀點。在許多情況下，這種寫法代表一種演繹取徑的開場，也可能發揮相當的吸引力。

另外，還有一種寫法則是引用眾所周知的隱喻，或是其他傳世經典名著。這種開場方式可以讓人眼睛爲之一亮，但是你必須確定這些素材和你的研究主體有直接的關聯（請參閱【專欄 11.5】）。

【專欄 11.5】有吸引力的開場的三個例子

本書前引的三個專欄，提供了不同的例子，都不失爲有吸引力的開場。這三個研究的開場都呈現了具體的事例，而且也點出研究的主題。

- Bogle（2008）研究大學校園「約炮」，需要與一般「約會」作出區隔。她在開場就引述了暢銷書作家 Tom Wolfe（頁 1）的作品。該段引述文字篇幅頗長，把性關係的進程比擬爲打棒球跑壘，在過去，「本壘」才是「達陣成功」，現在則是「知道彼此的名字」（三壘就已經是「達陣成功」）。
- Anderson（1999）的研究是關於「街頭法則」。研究的開場，帶領讀者展開某城市主要大道的社會百態之旅（頁 15ff）。這條大道的起點，是小康家庭與豪宅社區，尊重傳統的社會控制；街尾的社區則是貧窮和失業氾濫，居民冷漠疏離，對於警政司法體系普遍缺乏信賴，因此淪爲街頭法則猖狂的局面。
- Brubaker 等人（2006）的研究，也是關於一種抽象概念——種族和國族意識。不過，這項研究開場是從具體事件切入——少數族群的大使館撤國旗事件（頁 1-4）——由這事件的後續影響，從而帶出國族意識的情感象徵，這也即是該研究要探討的主題。

請另行參閱【專欄 2.2】、【專欄 6.3】、【專欄 7.1】和【專欄 9.3】。

§ 寫作的不同「形貌」

當你的開場已經設定好初步的研究寫作場景和主題，接下來，就可以開始著手增添細節，以便讀者更貼近深入你的研究。

有一種常見的研究寫作組織方式，就是「漏斗形」的結構（例如：Scanlan, 2000，頁 168）。最初，一、兩節（或一、兩章），先從較寬廣的議題開始寫起；中間，用若干章節，針對研究個別發現，補充細節詳盡與分析；最後，再回到較廣的層面，綜合討論普遍議題，並作出結論。最後結論也以某種方式，呼應研究最初提出的議題，讓讀者得以清楚見識到，研究發現和分析如何將該等議題的詮釋或知識，推升到更高的境界。這更高境界的實質重要意涵，也代表了你的研究對於拓展新知所作出的貢獻。

大部分研究報告遵循漏斗形的結構。最初章節先寫初期具體的事件，或讓人眼睛一亮的事件。然後，從較廣層面，來探討初期促使你投入研究的主題或重要實質關注議題。中間章節，接著詳細檢視與該等主題或議題相關的實質證據。最後，結尾章節以研究發現爲基礎，作出你的詮釋和結論，再透過討論研究的重要意涵、啟示或重要性，回到研究初始問題的較廣層面。

不論是否採取漏斗形的結構，你的寫作總會包含若干篇幅頗長的內容，你必須設法抓住讀者的專注力，讓他們能夠認同該等素材的關聯性。比方說，實徵素材的細節和研究題旨的關聯不能太隱晦不明，否則讀者可能難以領悟，這些東西和你研究關注的主要議題究竟有何關聯。

要因應上述的挑戰，適合質性研究的策略就是，傳達一種強烈的「身臨其境」感，讓讀者彷彿親自參與投入行動的鋪陳與開展（Degregory, 2007）。在這長篇素材開展如剝洋蔥的過程中，不應該讓讀者感覺，好像被拖進一大堆瑣碎而不知關聯何在的細節。相反地，你應該妥善安排章節順序，以便讀者能夠隨著該等素材的開展，而越來越明白你的研究主旨所在。而最核心的部分可能就是凸顯你全部的證據資料陣列，就好像是在終點將研究發現的最寶貴祕密通盤托出。

如果，你接受這種說故事的方式，你現在應該比較能夠體會「由內而外」寫作策略的優點：當你反覆組織與再重組「內在」素材之餘，因爲你採用「由內而外」的策略，也就省卻了必須一再重寫、改寫「外在」素材的麻煩與挫折感。因此，甚至在寫作還沒很多進展之前，你就應該已經決定好，實徵素材當中要凸顯的核心重點是什麼。有可能是呈現某個人的完整生命史，藉以捕捉和凸顯研究的全面主題；也有可能是綜合若干人的資訊，或是田野發生的關鍵事件。另外，你也可以選擇一種寫法，每一章選擇和凸顯不同人物的生命史（請參閱【專欄 11.6】）。

除了要凸顯的核心重點之外，你也應該開始明白，你的故事是否有結局。如果有，是什麼樣的結局，以及要透過哪些起伏波折，才能抵達該等結局。請注意，在這過程中，你需要去發掘可能存在的證據落差，這容許你重新檢視資料，看看是否有哪些還沒有使用到，以及是否能夠挑選其中某些素材，來強化整體章法的通順與流暢。

【專欄 11.6】每一章使用不同人物的生命史來凸顯實質主題

Edin 與 Kefalas（2011）花了兩年時間，參與觀察美國東岸某大城市八個社區的 162 名母親。

這2位作者研究「貧窮婦女」如何視「婚姻爲奢侈品」，但是認爲「自己生養小孩爲年輕婦人生活之必要」（頁 6）。在這些母親眼裡，孩子並沒有「帶給她們苦難……；[相反地]，她們相信，身爲人母讓自己因此獲得『解救』」（2011，頁 11）。

全書共分六章。每一章都包含 1 位母親的生命故事，用以闡明該章的主題。各章的組織順序依循人生的循環，而且直接和研究的主旨緊密相關，標題分別爲：「我們沒有小孩之前」；「我懷孕的時候」；「夢想怎麼破滅了」；「婚姻的意義」；「母愛的付出」；「成爲人母改變了我的人生」。透過這些生命故事，2 位作者得以靈活而有效運用描述和解釋的洞視，來報導她們的研究發現。

§ 使用日常用語，減少冷僻術語

大部分的研究領域，都有特定學術社群共通的專業術語。雖然，學術社群都能得心應手使用該等術語，但是對於其他領域，乃至學術界以外的一般閱聽群眾，可能就不見得能夠很容易理解，而且通常得不到太好的反應，因此，你在研究寫作當中，最好儘量減少使用。

前述的提醒，大部分的社會科學研究寫作也應該小心應對，質性研究尤其應該強烈避免這樣的問題[1]。這是因爲質性研究多半是關於日常生活場域發生的事物，所以當情況允許時，應儘量使用普通淺白的語言，原則如後：

◆多用具體字眼，少用抽象術語；

◆多用家人、朋友可能理解的語言，而不要只有專業同僚可能理解的

[1] 此時，許多質性研究學者對於創造許多新字感到自傲——挑戰現狀（在社會正義研究中），同時警告讀者。這種「語言困難」（Jones, 2002; Jones, Torres, & Arminio, 2014，頁 5-6）有其風險，讀者可能看不懂，甚至感覺被冒犯。

術語；

◆多用淺白易懂的常用字眼，少用冷僻難懂的語辭。

在此同時，如果閱聽對象主要是你所屬的學術社群，寫作就必須仔細連結到先前的研究，以及該領域重要的理論議題。不過，你還是可以運用日常用語，來訴說生活世界的敘事，但是在導論和詮釋、討論的章節，就應該適切運用專業術語，以便有效切入比較深入的論述。

§ 善用標題，凸顯實質訊息

文章或是圖表、簡報的標題，可以扮演特殊的角色，提高對閱聽者的吸引力。比方說，大部分的人在看社會科學報告時，多半會有一種初步檢視的傾向。如果是書本或期刊論文，她們會先注意標題，瀏覽摘要，再看看目錄，然後迅速翻閱內容，看看是否值得細讀。類似的道理，聽口頭報告時，大部分人會先專注聆聽開場的部分，決定是否需要繼續專心聽，還是可以開始「神遊」。

在這種初步檢視的情況下，標題可能就相當關鍵。如果，標題包含簡明扼要的訊息，比較能夠抓住人們不是很專注的眼光與耳朵。然而，有些標題，諸如：「導言」、「第 N 節」、「結論」之類的，只是傳達文章或報告組織結構的普通用語，這就無助於掌握實質內容。更糟的是，有些研究者根本完全不用標題，好像是在寫隨堂作業一樣。

比較理想的標題，應該盡可能使用簡明扼要的片語或短句，以便讀者能夠望題知意，幫助掌握段落或章節的題旨所在。比方說，導言或結論的標題最好能夠包含真正的研究內容，讓閱聽者能夠一目瞭然，明白介紹或結論的主旨究竟是要談些什麼。類似的道理，圖表、簡報的標題，如果不能，至少也應該儘量傳達主題。這種標題的做法不只能夠吸引人們瀏覽你的研究，而且也有助於幫助嚴肅的閱聽人，對你的研究內容有更好的理解。

D 反思自我的呈現

本節學習重點

- 反思自我在研究寫作中的主要角色，清楚揭顯研究透鏡的必要性，尤其是在質性研究。
- 你的研究透鏡的潛在面向，如何可能影響研究過程。
- 研究報告有哪些地方可以選來呈現你的研究透鏡。
- 讓反思自我失控的方法，以及如何避免發生這樣的情況。
- 前言的內容。

反思自我表達，你如何知道你的宣稱自我所呈現的陳述。你可以如此看待，反思自我的呈現，基本上，就是報告你的研究做法，以及你的宣稱自我在陳述各種資訊當中，可能涉及的諸多重要保留或需要注意的事項。

反思自我存在於所有的科學研究，質性研究方法在這方面尤其複雜，因此需要更大程度的揭露。比方說，你可能也需要考慮描述、說明你的知識論立場。

§ 盡可能清楚呈現你的研究透鏡

在質性研究當中，研究者很可能是蒐集資料的主要研究工具。有別於其他研究類型，質性研究尤其重視直接觀察，以及研究者和研究目標現象之間的互動，以便觀測人們的行爲和觀點。因此，如同第 2 章（C 節）和第 5 章（E 節）所述，你身爲研究工具的同時，在蒐集資料的過程當中，自然也就帶有你個人特定的透鏡或濾鏡。

透鏡不可能完全無偏差，每個人的研究透鏡都有主觀、客觀的成分。在呈現反思自我時，要盡可能找出你的透鏡的各種主觀、客觀成分，並且盡可能清楚揭顯出來。目標是要提供讀者充分資訊，幫助他們自行評估你的透鏡的潛在（包括正、負面）影響效應。因此，你應該提供關鍵資訊，以便閱聽者能夠明白，你的研究報告內容（諸如研究參與者的資訊）和資料蒐集情境之間的關聯性（例如：Gubrium & Holstein, 1998）。

應該考量呈現的情境因素，包括：

◆你的文化取向，以及該等取向與研究對象之文化的可能交互作用；
◆你的其他個人特徵（性別、年齡、外貌特徵等）的潛在影響或關聯性；
◆你的動機、興趣、觀點，對於研究主題的可能影響；
◆你如何獲得進接研究場域，以及進接該場域的任何特殊人際網絡。

換言之，你應該盡力找出你的研究透鏡當中，可能影響宣稱自我扭曲呈現研究發現的諸多元素。依你的閱聽對象而定，你可以用輕鬆如朋友的方式，來討論你的優缺點和警告。

因此，你應該在研究報告的某個位置，納入有關你的研究透鏡的陳述。有三個位置可供選擇：(1) 放在前言（請參閱【專欄 11.7】），這裡可以容許以比較非正式，甚至輕鬆如朋友的方式來討論；(2) 放在導論，介紹研究方法的部分（請參閱【專欄 11.8】）；(3) 收錄作爲附件。

【專欄 11.7】在前言呈現討論田野研究者的「透鏡」

Elliot Liebow（1993）的女性街友研究，特別在前言的部分，來說明他在該研究使用的參與觀察方法。「這項女性街友研究報告的所有事物，都是經由我個人挑選，而且透過我的過濾，因此很重要的是，我必須讓你清楚知道，有關我自己、我的偏見，以及這項研究的始末原委」（頁 vii）。

接下來，Liebow 開始描述有關他自己的一些事情，其中包括：接觸街友收容所三年（他在收容所擔任義工，每個月有兩天在所裡過夜）；她們對於他的年齡、性別、長相的反應；她們請求他借錢給某些麻煩的傢伙時，願意借二元、五元、十元，甚至二十元；或是開車送她們去社會福利站、應徵工作、看病，或其他地點（頁 xi）。他也相信，參與觀察需要建立一種盡可能對稱的關係，「就像我想要盡可能了解她們的一切，她們也會想要知道有關我的一切」（頁 vii）。

這些自我觀察的陳述，包括大量的互動情形，幫助解釋了他如何能夠完成書中該等婦女生活諸多細節的親近描述。

請另行參閱【專欄 1.1】和【專欄 5.6】。

【專欄 11.8】使用標題「自我反思」的一節，討論田野研究者的「透鏡」

Sylvia Pedraza（2007）古巴革命與移民美國的研究，在方法論的部分，收錄標題「自我反思」的一節。

在該節當中，Pedraza 呈現了許多關於個人背景的細節，包括她的家人和她們對於古巴革命的支持或反對。她也清楚說明，該等革命事件如何影響她自幼所受的家庭教育，以及她對於該等主題的研究興趣。她還特別指出，自認是「1960 年代美國社會運動之子」（頁 32）。

在這些有關自我反思的陳述中，Pedraza 清楚揭顯她自己的透鏡，包括她對於「目前，勇氣十足的古巴異議人士爭取普世人權運動」的同情態度（2007，頁 32）。在此同時，這項研究執行非常細心，大量的檔案文件、問卷調查、田野證據相當充分，所以她的同情態度不至於會在不自覺的情況下，影響研究的主要和結論。

請另行參閱【專欄 4.5】和【專欄 7.1】。

§ 品質控制的重要程序：描述研究透鏡

從他人的角度來判斷你的研究品質，這對質性研究尤其重要。千萬不要輕忽了你的研究透鏡的重要性，舉凡研究的範圍、田野資料的蒐集、研究發現的詮釋，都會受到研究者的透鏡影響。不論你希望與否，你對於真實世界的解讀與呈現，乃至於你的整個研究，都會由於你的透鏡賦予的意義和詮釋，而蒙上一層個人色彩。

近年來，有越來越多的質性研究學者指出，透鏡對於研究的過濾角色。雖然，在非質性取徑的研究領域往往沒有適當揭露研究透鏡，而且研究者往往也看不見自己其實帶有特定的透鏡。比方說，有後現代（*postmodernist*）批判論述指出（Butler, 2002，頁 37-43），包括非質性取徑在內的所有研究，當研究者設定研究的優先順位，以及選擇特定的研究設計與研究工具之際，其實就已經揭露了研究的透鏡（請參閱第 1 章，D 節）。

最好的質性研究絕無可能排除透鏡的影響，反而需要盡可能正視之。[2]

---

2 質性研究中，排除外部世界的日常假設，避免將這些假設套用在研究中的要求

目標是要提供充分的資訊，讓讀者能夠自行重新詮釋你所提出的詮釋。換言之，質性研究寫作的高品質繫諸於如後的條件：宣稱自我提供充足的證據，再加上反思自我提供大量的資訊，以便讀者能夠知悉該等證據蒐集的所在情境脈絡。

§ 自我反思控制得宜

不過，也不應該爲了揭顯反思自我，而過度使用注腳，或括弧注解。這兩種格式的主要功能，包括：讓你添加反思的細節，或是指出正文當中某些需要另行注意的地方。運用注腳或括弧時，不論是要達到何種功能，通常都會採取「旁白」（aside）或「邊欄評語」（side comment）的語調。如果，你是口頭發表這類的素材，語調應該稍微降低一些，以便聽眾知道你是在提供補充說明的注解。

這類的「旁白」或「邊欄評語」乃是反思自我針對研究提出的評論，而不是宣稱自我在陳述研究的實質內容（否則，這些素材大可放在正文，而不是移到注腳或括弧內。）（比方說，前面這個括弧，乃至於本括弧，正是本書所謂「反思自我」的例子。）

在寫作論文與口頭報告時，幾乎所有學者都會用到「旁白」或「邊欄評語」。不過，如果你投入太多心力在呈現這類反思自我的素材，很可能會讓閱聽者陷入困擾，因爲她們必須不斷在宣稱自我和反思自我之間來回轉換。有論者指出，注腳如果寫得太多，可能會讓人覺得，「似乎有兩個作者：一個在臺面上，另一個在臺面下。」如此的作者分裂性會讓人很難閱讀或傾聽。閱聽人有可能會投入太多心力在反思自我的補充資訊，反而沒有餘力去專注觀照研究的主要內容。

所以，研究報告的書寫是爲了要溝通主要的故事，因此「旁白」或「邊欄評語」的使用，以及反思自我的呈現，都應該要有所節制，才不會喧賓奪主。牢記這樣的提醒，你會有比較多的時間，專注在主要故事的書寫，而不是投入太多時間去撰述、修改注腳或括弧內的素材。

稱爲托架（bracketing, Schwandt, 2007，頁 24）。完成托架是項不太可能的任務，但是在現象學和俗民誌方法研究中，卻是非常重要，這樣才能了解研究內容的內在價值或涵義。

§ 如何使前言充滿洞見而且使人認同

書籍或口語報告的前言部分，也可以用來揭顯反思自我。一般而言，前言的實質內容可能涵蓋兩類訊息：第一，陳述你如何對研究的主題發生興趣，以及你如何投入該等主題的研究。質性研究者可以發現，在這裡，應該很適合有系統地討論有關自己研究「透鏡」的素材。

第二，介紹實質研究主題的前言，其實也可呈現研究主題的脈絡。這種前言的陳述方式，有別於研究的正式導論（節或章），因爲這裡的陳述可以比較個人化，而沒必要一定得正式引述研究文獻。研究脈絡的素材當然有幫助，但也不要不知節制寫太多，否則可能就比較適合挪到導論的正式介紹。

對於書籍而言，潛在讀者也很可能透過初步檢視前言，以決定是否值得一讀。因此，你在撰寫書籍前言時，當然也應該審愼呈現富有洞見而且使人認同的說詞。同樣的道理，口語報告開場時，如果能夠適切提供若干刺激性的前言，也有助於引發聽眾比較積極而專注的聽講。

比較可惜的是，少有參考文獻提供實用寫作指南，介紹如何撰寫富有洞見又能吸引讀者的前言。因此，前言該寫些什麼東西，你只能靠自己費心多加斟酌。寫得太過於個人化，可能會顯得自我中心，導致讀者認爲缺乏普遍重要意涵，因此沒興趣閱讀。太過疏離的寫法則可能讓人覺得冷冰冰，缺乏人情味，這也是質性研究的大忌。閱讀他人作品的前言時，你不妨多注意，哪些比較能夠抓住讀者，何以能夠有這樣的效果；另外，也可以請同僚幫忙看你寫的前言草稿，這應該也有助於拿捏恰到好處的寫法。

寫作的修改潤飾

本節學習重點

- 修改潤飾的重要性。
- 有益於修改潤飾工作的兩種複閱人。
- 可能遭遇的審閱意見，以及因應方式。

草稿寫完之後，就可以開始修改的工作。完美無瑕的草稿，就像音樂神童莫札特的作曲一樣，不需要太多修改，甚至完全不用修改。不過，我們一般人多半不具有這種天賦異稟，不太可能一下筆就完美無暇，所以必須投入時間反覆修改。

一般而言，投入修改的時間會因寫作目的而有差別。大多數的課堂作業，修改時間大概需要寫作時間的 5-10%。至於碩博士學位論文，以及規模較大、內容較繁複的研究，修改時間比率則需要相對增加。在寫作過程中，也可能同時進行修改，已經相對完整的草稿先修改，其他部分則繼續寫作，等到日後完成，再依次修改。

§ 修改過程中回饋的用處

做研究的時候，你初稿的各種直覺或寫法，都應該需要接受其他人的複閱檢視，其中最重要的就是研究參與者和同儕的複閱。

參與者

第一類重要的複閱者就是研究參與者。在田野研究期間，你應該已經做了「檢核田野素材」（checking stuff）（請參閱第 7 章，C 節），其中就包括向研究參與者求證你的田野筆記。不過，到了最後定稿的寫作階段，你應該尋求參與者提供進一步的回饋。理想的情況下，你應該可以採用你在研究設計時考量過的尋求參與者回饋的程序（請參閱第 4 章，選項 8）。

尋求參與者回饋的一個目的是要檢核資訊的正確性，你可以從草稿擷取若干部分，請參與者查看。請注意，「正確性」並不代表只容許單一現實，好像要決定報導事件唯一眞相；相反地，這裡的正確性仍然認可多元觀點的出現。因此，檢核正確性的主要用意是要，確定參與者確實有說過你記載他們所說的話。

另外一個目的，可能是要取得額外的洞視和反應，因爲參與者現在有機會看到你彙整完成的全部研究成果。在這裡，你必須和他們分享完整的草稿。不過，你也得有心理準備，分享整份草稿可能會產生不可預期的後果，參與者可能會覺得你寫得太過學究味了，和他們的眞實感受格格不入。因此，在分享之前，你可能需要先做一些前引介紹，讓他們了解你的寫作方向，然後再開始分享草稿。你也應該做準備，如果參與者不同意草稿的某些重要部分，你可能要如何回應（例如：Locke & Velamuri, 2009）。

同儕

第二類重要的複閱者就是學術同儕或同僚，他們可能是熟悉你的研究主題或研究方法，或是對於你的研究可能有相當敏銳的分析與批判眼光。她們的複閱可能發揮類似期刊或出版社「同儕審查」（peer review）的角色功能。

社會科學研究並不是唯一採用同儕審查的領域。其他學術領域（例如：自然科學與醫學），以及實務專業領域（例如：藝術界和建築業），也都有同儕審查的做法，包括書面審查或口頭審查，而且審查程序可能非常嚴格。

在同儕審查過程，你應該盡可能保持信心，積極回應審查者的評論意見。你可以找若干同儕，或同儕團體，請他們提供回饋。然後根據他們的回饋意見，重新思考或修改你的寫作，如此通常可以讓你的研究獲得強化。請記住，研究掛名的是你而不是審查者。總之，最終受惠的人畢竟還是你，因此你應該抱持感恩之心，謝謝他們無償提供的批評指教意見。我認識的一位學界前輩，從踏入學術界以來，就一直秉持如後的信念：不論同儕批評指教的意見是什麼內容，他一定全部認眞回應，而這也讓他受惠良多——投稿成功率百分之百。

同儕審查可能提供許多批評與建議。大部分的期刊通常會指示審查者採取實證的取向，比方說，評論證據蒐集方法是否嚴謹，證據是否充分支持結論。有些審查者可能會毫無保留，直接道出他們最大的疑慮；有些可能會比較婉轉，但還是會提出讓人倍感威脅的批評。【展覽 11.2】整理了若干常見的審查評語，可能蘊含的意義，以及你可以考量的回應或補救做法。

期刊和其他設有同儕審查制度的機構，往往會請受審的作者建議合適的審查人選（再不然，就是從受審稿件參考文獻引述的人士當中挑選審查人選）。審查者通常會保持匿名。至於研究計畫或碩博士論文審查委員的身分，你應該是可以預先知道的。在這種情況下，你就有必要設法去打聽了解，你的審查者過往或偏好的研究與實務做法。通常透過檢視他們做過的研究，應該可以有助於了解他們可能的審查傾向。

對於質性研究，我們非常推薦，研究者應該要盡力做好上述的準備工作。有些審查者可能對質性研究有相當不同的看法，再者，即便是認可質性研究取向的審查者，也有可能偏好的是不同類型的質性研究。總之，你不必完全接受審查者的所有觀點，但是你也不會希望，因爲一時不察或誤解他們的某些觀點，而疏忽了可能從中獲益的評語。

展覽 11.2　審查評語的回應或補救方式

審查評語的字面訊息	潛在的深層訊息	可能考量的回應或補救方式
1. 結論沒有實徵證據支持	研究有重大缺失，或是結論無足輕重，因此不適合發表	檢查是否有更多證據可以呈現，同時說明引用的證據確實有適切代表蒐集到的所有證據；重新整理結論，使其符合引用的證據，確認結論眞的有某方面的重要性
2. 發現、詮釋、結論之間沒有合乎邏輯的關聯	報告書寫拙劣，作者的研究邏輯可能太弱	重新組織文本與論述，修改或刪除次要的論述；結論如果有用到某些可能造成理解困擾的概念，設法釐清
3. 田野研究或其他研究方法描述不夠充足	選用的方法不適合研究主題或研究設計，或是審查者不喜歡該等方法	解釋選用該等方法的邏輯理由，以及其他可能考量但沒有採用的方法選項；擴大方法論的部分，增加操作的細節說明，如果有研究大綱或博多稿，擇樣納入；從反思備忘錄提供更多有關研究可能遭遇危機的洞見
4. 資料呈現或分析沒有適切處理	資料分析過於膚淺，或草率	重新考量分析技術，重做全部或部分的分析
5. 文本訛誤過多	作者對於文獻理解欠佳，或寫作鬆散拙劣	細心編輯文本和圖表，確保引述資料適當而且正確

§ 修改的時間與心力

研究寫作的稿件可能需要反覆改寫好幾回，每回的審查者可能相同，也可能會換人。記住要有心理準備，這程序可能非常折騰人，但也別忘了提醒自己，最終受惠最多的人終究還是你自己。稿件修改得越多，變得更好的可能性就越高，而且最後作品的功勞全歸你一人。

寫作的修改可能涉及許多不同的面向，包括：

◆更正技術性的錯誤，包括研究證據呈現方面的錯誤，乃至於引述其他人著作方面的錯誤；

◆強化詮釋，以及強化證據、詮釋和結論之間的邏輯關聯；

- ◆以其他方法重新檢視你的資料（即使資料蒐集很可能已經結束了，還是可以重新檢視）；
- ◆考慮審查者提及的其他研究作品所做的詮釋，你原本參考文獻沒有引用，或不曾知悉；
- ◆連結更廣（或較窄）的理論或實務脈絡，擴大（或縮小）你的研究重要性宣稱。

§ 樣板編輯審稿與校對——以及複閱樣板編輯的工作

在寫作的長期過程中，你可能需要持續進行編輯校對。再者，寫作版本修改之後，也需要適時重複編輯校對程序。你應該會想知道，其實可以找到幫手協助解決大部分的編輯校對工作。你應該也會想要檢查，這些幫手潤飾後的結果，以及確定你是否同意他們所做的更改。你也必須了解，目前的出版界，外來的幫手可能不見得能夠完全掌握你的研究主題、偏好寫作習慣，以及相關聯的各種冷僻「行話」。比方說，美語和世界其他地區的英文可能就存在不少的差異。

最後提醒，作品的每一行、每一句都是歸你所有。閱聽人會根據最後完成的品質來給你評價，他們不會知道，也不會在乎，你在寫作過程是否有其他人幫忙編輯校對。能夠在同儕審查的公共論壇分享研究想法和發現，是難能可貴的特權，而不是理所當然的權利。只有研讀和從事社會科學研究的極少數人，才可能享有這份特權，所以你應該爲此感到與有榮焉。

本章複習

請簡要陳述，下列關鍵術語和概念：

1. Disseminate, compared with communicate 傳播 vs. 溝通
2. Personal knowledge, compared with public knowledge 個人知識 vs. 公共知識
3. Inside out and backwards 由內而外與逆向寫作策略
4. First-person, second-persond, and third-person voices 第一、第二與第三人稱

5. Realist, confessional and impressionist tales 寫實故事、自白故事與印象故事
6. Declarative self and reflexive self 宣稱自我與反思自我
7. Hourglass shape 漏斗形
8. Research jargon 冷僻的研究術語
9. How you know what you know 你如何知道你知道什麼
10. Research lens 研究透鏡
11. Quality control 品質控制
12. Bracketing 托架
13. An “aside” or side comment「旁白」或邊欄評語
14. Above the line and below the line 臺面上與臺面下
15. Prefatory remarks 前言
16. Peer review process 同儕審查過程
17. Lingo 行話

練習作業

摘要田野觀察記錄

以第 5 章【練習作業】的田野觀察記錄為基礎，撰寫一份摘要（A4 紙張，單面雙倍行高，至少三頁）。確定你的摘要有建立概念架構，避免只流於摘述田野研究紀事或日誌。摘要應該呈現出某種程度的實質結論。

撰寫摘要的時候，把它當成是準備投稿給某學術期刊。確定你寫的摘要有遵照該期刊規定的格式，以及優先考量錄用的主題。以這樣的態度來練習本作業，將可使你寫作的摘要品質提高不少。

做這個練習的時候，請參考第 10 章的【練習作業】，製作一份配套簡報。這樣對於你思考撰寫摘要是否有幫助？有變得比較容易嗎？如果有（或沒有），請說明為什麼有（或為什麼沒有）。

第四篇

帶領質性研究更上一層樓

第 12 章

拓展質性研究的挑戰

在本書總結的這一章，我們將在社會科學研究的廣域脈絡，嘗試拓展質性研究未來更寬廣的版圖。首先，是與此目標相關的主題：質性和非質性（或量化）研究的同異對照。此兩陣營的差異，也反映在不同的世界觀（有關研究品質與最佳實踐做法的諸多預設）。長久以來，質性和非質性研究的差異一直是許多對話與論爭的關注焦點，其中包括與後現代觀點的對話。根據後現代觀點，不論社會科學或其他任何領域，眞正客觀的研究，在任何情況下，都是不可能達成的。

本章回顧檢視這些對話，並提出混合方法研究（融合質性與量化方法），作爲回應。另外，並介紹這種混合方法的研究實例，再藉由【研究範例 2】示範説明個中細節。作爲本書的總結，本章希望讀者能夠對於質性研究的角色有更全面的認識；最後在結論部分，則邀請讀者思索如何強化質性研究的未來發展。

從本書第 1 章讀到第 11 章，我們已經學習了質性研究的理念和實施做法，還有許多專欄摘錄的質性研究者的實際經驗。經由認識吸收個中理念和實作程序，你對於質性研究應該有了相當程度的理解。再者，透過書中示範介紹的各種實作程序練習，你應該也習得了相當的能力，足以應付質性研究可能遭遇的諸多挑戰。至此，你應該可以很肯定，你已經抵達了質性研究大道上的重大里程碑。現在，你應該能夠完成質性研究報告草稿，並且有能力討論研究的相關程序與發現。

在此同時，前面仍然有更大的挑戰等待你去克服。你或許會想要暫時擱置，等日後再來面對。不過，就長遠來看，尤其是你如果眞的想要做質性研究，或是已經投入質性研究的學術生涯，你可能也無法完全忽略這些挑戰。

這些挑戰主要源自於正視質性研究並非存在於眞空之中，而是屬於廣大範圍的社會科學方法。質性研究只是社會科學諸多研究方法當中的一種。此外，還包括其他的非質性方法。在你的研究生涯，你遲早會需要展現自己有能力，適切掌握質性研究和其他眾多社會科學研究方法之間的關聯。

本章將幫助你達成上述目標。透過本章的介紹說明，你會發現，存在於質性方法與非質性方法（通常也稱爲量化方法）之間的主要異同對比。在本章之前，本書只有少數零星章節，使用到量化一詞，其餘多半偏好採用比較全面而含糊的說法——非質性方法（*nonqualitative methods*），因爲到目前爲止，還沒有普遍認可的關於量化方法的嚴格定義。粗略來看，非質性方法大致包括：問卷調查、實驗、準實驗，或是人口統計學、流行病學、經濟學使用檔案數據的統計研究。

研習本章的進程中，你對於學習更廣範圍的社會科學領域也會隨之日益深化。因此，你如果要做好混合方法研究，不只需要學會質性研究，也必須更深入認識如何做好量化研究。爲了要更能夠妥適活用這些方法，你可能需要親自投入或是和採用該等方法者分工合作。這方面需要投入的心力，絕對不下於你對於質性研究的精益求精。不論自己兼顧兩種取徑，或是找人分工合作，你都必須知道混合兩者的做法。

等到你學完本章，深化的視野應該可以讓你更懂得欣賞質性研究。因此，作爲本書最後的思索，C 節簡要提出問題來考量，你如何可能貢獻於質性研究技藝的未來發展，聚焦當前三方面需要優先克服的挑戰。

 質性研究作為社會科學研究廣大領域的一部分

本節學習重點

- 質性與其他社會科學研究的主要異同。
- 質性研究者與量化研究者的對話本質，包括教育與評價領域的歷史衝突。

質性研究採用的程序當中，有不少仿效一般社會科學的通用做法。你最好能夠熟悉個中同異。

§ 質性研究與其他研究法的相似處

在許多明顯的層面，質性研究做法和一般社會科學做法，似乎沒有太大的差別。以下，若干例子提供參考。

最顯而易見的相似點，就是啟動程序（第 3 章），其中包括：使用先前的研究、建立類似檔案庫的輔助工具、幫助找尋研究的主題。諸如此類的研究啟動程序，並不是質性研究獨有，而是可以適用於其他大部分的社會科學研究。在撰寫研究報告方面（第 11 章），修改質性研究報告草稿的各種建議做法，對於其他大部分的社會研究也很實用。對於所有實徵研究，不論質性或非質性方法，同儕審閱者的批評建議，都很有幫助。

你可能還會注意到其他的相似處。比方說，第 4 章介紹的研究設計做法當中，有關可信用度（*credibility*）、可信賴度（*trustworthiness*）與三角檢核（*triangulation*），都可以強化研究發現，這些做法當然也不是只限於質性研究。再者，分析階段的標準程序，包括：找尋負面反例（*negative instances*），以及連續比較法（*constant comparisons*）（第 8 章，D 節），不只可以帶給質性研究諸多好處，其他社會科學研究也能從中受益良多。

另外，其他的資料分析程序，背後可能隱藏某些相似點，但經常被忽略未察。比方說，第 8 章指出，在分析的準備程序中，建立研究詞彙表（*glossary of terms*），隨時查詢參照，可以帶給質性研究不少好處。在分析非質性資料時，使用的資料字典（*data dictionaries*），其功能也類似於詞彙表。

有趣的是，甚至在質性資料重組階段（第 8 章），建議使用的陣列、階層、矩陣等資料結構，也都可以在其他類型的社會科學研究找到相對應的例子。不過，我們還是必須正視，質性研究與非質性研究之間，仍然有著根本的差異：質性資料主要是文字和敘事，其他方法的資料則多半是數字。雖然有這樣的差異，但是質性研究使用矩陣作爲資料分析之前的預備程序，對照非質性研究使用卡方檢驗（*chi-squares*）或相關係數（*correlations*）（請注意，也都是採用矩陣的資料結構），作爲檢驗統計模式之前的初步程序，兩者就功能而言，其實並無差異。[1]

§ 質性研究與其他研究法的對比

質性研究也有某些獨特的實施做法，和其他社會科學研究有明顯區別。以下，若干例子提供參考。

主要差別源自於質性研究的核心特徵——蒐集田野資料的過程中，研究者乃是主要的研究工具。雖然，你可能採取多樣化的資料蒐集方法，包括：使用問卷來做結構化訪談，但是你賴以蒐集質性資料的主要指南，很可能會是**研究博多稿**（*research protocol*）（請參閱第 4 章，選項 7）。

研究博多稿可說是概括探究大綱的心理架構，以便研究者參考執行資料蒐集的進程。博多稿當中，會含括諸如質性訪談或田野觀察的重要探究主題。再者，也可能指出如何運用其他研究工具，比方說，如果你採用結構式訪談作爲資料蒐集的部分程序，那或許就會使用問卷。不過，研究博多稿、質性訪談或非結構訪談（請參閱第 6 章，C 節），乃是質性研究獨有的做法，通常不會運用於其他方法的社會科學研究。

質性研究的另一項差異之處，就是蒐集敘事性的資料。目標是要蒐集充足而詳細的深廣資料，以便對研究的事件本質與脈絡達到全面呈現與充分理解。同時，在提供田野背景的敘事資料過程中，也可蒐集諸如人口學之類的數據或量化資料來作爲補充。不過，敘事資料仍是質性研究特有的素材。

另外，還有一種對比——**分析類推**（*analytic generalization*）vs. **統計類推**（*statistical generalization*）的對比，可能比較不容易體會。這在質性研究的設計和分析階段，就有可能會遭遇（請參閱第 4 章、第 9 章）。並非所

---

[1] 另外，還有兩項潛在的相似處，需要深入探討，不過那已遠超過本書範圍。第一點是，我在第 1 章有簡要提及，質性研究者的反身性有點類似實驗研究的「實驗者效應」。第二點，也和實驗研究有關，幾乎所有正式發表的實驗研究，在執行過程都容許嘗試錯誤的出發點，然後再逐步將實驗程序微調修正（Streiner & Sidani, 2010）；這一點其實和質性研究啟動過程的嘗試錯誤歷程有些類似。只不過，傳統上，發表的論文都不會報告初期嘗試錯誤的實驗程序。因此，實驗時會遇到的困惑與不確定性較不爲人知，但這很像質性研究起步時所遇到的嘗試錯誤經驗。

有研究（不論質性或非質性），都需要類推研究發現的結果。不過，只要研究有思索要做類推，一個簡要的區分原則就是：質性研究傾向把分析宣稱，類推到研究場域以外的其他情境；相對地，非質性研究則傾向把統計宣稱，類推到樣本所屬的母群。

最後，質性研究可以容納各式各樣的世界觀，例如：建構主義、實用主義到後實證主義方法。與其他社會科學研究相較，質性研究較常採用實用主義或建構主義（非實證主義）的世界觀，因此對於研究的反思本質較敏感。

總之，前面摘要簡述質性與非質性方法的相似與對比，應該有助於增進你體會，質性研究在廣泛社會科學領域之類的地位。有了這層體會之後，可能會幫助你不再侷限於純粹只做質性研究，你或許可以考慮在同一個研究當中，同時使用質性與其他方法，以便獲得更完善的研究結果。而混合方法研究（*mixed methods research*）就是其中的一種特殊模式。因此，爲了增強你做質性研究的額外功力，你或許會希望考慮做混合方法的研究；本章 C 節，就會介紹混合方法研究可能需要克服的挑戰。

§ 質性方法 vs. 量化方法：持續對話

藉由比較、結合不同的世界觀，你會發現質性方法與量化方法存在很明顯的差異。刻板印象認爲質性研究者遵循相對論，而量化研究者則遵循實在論——第 1 章中稍微提及持中間立場的實用主義。因此，在質性研究者眼中，非質性研究追求使用價值中立的測量，企圖建立因果關係，因此只能聚焦人類事務的瑣碎面向（如果不是全然無關緊要的面向）。相對地，在非質性研究者眼中，質性研究死守多元現實和人類事務複雜性，這使他們無可救藥地陷入預設理念交織而成的無盡迷惘，因此研究發現根本不值得信賴（Reichardt & Rallis, 1994b，頁 7-9）。沒有意外地，如此水火不容的差異總是導向沒完沒了的尖銳對立與爭辯。

尤其是 1980-1990 年代初期的教育研究和計畫評鑑領域。基本上，對立的世界觀將社會科學分裂爲支持質性方法 vs. 量化方法兩個陣營。論爭激烈程度，甚至演變成典範戰爭（例如：Datta, 1994; Reichardt & Rallis, 1994a）。雙方陣營支持者想盡辦法貶抑對方，嚴厲抨擊敵對陣營方法缺乏可信度，所作研究根本不值一提。

然而，如此勢不兩立的抗爭態勢，卻也讓人頗容易忽略了，這兩類研究取徑其實一直共存於社會科學之內，沒有獨尊任何一類。其實早在計畫評鑑領域出現不同方法論爭執不下之前，在社會學領域，一直都承認和容許各種不同方法論（例如：Rossi, 1994）。甚至在計畫評鑑領域，其他人士，包括我自己在內，也都強調，應該重視各種研究方法的共通基礎，包括：處理證據的做法、思索對立的解釋、尋找研究結果的重要意涵或啟示，以及展現探究研究主題的專業素養（Yin, 1994，頁 82）。

不論是何種學門或領域，也不論是傳統的或當務之急的研究目標，任何社會科學研究都應該配合研究問題，選擇適切的研究方法，而不是「循舊蹈固，死守某些狹隘的方法論教條」（Patton, 2002b ，頁 264）。舉例而言（Shavelson & Townes, 2002，第 5 章），如果評鑑目標是要檢視計畫是否有效，可能需要量化研究；如果是要檢視計畫的本質與實施細節，那可能就需要質性研究。（再者，如果評鑑涉及前述兩類目標，那就需要同時採用量化與質性研究。）

§ 黃金標準？

雖然，典範戰爭似乎已然平息，個中爭議也緩解不少（例如：Patton, 2002b ，頁 264），部分原因可能是由於近來重新興起對於混合方法研究的興趣，但是並非所有爭議全都終結了。2002 年間開始，**隨機控制試驗**（*randomized controlled trials*）的支持者開始壟斷了贊助教育研究的主要機構，並且試圖把影響力伸入社會科學研究領域（Cook & Foray, 2007）。這種方法要求，隨機分派對象或場地，分成「試驗組」和「控制組」。這種方法的優點，在衛生照護領域的臨床試驗（例如：Jadad, 2004），取得顯著的成效。倡導者相信，教育研究的進步有賴於採用此種方法。

倡導者把這種方法稱爲「黃金標準」（gold standard），雖然弔詭得很，在 1933 年，美國爲了因應經濟大蕭條，反倒是廢除了所謂的「黃金標準」（Patton, 2006）。這種趨勢席捲了聯邦政府各級單位，中央預算管理署強烈要求，所有聯邦機構贊助的研究都要採用這種方法（例如：Caracelli, 2006，頁 85）。沒有遵循這項標準，該機構預算就可能面臨刪減的命運。

倡導此種黃金標準者接受其他的實驗方法與準實驗方法，但前提是研究計畫必須說明爲什麼不可能採用第一優先的黃金標準。然而，不論研究問題是什麼，非實驗方法的研究設計，包括大部分的質性研究，則被列入不受歡迎的名單。弔詭的是，問卷調查雖然產生的是量化資料，卻也在不受歡迎之列。倡導問卷調查的人士極力澄清，該等研究如何可能輔助實驗方法的研究（例如：Berends & Garet, 2002）。

這種獨尊單一方法的狹隘心態，再加上研究贊助政策的強行急施，掀起了全國各大專業協會反對立場者群起抗爭（例如：Berliner, 2002）。這場衝突空前激烈，社會科學領域幾乎無一倖免。到目前爲止，在大多數的專業會議，仍然可以聽到有人提及「黃金標準」。有些人士仍舊強烈堅持隨機控制的實驗研究法，另外有些人則主張，有必要根據研究問題的不同，而配合採取適宜的研究方法。

在此同時，教育界也掀起了一波學術領域可能遭遇的最嚴重控訴——審核查禁。爭辯雙方的言論可見於一連串的文章（Herman, Boruch, Powell, Fleischman, & Maynard, 2006; Schoenfeld, 2006a, 2006b）。

這場控訴主要起因於一篇政府研究專案報告，刻意刪除該專案的某項特定研究，即使研究者宣稱已經呈現「科學所能提供的最佳證據」（Schoenfeld, 2006a）。舉例而言：

> 課程評鑑的一個關鍵問題，就在於成就測驗本質的適切性。成就測驗是用來檢驗學生接受課程之後的學習成效，如果課程原本可能有某方面的價值，但因為選了不適當的成就測驗，結果學生測驗成績很差，如果由此推論該課程沒有價值，就會導致有問題的研究發現，因為該等發現乃是基於人為因素製造出來的。補救做法可以在詮釋學生測驗成績或是課程價值之前，先針對測驗進行內容分析。
>
> 這份遭受查禁打壓的研究，以高水準的學術語言，申明測驗內容分析的必要性，以及其他關鍵議題（Schoenfeld, 2006b，頁 13-17）。這項研究原本屬於向政府提案課程評鑑計畫不可或缺的一部分。不過，由於受限於計畫審查沒通過，結案報告只能被迫捨去這項研究結果，最後只能在不提及成就測驗內容分析的情況下，來呈現與詮釋測驗的結果（Schoenfeld, 2006b，頁 18-19）。

此項政府贊助研究案（Herman et al., 2006）的主管官員提供的反駁意見指出，承攬政府贊助研究案的學者仍然可以自行發表研究報告，但是官方的結案報告有權刪除該等不適合的部分，以確保整篇報告較為順暢，容易讓一般大眾吸收（請注意，你現在應該要更審慎看待非學術性的文件，特別是資料蒐集從網路下載的文件，請參閱第 6 章，E 節）。

進入官方政策領域，社會科學的論爭就不再能透過學術界的對話來適切溝通，也難以期待能夠獲得合情合理的結局。政策議題屬於政治領域，偏好某研究設計——特別是需要訓練與獎助金，而需特別募資的研究設計——可能代表有未知結果的嚴重威脅。

在教育方面，隨機測試方法的影響尚未公開。經過長達十年以上的政府資助後，教育界並未更深入了解教育過程，對於學生成績的表現亦無所獲。美國學生的學業表現還是跟以前一樣，落後其他國家。可能需要一些有關績效落後的新洞見。很諷刺地，這種洞見可能需要更廣泛的研究與更廣泛的設計。

B 混合方法研究的應許與挑戰

本節學習重點

- 當代混合方法研究的歷史淵源。
- 混合方法研究必須在單一研究之內，而不是跨越多重研究。範例詳細說明如此的單一研究。
- 混合方法研究的挑戰和策略。
- 如何培養兼容質性與量化方法的專家學能。

混合方法研究提供了另一種選擇出路，可以嘗試兼融質性與量化方法異同的優點。這代表一種實用論的取向——截長去短，互補有無，而無須弭平世界論的衝突鴻溝。因此，當代支持混合方法研究的學者，投入相當心力，來定義、記載、分類各種混合方法的研究模式（例如：Creswell, 2009; Greene, 2008; Johnson, 2006; Tashakkori & Teddlie, 1998, 2003, 2009）。

§ 混合方法研究的歷史淵源

混合方法研究的支持者已經有所認知，對於這種研究取向的興趣，並不是全然新興的發展，而是歷史淵源由來已久（例如：Teddlie & Tashakkori, 2009，頁 8-13、66）。

第一，在早期人類學與社會學領域，有許多研究融合若干類型的田野研究、問卷調查或心理測驗的量化資料（Denscombe, 2008）。這些早年的研究（討論請參閱第 9 章），包括許多經典，例如：Lynd 與 Lynd（1929）的《中城》研究，Warner 與 Lunt（1941）六大冊的洋基城研究系列，以及 Mead（1928）的《薩摩亞人的成人》歷程研究。還有 Oscar Lewis 的研究，雖然大量仰賴質性訪談與田野研究，但也有使用問卷施測一百個家庭的成員，問卷調查題目相當仔細，估計施測時間每人需要 12 小時（Lewis, 1965，頁 xix-xx）。再者，Samuel Sieber 的經典論文（1973）指出，社會學研究混合田野研究與問卷調查的好處與挑戰。這種混合做法也出現在重要的個案研究，諸如：由一群社會學和政治學知名學者合作的職業工會研究（Lipset, Trow, & Coleman, 1956）。

第二，在評鑑領域，混合方法研究也行之有年，而且還滿普遍的（Greene & Caracelli, 1997）。最早可溯及 1960 年代，美國經濟機會署的抗貧計畫（Datta, 1994），以及美國住宅暨都市發展署的評鑑研究案（Trend, 1979）。1970 年代，則有美國教育研究院支持的混合量化、質性的教育評鑑。早些年代的文獻也記載了混合方法取向的計畫評鑑（例如：Cook & Reichardt, 1979）。最後，在 1989 年，有一篇回顧論文指出，有五十七項評鑑研究使用混合方法（Greene, Caracelli, & Graham, 1989）。

因為評鑑含括複雜的計畫主題，而且經常涉及多重地點，所以往往需要多樣化的方法。不過，除了正式計畫評鑑之外，其他領域的探究也可能相當廣泛，因此需要採用混合多樣化方法。即使美國的戶口普查，普遍都認為是量化研究的領域，其實也已使用質性研究多年了（請參閱**【專欄 12.1】**）。

這些早期的歷史根源奠定了堅固基礎，有助於當代學者重新檢視與接受混合方法研究。繼起的論述承擔承先啟後的責任，進一步闡明混合方法研究的設計（例如：Creswell, Shope, Plano Clark, & Greene, 2006; O'Cathain, 2009; Teddlie & Tashakkori, 2006）、混合方法的分析程序（例如：Caracelli & Greene, 1993），以及宣稱混合方法有其自成一格的研究典範（例如：

【專欄 12.1】美國人口普查局使用俗民誌由來已久

長久以來，美國聯邦政府支持的研究與評鑑一直都有包含俗民誌研究。俗民誌研究不只能夠勝任探討重要政策議題，除了學術價值之外，也充分展現了實用的價值。

Valerie Caracelli（2006，頁 88）指出，1960 年代以來，美國人口普查局就已經支持採用俗民誌研究。俗民誌資料主要功能可以提供深入洞視，有助了解某些缺乏充足研究的族群。俗民誌通常涉及廣泛的田野調查研究。在審慎挑選的地點，田野調查員記載人們的日常居家生活，並且觀察記錄街坊社區、居住環境。這些結果可以用來和初始的調查結果做比較。更重要的是，田野調查資料可以幫助解釋任何的落差，還可用來改善預估普查結果的準確性。

Johnson & Onwuegbuzie, 2004）。

§ 混合方法的單一研究

混合方法的一個基本特徵就是，必須保有單一研究的整體性。也就是，研究的問題同時需要質性證據、方法與量化證據、方法作為互補，缺一不可（Yin, 2006）。在理想的情況下，分析做法也會反映質性和量化方法的互補統整關係。也就是說，必須整合質性與量化資料的分析與詮釋，才能做出回應主要研究問題的結論。

相對地，如果初始研究問題的某部分，需要質性或量化方法的其中一種，而另一部分需要另一種方法，並且分別根據質性或量化的結果做出詮釋和結論，那就不是眞正的混合方法研究。即使兩類方法的結果拿來做比較，實質上，研究還是分割爲兩個分立的子研究，這樣就算把兩個研究結合在一起，也只能算是綜合研究（research synthesis）。有些綜合研究還可能會結合兩個以上的子研究（例如：Cooper, 2010）。不過，這樣的綜合研究就會和傳統的整合型研究沒有太大差別，而不符合混合方法研究的定義。

在單一的混合方法研究中，混合的形式有很多種：資料的混合、設計的混合、分析的混合。

資料的混合

最樸實的方法就是資料的混合。例如：一個調查中同時有開放式問題與封閉式問題，藉此獲取質性（非數字）與量化（數字）資料。這兩種資料的分析方式有很多種（Caracelli & Greene, 1993）。其中之一是將非數字資料編碼，賦予這個編碼一個數值，然後再分析這個資料，不強調因果關係（例如 Sandelowski, Voils, & Knaft, 2009）。

設計的混合

設計的混合稍微複雜些，混合方法的文字大都聚焦於不同的設計（例如：Creswell, 2009; Creswell & Plano Clark, 2007; Creswell, Plano Clark, Gutmann, & Hanson, 2003; Greene, 2007; Roter & Frankel, 1992; Steckler, McLeroy, Goodman, Bird, & McCormick, 1992; Teddlie & Tashakkori, 2006）。設計一般指結合研究中質性與量化組成部分的方法，例如：Tashakkori 和 Teddlie（1998）提供了例子，展現平行與序列的設計（請參閱【展覽 12.1】）。這些範例假設質性與量化組成部分都以個人爲研究主題，而且質性與量化的資料都來自於同一個人。但是還有許多其他種混合的方式，組織或其他實體都可以作爲研究主題，質性與量化資料也可以有不同的來源。

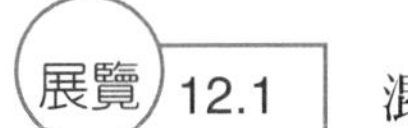

混合分析方法的三大類群

混合方法研究中的量化與質性分析混合類型
平行混合分析 ・實驗室研究結束後，訪談參與者（質性），藉以洞視其行爲意涵； ・在問卷當中，使用開放式題目（質性）與封閉式題目（量化），並綜合分析； ・透過內容分析，將質性資料轉化成量化資料。
序列分析（先質性，後量化） ・以田野觀察老師教學實踐的質性資料（質性），來定義兩組老師，然後比較兩組老師的問卷調查結果（量化）。
序列分析（先量化，後質性） ・針對量化分析結果分數特別高或低的個人，使用關於他們的額外質性資料，來解釋他們量化分數特別高或低的可能原因。

資料來源：Tashakkori & Teddlie（1998，頁 128-135）。

在有些混合方法研究中，設計的混合假設此研究檢視因果關係，尤其是評鑑研究，有些甚至將隨機控制試驗比照爲質性組成部分與以田野爲基礎的量化組成部分（例如：Hesse-Biber, 2012; O'Cathain, 2009）。除了評鑑研究之外，Paluck（2010）爭論說在質性研究中，隨機任務設計應該越來越重要——「在封閉的範圍內，萃取新觀念，產生較強的因果推論」（頁 64）。

設計的選項引起大家關注如何從混合方法研究的成果中進行類推。量化組成部分可能採取隨機取樣——適合現實論典範。但是，質性組成部分可能聚焦於其他有目的的取樣，包含與量化組成部分不同的案例，以增加可轉移性——適合相對論典範（Teddlie & Yu, 2007，頁 78-80）。這種單一研究因爲有「互補的」資料庫，獲得「既深且廣」的結論，因此占有優勢（Teddlie & Yu, 2007，頁 85）。

分析的混合

除了資料混合與設計混合之外，方法論的選項中還包括分析的混合——也就是在混合方法研究的分析階段中，同時利用質性與量化方法。Charles Ragin 創新的質性比較分析，或稱 QCA（Ragin, 1987, 2000, 2004, 2009）是分析的技巧之一，這個方法改良、提升了其他學者的方法（例如：Bennett, 2004; Byrne, 2009; Fielding & Warnes, 2009; Rihoux & Lobe, 2009）。雖然字面上有「質性」這個字，QCA 包含了質性與量化程序，訴求在分析中橋接以變數爲基礎和以個案爲基礎的配置。這個方法「拒絕在本質上區分質性與量化」（Byrne, 2009，頁 4），在不同的學術領域上取得支持——例如：社會學（Luker, 2008，頁 203-209），政治科學（George & Bennett, 2004，頁 161-162），與評價（Befani, 2013）。

本章結尾處的【研究範例 2】，提供了混合方法研究的一個深度範例。這項研究範例可以見識到，如何混合質性與量化方法，來完成個別方法不足以充分支持探討研究問題的情況。

> 在【研究範例 2】，單獨分析量化資料（例如：統計相關係數）會讓人無從得知處理研究計畫申請作業的細節。反之，單獨的質性資料（例如：流程圖），則無法確認每種流程的結果——研究計畫案件的數量或費用。

這項範例說明了混合方法研究的一種實施做法。【展覽 12.1】摘列其他類型的混合研究。近年來，各界對於混合方法研究的關注與興趣可謂方興未艾，其中相當大的心力都是關於如何才算是眞正的混合研究。一般認爲，必須在單一研究內，混合使用質性與量化方法，才算是眞正的混合研究。

§ 混合方法研究殷切需求的專家能力

在此同時，這些文章卻也甚少充分論述一個關鍵問題：考量使用混合方法研究時，必須對於所要使用的各種方法有深入的認識。對於質性研究者而言，應該盡力熟悉最普遍的量化方法，包括：問卷調查、準實驗、實驗、隨機控制試驗。

比方說，衛生領域研究採用混合方法有越來越多的趨勢（例如：Devers, Sofaer, & Rundall, 1999; Mays & Pope, 1995, 1996; Pope & Mays, 1995; Shortell, 1999），尤其是混合質性方法與隨機控制試驗，更是給此一領域帶來最令人矚目的貢獻（O'Cathain, 2009）。至於教育和計畫評鑑領域，則是傾向混合質性方法與問卷調查。除上述例子之外，混合使用的量化方法也可能包括：流行病學、人口統計學、經濟學等研究方法。

要妥善混合質性與量化方法，需要多化樣的知識基礎。所有方法都有各自特殊的邏輯、專有術語、實施程序、文獻，這些都反映在教科書和大學課程，認眞學習這些方法絕對不容等閒視之。然而，要確保適切混合這些量化方法與質性方法，並且避免尷尬的失誤，更需要鍛鍊、累積精熟的專業素養。

你可以從兩個方面，來鍛鍊、累積混合方法研究需要的專業素養：

1. 熟練你所要混合使用的量化方法。不過這可能會滿吃力的，因爲你同時還得熟練你所採用的質性方法。你需要清楚認知，量化方法也有其獨特的挑戰和不確定性，並且設法克服（請參閱【專欄 12.2】）。
2. 更普遍的混合方法研究模式，是由 2 位以上專家合作，各自負責專長的方法。不過，合作雙方必須有很強的合作倫理素養，能夠尊重彼此專長，並知道如何充分配合。這種合作模式實踐難度不容小覷。

【專欄 12.2】量化方法應該克服的陷阱

如果，混合方法研究要同時兼顧質性與量化方法，當然也必須注意，量化方法也有需要克服的陷阱。

Streiner 與 Sidani（2010）彙整了四十二篇短文，指出各種可能的陷阱，並且提供建議克服的方式，摘列如後：

- 與治療師協同合作，找尋適合臨床試驗的參與者，可能遭遇的問題（Joyce，頁 130-135）；
- 協助租屋服務組織，尋找心理健康照護和就學資源，結果卻發現該組織的優先考量是牙醫健保的問題。這樣一來，原本計畫爲期三年的研究，最後總共花了七年多才完成（Barrette，頁 119-129）；
- 社區健康研究，設計透過郵寄明信片來提醒參與者完成日記的最佳程序（Streiner，頁 223-227），然而意外的郵局罷工卻打亂了原本計畫好的郵遞作業流程；
- 弱勢族群經營企業的研究，原本計畫訪談一百家企業，結果回應率只有 3%，後來不得已只能改以田野研究替代（Watson，頁 254-262）；
- 大型的大學有一套行之有年的程序，可供徵求自願的大學生參與心理學實驗，但是小型學院則沒有這樣的制度，所以只能自行想辦法找受試者（Koch & Tabor，頁 101-105）。

如果，你曾經做過這種混合方法研究，你應該會知道，眞正的合作需要發揮極大耐心與同理心，來對待合作夥伴。從一開始，雙方就必須努力克服或忽略任何可能點燃典範戰爭的衝動。缺乏這樣的精神，其中一方就可能取得主宰整個研究的地位。一種典型的恐懼就是，量化可能會壓過質性（例如：Creswell, Shope, Plano Clark, & Greene, 2006）。更糟糕的是，其中一種方法可能會遭受扭曲。不論是哪一種情況，都不可能發揮混合方法研究的眞正益處。

混合研究需要耐心與同理心，還得因應初期難以避免的錯誤，以及嘗試錯誤的經驗學習，這些都會耗掉寶貴的資源——時間。因此，如果下定決心要投入混合方法研究，你也不要太驚訝，遭遇的挑戰絕對只會比單獨做質性研究來得更多，而且更艱難。

§ 混合方法研究持續的承諾

混合方法研究已成爲顯學，有自己的專書、期刊與會議，爲社會科學界注入新能量（Denzin, 2012）。這個平臺橋接了質性與量化研究，顯示出兩者如何在同一個研究中並存。因此，混合方法研究可以從事更複雜的主題，得到更完善的成果。但是，混合方法研究要成爲獨門學科，還是有段路要走。

例如：現有的混合方法研究主要是在同一個研究中提供兩個或以上的方法橋接——也可以稱爲方法多元化（multiplism of methods）（Bazeley, 2012, 頁 815; Greene, 2007，頁 24）。在這種安排下，混合方法研究支持互補的方法共存，但是每一種方法還是遵循自己的程序，研究本身或多或少機械化的進行橋接——儘管有點意義（例如：用平行或序列設計）。但是這些方法並未實際的整合或融合。

因此，橋接策略傾向並排對比既有的質性與量化程序——稱爲添加，而非聯合（Bazeley & Kemp, 2012）。爲了要讓混合方法研究更好，應鼓勵發展新的程序成爲眞的獨門工藝，這是更有野心的目標（Bazeley, 2012; Johnson, Onwuegbuzie, & Turner, 2007，頁 125; Yin，編印中）。換句話說，混合方法研究可以跳脫如何整合質性方法與量化方法的迷思——例如：承認兩者的不同，但卻不採取錯雜的觀點（Harrits, 2011）；或是不管是否同時使用這兩種方法，都提供「尊敬的傾聽與理解的機會」（Greene, 2008，頁 20）。相反的，混合方法研究以眞正的融合法成爲一項工藝。

這個精神比較有野心，這種研究可以用來處理尚未完成但已普遍運用的方法論程序，例如：(1) 三角檢核；(2) 使用合理的對立解釋；(3) 整合（並非單純平行或序列）分析。這些程序都有關質性與量化分法，但是沒有一個質性或量化陣營對這些議題進行發展。如果有人開始開發這些程序的話，就可以讓混合方法研究成爲混合工藝。

在第一個範例中，混合方法研究的學者（甚至是較廣泛的學術界或業界）並未觸及如何將三角檢核運用成實際操作程序。第 4 章（選項 2）討論三角檢核的邏輯，強化研究可信用度的重要性。這幾年來，三角檢核是從事研究的核心原理（例如：Denzin, 1978, 2012; Denzin & Lincoln, 2011; Greene,

Caracelli, & Graham, 1989; Jick, 1979; Patton, 2002a ，頁 247）。但是這些來源都沒有指出該如何定義三角檢核是「強」或「弱」，「完整」或「不完整」。這個議題與混合方法研究特別有關，因爲這個研究的主要目標是以三角檢核爲基礎，來找出質性與量化組成部分的成果。

在檢視合理的對立解釋方面——這點也是所有研究的重要原則之一，請參閱第 4 章（選項 2）——質性與量化研究都沒有說明特定的程序。跟三角檢核一樣，缺乏檢視、測驗對立解釋的程序——例如：決定該「拒絕」、「接受」或判斷爲「模稜兩可」的標竿；甚至是如何區分強大、合理的對立和單純的不相干。改善這些的話，可以大幅強化混合方法程序與整合方法研究的可信用度。

整合方法研究的分析是第三個範例。目前的分析程序侷限於質性或量化技巧的添加或技術上的結合（例如：Caracelli & Greene, 1993）。但是，提倡分析的整合可以成爲未來整合方法研究的標誌。前面討論過的質性比較分析（QCA）就是個例子。另外一例是 Tashakkori 和 Teddline（1998，頁 272）提出的社群網路分析，這是個「固有的混合資料分析」。同樣的分析仰賴質性與量化資料兩者。這種類行的整合分析也包括其他必須以視覺處理資料的社會用途或策略（例如：Bazeley, 2012，頁 823-824）。

爲了要配合方法論文件資料的需求，混合方法研究必須要花些篇幅說明其三角檢核步驟、研究如何重視對立解釋、或是其獨特的分析策略。每一個混合方法研究都必須說明這些部分，就像每個質性研究或是許多質性研究中必須提到的抽樣過程。有了長足的發展，這些都將成爲混合方法研究的重要程序，助其在社會科學研究中，取得一席之地。

長期來說，混合方法研究可能與某一根深柢固的工藝——類實驗研究——很像。這個研究一開始也是從混合型工藝崛起，但是研究者現在從事類實驗研究時，不會再提到其以實驗室爲基礎的實驗和自然環境下的田野工作。這種研究單純地仰賴「類實驗」方法。發展自己的整合方法，仍以現有的質性和量化程序爲基礎，混合方法研究或許終能達到類似的地位（Yin ，編印中）。

未來展望

本節學習重點

➢ 思索質性研究的未來展望。

介紹混合方法研究之後，你的質性研究旅程可算告一段落了，你對於質性研究應該有更完整的認識。本章最後一節，提供若干建議，可以幫助參考思索質性研究的未來展望。

§ 從事質性研究的動機

依個人情況而定，你可能會有不同的動機：

1. 你會讀這本書，可能是因為你正在做或想要做質性研究。你想要強化自己的研究做法，或是想要強化你展開個人首次質性研究的決心。
   對於這樣的讀者，本書提供了各種實用做法的詳細介紹，希望你能夠逐步達成你的目標。本書沒有強行規定你一定要從頭到尾，按照章節組織順序，逐步研讀所有的內容。因此，你可以配合你的研究進程，隨時參閱你需要的章節主題，比方說，你可能需要把心力多放在你覺得最棘手的步驟，譬如：質性研究的倫理議題（第 2 章），記錄田野資料的方法（第 7 章）；或詮釋與結論的策略（第 9 章）。
2. 你可能是要開質性研究的課程，如果這是你的動機，那麼本書審慎規劃的章節組織，總共有十二章，一週一章的進度，應該很方便設計一學期的課程。每章最後的練習作業，也能夠提供參考方向，配合實際授課內容規劃課後作業。至於附錄的一學期或一學年的研究方案，則可以作為規劃期末作業的參考方向。
   除了提供方便使用的教學輔助資源之外，本書的歸納取徑也有助於學生注意方法論的主題；另外，透過示範說明的素材，也能夠激勵學生多方檢視與嘗試不同的質性研究做法。再者，歸納取徑應該特別有幫助，因為認識先前的研究實例乃是學習任何研究做法的最佳途徑。你現在應該比較得心應手，可以開始運用本書的素材，來完成你的課程大綱，開始規劃教學內容。

3. 你可能已經知道其他社會科學研究，還想知道質性研究（不見得必然想要做質性研究），因此才想翻閱本書。對於這樣的讀者，本書提供了質性研究與其他社會科學研究的連結，諸如：Rosenbaum 的觀察研究、結構式訪談和質性訪談的對比（第 6 章），以及本章討論的質性與其他社會科學研究在實作方面的諸多異同對比。你現在應該比較了解，質性研究的基礎、程序，以及在各種社會科學方法之間的定位。
4. 你或許單純只是想要滿足好奇心，了解同僚或朋友所說的「質性研究」是怎麼一回事。對於這樣的讀者，第 5 章提供了關於質性研究實作的介紹，應該可以幫助你具體了解質性研究的技藝，以及著名質性研究學者的經驗，還有見識經典和當代的質性研究著作。

§ 落實原則，不只是程序

不論你投入質性研究的動機爲何，也姑且不管本書實務取向介紹的諸多程序與策略，請務必牢記，最值得你注意和長期關心的，應該還是質性研究的原則。做社會科學研究並不是像看食譜做菜一樣，遵照一定的程序步驟，機械化陸續完成即可。研究不論是質性或量化類型，都需要面對解決許多重大的判斷和選擇議題。因此，你在向前邁進之際，應該要多加注意研究的可信賴度和可信用度，包括：盡可能找尋證據和反面證據，以及研究程序透明化。

當你了解了質性研究的重要原則，並且付諸實踐後，你應該更懂得尊重各種社會科學研究，而非只是單獨看重質性研究。你個人的成功，乃至於質性研究領域的持續成功，都有賴於扎實且禁得起考驗的實徵研究實作。

§ 思索你對於質性研究實務的貢獻

和其他任何類型的研究一樣，質性研究的實踐也需要與時俱進的演化。除了想辦法做好你的質性研究，學習質性研究的各種主題，或是開課講授質性研究概論或專題之外，你是否思考過，可能對質性研究的實務做出什麼樣的貢獻？

◆第一，相較於其他社會科學研究法的發展，質性研究仍然相當繁雜，不易駕馭[2]。田野研究需要投入頗長時日，這對研究學者已非易事，更別說是研究新手的學生了。目前網路普及，量化資料檔案取得便利，這更促使不少研究者捨棄質性研究，而趨向量化研究。

◆質性研究資料蒐集曠日費時，對於迫切需要解決的公共政策議題，可能會有緩不濟急的缺憾，雖然質性研究在這些方面可能發揮相當重要的貢獻（例如：Caracelli, 2006，頁 87）。因此，當務之急就是要找出方法來改進質性研究的資料蒐集效率。

◆質性研究報告可能比較冗長。一般而言，質性研究的陳述和研究發現的字數與頁數通常都頗爲可觀。這也意味著，質性研究者需要投入較多的時間和心力，來完成研究報告的撰寫。更重要的是，這也需要讀者或目標使用人願意投資較多的時間和心力，來了解質性研究的發現。因此，第二個可能的貢獻，就是找出方法來降低這方面的負擔，同時又不至於扭曲質性研究的本質。目標就是讓更多的人，能夠在更多不同的情況下，接受質性研究。

◆第三，實徵研究可以透過個別研究之間的比較和對照，從而促成知識累積。就此而言，未來或許可以加強質性研究的比較和對照，以便進一步提高知識累積的可能性。雖然，在表面上，大部分質性研究都是獨特的個體，似乎排除了交叉比較、對照的做法，但是目前質性研究數量日益增多的趨勢，還是很有希望提供這方面的交叉探究基礎[3]。

對於如何改進質性研究的實踐，除了這三方面的可能性之外，你可能也

2　比方說，在統計學方法的發展方面，其方法論的進展就與技術的進展有關聯。目前普遍應用的階層線性模式，就有賴於統計技術的進展。雖然，此模式的基礎數學早在 1965 年社會統計學家 Leslie Kish 就已經有所記載（當時使用的術語是「設計效果」）；但是一直要到許多年後，才開始有研究者將其應用作爲研究的模式（Bryk & Raudenbusch, 1987）。主要是因爲該模式相關的計算需要大量的電腦運算功能，而 Kish 當年這方面的技術尚未成熟。

3　早在 1949 年，美國康乃狄克州紐哈芬市就已經有建立跨文化資料庫，名爲「人類關係地區檔案」（Human Relations Area Files）（以若干俗民誌研究爲基礎彙集而成）。不過，目前質性研究馬賽克（mosaic）則早已超越俗民誌研究的範圍。

有自己的想法。你應該儘量去測試你的想法，做些試行研究，把結果（不論是否有正式發表）和其他人分享。

前述或其他的需求並不代表，所有質性研究都必須朝向這些方向來改變。探究的深度、敘事的洞見，這些都是經典研究歷久彌新的優點所在，當然也是質性研究求新求變之餘，仍然必須珍惜的傳統。展望未來，主要重點應該要促成質性研究實踐的多樣化，同時還必須維持與提升標準。就此而言，質性研究未來當然還有很長的路得走，才可望達到人人都可充分實現理想研究經驗的最高境界。

本章複習

請簡要陳述，下列關鍵術語和概念：

1. Nonqualitative methods 非質性方法
2. Paradigm wars 典範戰爭
3. Randomized controlled trials and gold standard 隨機控制試驗與黃金標準
4. Mixed methods research 混合方法研究
5. Mixed methods study 混合方法研究
6. Mixed of data, of designs and of analyses 資料混合、設計混合、分析混合
7. Qualitative Comparative Analysis 質性比較分析
8. Multiplism of methods, compared with blended methods 多元化方法 vs. 整合方法
9. Principles for doing qualitative research 從事質性研究的準則
10. Three needs for improving the craft of qualitative research in the future 改善質性研究技藝的三個需求

練習作業

思索如何做混合方法研究

使用第 5 章練習作業的田野研究作為起點，假設該次的練習有蒐集足夠的質性資料，足以完成關於工作見習的質性研究，請你現在思索如何執行正

式的問卷調查，對象是目前從事你見習工作的人士，以期強化原先的研究。回答下列問題（但還不需要真正執行資料蒐集活動）：

1. 有了量化與質性兩類資料之後，你能處理哪些只有質性資料時，無法處理的研究問題？
2. 問卷調查如何可能或不可能提供額外的資訊？
3. 思索如何可能做出質性—量化統整的分析，而避免兩個分立的質性與量化研究（提示：思索問卷調查的問題，如何可能直接互補你在田野研究的探詢問題）。
4. 你能夠獨立執行質性研究的哪些部分？哪些部分則需要比較有經驗的同僚來協助？比方說，評論是否可以透過電子郵件、電話，或是當面訪談來執行問卷調查，以及你怎麼知道選擇的方法在執行時，能夠符合該等方法的施行標準。

◆研究範例簡介

這是我在 COSMOS 研究顧問公司團隊執行的研究，在此作為混合方法研究的範本（COSMOS, 1996）。研究場域也是大學。不過，本研究完全都是在大學場域，不像第 8 章、第 9 章的【研究範例 1】，還涉及幼兒園和中小學。

本研究目標是要評鑑與解釋大學處理研究計畫的程序，以預估美國國家科學基金會（NSF）預計實施的研究計畫線上申請系統（FastLane）可能產生的影響。初期研究結果提供基礎，理解大學研究計畫的既存處理經驗。原本的計畫是希望在若干時日之後，再重複實施此項研究，以確認新程序的影響作用（但是，由於這套線上的申請系統運作成效相當良好，所以本研究計畫的後半部也就沒有實施了）。

本研究選擇了十五所大學，代表研究計畫申請數量的不同大小，另外也基於該等大學的研究計畫案大部分都是向 NSF 申請的案子，再者，也必須考量處理的程序應該要能夠和其他贊助機構的申請程序有所區隔。基於這些理由，本研究的樣本必須採用立意取樣。

每所大學的田野研究涉及開放式訪談，校級、學院、系所的職員與教授研究人員，尤其是各大學的研究發展處（Sponsored Research Office，簡稱 SRO）的職員。田野研究工作包括廣泛蒐集檔案資料，以及檢視大學產生研究計畫的程序和記錄。資料包括：處理時間的長度、預估的處理行政層級（以及連帶的預估行政費用）。總目標是要記載與了解每所大學的處理作業。

在研究初步結果方面，量化分析發現，大學的處理費用與研究計畫的數量之間呈現統計顯著相關（請參閱【展覽 12.2】）。不過，出乎意料地，如果使用任何「經濟規模」的邏輯，這種相關的方向卻與預期的情況相反。根據經濟規模的邏輯，規模越大，單位成本應該相對越便宜。但是，研究結果卻是，大學處理的研究計畫數量越多，單位成本反而越高。

接下來的分析步驟，採用傳統量化研究的程序，進一步檢驗相關的強度。比方說：【展覽 12.2】的偏離值「A」和「B」可能會對統計分析產生干擾，而導致如此有違常理的統計假象。所以，我們剔除了這兩個偏離值，以便檢驗相關的情形是否可能受到這兩個偏離值的影響。結果顯示，不論有無剔除偏離值，都有達到顯著相關的水準。比較可惜的是，礙於取樣的大學數量不夠多，因此沒辦法進行諸如多變量分析之類的量化檢定。

量化分析也採用其他普遍使用的技術，來檢視是否有額外的人為因素導致此種有違常理的統計假象，包括：檔案資料的不夠充分，但結果並沒有發現。由此可以解釋研究發現的反常理相關方向，是真實存在的事實。

另一方面，質性資料則用來描述，每所大學研究計畫處理程序的特徵。長話短說，質性資料的分析結果有助於釐清與解釋，為什麼會出現如此反常理的相關方向：要產生大量的研究計畫，大學就得採行去中心化的制度，全校各系所與學院都必須投入處理作業；相對地，中心化的處理制度，則是由校級的研發處統籌負責處理事宜。

對於研究計畫數量比較少的大學，由研發處統籌處理可能會比較有效率。不過，如果數量比較多，研發處可能會變成瓶頸，也可能比較難以產生具有專業領域實質內容的研究計畫。相對地，去中心化的制度，固然產出較多的研究計畫，但投入的費用也比較高，因為除了研發處之外，還有各系所和學院也都需要投入處理事宜。

【展覽 12.3】顯示，兩所對比大學的田野研究結果。E 大學，研發處從頭到尾全程涉入研究計畫的處理，平均每份費時大約十四星期。對比而言，G 大學的結構比較去中心化，初期與實質的處理作業大部分由系所負責處理，直到接近尾聲，研發處才投入，平均每份研究計畫大約費時五星期。G 大學採去中心化制度，產出更多的研究計畫，因為數量龐大的系所分頭並進，處理許多不同的研究計畫。

然後，再把質性資料分析的結果，拿來與【展覽 12.2】發現的統計相關相互對照。結果肯定，資料落點在相關函數線較高端的大學（亦即研究計畫數量較多，單位處理費用也較高），傾向採用比較去中心化的結構。

展覽 12.2 研究計畫費用估計值與數量的統計相關圖

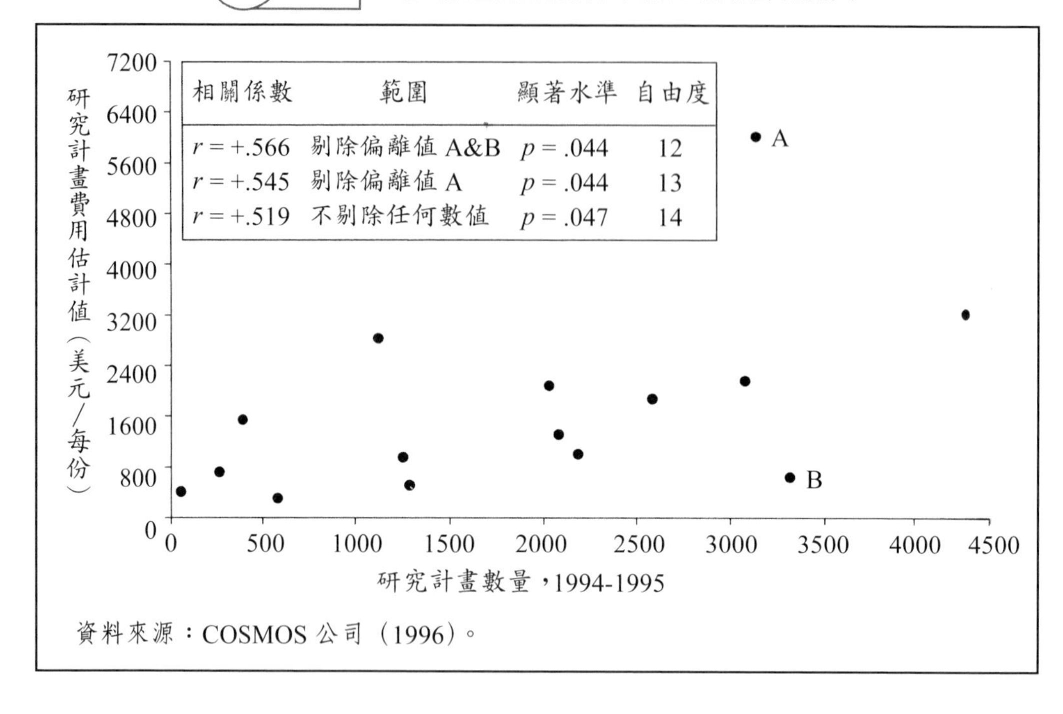

資料來源：COSMOS 公司（1996）。

展覽 12.3 兩所大學的研究計畫處理流程

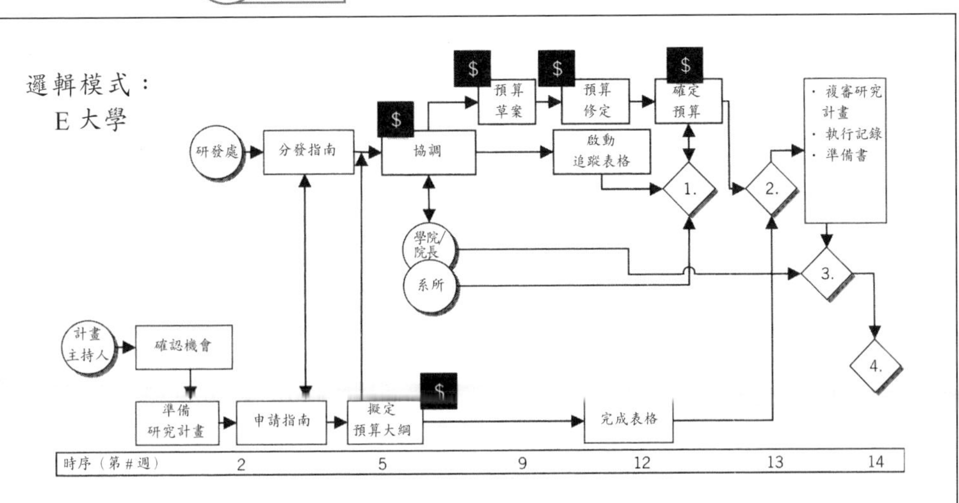

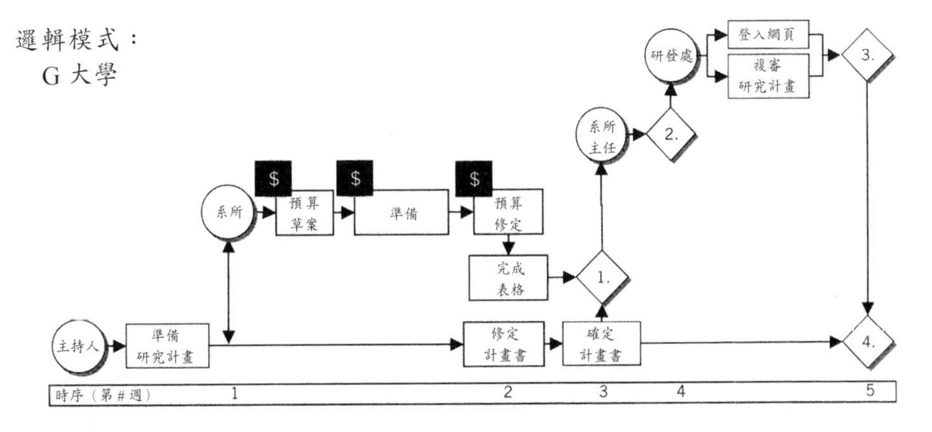

$ 計畫估計費用　□ 決策行動　── 基礎線處理流程　◇ 關鍵決策點

機構決策人：
○ 研發處
學院／院長
系所
系所主任
計畫主持人

關鍵決策點（E大學）：
1. 追蹤表格系所／學院與研究處簽名
2. 研發處彙整全校研究計畫主持人簽名
3. 系所主任簽名
4. 正式寄出研究計畫

關鍵決策點（G大學）：
1. 彙整全校研究計畫：系所辦公室與計畫主持人簽名
2. 系所主任簽名
3. 研發處簽名
4. 計畫主持人正式寄出研究計畫

資料來源：COSMOS公司（1996）。

附錄

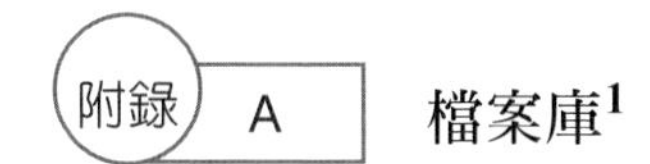

檔案庫[1]

（QS: qualitative study，質性研究；CS: case study，個案研究；IS: interview study，訪談研究〔包括焦點團體〕；MM: mixed methods study，混合方法研究）

Bauer, M. J., Rottunda, S., & Adler, G. (2003). Older women and driving cessation. *Qualitative Social Work, 2*, 309–325. (CS)

Bempechat, J., Boulay, B. A., Piergross, S. C., & Wenk, K. A. (2008). Beyond the rhetoric: Understanding achievement and motivation in Catholic school students. *Education and Urban Society, 40*, 167–178. (IS)

Bourgois, P., & Schonberg, J. (2007). Intimate apartheid: Ethnic dimensions of habitus among homeless heroin injectors. *Ethnography, 8*, 7–31. (QS)

Britton, M. (2008). "My regular spot": Race and territory in urban public space. *Journal of Contemporary Ethnography, 37*, 442–468. (QS)

Brown, K. M., Anfara, V. A., Jr., & Roney, K. (2004). Student achievement in high performing suburban middle schools and low performing urban schools: Plausible explanations for the differences. *Education and Urban Society, 36*, 428–456. (CS)

Clawson, L. (2005). "Everybody knows him": Social networks in the life of a small contractor in Alabama. *Ethnography, 6*, 237–264. (QS)

Cleaveland, C. (2005). A desperate means to dignity: Work refusal amongst Philadelphia welfare recipients. *Ethnography, 6*, 35–60. (QS)

Cohen-Vogel, L., Ingle, W. K., Levine, A. A., & Spence, M. (2008). The "spread" of merit-based college aid: Politics, policy consortia, and interstate competition. *Education Policy, 22*, 339–362. (MM)

Collins, C. C., & Dressler, W. W. (2008). Cultural consensus and cultural diversity: A mixed methods investigation of human service providers' models of domestic violence. *Journal of Mixed Methods Research, 2*, 362–387. (MM)

Cristancho, S., Garces, D. M., Peters, K. E., & Mueller, B. C. (2008). Listening to rural Hispanic immigrants in the Midwest: A community-based participatory assessment of major barriers to health care access and use. *Qualitative Health Research, 18*, 633–646. (IS)

Dohan, D. (2002). Making cents in the barrios: The institutional roots of joblessness in Mexican America. *Ethnography, 3*, 177–200. (QS)

[1] 配合第 3 章，B 節使用。

Fail, H., Thompson, J., & Walker, G. (2004). Belonging, identity, and third culture kids: Life histories of former international school students. *Journal of Research in International Education, 3*, 319–338. (IS)

Fetherston, B., & Kelly, R. (2007). Conflict resolution and transformative pedagogy: A grounded theory research project on learning in higher education. *Journal of Transformative Education, 5*, 262–285. (QS)

Garot, R., & Katz, J. (2003). Provocative looks: Gang appearance and dress codes in an inner-city alternative school. *Ethnography, 4*, 421–454. (QS)

Gowan, T. (2002). The nexus: Homelessness and incarceration in two American cities. *Ethnography, 3*, 500–534. (QS)

Green, D. O'N. (2004). Fighting the battle for racial diversity: A case study of Michigan's institutional responses to *Gratz* and *Grutter*. *Educational Policy, 18*, 733–751. (IS)

Gross, Z. (2008). Relocation in rural and urban settings: A case study of uprooted schools from the Gaza Strip. *Education and Urban Society, 40*, 269–285. (CS)

Hsu, C. L. (2005). A taste of "modernity": Working in a Western restaurant in market socialist China. *Ethnography, 6*, 543–565. (QS)

Huxham, C., & Vangen, S. (2003). Researching organizational practice through action research: Case studies and design choices. *Organizational Research Methods, 6*, 383–403. (CS)

Jones, L., Castellanos, J., & Cole, D. (2002). Examining the ethnic minority student experience at predominantly white institutions: A case study. *Journal of Hispanic Higher Education, 1*, 19–39. (CS)

Kadushin, C., Hecht, S., Sasson, T., & Saxe, L. (2008). Triangulation and mixed methods designs: Practicing what we preach in the evaluation of an Israel experience educational program. *Field Methods, 20*, 46–65. (MM)

Kitchen, J., & Stevens, D. (2008). Action research in teacher education: Two teacher-educators practice action research as they introduce action research to preservice teachers. *Action Research, 6*, 7–28. (QS)

Locke, M. G., & Guglielmino, L. (2006). The influence of subcultures on planned change in a community college. *Community College Review, 34*, 108–127. (CS)

MacGregor, T. E., Rodger, S., Cummings, A. L., & Leschied, A. W. (2006). *Qualitative Social Work, 5*, 351–368. (IS)

Markovic, M. (2006). Analyzing qualitative data: Health care experiences of women with gynecological cancer. *Field Methods, 18*, 413–429. (IS)

Mendenhall, T. J., & Doherty, W. J. (2007). Partners in diabetes: Action research in a primary care setting. *Action Research, 5*, 378–406. (QS)

Mendlinger, S., & Cwikel, J. (2008). Spiraling between qualitative and quantitative data on women's health behaviors: A double helix model for mixed methods. *Qualitative Health Research, 18*, 280–293. (MM)

Menning, C. L. (2008). "I've kept it that way on purpose": Adolescents' management of negative parental relationship traits after divorce and separation. *Journal of Contemporary Ethnography, 37*, 586–618. (IS)

Nandhakumar, J., & Jones, M. (2002). Development gain?: Participant observation in interpretive management information systems research. *Qualitative Research, 2*,

323–341. (QS)

Nichter, M., Adrian, S., Goldade, K., Tesler, L., & Muramoto, M. (2008). Smoking and harm-reduction efforts among postpartum women. *Qualitative Health Research, 18*, 1184–1194. (IS)

Ortner, S. B. (2002). "Burned like a tattoo": High school social categories and "American culture." *Ethnography, 3*, 115–148. (QS)

Parmelee, J. H., Perkins, S. C., & Sayre, J. J. (2007). "What about people our age?": Applying qualitative and quantitative methods to uncover how political ads alienate college students. *Journal of Mixed Methods Research, 1*, 183–199. (MM)

Pettinger, L. (2005). Representing shop work: A dual ethnography. *Qualitative Research, 5*, 347–364. (QS)

Read, T., & Wuest, J. (2007). Daughters caring for dying parents: A process of relinquishing. *Qualitative Health Research, 17*, 932–944. (IS)

Reid, M. J., & Moore, J. L., III. (2008). College readiness and academic preparation for postsecondary education: Oral histories of first-generation urban college students. *Urban Education, 43*, 240–261. (IS)

Roff, L. L., Martin, S. S., Jennings, L. K., Parker M. W., & Harmon, D. K. (2007). Long distance parental caregivers' experience with siblings: A qualitative study. *Qualitative Social Work, 6*, 315–334. (IS)

Scott, G. (2004). "It's a sucker's outfit": How urban gangs enable and impede the reintegration of ex-convicts. *Ethnography, 5*, 107–140. (QS)

Scott, S. M. (2003). The social construction of transformation. *Journal of Transformative Education, 1*, 264–284. (IS)

Stoller, P. (2002). Crossroads: Tracing African paths on New York City streets. *Ethnography, 3*, 35–62. (QS)

Stritikus, T., & Nguyen, D. (2007). Strategic transformation: Cultural and gender identity negotiation in first-generation Vietnamese youth. *American Educational Research Journal, 44*, 853–895. (QS)

Tedrow, B., & Rhoads, R. A. (1999). A qualitative study of women's experiences in community college leadership positions. *Community College Review, 27*, 1–18. (QS)

Tibbals, C. A. (2007). Doing gender as resistance: Waitresses and servers in contemporary table service. *Journal of Contemporary Ethnography, 36*, 731–751. (QS)

Tinney, J. (2008). Negotiating boundaries and roles: Challenges faced by the nursing home ethnographer. *Journal of Contemporary Ethnography, 37*, 202–225. (QS)

van Uden-Kraan, C., Drossaert, C. H. C., Taal, E., Shaw, B. R., Seydel, E. R., & van de Laar, M. (2008). Empowering processes and outcomes of participation in online support groups for patients with breast cancer, arthritis, or fibromyalgia. *Qualitative Health Research, 18*, 405–417. (IS)

Voils, C. I., Sandelowski, M., Barroso, J., & Hasselblad, V. (2008). Making sense of qualitative and quantitative findings in mixed research synthesis studies. *Field Methods, 20*, 3–25. (MM)

Wasonga, T., & Christman, D. E. (2003). Perceptions and construction of meaning of urban high school experiences among African American university students. *Education and Urban Society, 35*, 181–201. (IS)

Weitzman, P. F., & Levkoff, S. E. (2000). Combining qualitative and quantitative methods in health research with minority elders: Lessons from a study of dementia caregiving. *Field Methods, 12*, 195–208. (MM)

Westhue, A., Ochocka, J., Jacobson, N., Simich, L., Maiter, S., Janzen, R., et al. (2008). Developing theory from complexity: Reflections on a collaborative mixed method participatory action research study. *Qualitative Health Research, 18*, 701–717. (MM)

Woodgate, R. L., Ateah, C., & Secco, L. (2008). Living in a world of our own: The experience of parents who have a child with autism. *Qualitative Health Research, 18*, 1075–1083. (IS)

Yauch, C. A., & Steudel, H. J. (2003). Complementary use of qualitative and quantitative cultural assessment methods. *Organizational Research Methods, 6*, 465–481. (MM)

Zalaquett, C. P. (2005). Study of successful Latina/o students. *Journal of Hispanic Higher Education, 5*, 35–47. (IS)

Zhou, Y. R. (2008). Endangered womanhood: Women's experiences with HIV/AIDS in China. *Qualitative Health Research, 18*, 1115–1126. (IS)

附錄 B 質性研究主題與資料蒐集單位的兩個層級

研究	主題	資料蒐集的層級	
		較廣層級	較窄層級
Anderson (1999)	城市落後區域的道德生活	費城	家庭與個人
Bales (2004)	現代奴隸	五個國家	奴隸與主人
Ball, Thames, & Phelps (2008)	教學的內涵知識	小學三年級教室	日常課堂行爲
Bogle (2008)	新的性常模規範	二所大學校園	個人
Brubaker 等人 (2006)	民族主義	東歐的某鄉鎮	機構與個人
Bullough (2001)	學生對於自身教育的觀點	某小學	個別學生與其教師
Carr (2003)	非正規社會控制	芝加哥邊緣的某鄰里	社區行動
Duneier (1999)	公共場合的互動	某城市的路旁人行道	街頭攤販與路人
Dunn (2004)	企業私有化	波蘭的某個工廠	雇員
Edin & Kefalas (2011)	母職與婚姻	費城的八個鄰里	家庭與個人
Ericksen & Dyer (2004)	職場團隊合作	五種不同的產業	專案團隊
Friedman (2013)	培養孩童的競爭力	三個活動：下棋、舞蹈與足球	家庭與個人
Gilligan (1982)	婦女的道德與情緒發展	沒有指明	個人
Gross (2008)	失根	加薩走廊	社區與學校
Hays (2003)	貧窮文化	二個城市的二位社福官員	個人
Hirsch (2005)	課後活動	六個課後中心	性別平等
Hochschild (2012/1989)	婦女與工作	某大型公司與相關熟識人員	配偶、個人、照護者
Irvine (2003)	寵物棄養	寵物店	雇員和顧客

（續）

研究	主題	資料蒐集的層級	
		較廣層級	較窄層級
Kuglemass (2004)	融入教育	某小學	教師和員工
Ladson-Billings (2009)	教導非裔美國人提高成績	教案	教師
Lane(2011)	白領失業	專業團體事件與聚會	個人
Lawrence-Lightfoot (1983)	學校文化	美國的三所公立高中和三所私立高中	教職員和學生
Levitt (2001)	跨國移民	多明尼加共和國和美國的社區	家庭與個人
Lew (2006)	亞裔美國學生	二個小組的學生：勞工階級與中產階級	個人
Lewis (1963)	貧窮文化	某墨西哥家庭	個人
Lewis (1965)	貧窮文化	波多黎各聖胡安市的四個鄰里	家庭
Liebow (1993)	女性街友	華盛頓特區某街友收容所	個人
Lynd & Lynd (1929)	美國城市的生活	印第安納州蒙西市	社區實務
MacLead (2009)	激勵青少年成長與成功	低所得區的兩群青少年	個人
Marwell (2007)	社會整合與社會秩序	二個鄰里的八個社區組織	政策、實務與人
McQueeny (2009)	種族、性別與性	二所支持男女同志的教會	教會神職人員與信徒
Mead (1928)	女性青少年階段的發展	薩摩亞的三個村落	家庭與個人
Moore (2011)	黑人女同性戀的家庭生活	家庭	個人
Mulroy & Lauber (2004)	家庭中心的評鑑	某家庭中心	員工與案主
Napolitano (2002)	都會區鄰里生活	墨西哥的某都會區鄰里	個人

（續）

研究	主題	資料蒐集的層級	
		較廣層級	較窄層級
Narotzky & Smith (2006)	經濟與政治發展	西班牙東部的某區域	機構與家庭
Newman (1999)	都會區貧窮勞工	紐約市的某鄰里	雇員和雇主
Padraza (2007)	移民	四波的古巴移民	個人
Pérez (2004)	跨國移民的性別差異	波多黎各的移出社區，紐約的移入社區	個人
Rabinow (2007/1977)	田野研究的邂逅	摩洛哥中部亞特拉斯山脈的某社區	個人
Royster (2003)	男性的學校—就業經驗	巴爾地摩地區的某高職	該學校的畢業生
Sarroub (2005)	美國學校的種族涵化	密西根州迪爾伯恩市的某高中	穆斯林學生
Schein (2003)	大公司的終結	大型電腦公司	實務和個人
Sharman (2006)	種族混合的鄰里	紐約市的某鄰里	個人
Sidel (2006)	單親媽媽的衝擊	紐約大都會地區	個人
Small (2004)	貧窮與社會資本	波士頓的某複合住宅	社區事件
Smith (2006)	移民美國	墨西哥移出社區，紐約市移入社區	個人與社區組織
Stack (1974)	貧窮文化	芝加哥附近的黑人社區	家庭與個人
Stone (2007)	婦女與工作	沒有指明	個人
Valdés (1996)	美國學校的種族涵化	十個墨西哥移民家庭	家庭與學校員工
Valenzuela (1999)	移民學生的就學	某都會區的高中	學生與教職員
Williams (2006)	職場平等	高級住宅區與下層住宅區的二家玩具店	個人
Wilson & Taub (2006)	種族、民族與階級緊張	芝加哥的四個鄰里住宅區	個人

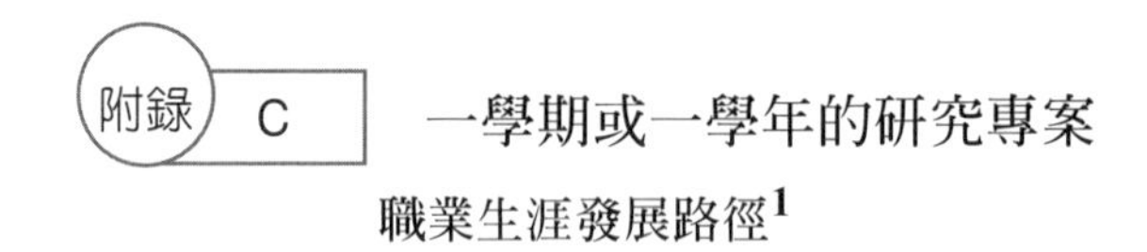

職業生涯發展路徑[1]

A. 研究主題

1. **研究問題或好奇心**：特定的事件、經驗如何激發或阻礙個人追求某特定職業生涯？
2. **研究的重要性**：這些事件和經驗的研究，可能加深我們理解，個人生命史關鍵事件對於職業生涯選擇的影響。

B. 研究的啟動階段

1. **界定研究範圍**：檢視迄今為止，你自己的家庭、教育與職業生涯發展路徑。明確陳述你目前處於職業生涯發展路徑的哪個階段（例如：「才剛開始想想而已」；「正在認真探索」；「就業訓練」；「已經投入就業」等）。現在請找出影響或遏阻你追求該等職業生涯的關鍵事件或經驗。寫成一篇自傳（不超過五頁），包括你的動機和感受，記得從你的生命史引述具體的事件、人物、經驗。
2. **比較研究設計**[2]：選擇一位或兩位追求不同職業路徑的同儕（或更多位，如果你喜歡的話）。該等同儕必須同意參與你的研究，分享有關他（或她）自己的生命史，但他們不是協同研究者（這是屬於你的研究）。
3. **文獻**：回顧一項或多項重點研究，檢視人們如何以及為什麼選擇像你和你同儕追求的職業生涯。使用研究發現的結果，提出可能影響你選擇特定職業路徑的因素或關聯。如果研究發現不適用於你的狀況，至少使用文獻來建立你初始研究問題，以及前述研究關聯性的重要意涵。記得做筆記，完整記錄你引用文獻的參考資訊。

---

[1] 就參考應用而言，本範例的適用題材可以很廣泛，「職業生涯」可以換成「社會角色」（例如：父母、女朋友或男朋友，或配偶），或任何你有興趣選擇探討的主題，轉化應用時，只需要把「職業生涯」替換成你選擇的主題即可。

[2] 研究專案可以選擇要或不要納入比較研究設計。如果你選擇不納入，請自動略過以下與比較研究設計相關聯的部分。

C. 田野研究博多稿

1. **博多稿的主題/問題**：當你已經擬定了研究的主要問題（或好奇心），以及你從文獻回顧獲得的見解，在此發展一份博多稿來引導你的資料蒐集活動。博多稿應該有兩部分組成：第一部分，關於你的職業生涯；第二部分，關於你同儕的職業生涯。因爲這是兩種不同的職業，所以這兩部分的主題/問題雖然可能重疊，但不應該完全相同。
2. **確認相關的證據**：第一部分的博多稿，關於你的職業生涯，確認需要用來證實下列事項的證據：(1) 你目前處於職業生涯發展路徑的哪個階段；(2) 在這追尋過程中，影響或遏阻你的事件或經驗（從你的自傳擷取）。證據的類型可能包括：訪談、個人文件檢視，甚至特定田野場域的觀察（請參閱下一節的示例）。再者，不要猶豫，確認相關的數據資料。更關鍵的是，如果特定事件或經驗沒有出現或有所缺乏，而該等素材又被認定和你職業生涯的選擇與發展有關係，那博多稿就有必要確認能夠證實該等素材確實缺乏的證據。對於第二部分的博多稿，做好準備，確保你能夠和同儕投入漫長的訪談，並且涵蓋博多稿的所有主題/問題。

D. 資料蒐集

1. **自己的職業生涯**：使用博多稿的第一部分，蒐集特定的個人文件，或訪談其他關鍵人士，以便蒐集你個人自傳以外的其他素材。例如：對你追求職業生涯的關鍵性影響可能是，你早期接觸到的鼓舞人心的榜樣。試著聯繫訪談他們，請他們就其個人觀點來談談，他們如何可能影響你或其他人。另一個重要影響的例子是，如果你快樂完成某些學校研究專案，或取得該等職業生涯相關課程不錯的成績，試著搜尋該等作品樣本，或課程成績單以茲證明。至於觀察的例子，你可以實地考察可能促使你追求該等職業生涯的社區服務或實習經驗。
2. **同儕的職業生涯**：針對你的同儕的職業生涯，或其他職業生涯，進行廣泛的訪談，涵蓋第二部分博多稿的主題/問題。寫下你的訪談結果，作爲關於你同儕職業生涯的傳記素材（同樣，不超過五頁）。

---

[3] 就本範例而言，你將使用同儕的傳記內容作爲你的研究資料，而不是試圖蒐集其他訪談資料或個人文件來佐證該等傳記內容的眞實性。

E. 樣本分析

1. **描述**：用關於你自己職業生涯的田野資料，重建你的自傳，產生一份以實徵經驗立基的陳述。再想想以文字表格呈現資料。例如：你職業生涯進展的年表，或是摘要表列關鍵性的影響，用精簡扼要的幾句話，總結陳述每一項關鍵性的影響。這些表格將有助於你以後的分析更加精確。
   針對你同儕職業生涯發展的傳記，進行類似的重建處理。再想想以文字表格呈現資料。然後，對照比較你的表格和同儕的表格。最後摘要總結你和同儕不同的職業生涯，以及你們各自進展到哪個階段。
2. **解釋**：以大綱的方式，寫下你的研究產生的洞視見解，如果有的話。例如：職業的選擇往往被認爲是基於「非正規」的影響，而不是任何「正規」或學校的影響。職業選擇也可能是某些「關鍵事件」的結果，另外有些職業選擇則是一連串個別影響長時期累積的結果。再者，職業選擇也可能是源於文化的影響，而不是任何特定事件的影響。
   對照你和同儕的經驗，比較影響不同職業生涯的事件和經驗的差異。你的比較分析，可以涵蓋前面提出的議題，但也應該試圖闡明，你和同儕的不同經驗如何可能影響你們選擇不同的職業生涯。
3. **結論**：請寫下初步的結論，解決前面提出的原創性研究問題。另外，請說明你的結論是否有達到前面提到的研究重要性（*research significance*）。
4. **關聯性**：結論之後，回到文獻的討論。你的研究發現是否和現有文獻有所差別，或是能以某種方式佐證或有助於解釋現有的文獻，請引用文獻相關的素材來加以說明。
5. **限制與未來研究**：檢視和陳述任何可能導致你研究偏頗的方法論方面的保留或限制，並因此造成閱聽人質疑你的研究發現、結論、蘊義或啟示。透過對於未來研究的建議，陳述該等研究如何可能解決、克服這些方法論的保留或限制。

質性研究專業術語辭彙表[1]

action research 行動研究：請參閱【展覽 3.4】。

Analytic generalization 分析類推：將研究發現類推到其他情形的做法，類推基礎是根據邏輯論述、理論發展或複製研究（請另行參閱 statistical generalization 統計類推）。適用於質性研究（例如：跨個案類推），以及研究室實驗（例如：跨研究類推）。

analytic memos 分析備忘錄：質性研究者在執行資料編碼期間，特別用來記錄各種想法的筆記。備忘錄可以幫助記錄追蹤編碼的程序，提醒可能的修改，以及編碼當中的暫時想法，也可以標注，將潛在同類的編碼集結成為範疇和主題（請另行參閱 derived notes 實質編碼與 personal journal 個人日誌）。

arts-based research 藝術本位研究：請參閱【展覽 3.4】。

autoethnography 自傳俗民誌：請參閱【展覽 3.4】。

bracketing 托架：試著排除研究者的信念、價值觀、傾向以及先前對質性研究設計、執行與分析的假設。

CAQDAS 電腦輔助質性資料分析：Computer Assisted Qualitative Data AnalysiS 的字首文字縮寫，泛稱任何使用電腦軟體（包含商業與非商業軟體）輔助質性資料分析。

case study 個案研究：請參閱【展覽 3.4】。

Chicago school 芝加哥學派：二十世紀初葉至中期，芝加哥大學一群學者首開先河的田野本位質性探究，研究結果發表的著作，獲得甚高評價。

coding 編碼：在質性資料分析中，使用簡單辭彙來捕捉較大分量之原始文字資料或影像資料的意義。不論有無使用電腦軟體輔助，分析者必須針對每一項目的資料進行編碼決定，包括決定什麼要編碼，以及如何編碼（請另行參閱 *in vivo* code 實境編碼）。

---

[1] 對於質性研究專業術語有興趣的讀者，請自行參考專業辭典，收錄的辭彙比較完整，解釋說明也比較詳盡（例如：Abercrombie, Hill, & Turner, 2006; Chwandt, 2007）。

conceptual framework 概念架構：描述研究焦點，陳述研究問題，在廣義的理論、實務或社會領域等範圍內，進行詮釋。

confessional tale 告白故事：報告質性研究發現的一種模式，通常採用第一人稱，刻意包含研究者自我的角色和觀點，作為田野場域研究的人物之一（請另行參閱 imressionist tale 印象故事、realist tale 寫實故事）。

constructivism 建構論：關於社會現實的一種哲學觀點，主張社會現實乃是外在條件，再加上觀察和報告該條件的人，聯合建構的產物。根據此一論點，因為所有社會現實都是如此方式建構的，所以只有相對本質，而不具有絕對本質。

convenience sample 方便樣本：研究選取的參與者和資料來源，乃是基於方便取得的因素考量。只有在不尋常的情形下做研究，例如：研究災難倖存者，才可接受方便樣本的做法。

conversation analysis 會話分析：自然場域觀察研究會話當中的語文和非語文行為，包括說話者的特殊行為模式、停頓、語調、強調等。典型的會話分析通常使用錄音帶或錄影帶，並且以該等資訊作為研究的基本資料。

co-production of knowledge 知識的協同生產：研究者和參與者協同密切合作，產生的研究結果；相對地，則是比較傳統的研究者和調查對象或實驗研究受試的上下階層關係。

critical theory 批判理論：請參閱【展覽 3.4】。

culture 文化：一種不可見的社會結構，成員包括比氏族親屬更廣的群體，擁有共同的語言、宗教或祖先，文化的疆界不必然等同於政治或地理疆界。同一文化的成員傾向遵循類似的日常習俗，諸如：飲食、衣著、尊崇氏族關係、慶祝族人出生、結婚、死亡等人生重大事件。

derived notes 實質筆記：新的一組筆記，衍生自原始的田野筆記與蒐集來的質性資料，用來作為分析與詮釋資料的基礎。實質筆記可用來替代正式的資料編碼，因此代表分析資料的非編碼選項（請另行參閱 analytic memos 分析備忘錄與 personal journal 個人日誌）。

discourse analysis 論述分析：請參閱【展覽 3.4】。

emic 在地人的：採取在地人的取向或觀點，代表研究對象群體，相對於採取外來者對於研究主題的觀點（請另行參閱 etic 外來者的）。此種說法的淵源是擷取自 phonetic（語言的外在語音）與 phonemic（語言的內在音素或音位）的對照用語。

empirical research 實徵研究：研究立基於蒐集和呈現原始證據或資料，進而支持研究的宣稱。證據或資料應該接受可信用度的檢驗—換言之，透過公開檢驗證據或資料產生的來源與程序（不要和 empiricism 經驗主義，混為一談）。

empiricism 經驗主義：一種哲學觀點，認為人類所有行為都是經驗學習而來的，否定基因影響的角色。這種觀點和質性研究的關係主要反映在，它與 Positivism 實證主義的關聯（不要和 empirical research 實徵研究，混為一談）。

epistemological location 知識論定位：研究的哲學和方法論基本原則，例如：認識知識的方式，有部分立基於研究者對於真實世界事件的觀點，包括：相對論 vs. 實在論、獨特性 vs. 非獨特性（請另行參閱 epistemological similarity 知識論類似）。

epistemological similarity 知識論類似：承認所有的質性研究，不論秉持何種知識論定位，都有一項共通的關切，藉由保持透明、方法嚴謹、實徵基礎，以致力建立研究的可信賴度和信用度（請另行參閱 epistemological location 知識論定位）。

epistemology 知識論：哲學的一種分支，探討研究者對於知識本質與知識取得或創造的信念。特定的信念代表個人的知識論立場。

ethnography 俗民誌：請參閱【展覽 3.4】。

ethnomethodology 俗民方法論：請參閱【展覽 3.4】。

etic 外來者的：對於研究主題的外在觀點，相對於代表研究對象的在地人觀點（請另行參閱 Emic 在地人的）。此種說法的淵源是擷取自 phonetic（語言的外在語音）與 phonemic（語言的內在音素或音位）的對照用語。

eeminist perspective 女性主義觀點：關於共通社會關係與方法論關係（例如：訪談者和受訪者）的一種觀點，內嵌一種可能影響研究發現，但往往遭受忽視的權力關係。

fieldwork 田野研究：在真實世界場域（field，「田野」）從事實徵研究，通常需要使用質性方法。

focal unit 焦點單位：質性研究的研究單位（例如：個人、團體、事件、組織）。定義焦點單位可以幫助組織資料的蒐集，不過，並不是所有研究都需要有明顯的焦點單位。

focus group 焦點團體：資料蒐集的一種形式，研究者集合擁有類似特質、經驗或「焦點」的小團體成員，在非引導的方式之下，進行團體討論。目標是要盡可能將研究者的影響降到最小，而讓團體成員的觀點能夠自然浮現。

grand theory 大理論：理論構念試圖解釋較大範疇的現象（例如：牛頓、愛因斯坦、達爾文、孟達爾、佛洛伊德、皮亞傑、史金納等理論家的理論），通常超越單一研究的規模。

grounded theory 扎根理論：質性研究的一種，強調資料蒐集真實世界脈絡自然發生的社會行為，不受限於研究者既存範疇與先驗概念。資料分析最後會引出相關範疇。由於浮現的範疇是「由下而上」引出的，也就是「扎根」於原始現實世界。

hermeneutics 詮釋學：質性研究的一種面向，旨在針對研究的事件進行詮釋，進而深化理解事件發生的政治、歷史、社會文化與其他真實世界脈絡。

impressionist tale 印象故事：質性研究報告的一種類型，致力於讓閱聽者彷彿置身研究場域的真實世界，就好像親身經歷該等事件（請另行參閱 confessional-tale 告白故事、realist tale 寫實故事）。

insider research 圈內人研究：質性研究的一種類型，研究者本身和研究場域有特殊的關聯，或在該等場域擔任真實世界角色。

interview guide 訪談指南：進行質性訪談時使用，包含一些訪談者的提示、提醒，並未組織成正式的問卷（請另行參閱 research protocol, study protocol 研究博多稿）

in vivo code 實境編碼：質性資料分析使用的一種編碼，直接從所要編碼的資料擷取的真實世界的實際運用字詞（請另行參閱 Coding 編碼）。

jottings 隨筆：田野研究當下記錄的初始筆記，有時候可能是零碎片段的隨筆速記。

life history 生命史：個人生命故事的敘事形式，旨在捕捉生命故事，以及個中轉捩點和關鍵主題。生命史乃是聚焦研究旨趣所在個人之社會族群、互動或生活形態，諸如此類的研究核心主題。

member checks 成員檢核：提供研究參與者分享研究發現或素材、草稿的程序。此種「檢核」容許參與者可以更正或改善研究的正確性，同時亦可增強協同研究和倫理關係。

mental framework 心理架構：研究者蒐集資料時抱持的一種探究路線，可以幫助維持聚焦研究方向，提高研究者的敏感度，能夠辨識出相關的證據，包括支持與反駁的證據。

mixed methods research 混合方法研究：刻意使用量化與質性方法的研究設計，

而且這兩種方法都是探討感興趣的研究問題所必須的。

multicultural research 多元文化研究：質性研究刻意凸顯參與者的觀點，特別是以同情的方式，來研究歷史上遭受種族歧視或主流社會排擠打壓的社會族群。

multiple sources of evidence 多樣的證據來源：謹慎地尋找、蒐集不同的證據，但是都匯聚成相同的結果，試著提高結果的可信度。使用的資料應該盡可能的獨立（請另行參閱 trangulation 三角檢核）。

mutual simultaneous shaping 交互同步形塑：認為人類事務的複雜，包括同步發生的事件，每件事皆互相影響，沒有明確的方向，因此就沒有實質的因果關係。

narrative inquiry 敘事探究：請參閱【展覽 3.4】。

negotiated text 協議的文本：認為質性訪談的對化特質起因於社會互動，訪談「資料」實際上代表聯合觀點，而非只有受訪者的觀點。

nonreactive measures 非反應測量：請參閱 unobtrusive (nonreactive) measures 非介入測量。

ontology 本體論：個人對於社會現實的哲學信念，特別是關於社會現實是一元或多元的觀點（請參閱 emic 在地人的、etic 外來者的）。

oral history 口述史：請參閱【展覽 3.4】。

original research 原創研究：以作者自己的資料蒐集與分析為基礎的研究。

participant-observation 參與觀察：田野本位研究的一種模式，研究者投身於所要研究的真實世界田野場域，參與和觀察，同時也蒐集關於田野場域、參與者、事件的相關資料，以及書寫筆記。

participants 參與者：質性研究的主題對象人物（在文獻中，有時候也稱為「成員」）。

personal journal 個人日誌：類似日記，研究者針對研究過程的方法論抉擇、兩難、判斷等事物的記錄，尤其是包括自我反思與其他可能影響研究發現的種種情形的記錄（請另行參閱 analytic memos emos 分析備忘錄與 derived notes 實質筆記）。

phenomenology 現象學：請參閱【展覽 3.4】。

positivism 實證主義：自然科學以及社會科學立基於普世真理的觀點，研究的角色就是要挖掘如此的普世真理。與此觀點直接相反的，就是認為知識和理解是相對而非絕對的觀點。

postmodernism 後現代主義：所有人類事務，舉凡創作抽象畫、從事科學研究，其背後動機都隱含控制他人的慾望。

postpositivism 後實證主義：比較冷靜版的實證主義，承認可能的狀況、容忍某種程度的不確定性以取代絕對主義的觀點，但仍未包容相對主義的觀點（請另行參閱 constructivism 建構主義與 positivism 實證主義。）

pragmatism 實用主義：一種世界觀，支持因應特定研究問題，而選擇適合的方法。根據此種世界觀，研究者可能選擇使用量化方法或質性方法，或是混合量化與質性方法的研究，全都取決於哪種選擇最適合所要研究的問題。

purposive sample 立意樣本：研究選取的參與者或資料來源，乃是基於預期該等樣本應該能提供豐富而相關的資訊，有效解決研究問題。豐富性與相關性包括的資料來源，應該要挑戰而非只是支持研究者關於研究問題的思考。因此，立意樣本應該納入可能反駁研究假設或對立思維的例子。

qualitative interview 質性訪談：訪談的一種形式，研究目的是要從參與者的觀點，來揭顯參與者的意義和詮釋。因此，質性訪談比較可能採取會話的模式，而比較少採用嚴謹格式化的腳本，研究者必須避免提問「引導性」問題。

random sample 隨機樣本：根據樣本與母群之間的統計學關係，選取研究參與者或資料來源，以確保樣本代表母群的隨機樣本。在研究結束的時候，基於該樣本的研究發現就可以類推來代表整個母群。

realist assumption 寫實假設：指實證主義者及其世界觀的速記，背後的假設較多是單一事實、無價值觀的研究、不受空間情境影響的結果，與因果調查的重要（請另行參閱 relativist assumption 相對假設）。

realist tale 寫實故事：質性研究發現的一種報告模式，採用不涉入主觀情緒的第三人稱敘述，作者沒有出現在故事當中（請另行參閱 confessional tale 告白故事、impressionist tale 印象故事）。

feflexivity 反身性：研究者和參與者（亦即研究對象）之間相互影響的動力關係。一方面，參與者可能會因為研究者的在場與行動而受到影響；另方面，參與者的在場與行動也可能影響研究者的思考、觀察、行為。

Relativist assumptions 相對假設：指建構主義者及其世界觀的速記，背後的假設較多是多元事實、富含價值的研究、特定空間情境影響的結果，與因果調查的不相關（請另行參閱 relativist assumption 寫實假設）。

research lens 研究者透鏡：所有質性研究都會有的心理過濾器，可能會影響研究者對於田野本位資料的詮釋，進而滲透在研究報告之中。

research protocol 研究博多稿：研究者使用的大綱指南，是一種用來引導執行探究的心理架構。博多稿的問題是要研究者試圖解答的問題，不同於問卷或其他研究工具，其問題是要答題者、受訪者，或研究受試者來回答（請另行參閱 study protocol 研究計畫博多稿）。

research questions 研究問題：研究提擬探討的初始問題。研究的發現與結論應該要提供回答問題的素材，並且盡可能深入闡明。

rival explanations, hypotheses, or thinking 對立的解釋、假說或思維：刻意投入有關研究程序、資料或發現的相反思維——試圖尋求程序、資料或發現，可能導出不同結果，因此減低偏見，強化研究。

self-reflexivity 自我反身性：研究者致力找出在研究當中，可能影響研究結論的反身性情境因素（請參閱 reflexivity 反身性）。

snowball sample 滾雪球樣本：研究選擇採用的參與者或資料來源，根據先前參與者或資料來源的轉介。

statistical generalization 統計類推：根據研究樣本與母群的統計學關係，把研究發現類推到較大母群的一種做法（請另行參閱 analytic generalization 分析類推）。

study bank 檔案庫：蒐集彙整已發表的質性研究，幫助刺激思考各種研究主題、方法與證據來源，可以用來輔助構思新的質性研究。

study protocol 研究計畫博多稿：通常用來呈交給研究倫理委員會（IRB），以便取得核准涉及人類受試的研究，例如：質性研究的參與者。IRB 通常會建議研究計畫博多稿的結構，而且其主題多半強調後勤議題，而不像研究博多稿，盡可能詳細列出研究的實質主題（請另行參閱 research protocol 研究博多稿）。

thick description 厚描述：旨在蒐集豐富的資料，以便詳細描述真實世界事件的細節。詳盡的細節不只是提供事件的豐富描述，也可以幫助減低研究者的選擇性和反身性影響事件的報告。

triangulation 三角檢核：田野研究以及稍後正式分析使用的一種分析技術，可用來協同佐證其他（兩個以上）不同來源的證據。

unobtrusive (nonreactive) measures 非介入測量：測量社會環境既存的事項屬性，那是源自環境當中人的自然互動的產物，而不是研究或研究者以任何方式（亦即介入）引發。

worldview 世界觀：關於社會科學研究使用方法的廣泛而深度的體系，立基於特定的本體論觀點（亦即，選擇使用的方法如何能夠捕捉真實世界現實，以及現實是唯一存在的現實，抑或多元建構的現實）。

參考書目

Abercrombie, Nicholas, Hill, Stephen, & Turner, Bryan S. (2006). *The Penguin dictionary of sociology* (5th ed.). London: Penguin.

Action Research. (2014). Excerpt from journal's quality criteria and manifesto documents under "Resources for Authors," on journal's website home page.

Addams, Jane, & Messinger, Ruth W. (1919). *Twenty years at Hull-House*. New York: Signet Classic, 1961. (Original work published 1919)

Addison, Richard B. (1992). Grounded hermeneutic research. In B. F. Crabtree & W. L. Miller (Eds.), *Doing qualitative research* (pp. 110–124). Thousand Oaks, CA: Sage.

Adrian, Bonnie. (2003). *Framing the bride: Globalizing beauty and romance in Taiwan's bridal industry*. Berkeley: University of California Press.

Allison, Graham, & Zelikow, Philip. (1999). *Essence of decision: Explaining the Cuban missile crisis* (2nd ed.). New York: Addison Wesley Longman. (Original work published 1971)

American Anthropological Association. (2009). *Code of ethics of the American Anthropological Association*. Washington, DC: Author.

American Association of University Professors. (2006). *Research on human subjects: Academic freedom and the institutional review board*. Washington, DC: Author.

American Educational Research Association. (2011). *Code of ethics*. Washington, DC: Author.

American Evaluation Association. (2004). *Guiding principles for evaluators*. Washington, DC: Author.

American Psychological Association. (2010). *Ethical principles of psychologists and code of conduct*. Washington, DC: Author.

American Sociological Association. (2008). *Code of ethics and policies and procedures of the ASA committee on professional ethics*. Washington, DC: Author.

Anderson, Elijah. (1999). *Code of the street: Decency, violence, and the moral life of the inner city*. New York: Norton.

Anderson, Gary L., & Scott, Janelle. (2012). Toward an intersectional understanding of process causality and social context. *Qualitative Inquiry, 18*, 674–685.

Anderson-Levitt, Kathryn M. (2006). Ethnography. In J. L. Green, G. Camilli, & P. B. Elmore (Eds.), *Handbook of complementary methods in education research* (3rd ed., pp. 279–295). Washington, DC: American Educational Research Association.

APSA Committee on Professional Ethics, Rights, and Freedom. (2012). *A guide to professional ethics in political science* (2nd ed. rev.). Washington, DC: American Political Science Association.

Auerbach, Carl F., & Silverstein, Louise H. (2003). *Qualitative data: An introduction to coding and analysis*. New York: New York University Press.

Auyero, Javier, & Swistun, Debora. (2008). The social production of toxic uncertainty. *American Sociological Review, 73*, 357–379.

Bales, Kevin. (2004). *Disposable people: New slavery in the global economy* (rev. ed.).

Berkeley: University of California Press.

Ball, Deborah Loewenberg, Thames, Mark Hoover, & Phelps, Geoffrey. (2008). Content knowledge for teaching: What makes it special? *Journal of Teacher Education, 59*, 389–407.

Banks, James A. (2006). Researching race, culture, and difference: Epistemological challenges and possibilities. In J. L. Green, G. Camilli, & P. B. Elmore (Eds.), *Handbook of complementary methods in education research* (3rd ed., pp. 773–793). Washington, DC: American Educational Research Association.

Barone, Tom, & Eisner, Elliot W. (2012). *Arts based research*. Thousand Oaks, CA: Sage.

Barrette, Philippe. (2010). All aboard!: Using community leaders to keep clinical researchers on track. In D. L. Streiner & S. Sidani (Eds.), *When research goes off the rails: Why it happens and what you can do about it* (pp. 119–129). New York: Guilford Press.

Barzun, Jacques, & Graff, Henry F. (2003). *The modern researcher* (6th ed.). New York: Harcourt, Brace, Jovanovich.

Bazeley, Pat. (2012). Integrative analysis strategies for mixed data sources. *American Behavioral Scientist, 56*, 814–828.

Bazeley, Pat, & Jackson, Kristi. (2013). *Qualitative data analysis with NVIVO* (2nd ed.). London: Sage.

Bazeley, Pat, & Kemp, Lynn. (2012). Mosaics, triangles, and DNA: Metaphors for integrated analysis in mixed methods research. *Journal of Mixed Methods Research, 6*, 55–72.

Becker, Howard S. (1958). Problems of inference and proof in participant observation. *American Sociological Review, 23*, 652–660.

Becker, Howard S. (1998). *Tricks of the trade: How to think about your research while you're doing it* (2nd ed.). Chicago: University of Chicago Press.

Becker, Howard S. (2007). *Writing for social scientists: How to start and finish your thesis, book, or article*. Chicago: University of Chicago Press.

Becker, Howard S., Geer, Blanche, Hughes, Everett C., & Strauss, Anselm L. (1961). *Boys in white: Student culture in medical school*. Chicago: University of Chicago Press.

Befani, Barbara. (2013). Between complexity and generalization: Addressing evaluation challenges with QCA. *Evaluation, 19*, 269–283.

Bennett, Andrew. (2004). Testing theories and explaining cases. In C. C. Ragin, J. Nagel, & P. White (Eds.), *Workshop on scientific foundations of qualitative research* (pp. 49–51). Arlington, VA: National Science Foundation.

Bennett, Andrew. (2010). Process tracing and causal inference. In H. Brady & D. Collier (Eds.), *Rethinking social inquiry: Diverse tools, shared standards* (2nd ed., pp. 207–219). Lanham, MD: Rowman & Littlefield.

Berends, Mark, & Garet, Michael S. (2002). In (re)search of evidence-based school practices: Possibilities for integrating nationally representative surveys and randomized field trials to inform educational policy. *Peabody Journal of Education, 77*, 28–58.

Berger, Roger. (1993). From text to (field)work and back again: Theorizing a post(modern) ethnography. *Anthropological Quarterly, 66*, 174–186.

Berkeley, Sheri, & Barber, Ana Taboada. (2014). *Maximizing effectiveness of reading comprehension instruction in diverse classrooms*. Baltimore, MD: Brookes.

Berliner, David C. (2002). Educational research: The hardest science of all. *Educational Researcher, 31*, 18–20.

Bertaux, D. (Ed.). (1981). *Biography and society: The life history approach in the social sciences*. Thousand Oaks, CA: Sage.

Bloome, David, & Clark, Caroline. (2006). Discourse-in-use. In J. L. Green, G. Camilli, & P. B. Elmore (Eds.), *Handbook of complementary methods in education research* (3rd ed., pp. 227–241). Washington, DC: American Educational Research Association.

Bogle, Kathleen A. (2008). *Hooking up: Sex, dating, and relationships on campus*. New York: New York University Press.

Booth, Wayne C., Colomb, Gregory G., & Williams, Joseph M. (1995). *The craft of research*. Chicago: University of Chicago Press.

Borman, Kathryn M., & Associates. (2005). *Meaningful urban education reform: Confronting the learning crisis in mathematics and science*. Albany: State University of New York Press.

Borman, Kathryn M., Clarke, Christopher, Cotner, Bridget, & Lee, Reginald. (2006). Cross-case analysis. In J. L. Green, G. Camilli, & P. B. Elmore (Eds.), *Handbook of complementary methods in education research* (3rd ed., pp. 123–139). Washington, DC: American Educational Research Association.

Bourgois, Philippe. (2003). *In search of respect: Selling crack in El Barrio* (2nd ed.). New York: Cambridge University Press.

Brannick, Teresa, & Coghlan, David. (2007). In defense of being "native": The case for insider academic research. *Organizational Research Methods, 10*, 59–74.

Brenner, Mary E. (2006). Interviewing in educational research. In J. L. Green, G. Camilli, & P. B. Elmore (Eds.), *Handbook of complementary methods in education research* (3rd ed., pp. 357–370). Washington, DC: American Educational Research Association.

Bromley, D. B. (1986). *The case-study method in psychology and related disciplines*. Chichester, UK: Wiley.

Brown, Kathleen M., Anfara, Vincent A., Jr., & Roney, Kathleen. (2004). Student achievement in high performing suburban middle schools and low performing urban schools: Plausible explanations for the differences. *Education and Urban Society, 36*, 428–456.

Browne, Craig. (2015). *Critical social theory*. London: Sage.

Brubaker, Rogers, Feischmidt, Margit, Fox, Jon, & Grancea, Liana. (2006). *Nationalist politics and everyday ethnicity in a Transylvanian town*. Princeton, NJ: Princeton University Press.

Bruyn, Severyn. (1966). *The human perspective in sociology: The methodology of participant observation*. Englewood Cliffs, NJ: Prentice-Hall.

Bryant, Antony, & Charmaz, Kathy. (Eds.). (2010). *The Sage handbook of grounded theory*. Thousand Oaks, CA: Sage.

Bryant, M. J., Hammond, K. A., Bocian, K. M., Rettig, M. F., Miller, C. A., & Cardullo, R. A. (2008). School performance will fail to meet legislated benchmarks. *Science, 321*, 1781–1782.

Bryk, Anthony S., & Raudenbusch, Steven. (1987). Application of hierarchical linear models to assessing change. *Psychological Bulletin, 10*, 147–158.

Bullough, Robert V., Jr. (2001). *Uncertain lives: Children of promise, teachers of hope*. New York: Teachers College Press.

Burawoy, Michael. (1991). The extended case method. In M. Burawoy et al. (Eds.), *Ethnography unbound: Power and resistance in the modern metropolis* (pp. 271–287). Berkeley: University of California Press.

Burawoy, Michael, Alice Burton, Ann Arnett Ferguson, Kathryn J. Fox, Joshua Gamson, Nadine Gartrell, et al. (Eds.). (1991). *Ethnography unbound: Power and resistance in the modern metropolis* (pp. 271–287). Berkeley: University of California Press.

Burgess, Ernest W., & Bogue, Donald J. (1967). Research in urban society: A long view. In E. W. Burgess & D. J. Bogue (Eds.), *Urban sociology* (pp. 1–14). Chicago: Phoenix Books.

Butler, Christopher. (2002). *Postmodernism: A very short introduction*. Oxford, UK: Oxford University Press.

Button, Graham. (Ed.). (1991). *Ethnomethodology and the human sciences*. Cambridge, UK: Cambridge University Press.

Byrne, David. (2009). Case-based methods: Why we need them; what they are; how to do them. In David Byrne & Charles C. Ragin (Eds.), *The Sage handbook of case-based methods* (pp. 1–10). London: Sage.

Cable, Sherry, Shriver, Thomas E., & Mix, Tamara L. (2008). Risk society and contested illness: The case of nuclear weapons workers. *American Sociological Review, 73*, 380–401.

Calarco, Jessica McCrory. (2014). Coached for the classroom: Parents' cultural transmission and children's reproduction of educational inequities. *American Sociological Review, 79*, 1015–1037.

Campbell, Donald T. (1975). Degrees of freedom and the case study. *Comparative Political Studies, 8*, 178–193.

Campbell, Donald T. (2009). "Foreword," in *Case study design and methods*, by Robert K. Yin (pp. vi–viii). Thousand Oaks, CA: Sage. Originally appeared in the first edition of the book (1984).

Caracelli, Valerie. (2006). Enhancing the policy process through the use of ethnography and other study frameworks: A mixed-method study. *Research in the Schools, 13*, 84–92.

Caracelli, Valerie, & Greene, Jennifer C. (1993). Data analysis strategies for mixed-method evaluation designs. *Educational Evaluation and Policy Analysis, 15*, 195–207.

Carr, Patrick J. (May 2003). The new parochialism: The implications of the Beltway case for arguments concerning informal social control. *American Journal of Sociology, 108*, 1249–1291.

Chang, Heewon. (2008). *Autoethnography as method*. Walnut Creek, CA: Left Coast Press.

Charmaz, Kathy. (2002). Stories and silences: Disclosures and self in chronic illness. *Qualitative Inquiry, 8*, 302–328.

Charmaz, Kathy. (2008). Grounded theory as an emergent method. In S. Nagy Hesse-Biber & P. Leavy (Eds.), *Handbook of emergent methods* (pp. 155–170). New York: Guilford Press.

Charmaz, Kathy. (2014). *Constructing grounded theory* (2nd ed.). London: Sage.

Chase, Susan E. (2013). Narrative inquiry: Still a field in the making. In N. K. Denzin & Y. S. Lincoln (Eds.), *Collecting and interpreting qualitative materials* (4th ed., pp. 55–83). Thousand Oaks, CA: Sage.

Chaskin, Robert J. (2001). Building community capacity: A definitional framework and case studies from a comprehensive community initiative. *Urban Affairs Review, 36*, 291–323.

Christie, Christina A., & Fleischer, Dreolin. (2009). Social inquiry paradigms as a frame for the debate on credible evidence. In S. I. Donaldson, C. A. Christie, & M. M. Mark (Eds.), *What counts as credible evidence in applied research and evaluation practice?* (pp. 19–30). Thousand Oaks, CA: Sage.

Clandinin, D. Jean. (Ed.). (2007). *Handbook of narrative inquiry: Mapping a methodology.* Thousand Oaks, CA: Sage.

Clandinin, D. Jean, & Connelly, F. Michael. (2000). *Narrative inquiry: Experience and story in qualitative research.* San Francisco: Jossey-Bass.

Connelly, F. Michael, & Clandinin, D. Jean. (2006). Narrative inquiry. In J. L. Green, G. Camilli, & P. B. Elmore (Eds.), *Handbook of complementary methods in education research* (3rd ed., pp. 477–487). Washington, DC: American Educational Research Association.

Cook, Thomas D., & Campbell, Donald T. (1979). *Quasi-experimentation: Design and analysis issues for field settings.* Chicago: Rand McNally.

Cook, Thomas D., & Foray, Dominique. (2007). Building the capacity to experiment in schools: A case study of the Institute of Educational Sciences in the U.S. Department of Education. *Economics of Innovation and New Technology, 16*, 385–402.

Cook, Thomas D., & Reichardt, Charles. (Eds.). (1979). *Qualitative and quantitative methods in program evaluation.* Thousand Oaks, CA: Sage.

Cooper, Harris M. (2010). *Research synthesis and meta-analysis: A step-by-step approach* (4th ed.). Thousand Oaks, CA: Sage.

Corbin, Juliet, & Strauss, Anselm. (1998). *Basics of qualitative research: Techniques and procedures for developing grounded theory* (2nd ed.). Thousand Oaks, CA: Sage.

COSMOS Corporation. (1996). *The National Science Foundation's FastLane System baseline data collection: Cross-case report.* Bethesda, MD: Author.

Covey, Stephen R. (1989). *The seven habits of highly effective people: Restoring the character ethic.* New York: Simon & Schuster.

Coyle, Adrian. (2007). Discourse analysis. In E. Lyons & A. Coyle (Eds.), *Analysing qualitative data in psychology* (pp. 98–116). Thousand Oaks, CA: Sage.

Creswell, John W. (2009). Mapping the field of mixed methods research. *Journal of Mixed Methods Research, 3*, 95–108.

Creswell, John W. (2013). *Qualitative inquiry and research design: Choosing among five approaches* (3rd ed.). Thousand Oaks, CA: Sage.

Creswell, John W., & Plano Clark, Vicki L. (2007). *Designing and conducting mixed methods research.* Thousand Oaks, CA: Sage.

Creswell, John W., Plano Clark, Vicki L., Gutmann, Michelle L., & Hanson, William E. (2003). Advanced mixed methods research designs. In A. Tashakkori & C. Teddlie (Eds.), *Handbook of mixed methods in social and behavioral research* (pp. 209–240). Thousand Oaks, CA: Sage.

Creswell, John W., Shope, Ron, Plano Clark, Vicki L., & Greene, Denise. (2006). How interpretive qualitative research extends mixed methods research. *Research in the Schools, 13*, 1–11.

Critical Sociology. (2014). From *Aims & Scope* posted on the journal's website.

Cronbach, Lee J. (1975). Beyond the two disciplines of scientific psychology. *American Psychologist, 30*, 116–127.

Datta, Lois-ellin. (1994). Paradigm wars: A basis for peaceful coexistence and beyond. *New Directions for Program Evaluation, 61*, 54–70.

Davidson, Judith, & di Gregorio, Silvana. (2013). Qualitative research and technology: In the midst of a revolution. In N. K. Denzin & Y. S. Lincoln (Eds.), *Collecting and interpreting qualitative materials* (4th ed., pp. 481–516). Thousand Oaks, CA: Sage.

Davis, Nancy J., & Robinson, Robert V. (2009). Overcoming movement obstacles by the religious orthodox: The Muslim brotherhood in Egypt, Shas in Israel, Comunione e Liberazione in Italy, and the Salvation Army in the United States. *American Journal of Sociology, 114*, 1302–1349.

Degregory, Lane. (2007). Finding good topics: A writer's questions. In M. Kramer & W. Call (Eds.), *Telling true stories: A nonfiction writer's guide* (pp. 20–22). London: Plume/Penguin.

Denscombe, Martyn. (2008). Communities of practice: A research paradigm for the mixed methods approach. *Journal of Mixed Methods Research, 2*, 270–283.

Denzin, Norman K. (1978). *The research act: A theoretical introduction to sociological methods* (2nd ed.). New York: McGraw-Hill.

Denzin, Norman K. (1997). *Interpretive ethnography: Ethnographic practices for the 21st century*. Thousand Oaks, CA: Sage.

Denzin, Norman K. (2012). Triangulation 2.0. *Journal of Mixed Methods Research, 6*, 80–88.

Denzin, Norman K. (2014). *Interpretive autoethnography* (2nd ed.). Thousand Oaks, CA: Sage.

Denzin, Norman K., & Lincoln, Yvonna S. (2011). Introduction: The discipline and practice of qualitative research. In N. K. Denzin & Y. S. Lincoln (Eds.), *Sage handbook of qualitative research* (4th ed., pp. 1–41). Thousand Oaks, CA: Sage.

Denzin, Norman K., Lincoln, Yvonna S., & Smith, Linda Tuhiwai. (Eds.). (2008). *Handbook of critical and indigenous methodologies*. Thousand Oaks, CA: Sage.

Devers, Kelly J., Sofaer, Shoshanna, & Rundall, Thomas G. (1999). Qualitative methods in health services research. *Health Services Research, 34*(5), Part II (whole issue).

Discourse and Society. (2014). From *Aims & Scope* posted on the journal's website.

Dodd, Sarah-Jane. (2009). LGBTQ: Protecting vulnerable subjects in all studies. In Donna M. Mertens & Pauline E. Ginsberg (Eds.), *The handbook of social research ethics* (pp. 474–488). Thousand Oaks, CA: Sage.

Donmoyer, Robert. (1990). Generalizability and the single-case study. In Elliot W. Eisner & Alan Peshkin (Eds.), *Qualitative inquiry in education: The continuing debate* (pp. 175–200). New York: Teachers College.

Donmoyer, Robert. (2012). Attributing causality in qualitative research: Viable option or inappropriate aspiration? *Qualitative Inquiry, 18*, 651–654.

Drew, Paul. (2009). Conversation analysis. In Jonathan A. Smith (Ed.), *Qualitative psychology: A practical guide to research methods* (pp. 133–159). Los Angeles: Sage.

Duff, Patricia A. (2008). *Case study research in applied linguistics*. New York: Routledge.

Duneier, Mitchell. (1999). *Sidewalk*. New York: Farrar, Straus & Giroux.

Dunn, Elizabeth C. (2004). *Privatizing Poland: Baby food, big business and the remaking of labor*. Ithaca, NY: Cornell University Press.

Edin, Kathryn, & Kefalas, Maria. (2011). *Promises I can keep: Why poor women put motherhood before marriage* (rev. ed.). Berkeley: University of California Press.

Editorial. (1998). *Narrative Inquiry, 8*, iii–v.

Eisenhart, Margaret. (2006). Representing qualitative data. In J. L. Green, G. Camilli, & P. B. Elmore (Eds.), *Handbook of complementary methods in education research* (3rd ed., pp. 567–581). Washington, DC: American Educational Research Association.

Eisner, Elliot W., & Peshkin, A. (1990). Subjectivity and objectivity. In E. W. Eisner & A. Peshkin (Eds.), *Qualitative inquiry in education: The continuing debate* (pp. 15–17). New York: Teachers College Press.

Ellingson, Laura L. (2013). Analysis and representation across the continuum. In N. K. Denzin & Y. S. Lincoln (Eds.), *Collecting and interpreting qualitative materials* (4th ed., pp. 413–445). Thousand Oaks, CA: Sage.

Ellis, Carolyn. (2004). *The ethnographic I: A methodological novel about autoethnography*. New York: AltaMira Press.

Emerson, Robert M. (Ed.). (2001). *Contemporary field research: Perspectives and formulations* (2nd ed.). Prospect Heights, IL: Waveland Press.

Emerson, Robert M., Fretz, Rachel I., & Shaw, Linda L. (2011). *Writing ethnographic fieldnotes* (2nd ed.). Chicago: University of Chicago Press.

Ericksen, Jeff, & Dyer, Lee. (September 2004). Right from the start: Exploring the effects of early team events on subsequent project team development and performance. *Administrative Science Quarterly, 49*, 438–471.

Erickson, Frederick. (2006). Definition and analysis of data from videotape: Some research procedures and their rationales. In J. L. Green, G. Camilli, & P. B. Elmore (Eds.), *Handbook of complementary methods in education research* (3rd ed., pp. 177–191). Washington, DC: American Educational Research Association.

Erickson, Frederick. (2012). Comments on causality in qualitative inquiry. *Qualitative Inquiry, 18*, 686–688.

Ethnography. (2014). From *Aims & Scope* posted on the journal's website.

Fetterman, David M. (2009). Ethnography. In Leonard Bickman & Debra J. Rog (Eds.), *The Sage handbook of applied social research methods* (2nd ed., pp. 543–588). Thousand Oaks, CA: Sage.

Fetterman, David M. (2010). *Ethnography: Step-by-step* (3rd ed.). Thousand Oaks, CA: Sage.

Fielding, Nigel G., & Lee, Raymond M. (1998). *Computer analysis and qualitative research*. London: Sage.

Fielding, Nigel G., & Warnes, Richard. (2009). Computer-based qualitative methods in case study research. In D. B. & C. C. Ragin (Eds.), *The Sage handbook of case-based methods* (pp. 270–288). London: Sage.

Fine, Michelle. (Ed.). (1992). *Disruptive voices: The possibilities of feminist research.* Ann Arbor: University of Michigan Press.

Finley, Susan. (2013). Critical arts-based inquiry: The pedagogy and performance of a radical ethical aesthetic. In N. K. Denzin & Y. S. Lincoln (Eds.), *Collecting and interpreting qualitative materials* (4th ed., pp. 85–117). Thousand Oaks, CA: Sage.

Fontana, Andrea, & Frey, James H. (2005). The interview: From neutral stance to political involvement. In N. K. Denzin & Y. S. Lincoln (Eds.), *The Sage handbook of qualitative research* (3rd ed., pp. 695–727). Thousand Oaks, CA: Sage.

Fowler, Floyd J., Jr., & Cosenza, Carol. (2009). Design and evaluation of survey questions. In L. Bickman & D. J. Rog (Eds.), *The Sage handbook of applied social research methods* (2nd ed., pp. 375–412). Thousand Oaks, CA: Sage.

Fox, Dennis, Prilleltensky, Isaac, & Austin, Stephanie. (2009). *Critical psychology: An introduction* (2nd ed.). London: Sage.

Friedman, Hilary Levey. (2013). *Playing to win: Raising children in a competitive culture.* Berkeley: University of California Press.

Gans, Herbert J. (1962). *The urban villagers: Group and class in the life of Italian-Americans.* New York: Free Press.

Garfinkel, Harold. (1967). *Studies in ethnomethodology.* Englewood Cliffs, NJ: Prentice-Hall.

Gee, James Paul. (2011). *An introduction to discourse analysis: Theory and method* (3rd ed.). London: Routledge.

Geertz, Clifford. (1973). *The interpretation of cultures.* New York: Basic Books.

Geertz, Clifford. (1983). *Local knowledge: Further essays on interpretive anthropology.* New York: Basic Books.

George, Alexander L., & Bennett, Andrew. (2004). *Case studies and theory development in the social sciences.* Cambridge, MA: MIT Press.

George, Sheba Mariam. (2005). *When women come first: Gender and class in transnational migration.* Berkeley: University of California Press.

Gibson, William, & Brown, Andrew. (2009). *Working with qualitative data.* Thousand Oaks, CA: Sage.

Gilligan, Carol. (1982). *In a different voice: Psychological theory and women's development.* Cambridge, MA: Harvard University Press.

Giorgi, Amedeo. (2009). *The descriptive phenomenological method in psychology: A modified Husserlian approach.* Pittsburgh, PA: Duquesne University Press.

Giorgi, Amedeo, & Giorgi, Barbro. (2009). Phenomenology. In Jonathan A. Smith (Ed.), *Qualitative psychology: A practical guide to research methods* (pp. 26–52). Los Angeles: Sage.

Glaser, Barney G. (2005). *The grounded theory perspective III: Theoretical coding.* Mill Valley, CA: Sociology Press.

Glaser, Barney G., & Strauss, Anselm L. (1967). *The discovery of grounded theory: Strategies for qualitative research.* New York: Aldine.

Goffman, Erving. (1959). *The presentation of self in everyday life.* Garden City, NY: Anchor.

Goffman, Erving. (1963). *Stigma: Notes on the management of spoiled identity.* Englewood Cliffs, NJ: Prentice-Hall.

Gold, Raymond L. (1958). Roles in sociological field observations. *Social Forces, 36*, 217–223.

Gomm, Roger, Hammersley, Martyn, & Foster, Peter. (2000). Case study and generalization. In R. Gomm, M. Hammersley, & P. Foster (Eds.), *Case study method: Key issues, key texts* (pp. 98–115). London: Sage.

Grbich, Carol. (2007). *Qualitative data analysis: An introduction*. Thousand Oaks, CA: Sage.

Green, Denise O'Neil. (2004). Fighting the battle for racial diversity: A case study of Michigan's institutional responses to Gratz and Grutter. *Educational Policy, 18*, 733–751.

Greene, Jennifer C. (2007). *Mixed methods in social inquiry*. San Francisco: Jossey-Bass.

Greene, Jennifer C. (2008). Is mixed methods social inquiry a distinctive methodology? *Journal of Mixed Methods Research, 2*, 7–22.

Greene, Jennifer C., & Caracelli, Valerie J. (Eds.). (1997). Advances in mixed-method evaluation: The challenges and benefits of integrating diverse paradigms. *New Directions for Evaluation, 74* (Whole issue).

Greene, Jennifer, Caracelli, Valerie, & Graham, J. F. (1989). Toward a conceptual framework for mixed-method evaluation designs. *Educational Evaluation and Policy Analysis, 11*, 255–274.

Greenwood, Davydd J., & Levin, Morten. (2007). *Introduction to action research: Social research for social change* (2nd ed.). Thousand Oaks, CA: Sage.

Gross, Zehavit. (January 2008). Relocation in rural and urban settings: A case study of uprooted schools from the Gaza Strip. *Education and Urban Society, 40*, 269–285.

Guba, Egon G. (1990). Subjectivity and objectivity. In E. W. Eisner & A. Peshkin (Eds.), *Qualitative inquiry in education: The continuing debate* (pp. 74–91). New York: Teachers College Press.

Guba, Egon G., & Lincoln, Yvonna S. (1989). *Fourth generation evaluation*. Thousand Oaks, CA: Sage.

Guba, Egon G., & Lincoln, Yvonna S. (1994). Competing paradigms in qualitative research. In N. K. Denzin & Y. S. Lincoln (Eds.), *Handbook of qualitative research* (pp. 105–117). Thousand Oaks, CA: Sage.

Gubrium, Jaber F., & Holstein, James A. (1998). Standing our middle ground. *Journal of Contemporary Ethnography, 27*, 416–421.

Gubrium, Jaber F., & Holstein, James A. (2009). *Analyzing narrative reality*. Thousand Oaks, CA: Sage.

Guenther, Katia M. (2009). The politics of names: Rethinking the methodological and ethical significance of naming people, organizations, and places. *Qualitative Research, 9*, 411–421.

Hahn, Christopher. (2008). *Doing qualitative research using your computer: A practical guide*. Thousand Oaks, CA: Sage.

Halkier, Bente. (2011). Methodological practicalities in analytic generalization. *Qualitative Inquiry, 17*, 787–797.

Hall, Rogers. (2000). Videorecording as theory. In A. E. Kelly & R. A. Lesh (Eds.), *Handbook of research design in mathematics and science education* (pp. 647–664). Mahwah, NJ: Erlbaum.

Hammersley, Martyn, & Atkinson, Paul. (2007). *Ethnography: Principles in practice* (3rd ed.). London: Routledge.

Hannerz, Ulf. (1969). *Soulside: Inquiries into ghetto culture and community.* New York: Columbia University Press.

Harrits, Gitte Sommer. (2011). More than method? A discussion of paradigm differences within mixed methods research. *Journal of Mixed Methods Research, 5,* 150–166.

Hays, Sharon. (2003). *Flat broke with children: Women in the age of welfare reform.* New York: Oxford University Press.

Hedrick, Terry E. (1994). The quantitative-qualitative debate: Possibilities for integration. *New Directions for Program Evaluation, 61,* 45–52.

Herman, Rebecca, Boruch, Robert, Powell, Rebecca, Fleischman, Steven, & Maynard, Rebecca. (2006). Overcoming the challenges: A response to Alan H. Schoenfeld's "what doesn't work." *Educational Researcher, 35*(2), 22–23.

Herriott, Robert J., & Firestone, William A. (1983). Multisite qualitative policy research: Optimizing description and generalizability. *Educational Researcher, 12,* 14–19.

Hesse-Biber, Sharlene N. (Ed.). (2007). *Handbook of feminist research: Theory and praxis.* Thousand Oaks, CA: Sage.

Hesse-Biber, Sharlene N. (2012). Weaving a multimethodology and mixed methods praxis into randomized control trials to enhance credibility. *Qualitative Inquiry, 18,* 876–889.

Hesse-Biber, Sharlene Nagy, & Leavy, Patricia Lina. (2007). *Feminist research practice: A primer.* Thousand Oaks, CA: Sage.

Hirsch, Barton J. (2005). *A place to call home: After-school programs for urban youth.* Washington, DC, and New York: American Psychological Association and Teachers College Press.

Hirschman, Albert O. (1970). *Exit, voice, and loyalty: Responses to declines in firms, organizations, and states.* Cambridge, MA: Harvard University Press.

Hochschild, Arlie Russell. (2012). *The second shift: Working families and the revolution at home* (rev. ed.). New York: Oxford University Press.

Holstein, James A., & Gubrium, Jaber F. (2003). *Inside interviewing: New lenses, new concerns.* Thousand Oaks, CA: Sage.

Holstein, James A., & Gubrium, Jaber F. (2005). Interpretive practice and social action. In N. K. Denzin & Y. S. Lincoln (Eds.), *The Sage handbook of qualitative research* (3rd ed., pp. 483–505). Thousand Oaks, CA: Sage.

Howe, Kenneth R. (1988). Against the quantitative-qualitative incompatibility thesis or dogmas die hard. *Educational Researcher, 17,* 10–16.

Howell, Martha, & Prevenier, Walter. (2001). *From reliable sources: An introduction to historical methods.* Ithaca, NY: Cornell University Press.

Howell, Nancy. (1990). *Surviving fieldwork: A report of the advisory panel on health and safety in fieldwork.* Washington, DC: American Anthropological Association.

Husserl, Edmund. (1970). *The crisis of European sciences and transcendental phenomenology* (trans. by D. Carr). Evanston, IL: Northwestern University Press.

Iggers, George G. (1997). *Historiography in the twentieth century: From scientific objectivity to the postmodern challenge.* Middletown, CT: Wesleyan University Press.

Irvine, Leslie. (2003). The problem of unwanted pets: A case study in how institutions "think" about clients' needs. *Social Problems, 50*, 550–566.

Jacobs, Glenn. (Ed.). (1970). *The participant observer: Encounters with social reality.* New York: George Braziller.

Jacobs, Rodney N. (1996). Civil society and crisis: Culture, discourse, and the Rodney King beating. *American Journal of Sociology, 101*, 1238–1272.

Jadad, Alejandro. (2004). *Randomised controlled trials.* London: BMJ Books.

Janesick, Valerie J. (2010). *Oral history for the qualitative researcher: Choreographing the story.* New York: Guilford Press.

Jick, Todd D. (1979). Mixing qualitative and quantitative methods: Triangulation in action. *Administrative Science Quarterly, 24*, 602–611.

Johnson, R. Burke. (Ed.). (2006). New directions in mixed methods research. *Research in the Schools, 13* (whole issue).

Johnson, R. Burke. (2009). Toward a more inclusive "scientific research in education." *Educational Researcher, 38*, 449–457.

Johnson, R. Burke, & Onwuegbuzie, Anthony J. (2004). Mixed methods research: A research paradigm whose time has come. *Educational Researcher, 33*, 14–26.

Johnson, R. Burke, Onwuegbuzie, Anthony J., & Turner, Lisa A. (2007). Toward a definition of mixed methods research. *Journal of Mixed Methods Research, 1*, 112–133.

Jones, Stacey Holman. (2005). Autoethnography: Making the personal political. In N. K. Denzin & Y. S. Lincoln (Eds.), *The Sage handbook of qualitative research* (3rd ed., pp. 763–791). Thousand Oaks, CA: Sage.

Jones, Susan R. (2002). Rewriting the word: Methodological strategies and issues in qualitative research. *Journal of College Student Development, 43*, 461–473.

Jones, Susan R., Torres, Vasti, & Arminio, Jan. (2014). *Negotiating the complexities of qualitative research in higher education: Fundamental elements and issues* (2nd ed.). New York: Routledge.

Jorgensen, Danny L. (1989). *Participant observation: A methodology for human studies.* Thousand Oaks, CA: Sage.

Josselson, Ruthellen. (2013). *Interviewing for qualitative inquiry: A relational approach.* New York: Guilford Press.

Journal of Contemporary Ethnography. (2014). From *Aims & Scope* posted on the journal's website.

Joyce, Anthony S. (2010). Changing horses in midstream: Transforming a study to address recruitment problems. In D. L. Streiner & S. Sidani (Eds.), *When research goes off the rails: Why it happens and what you can do about it* (pp. 130–135). New York: Guilford Press.

Karnieli-Miller, Orit, Strier, Roni, & Pessach, Liat. (2009). Power relations in qualitative research. *Qualitative Health Research, 19*, 279–289.

Karra, Neri, & Phillips, Nelson. (2008). Researching "back home": International management research as autoethnography. *Organizational Research Methods, 11*, 541–561.

Kellogg, Katherine C. (2014). Brokerage professions and implementing reform in an age of experts. *American Sociological Review, 79*, 912–941.

Kelly, Anthony E., & Yin, Robert K. (2007). Strengthening structured abstracts for education research: The need for claim-based structured abstracts. *Educational Researcher, 36*, 133–138.

Kidder, Louise H., & Judd, Charles M. (1986). *Research methods in social relations* (5th ed.). New York: Holt, Rinehart & Winston.

Kidder, Tracy. (1990). *Among schoolchildren*. Boston: Houghton Mifflin.

Kidder, Tracy. (2007). Field notes to full draft. In M. Kramer & W. Call (Eds.), *Telling true stories: A nonfiction writer's guide* (pp. 51–54). London: Plume/Penguin.

Kish, Leslie. (1965). *Statistical design for research*. New York: Wiley.

Kluckhohn, Florence R. (1940). The participant-observer technique in small communities. *American Journal of Sociology, 46*, 331–343.

Knowles, J. Gary, & Cole, Ardra L. (Eds.). (2008). *Handbook of the arts in qualitative research: Perspectives, methodologies, examples, and issues*. Thousand Oaks, CA: Sage.

Koch, Christopher, & Tabor, Anna. (2010). Small colleges and small n's. In David L. Streiner & Souraya Sidani (Eds.), *When research goes off the rails: Why it happens and what you can do about it* (pp. 101–105). New York: Guilford Press.

Kramer, Mark, & Call, Wendy. (Eds.). (2007). *Telling true stories: A nonfiction writers' guide from the Nieman Foundation at Harvard University*. New York: Penguin Group.

Kugelmass, Judy W. (2004). *The inclusive school: Sustaining equity and standards*. New York: Teachers College Press.

Kuzel, Anton. (1992). Sampling in qualitative inquiry. In Benjamin F. Crabtree & William L. Miller (Eds.), *Doing qualitative research* (pp. 31–44). Thousand Oaks, CA: Sage.

Labov, W., & Waletzky, J. (1997). Narrative analysis: Oral versions of personal experience. *Journal of Narrative and Life History, 7*, 3–38 (original work published in 1967).

Ladson-Billings, Gloria. (2009). *The dreamkeepers: Successful teachers of African American Children* (2nd ed.). San Francisco: Jossey-Bass.

Ladson-Billings, Gloria, & Donnor, Jamel. (2005). The moral activist role of critical race theory scholarship. In Norman K. Denzin & Yvonna S. Lincoln (Eds.), *The Sage handbook of qualitative research* (3rd ed., pp. 279–301). Thousand Oaks, CA: Sage.

Lane, Carrie M. (2011). *A company of one: Insecurity, independence, and the new world of white-collar unemployment*. Ithaca, NY: Cornell University Press.

Lareau, Annette. (2011). *Unequal childhoods: Class, race, and family life* (2nd ed.). Berkeley: University of California Press.

Lawrence-Lightfoot, Sara. (1983). *The good high school: Portraits of character and culture*. New York: Basic Books.

Lawrence-Lightfoot, Sara, & Davis, Jessica Hoffman. (1997). *The art and science of portraiture*. San Francisco: Jossey-Bass.

Leavy, Patricia. (2009). *Method meets art: Arts-based research practice*. New York: Guilford Press.

Lee, Jooyoung. (2009). Battlin' on the corner: Techniques for sustaining play. *Social Problems, 56*, 578–598.

Levitt, Peggy. (2001). *The transnational villagers*. Berkeley: University of California Press.

Lew, Jamie. (2006). *Asian Americans in class: Charting the achievement gap among Korean American youth*. New York: Teachers College Press.

Lewin, Kurt. (1946). Action research and minority problems. *Journal of Social Issues, 2*, 34–46.

Lewins, Ann, & Silver, Christina. (2007). *Using software in qualitative research: A step-by-step guide*. London: Sage.

Lewis, Oscar. (1963). *The children of Sanchez: Autobiography of a Mexican family*. New York: Vintage Books.

Lewis, Oscar. (1965). *La Vida: A Puerto Rican family in the culture of poverty—San Juan and New York*. New York: Vintage Books.

Liebow, Elliot. (1967). *Tally's corner: A study of Negro streetcorner men*. Boston: Little, Brown.

Liebow, Elliot. (1993). *Tell them who I am: The lives of homeless women*. London: Penguin Books.

Lincoln, Yvonna S. (2005). Institutional review boards and methodological conservatism. In N. K. Denzin & Y. S. Lincoln (Eds.), *The Sage handbook of qualitative research* (3rd ed., pp. 165–181). Thousand Oaks, CA: Sage.

Lincoln, Yvonna S., & Guba, Egon G. (1985). *Naturalistic inquiry*. Thousand Oaks, CA: Sage.

Lincoln, Yvonna S., & Tierney, W. G. (2004). Qualitative research and institutional review boards. *Qualitative Inquiry, 10*, 219–234.

Lipset, Seymour, Trow, Martin, & Coleman, James S. (1956). *Union democracy: The inside politics of the international typographical union*. New York: Free Press.

Lipsey, Mark W. (1990). *Design sensitivity: Statistical power for experimental research*. Thousand Oaks, CA: Sage.

Locke, Karen, & Velamuri, S. Ramakrishna. (2009). The design of member review: Showing what to organization members and why. *Organizational Research Methods, 12*, 488–509.

Locke, Mary G., & Guglielmino, Lucy. (2006). The influence of subcultures on planned change in a community college. *Community College Review, 34*, 108–127.

Lohman, J. D. (1937). Participant-observation in community studies. *American Sociological Review, 6*, 890–897.

Luker, Kristin. (2008). *Salsa dancing in the social sciences: Research in an age of info-glut*. Cambridge, MA: Harvard University Press.

Lynch, Michael. (2002). Ethnomethodology's unofficial journal. *Human Studies, 25*, 485–494.

Lynd, Robert, & Lynd, Helen. (1929). *Middletown*. New York: Harcourt Brace.

Lynd, Robert, & Lynd, Helen. (1937). *Middletown in transition*. New York: Harcourt Brace.

MacKay, Nancy. (2007). *Curating oral histories: From interview to archive*. Walnut Creek, CA: Left Coast Press.

MacLeod, Jay. (2009). *Ain't no makin' it: Aspirations and attainment in a low-income neighborhood* (3rd ed.). Boulder, CO: Westview Press.

Madsen, Richard. (2009). The archipelago of faith: Religious individualism and faith community in America today. *American Journal of Sociology, 114*, 1263–1301.

Maginn, Paul J. (2007). Negotiating and securing access: Reflections from a study into urban regeneration and community participation in ethnically diverse neighborhoods in London, England. *Field Methods, 19*, 425–440.

Malinowski, Bronislaw. (1922). *Argonauts of the Western Pacific*. Prospect Heights, IL: Waveland Press.

Marshall, Catherine, & Rossman, Gretchen B. (2011). *Designing qualitative research* (5th ed.). Thousand Oaks, CA: Sage.

Marwell, Nicole P. (2007). *Bargaining for Brooklyn: Community organizations in the entrepreneurial city*. Chicago: University of Chicago Press.

Maxwell, Joseph A. (2004). Using qualitative methods for causal explanation. *Field Methods, 16*, 243–264.

Maxwell, Joseph A. (2012). The importance of qualitative research for causal explanation in education. *Qualitative Inquiry, 18*, 655–661.

Maxwell, Joseph A. (2013). *Qualitative research design: An interactive approach* (3rd ed.). Thousand Oaks, CA: Sage.

May, Reuben A. Buford. (2008). *Living through the hoop: High school basketball, race, and the American dream*. New York: New York University Press.

Mays, N., & Pope, Catherine. (1995). Qualitative research: Observational methods in health care settings. *British Medical Journal, 311*, 182–184.

Mays, N., & Pope, Catherine. (1996). *Qualitative research in health care*. London: BMJ Publishing Group.

McCall, George J., & Simmons, J. L. (Eds.). (1969). *Issues in participant observation*. Reading, MA: Addison-Wesley.

McCurdy, David. W., Spradley, James P., & Shandy, Dianna J. (2005). *The cultural experience: Ethnography in complex society* (2nd ed.). Long Grove, IL: Waveland Press.

McMullen, Linda M. (2011). A discursive analysis of Teresa's protocol: Enhancing oneself, diminishing others. In F. J. Wertz, K. Charmaz, L. M. McMullen, R. Josselson, R. Anderson, & E. McSpadden, *Five ways of doing qualitative analysis: Phenomenological psychology, grounded theory, discourse analysis, narrative research, and intuitive inquiry* (pp. 205–223). New York: Guilford Press.

McQueeney, Krista. (2009). We are God's children, y'all: Race, gender, and sexuality in Lesbian and Gay-Affirming Congregations. *Social Problems, 56*, 151–173.

Mead, Margaret. (1928). *Coming of age in Samoa: A psychological study of primitive youth for Western civilisation*. New York: Perennial Classics Edition published in 2001.

Menjívar, Cecilia. (2000). *Fragmented ties: Salvadoran immigrant networks in America*. Berkeley: University of California Press.

Mertens, Donna M. (2009). *Transformative research and evaluation*. New York: Guilford Press.

Mertens, Donna M., & McLaughlin, John A. (2004). *Research and evaluation methods in special education*. Thousand Oaks, CA: Corwin.

Merton, Robert K., Fiske, Marjorie, & Kendall, Patricia L. (1990). *The focused interview: A manual of problems and procedures* (2nd ed.). New York: Free Press. (Original work published 1956)

Miles, Matthew B., & Huberman, A. Michael. (1994). *Qualitative data analysis* (2nd ed.). Thousand Oaks, CA: Sage.

Miles, Matthew B., Huberman, A. Michael, & Saldaña, Johnny. (2014). *Qualitative data analysis: A methods source book* (3rd ed.). Thousand Oaks, CA: Sage.

Miller, William L., & Crabtree, Benjamin F. (1992). Primary care research: A multimethod typology and qualitative road map. In B. F. Crabtree & W. L. Miller (Eds.), *Doing qualitative research* (pp. 3–28). Thousand Oaks, CA: Sage.

Mills, Geoffrey E. (2000). *Action research: A guide for the teacher researcher.* Upper Saddle River, NJ: Prentice Hall.

Mitchell, J. Clyde. (1983). Case and situation analysis. *Sociological Review, 31*, 187–211.

Molotch, Harvey. (1969). Racial integration in a transition community. *American Sociological Review, 34*, 878–893.

Moore, Mignon R. (2008). Gendered power relations among women: A study of household decision making in black, Lesbian stepfamilies. *American Sociological Review, 73*, 335–356.

Moore, Mignon R. (2011). *Invisible families: Gay identities, relationships, and motherhood among black women.* Berkeley: University of California Press.

Morgan, David L. (1992). Doctor–caregiver relationships: An exploration using focus groups. In Benjamin F. Crabtree & William L. Miller (Eds.), *Doing qualitative research* (pp. 205–227). Thousand Oaks, CA: Sage.

Morgan, David L. (2007). Paradigms lost and pragmatism regained: Methodological implications of combining qualitative and quantitative methods. *Journal of Mixed Methods Research, 1*, 48–76.

Morse, Janice M., Stern, Phyllis Noerager, Corbin, Juliet, Bowers, Barbara, Charmaz, Kathy, & Clarke, Adele E. (Eds.). (2009). *Developing grounded theory: The second generation.* Walnut Creek, CA: Left Coast Press.

Moustakas, Clark. (1994). *Phenomenological research methods.* Thousand Oaks, CA: Sage.

Moyer-Packenham, Patricia S., Kitsantas, Anastasia, Bolyard, Johnna J., Huie, Faye, & Irbie, Nancy. (2009). Participation by STEM faculty in mathematics and science partnership activities for teachers. *Journal of STEM Education, 10*, 17–36.

Mulroy, Elizabeth A., & Lauber, Helenann. (2004). A user-friendly approach to program evaluation and effective community interventions for families at risk of homelessness. *Social Work, 49*, 573–586.

Murphy, Jerome T. (1980). *Getting the facts: A fieldwork guide for evaluators and policy analysts.* Santa Monica, CA: Goodyear.

Murray, Michael. (2009). Narrative psychology. In J. A. Smith (Ed.), *Qualitative psychology: A practical guide to research methods* (pp. 111–132). Los Angeles: Sage.

Napolitano, Valentina. (2002). *Migration, Mujercitas, and medicine men.* Berkeley: University of California Press.

Narotzky, Susana, & Smith, Gavin. (2006). *Immediate struggles: People, power, and place in rural Spain.* Berkeley: University of California Press.

National Commission on Neighborhoods. (1979). *People, building neighborhoods.* Washington, DC: U.S. Government Printing Office.

National Research Council. (2003). *Protecting participants and facilitating social and behavioral sciences research.* Washington, DC: National Academies Press.

National Research Council. (2014). *Proposed revisions to the common rule for the protection of human subjects in the behavioral and social sciences.* Washington, DC: National

Academies Press.

Nespor, Jan. (2006). Finding patterns with field notes. In J. L. Green, G. Camilli, & P. B. Elmore (Eds.), *Handbook of complementary methods in education research* (3rd ed., pp. 297–308). Washington, DC: American Educational Research Association.

Neuman, Susan B., & Celano, Dana. (2001). Access to print in low-income and middle-income communities: An ecological study of four neighborhoods. *Reading Research Quarterly, 36*, 8–26.

Neustadt, Richard E., & Fineberg, Harvey. (1983). *The epidemic that never was: Policy-making and the swine flu affair.* New York: Vintage Books.

Newman, Dianna L., & Brown, Robert D. (1996). *Applied ethics for program evaluation.* Thousand Oaks, CA: Sage.

Newman, Katherine S. (1999). *No shame in my game: The working poor in the inner city.* New York: Russell Sage Foundation.

O'Cathain, Alicia. (2009). Mixed methods research in the health sciences: A quiet revolution. *Journal of Mixed Methods Research, 3*, 3–6.

Olesen, Virginia. (2011). Feminist qualitative research in the Millenium's first decade: Developments, challenges, prospects. In N. K. Denzin & Y. S. Lincoln (Eds.), *The Sage handbook of qualitative research* (4th ed., 129–146). Thousand Oaks, CA: Sage.

Oral History Association. (2009). *Principles and best practices for oral history*, adopted in October 2009 and posted on the association's website, 2014.

Oral History Association. (2014). From "Oral History: Defined," as posted on the association's website.

Palmer, Edward L. (1973). *Formative research in the production of television for children.* Report by Children's Television Workshop, New York. (Also available through the Educational Resources Information Center, Washington, DC)

Paluck, Elizabeth Levy. (2010). The promising integration of qualitative methods and field experiments. *Annals of the American Academy of Political and Social Science, 628*, 59–71.

Park, Robert E., Burgess, Ernest W., & McKenzie, Roderick D. (Eds.). (1925). *The city.* Chicago: University of Chicago Press.

Patton, Michael Quinn. (2002a). *Qualitative research and evaluation methods* (3rd ed.). Thousand Oaks, CA: Sage.

Patton, Michael Quinn. (2002b). Two decades of developments in qualitative inquiry. *Qualitative Social Work, 1*, 261–283.

Patton, Michael Quinn. (2006). Foreword: Trends and issues as context. *Research in the Schools, 13*, i–ii.

Pedraza, Silvia. (2007). *Political disaffection in Cuba's revolution and exodus.* Cambridge, UK: Cambridge University Press.

Pelto, Pertti J., & Pelto, Gretel H. (1978). *Anthropological research: The structure of inquiry* (2nd ed.). Cambridge, UK: Cambridge University Press.

Pérez, Gina M. (2004). The near northwest side story: Migration, displacement, and Puerto Rican families. Berkeley: University of California Press.

Phillips, Denis Charles. (1990a). Response to the commentary by Guba. In E. W. Eisner & A. Peshkin (Eds.), *Qualitative inquiry in education: The continuing debate* (pp. 92–95). New York: Teachers College Press.

Phillips, Denis Charles. (1990b). Subjectivity and objectivity: An objective inquiry. In Elliot W. Eisner & Alan Peshkin (Eds.), *Qualitative inquiry in education: The continuing debate* (pp. 19–37). New York: Teachers College Press.

Phillips, Denis Charles, & Burbules, Nicholas C. (2000). *Postpositivism and educational research.* Lanham, MD: Rowman & Littlefield.

Platt, Jennifer. (1992). "Case study" in American methodological thought. *Current Sociology, 40*, 17–48.

Plummer, Ken. (2011). Critical humanism and queer theory: Living with the tensions. In N. K. Denzin & Y. S. Lincoln (Eds.), *The Sage handbook of qualitative research* (4th ed., 195–207). Thousand Oaks, CA: Sage.

Polanyi, Michael. (1958). *Personal knowledge.* Chicago: University of Chicago Press.

Polanyi, Michael. (1966). *The tacit dimension.* New York: Doubleday.

Pope, Catherine, & Mays, Nicholas. (1995). Reaching the parts other methods cannot reach: An introduction to qualitative methods in health and health services research. *British Medical Journal, 332*, 413–416.

Potter, Jonathan, & Wetherell, Margaret. (1987). *Discourse and social psychology: Beyond attitudes and behavior.* London: Sage.

Powdermaker, Hortense. (1966). *Stranger and friend: The way of an anthropologist.* New York: Norton.

Punch, Maurice. (1989). Researching police deviance: A personal encounter with the limitations and liabilities of field-work. *British Journal of Sociology, 40*, 177–204.

Rabinow, Paul. (2007). *Reflections on fieldwork in Morocco* (30th anniversary ed.). Berkeley: University of California Press. (Original work published 1977)

Ragin, Charles C. (1987). *The comparative method: Moving beyond qualitative and quantitative strategies.* Berkeley: University of California Press.

Ragin, Charles C. (2000). *Fuzzy set social science.* Chicago: University of Chicago Press.

Ragin, Charles C. (2004). Combining qualitative and quantitative research. In C. C. Ragin, J. Nagel, & P. White (Eds.), *Workshop on scientific foundations of qualitative research* (pp. 109–115). Arlington, VA: National Science Foundation.

Ragin, Charles C. (2009). Reflections on casing and case-oriented research. In D. Byrne & C. C. Ragin (Eds.), *The Sage handbook of case-based methods* (pp. 522–534). London: Sage.

Randolph, Justus J., & Eronen, Pasi J. (2007). Developing the Learner Door: A case study in youth participatory program planning. *Evaluation and Program Planning, 30*, 55–65.

Read, Jen'nan Ghazal, & Oselin, Sharon. (2008). Gender and the education–employment paradox in ethnic and religious contexts: The case of Arab Americans. *American Sociological Review, 73*, 296–313.

Reason, Peter, & Bradbury, Hilary. (Eds.). (2008). *The SAGE handbook of action research: Participative inquiry and practice* (2nd ed.). Thousand Oaks, CA: Sage.

Reason, Peter, & Riley, Sarah. (2009). Co-operative inquiry: An action research practice. In Jonathan A. Smith (Ed.), *Qualitative psychology: A practical guide to research methods* (pp. 207–234). Los Angeles: Sage.

Reichardt, Charles S., & Rallis, Sharon F. (Eds.). (1994a). The qualitative–quantitative

debate: New perspectives. *New Directions for Program Evaluation, 61*(whole issue).
Reichardt, Charles S., & Rallis, Sharon F. (1994b). The relationship between the qualitative and quantitative traditions. *New Directions for Program Evaluation, 61*, 5–11.
Reid, M. Jeanne, & Moore, James L., III. (2008). College readiness and academic preparation for postsecondary education: Oral histories of first-generation urban college students. *Urban Education, 43*, 240–261.
Reinharz, Shulamit, & Davidman, Lynn. (1992). *Feminist methods in social research*. New York: Oxford University Press.
Reiss, Albert. (1971). *The police and the public*. New Haven, CT: Yale University Press.
Rex, Lesley A., Steadman, Sharilyn C., & Graciano, Mary K. (2006). Research the complexity of classroom interaction. In J. L. Green, G. Camilli, & P. B. Elmore (Eds.), *Handbook of complementary methods in education research* (3rd ed., pp. 727–771). Washington, DC: American Educational Research Association.
Riessman, Catherine Kohler. (2008). *Narrative methods for the human sciences*. Thousand Oaks, CA: Sage.
Rihoux, Benoît, & Lobe, Bojana. (2009). The case for qualitative comparative analysis (QCA): Adding leverage for thick cross-case comparison. In D. Byrne & C. C. Ragin (Eds.), *The Sage handbook of case-based methods* (pp. 222–242). London: Sage.
Ritchie, Donald A. (2003). *Doing oral history: A practical guide* (2nd ed.). New York: Oxford University Press.
Rivera, Lauren A. (2008). Managing "spoiled" national identity: War, tourism, and memory in Croatia. *American Sociological Review, 73*, 613–634.
Rivera, Lauren A. (2012). Hiring as cultural matching: The case of elite professional service firms. *American Sociological Review, 77*, 999–1022.
Roberts, Michael. (2004). Postmodernism and the linguistic turn. In P. Lambert & P. Schofield (Eds.), *Making history: An introduction to the history and practices of a discipline* (pp. 227–240). London: Routledge.
Rolling, James Haywood, Jr. (2013). *Arts-based research*. New York: Peter Lang.
Rolls, Geoff. (2005). *Classic case studies in psychology*. Oxon, UK: Hodder Education.
Roman, Leslie G., & Apple, Michael W. (1990). Is naturalism a move away from positivism? Materialist and feminist approaches to subjectivity in ethnographic research. In E. W. Eisner & A. Peshkin (Eds.), *Qualitative inquiry in education: The continuing debate* (pp. 38–73). New York: Teachers College Press.
Roschelle, Jeremy. (2000). Choosing and using video equipment for data collection. In A. E. Kelly & R. A. Lesh (Eds.), *Handbook of research design in mathematics and science education* (pp. 709–731). Mahwah, NJ: Erlbaum.
Rosenbaum, Paul R. (2002). *Observational studies* (2nd ed.). New York: Springer.
Rossi, Peter. (1994). The war between the quals and the quants: Is a lasting peace possible? *New Directions for Program Evaluation, 61*, 23–36.
Roter, D., & Frankel, Richard. (1992). Quantitative and qualitative approaches to the evaluation of the medical dialogue. *Social Science and Medicine, 34*(10), 1097–1103.
Rowe, Michael. (1999). *Crossing the border: Encounters between homeless people and outreach workers*. Berkeley: University of California Press.
Royster, Deirdre A. (2003). *Race the Invisible Hand: How white networks exclude black men*

from blue-collar jobs. Berkeley: University of California Press.

Rubin, Herbert J., & Rubin, Irene S. (1995). *Qualitative interviewing: The art of hearing data*. Thousand Oaks, CA: Sage.

Rubin, Herbert J., & Rubin, Irene S. (2012). *Qualitative interviewing: The art of hearing data* (3rd ed.). Thousand Oaks, CA: Sage.

Ryle, Gilbert. (1949). *The concept of mind*. Chicago: University of Chicago Press.

Sack, Jacqueline J. (2008). Commonplace intersections within a high school mathematics leadership institute. *Journal of Teacher Education, 59*, 189–199.

Sacks, Harvey. (1992). Lectures on conversation. In G. Jefferson (Ed.), *Lectures on conversation*. Malden, MA: Blackwell.

Saldaña, Johnny. (2013). *The coding manual for qualitative researchers* (2nd ed.). Thousand Oaks, CA: Sage.

Sandelowski, Margarete, Voils, Corrine L., & Knafl, George. (2009). On quantitizing. *Journal of Mixed Methods Research, 3*, 208–222.

Sarroub, Loukia K. (2005). All American Yemeni girls: Being Muslim in a public school. Philadelphia: University of Pennsylvania Press.

Sauder, Michael. (2008). Interlopers and field change: The entry of *U.S. News* into the field of legal education. *Administrative Science Quarterly, 53*, 209–234.

Saukko, Paula. (2005). Methodologies for cultural studies: An integrative approach. In N. K. Denzin & Y. S. Lincoln (Eds.), *The Sage handbook of qualitative research* (3rd ed., pp. 343–356). Thousand Oaks, CA: Sage.

Scanlan, Christopher. (2000). *Reporting and writing: Basics for the 21st century*. New York: Oxford University Press.

Schein, Edgar. (2003). *DEC is dead, long live DEC: Lessons on innovation, technology, and the business gene*. San Francisco: Berrett-Koehler.

Schoenfeld, Alan H. (2006a). Reply to comments from the What Works Clearinghouse on "what doesn't work." *Educational Researcher, 33*, 23.

Schoenfeld, Alan H. (2006b). What doesn't work: The challenge and failure of the What Works Clearinghouse to conduct meaningful reviews of mathematical curricula. *Educational Researcher, 35*, 13–21.

Schofield, Janet Ward. (1990). Increasing the generalizability of qualitative research. In E. W. Eisner & A. Peshkin (Eds.), *Qualitative inquiry in education: The continuing debate* (pp. 201–232). New York: Teachers College Press.

Schrag, Zachary M. (2014, September/October). You can't ask that. *Washington Monthly*. Retrieved May 4, 2015, from *www.washingtonmonthly.com/magazine/septemberoctober_2014/features/you_cant_ask_that051759.php*.

Schutz, Alfred. (1970). *On phenomenology and social relations*. Chicago: University of Chicago Press.

Schwandt, Thomas A. (2007). *The Sage dictionary of qualitative inquiry* (3rd ed.). Thousand Oaks, CA: Sage.

Schwartz, Morris S., & Schwartz, Charlotte G. (1955). Problems in participant observation. *American Journal of Sociology, 60*, 350–351.

Seidman, Irving. (2006). *Interviewing as qualitative research: A guide for researchers in education and the social sciences* (3rd ed.). New York: Teachers College Press.

Sharman, Russell Leigh. (2006). *The tenants of East Harlem*. Berkeley: University of California Press.

Shavelson, Richard, & Townes, Lisa. (2002). *Scientific research in education*. Washington, DC: National Academy Press.

Shaw, Clifford R. (1930). *The natural history of a delinquent career.* Chicago: University of Chicago Press.

Sherman, Jennifer. (2009). Bend to avoid breaking: Job loss, gender norms, and family stability in rural America. *Social Problems, 56*, 599–620.

Shortell, Stephen M. (1999). The emergence of qualitative methods in health services research. *Health Services Research, 34*, 1083–1090.

Sidel, Ruth. (2006). *Unsung heroines: Single mothers and the American dream*. Berkeley: University of California Press.

Sieber, Sam D. (1973). The integration of fieldwork and survey methods. *American Journal of Sociology, 78*, 1335–1359.

Sluka, Jeffrey A., & Robben, Antonius C. G. M. (2007). Fieldwork in cultural anthropology: An introduction. In A. C. G. M. Robben & J. A. Sluka (Eds.), *Ethnographic fieldwork: An anthropological reader* (pp. 1–28). Malden, MA: Blackwell.

Small, Mario Luis. (2004). *Villa Victoria: The transformation of social capital in a Boston barrio.* Chicago: University of Chicago Press.

Small, Mario Luis. (2009). "How many cases do I need?" On science and the logic of case selection in field-based research. *Ethnography, 10*, 5–38.

Smith, Robert Courtney. (2006). *Mexican New York: Transnational lives of new immigrants.* Berkeley: University of California Press.

Spradley, James P. (1979). *The ethnographic interview.* New York: Holt, Rinehart & Winston.

Spradley, James P. (1980). *Participant observation*. New York: Holt, Rinehart & Winston.

Stack, Carol. (1974). *All our kin*. New York: Basic Books.

Stake, Robert E. (1995). *The art of case study research.* Thousand Oaks, CA: Sage.

Stake, Robert E. (2005). Qualitative case studies. In N. K. Denzin & Y. S. Lincoln (Eds.), *The Sage handbook of qualitative research* (3rd ed., pp. 443–466). Thousand Oaks, CA: Sage.

Steckler, Allan, McLeroy, Kenneth R., Goodman, Robert M., Bird, Sheryl T., & McCormick, Lauri. (1992). Toward integrating qualitative and quantitative methods: An introduction. *Health Education Quarterly, 19*, 1–8.

Steidl, Christina R. (2013). Remembering May 4, 1970: Intregrating the commemorative field at Kent State. *American Sociological Review, 78*, 749–772.

Stewart, David W., Shamdasani, Prem N., & Rook, Dennis W. (2009). Group depth interviews: Focus group research. In Leonard Bickman & Debra J. Rog (Eds.), *The Sage handbook of applied social research methods* (2nd ed., pp. 589–616). Thousand Oaks, CA: Sage.

Stewart, Moira. (1992). Approaches to audiotape and videotape analysis: Interpreting the interactions between patients and physicians. In B. F. Crabtree & W. L. Miller (Eds.), *Doing qualitative research* (pp. 149–162). Thousand Oaks, CA: Sage.

Stewart, Thomas, Wolf, Patrick J., Cornman, Stephen Q., & McKenzie-Thompson, Kenann. (2007). *Satisfied, optimistic, yet concerned: Parent voices in the third year of the DC Opportunity Scholarship program.* Washington, DC: Georgetown University Public Policy Institute.

Stone, Pamela. (2007). *Opting out?: Why women really quit careers and head home*. Berkeley: University of California Press.

Streiner, David L. (2010). Hoist on our own postcard. In D. L. Streiner & S. Sidani (Eds.), *When research goes off the rails: Why it happens and what you can do about it* (pp. 223–227). New York: Guilford Press.

Streiner, David L., & Sidani, Souraya (Eds.). (2010). *When research goes off the rails: Why it happens and what you can do about it.* New York: Guilford Press.

Stribling, Stacia M. (2014). Creating a critical literacy milieu in a kindergarten classroom. *Journal of Language and Literacy Education, 10*(1), 45–64.

Stringer, Ernest T. (2014). *Action research* (4th ed.). Thousand Oaks, CA: Sage.

Stritikus, Tom, & Nguyen, Diem. (2007). Strategic transformation: Cultural and gender identity negotiation in first-generation Vietnamese youth. *American Educational Research Journal, 44*, 853–895.

Sturm, Circe. (2002). *Blood politics: Race, culture, and identity in the Cherokee Nation of Oklahoma.* Berkeley: University of California Press.

Sudman, Seymour, & Bradburn, Norman M. (1982). *Asking questions: A practical guide to questionnaire design.* San Francisco: Jossey-Bass.

Sullivan, Graeme. (2010). *Art practice as research: Inquiry in the visual arts* (2nd ed.). Thousand Oaks, CA: Sage.

Suttles, Gerald D. (1968). *The social order of the slum: Ethnicity and territory in the inner city.* Chicago: University of Chicago Press.

Tashakkori, Abbas, & Creswell, John W. (2008). Mixed methodology across disciplines. *Journal of Mixed Methods Research, 2*, 3–6.

Tashakkori, Abbas, & Teddlie, Charles. (1998). *Mixed methodology: Combining Qualitative and Quantitative Approaches.* Thousand Oaks, CA: Sage.

Tashakkori, Abbas, & Teddlie, Charles. (Eds.). (2003). *Handbook of mixed methods in social and behavioral research.* Thousand Oaks, CA: Sage.

Tashakkori, Abbas, & Teddlie, Charles. (2009). Integrating qualitative and quantitative approaches to research. In Leonard Bickman & Debra J. Rog (Eds.), *The Sage handbook of applied social research methods* (2nd ed., pp. 283–317). Thousand Oaks, CA: Sage.

Tashakkori, Abbas, & Teddlie, Charles. (2010). Putting the human back in "human research methodology": The researcher in mixed methods research. *Journal of Mixed Methods Research, 4*, 271–277.

Teddlie, Charles, & Tashakkori, Abbas. (2006). A general typology of research designs featuring mixed methods. *Research in the Schools, 13*, 12–28.

Teddlie, Charles, & Tashakkori, Abbas. (2009). *Foundations of mixed methods research: Integrating quantitative and qualitative approaches in the social and behavioral sciences.* Thousand Oaks, CA: Sage.

Teddlie, Charles, & Yu, Fen. (2007). Mixed methods sampling: A typology with examples. *Journal of Mixed Methods Research, 1*, 77–100.

ten Have, Paul. (2004). *Understanding qualitative research and ethnomethodology.* London: Sage.

Tetley, Josephine, Grant, Gordon, & Davies, Susan. (2009). Using narratives to understand older people's decision-making processes. *Qualitative Health Research, 19*, 1273–1283.

Thomas, William I., & Znaniecki, Florian. (1927). *The Polish peasant in Europe and America.* Chicago: University of Chicago Press.

Thrasher, Frederic M. (1927). *The gang: A study of 1,313 gangs in Chicago*. Chicago: University of Chicago Press.

Tillman, Linda C. (2002). Culturally sensitive research approaches: An African-American perspective. *Educational Researcher, 31*, 3–12.

Torres-Gerald, Lisette E. (2012). Welcome letter from the Board—inaugural issue. *Journal of Critical Thought and Praxis, 1*, Issue 1, Article 1.

Trend, M. G. (1979). On the reconciliation of qualitative and quantitative analyses: A case study. In T. D. Cook & C. S. Reichardt (Eds.), *Qualitative and quantitative methods in evaluation research* (pp. 68–86). Thousand Oaks, CA: Sage.

Tyson, Lois. (2006). *Critical theory today: A user-friendly guide* (2nd ed.). New York: Routledge.

U.S. Government Accountability Office. (1990). *Case study evaluations*. Washington, DC: Government Printing Office.

Vagle, Mark D. (2014). *Crafting phenomenological research*. Walnut Creek, CA: Left Coast Press.

Valdés, Guadalupe. (1996). *Con respeto: Bridging the distances between culturally diverse families and schools*. New York: Teachers College Press.

Valenzuela, Angela. (1999). *Subtractive schooling: U.S.–Mexican youth and the politics of caring*. Albany: State University of New York Press.

Van Maanen, John. (1978). On watching the watchers. In P. K. Manning & J. Van Maanen (Eds.), *Policing: A view from the street* (pp. 309–349). Santa Monica, CA: Goodyear.

Van Maanen, John. (2011). *Tales of the field: On writing ethnography* (2nd ed.). Chicago: University of Chicago Press.

Van Manen, Max. (1990). *Researching lived experience: Human science for an action sensitive pedagogy*. Albany: State University of New York Press.

Vidich, Arthur J., Bensman, Joseph, & Stein, Maurice R. (Eds.). (1964). *Reflections on community studies*. New York: Wiley.

Waldinger, Roger, & Lichter, Michael I. (2003). *How the other half works: Immigration and the social organization of labor*. Berkeley: University of California Press.

Warner, W. Lloyd, & Lunt, Paul S. (1941). *The social life of a modern community*. New Haven, CT: Yale University Press (in six volumes).

Wasonga, Teresa, & Christman, Dana E. (2003). Perceptions and construction of meaning of urban high school experiences among African American university students: A focus group approach. *Education and Urban Society, 35*, 181–201.

Watson, Dennis. (2010). Community-based participatory research: A lesson in humility. In D. L. Streiner & S. Sidani (Eds.), *When research goes off the rails: Why it happens and what you can do about it* (pp. 254–262). New York: Guilford Press.

Webb, Eugene T., Campbell, Donald T., Schwartz, Richard D., & Sechrest, Lee. (1966). *Unobtrusive measures: Nonreactive research in the social sciences*. Chicago: Rand McNally.

Webb, Eugene T., Campbell, Donald T., Schwartz, Richard D., Sechrest, Lee, & Grove, Janet Belew. (1981). *Nonreactive measures in the social sciences* (2nd ed.). Boston: Houghton Mifflin. Previously published as *Unobtrusive measures: Nonreactive research in the social sciences* (1966).

Weick, Karl E. (1968). Systematic observational methods. In G. Lindzey & E. Aronson (Eds.), *The handbook of social psychology* (Vol. 2, 2nd ed., pp. 357–451). Reading, MA: Addison-Wesley.

Weiss, Robert S. (1994). *Learning from strangers: The art and method of qualitative interview studies.* New York: Free Press.

Weitzman, Eben A. (1999). Analyzing qualitative data with computer software. *Health Services Research, 34*, 1241–1263.

Wertz, Frederick J., Charmaz, Kathy, McMullen, Linda M., Josselson, Ruthellen, Anderson, Rosemarie, & McSpadden, Emalinda. (2011). *Five ways of doing qualitative analysis: Phenomenological psychology, grounded theory, discourse analysis, narrative research, and intuitive inquiry.* New York: Guilford Press.

Whyte, William Foote. (1955). *Street corner society: The social structure of an Italian slum* (3rd ed.). Chicago: University of Chicago Press. (Original work published 1943)

Whyte, William Foote. (1984). *Learning from the field: A guide from experience.* Thousand Oaks, CA: Sage.

Whyte, William Foote. (1989). Introduction to action research for the twenty-first century: Participation, reflection, and practice. *American Behavioral Scientist, 32*, 502–512.

Whyte, William Foote. (1992). In defense of Street Corner Society. *Journal of Contemporary Ethnography, 21*, 52–68.

Whyte, William Foote. (1994). *Participant observer: An autobiography.* Ithaca, NY: H. R. Press, Cornell University.

Wilkerson, Isabel. (2007). Interviewing: Accelerated intimacy. In M. Kramer & W. Call (Eds.), *Telling true stories: A nonfiction writer's guide* (pp. 30–33). London: Plume/Penguin.

Williams, Christine L. (2006). *Inside toyland: Working, shopping, and social inequality.* Berkeley: University of California Press.

Willig, Carla. (2009). Discourse analysis. In J. A. Smith (Ed.), *Qualitative psychology: A practical guide to research methods* (pp. 160–185). Los Angeles: Sage.

Wilson, William Julius, & Taub, Richard P. (2006). *There goes the neighborhood: Racial, ethnic, and class tensions in four Chicago neighborhoods and their meaning for America.* New York: Vintage Books.

Wolcott, Harry F. (2008). *Ethnography: A way of seeing* (2nd ed.). Lanham, MD: AltaMira.

Wolcott, Harry F. (2009). *Writing up qualitative research* (3rd ed.). Thousand Oaks, CA: Sage.

Wolfinger, Nicholas H. (2002). On writing field notes: Collection strategies and background expectancies. *Qualitative Research, 2*, 85–95.

Wong, Kenneth K., Yin, Robert K., Moyer-Packenham, Patricia S., & Scherer, Jennifer. (Eds.). (2008). Special issue on the Math and Science Partnership program. *Peabody Journal of Education, 83*(4).

Wood, Linda A., & Kroger, Rolf O. (2000). *Doing discourse analysis: Methods for studying action in talk and text.* Thousand Oaks, CA: Sage.

Yardley, Lucy. (2009). Demonstrating validity in qualitative psychology. In J. A. Smith (Ed.), *Qualitative psychology: A practical guide to research methods* (pp. 235–251). Los Angeles: Sage.

Yin, Robert K. (1982a). Patrolling the neighborhood beat. In R. K. Yin (Ed.), *Conserving America's neighborhoods* (Chapter 3, pp. 26–50). New York: Plenum Press.

Yin, Robert K. (1982b). Using participant-observation to study urban neighborhoods. Chapter 10 in *Conserving America's neighborhoods* (pp. 132–157). New York: Plenum Press.

Yin, Robert K. (1994). Evaluation: A singular craft. *New Directions for Program Evaluation, 61*, 71–84.

Yin, Robert K. (2000). Rival explanations as an alternative to "reforms as experiments." In L. Bickman (Ed.), *Validity & social experimentation: Donald Campbell's legacy* (pp. 239–266). Thousand Oaks, CA: Sage.

Yin, Robert K. (2006). Mixed methods research: Are the methods genuinely integrated or merely parallel? *Research in the Schools, 13*, 41–47.

Yin, Robert K. (2012). A case study of a neighborhood organization. *Applications of case study research* (3rd ed., pp. 69–87). Thousand Oaks, CA: Sage.

Yin, Robert K. (2014). *Case study research: Design and methods* (5th ed.). Thousand Oaks, CA: Sage. (Original work published 1984)

Yin, Robert K. (in press). Causality, generalizability, and the future of mixed methods research. In S. N. Hesse-Biber & R. B. Johnson (Eds.), *Oxford handbook of multi and mixed methods research inquiry*. New York: Oxford University Press.

Yow, Valerie Raleigh. (2005). *Recording oral history: A guide for the humanities and social sciences* (2nd ed.). Walnut Creek, CA: AltaMira Press.

Zorbaugh, Harvey Warren. (1929). *The Gold Coast and the slum*. Chicago: University of Chicago Press.

人名索引

主題索引

國家圖書館出版品預行編目資料

質性研究：從開始到完成／Robert K. Yin著；李政賢譯. -- 三版. -- 臺北市：五南圖書出版股份有限公司，2023.04
面； 公分
譯自：Qualitative research from start to finish
ISBN 978-626-343-859-0（平裝）

1.CST: 社會科學 2.CST: 質性研究
3.CST: 研究方法

501.2 112002330

1ZEK

質性研究：從開始到完成

作　　者 — Robert K. Yin
譯　　者 — 李政賢
發 行 人 — 楊榮川
總 經 理 — 楊士清
總 編 輯 — 楊秀麗
副總編輯 — 黃文瓊
責任編輯 — 李敏華
封面設計 — 陳亭瑋
出 版 者 — 五南圖書出版股份有限公司
地　　址：106臺北市大安區和平東路二段339號4樓
電　　話：(02)2705-5066　　傳　　真：(02)2706-6100
網　　址：https://www.wunan.com.tw
電子郵件：wunan@wunan.com.tw
劃撥帳號：01068953
戶　　名：五南圖書出版股份有限公司
法律顧問　林勝安律師
出版日期　2014年7月初版一刷（共六刷）
　　　　　2021年4月二版一刷
　　　　　2023年4月三版一刷
定　　價　新臺幣650元

經典永恆・名著常在

五十週年的獻禮——經典名著文庫

五南，五十年了，半個世紀，人生旅程的一大半，走過來了。
思索著，邁向百年的未來歷程，能為知識界、文化學術界作些什麼？
在速食文化的生態下，有什麼值得讓人雋永品味的？

歷代經典・當今名著，經過時間的洗禮，千錘百鍊，流傳至今，光芒耀人；
不僅使我們能領悟前人的智慧，同時也增深加廣我們思考的深度與視野。
我們決心投入巨資，有計畫的系統梳選，成立「經典名著文庫」，
希望收入古今中外思想性的、充滿睿智與獨見的經典、名著。
這是一項理想性的、永續性的巨大出版工程。
不在意讀者的眾寡，只考慮它的學術價值，力求完整展現先哲思想的軌跡；
為知識界開啟一片智慧之窗，營造一座百花綻放的世界文明公園，
任君遨遊、取菁吸蜜、嘉惠學子！